U0964881

高等职业技术教育土建类专业"十三五

建设工程法规

主　编　曹岁新
副主编　门亮坤　王　洁　赵　燕

武汉理工大学出版社
·武　汉·

内容提要

本书依据高等职业技术教育土建类专业人才培养目标和课程教学大纲的要求，结合我国最新立法、司法动态及相关执业资格考试内容，基于工程建设的基本程序，围绕建筑工程活动的全过程，重点阐述了建筑工程各阶段所涉及的法律、法规以及重要的规范性文件。主要内容有：建设工程法规概论、工程项目建设程序及相关法律制度、建筑许可法律制度、建设工程勘察设计法律制度、建设工程承发包与招投标法律制度、建设工程合同法律制度、建设工程监理法律制度、建设工程质量管理法律制度、建设工程安全生产管理法律制度、房地产法律制度、建设工程相关法律制度、市政公用事业法律制度。

本书适用于高职院校建筑工程技术、工程造价、工程管理、建筑设备等专业的课程教学，也可作为工程技术人员或自学考试人员的参考用书。

图书在版编目(CIP)数据

建设工程法规/曹岁新主编．—武汉：武汉理工大学出版社，2018.8
ISBN 978-7-5629-5777-5

Ⅰ.①建…　Ⅱ.①曹…　Ⅲ.①建筑法-中国-高等职业教育-教材　Ⅳ.①D922.297

中国版本图书馆CIP数据核字(2018)第141286号

项目负责人：张淑芳　　责任编辑：余晓亮
责任校对：陈　平　　装帧设计：芳华时代
出版发行：武汉理工大学出版社
社　　址：武汉市洪山区珞狮路122号
邮　　编：430070
网　　址：http://www.wutp.com.cn
经　　销：各地新华书店
印　　刷：武汉市天星美润设计印务有限公司
开　　本：787×1092　1/16
印　　张：17
字　　数：425千字
版　　次：2018年8月第1版
印　　次：2018年8月第1次印刷
印　　数：3000册
定　　价：35.00元

前　言

工程建设活动在国民经济中的地位举足轻重，由于工程建设活动具有投资大、周期长、影响广等特点，并且与国民经济运行和人民生命财产安全休戚相关。因此，国家非常重视通过法治规范工程建设活动。近年来关于建设活动的法律法规不断地出台和完善、执法治理体系逐步改革和推进，以法律来规范工程建设活动已成为全面依法治国方略的重要一环。为了促进高职院校土建类专业学生学习建设法规，促进各类工程建设人员熟悉和掌握建设活动相关法律法规，依法从事建设活动，我们编写了《建设工程法规》一书。

本书以《中华人民共和国建筑法》、《中华人民共和国城乡规划法》、《中华人民共和国招标投标法》、《中华人民共和国合同法》、《建设工程质量管理条例》、《建设工程安全生产管理条例》、《中华人民共和国城市房地产管理法》等工程建设法律法规为基础，以工程建设程序为主线，系统地收集并整理了与建设活动相关的法律、行政法规、规章、司法解释、规范性文件等，援引经典、权威的法学理论，选用最新的法律条文，对我国的建设法律制度进行了简明而全面的介绍。在每章之后均附有复习思考题，便于考查学生对相关知识点的掌握程度。因此，内容新颖、全面、精炼、实用性强是本书的特点。

本书可作为高职院校工程管理类和土木工程类专业相关课程的教学用书，亦可作为工程建设领域相关人员的学习参考用书。

全书由陕西省建筑职工大学曹岁新担任主编，负责统稿和定稿。由西安市交通职业培训中心门亮坤、陕西能源职业技术学院王洁、陕西职业技术学院赵燕担任副主编，甘肃林业职业技术学院贾亚军、陕西省建筑职工大学马倩、西安科美学校董怀军、甘肃建筑职业技术学院刘娟共同参与编写完成。具体分工如下：第 1 章由刘娟编写，第 2、3、7 章由门亮坤编写，第 4 章由赵燕编写，第 5、6、12 章由曹岁新编写，第 8 章由王洁编写，第 9 章由马倩编写，第 10 章由贾亚军编写，第 11 章由董怀军编写。

在编写过程中，虽经多人反复推敲核定，囿于成书时间仓促和编者水平有限，书中难免有不妥或疏漏之处，敬请广大读者批评指正。

编　者

2018 年 1 月

目　　录

1　建设工程法规概论

1.1　建设工程法规概述

1.1.1　建设工程法规的概念和调整对象

1.1.1.1　建设工程法规的概念

建设工程法规是指有立法权的国家机关或其授权的行政机关制定的，旨在调整国家机关、企事业单位、社会团体、其他经济组织以及公民个人在建设活动中相互之间所发生的各种社会关系的法律规范的总称。这里的建设活动，是指土木工程、建筑工程、线路管道和设备安装工程的新建、扩建和改建活动及装饰、装修活动。它体现了国家对城乡建设、市政公用事业和房地产开发等各项建设活动的组织、管理方针和基本原则。

1.1.1.2　建设工程法规的调整对象

建设工程法律法规的调整对象是建设活动中所发生的社会关系，具体包括以下三种：

(1) 工程建设活动中的行政管理关系

建设活动是社会经济发展的重大活动，同社会经济发展和人民生命财产息息相关。国家对这种活动必然要实行较严格的管理，包括对建设工程的规划、立项、资金筹集、设计、施工、验收等均进行严格的监督管理，从而形成建设活动中的行政管理关系。建筑业企业的资质管理制度，建设项目开工的施工许可制度，建设工程项目的竣工验收备案制度，注册建筑师、注册建造师、注册监理工程师、注册造价工程师等执业资格制度都体现了行政管理关系。

建设活动中的行政管理关系，是国家建设行政主管部门同建设单位、设计单位、施工单位及有关单位(中介服务机构)之间发生的相应的管理与被管理的关系。这种关系一方面体现为规范、指导、协调与服务，另一方面体现为检查、监督、控制与调节，这些都必须纳入法律调整范围，由相应的建设法律来调整。这是建设行政主管部门依法行政的具体依据和规范。

(2) 工程建设活动中的经济协作关系

在各项建设活动中，各个经济主体为了自身的经济利益，在法律允许的范围内建立经济协作关系，如建设单位同勘察设计单位、施工单位之间发生的勘察设计和施工关系，施工单位为了增强投标的竞争实力而组成的投标联合体，总承包单位与分包商之间的分包关系等，这些都是经济协作关系。建设活动中的经济协作关系是一种平等、自愿、互利、互助的横向协作关系。一般通过合同的形式来确定。

(3) 工程建设活动中的民事关系

这是指因从事建设活动而产生的国家、法人、公民之间的民事权利、义务关系，如在建设活动中因人身损害而发生的损害赔偿关系，建设活动参与单位的名称权、名誉权、知识产权保护等法律关系，建设活动从业人员的人身保险和建设单位、施工单位的财产保险法律关系，房地产交易中转让、租赁、抵押等法律关系，因土地征收、征用、房屋拆迁导致的拆迁补偿安置关系等。这些关系须按照民法通则和建设法规中的民事法律规范予以调整。

1.1.2 建设工程法规的特征

建设工程法规作为调整建设活动中所发生的社会关系的法律规范，除了具备一般法律规范的共性外，还具有不同于其他法律规范的特征。

1. 行政强制性

行政强制性是建设法规的主要特征。建设活动投入资金量大，需要消耗大量的人力、物力、财力及土地等资源，涉及面广，影响力大且持久（尤其是对环境的影响），建筑产品的质量直接关系到人民的生命和财产安全。因此，国家对建设活动的监督和管理与其他行业相比，更为严格。建设行业的特殊性决定了建设法规必须采用直接体现行政权力活动的调整方式，即以行政指令为主的调整方式。在建设法规中，建设行政法规占有相当大的比重。具体调整方式有：

（1）授权

授权是指国家通过建设法规，授予国家建设管理机关某种管理权限或具体的权力对建设活动进行监督管理。如《中华人民共和国建筑法》规定，国务院建设行政主管部门对全国的建筑活动实施统一监督管理。

（2）命令

命令是指国家通过建设法规赋予建设法律关系的主体某种作为的义务。如《中华人民共和国建筑法》规定，承包建筑工程的单位应当持有依法取得的资质证书，并在其资质等级许可的业务范围内承揽工程。

（3）禁止

禁止是指国家通过建设法规赋予建设法律关系的主体某种不作为的义务，即禁止主体从事某种行为。如《中华人民共和国建筑法》规定，建设单位不得以任何理由，要求建筑设计单位或者建筑施工企业在工程设计或者施工作业中，违反法律、行政法规和建筑工程质量、安全标准，降低工程质量。《中华人民共和国招标投标法》规定，任何单位和个人不得将依法必须进行招标的项目化整为零或者以其他任何方式规避招标。

（4）许可

许可是指国家通过建设法规，允许特别的主体在法律允许范围内有某种作为的权利。如《中华人民共和国建筑法》规定，从事建筑活动的建筑施工企业、勘察单位、设计单位和工程监理单位，按照其拥有的注册资本、专业技术人员、技术装备和已完成的建筑工程业绩等资质条件，划分为不同的资质等级，经资质审查合格，取得相应等级的资质证书后，方可在其资质等级许可的范围内从事建筑活动。

（5）免除

免除是指国家通过建设法规，对主体依法应履行的义务在特定情况下予以免除。如《建筑工程施工许可管理办法》规定工程投资额在 30 万元以下或者建筑面积在 300 m^2 以下的建筑工程，可以不申请办理施工许可证。

（6）确认

确认是指国家通过建设法规，授权建设管理机关依法对有争议的法律事实和法律关系进行认定。如各级建设工程质量监督站检查受监工程的勘察、设计、施工单位和建筑构件厂的资质等级和从业范围，监督勘察、设计、施工单位和建筑构件厂严格执行技术标准，检查其工程(产品)质量等。

(7) 计划

计划是指国家通过建设法规，对建设业进行指令性计划或指导性计划的调节。在市场经济条件下，国家对建设行业的计划调节已经限制在相当小的范围。

(8) 撤销

撤销是指国家通过建设法规，授予建设行政管理机关，运用行政权力对某些权利能力或法律资格予以撤销或消灭。如勘察设计单位越级承揽业务的，可以责令其停业整顿、降低资质等级，情节严重的，吊销资质证书。

2. 经济性

建设法规是经济法的重要组成部分，必然带有经济性特征。建设活动直接为社会创造财富，为国家增加积累，如房地产开发、商品房销售、建设工程勘察设计、施工安装等都直接为社会创造财富。随着建筑业的发展，其在国民经济中的地位日益突出，已经成为国民经济的支柱产业之一。

3. 技术性

技术性是建设法规的一个十分重要的特征。由于建设产品的质量与人民的生命财产密切相关，为了保证建设产品的质量和人民生命财产的安全，大量的建设法规是以技术规范的形式出现的，如各种设计规范、施工规范、验收规范、产品质量检测规范等。有些非技术规范的建设法规中也带有技术性的规定，如城乡规划法就含有规划编制内容等技术性规范。

1.1.3 建设工程法规的表现形式与效力

形式意义上的法的渊源，也就是法的效力渊源，是指一定的国家机关依照法定职权和程序制定或认可的具有不同效力和地位的法的不同表现形式，即根据法的效力来源不同而划分的法的不同表现形式。建设工程法规的表现形式有：宪法，法律，行政法规，地方性法规，规章，技术法规以及国际公约、国际惯例、国际标准等。

1.1.3.1 宪法

宪法是国家的根本大法，具有最高的法律地位和效力，任何其他法律、法规都必须符合宪法的规定，而不得与之相抵触。宪法是建筑业的立法依据，同时又明确规定国家基本建设的方针和原则。

1.1.3.2 法律

作为法律渊源之一的“法律”一词是在狭义上使用的，指由全国人民代表大会及其常务委员会制定的规范性法律文件，包括基本法律和基本法律以外的法律以及具有规范性内容的决定和决议。其法律效力仅次于宪法，在全国范围内具有普遍的约束力，如《中华人民共和国建筑法》、《中华人民共和国招标投标法》等。

1.1.3.3 行政法规

行政法规是指作为国家最高行政机关的国务院制定的有关国家行政管理的规范性文件，

行政法规在我国立法体制中具有重要地位，效力仅次于宪法和法律。国务院发布的具有规范性内容的决定和命令与行政法规具有同等效力。行政法规的名称多为条例、规定、办法，如《建设工程质量管理条例》、《建设工程勘察设计管理条例》、《建设工程安全生产管理条例》、《物业管理条例》、《中华人民共和国招标投标法实施条例》等。

1.1.3.4 地方性法规

省、自治区、直辖市的人民代表大会及其常务委员会可以制定适用于本地区的规范性文件，报全国人民代表大会常务委员会和国务院备案。省、自治区人民政府所在的市和经国务院批准的较大的市(国务院 1984 年 12 月 5 日发文批准唐山市、大同市、包头市、大连市、鞍山市、抚顺市、吉林市、齐齐哈尔市、青岛市、无锡市、淮南市、洛阳市、重庆市 13 市，1988 年 3 月 5 日批准宁波市，1992 年 7 月 25 日批准邯郸市、本溪市、淄博市为较大的市)的人民代表大会及其常务委员会也可以制定地方性法规，经省、自治区人民代表大会常务委员会批准后施行，并由省、自治区人民代表大会常务委员会报全国人民代表大会常务委员会和国务院备案。地方性法规名称多为条例、规定、办法。如《河南省建筑市场管理条例》、《河南省城市房地产开发经营管理条例》、《山东省建设工程招标投标管理条例》等。

1.1.3.5 规章

这里的规章指行政规章，包括部门规章和地方政府规章。

(1) 部门规章

部门规章是指国务院各部委、人民银行、审计署和具有行政管理职能的直属机构根据法律和国务院的行政法规、决定、命令在自己的权限范围内制定的规范性文件。部门规章的法律地位和效力低于宪法、法律和行政法规，名称多为规定、办法、标准，如由国家发展和改革委员会(简称国家发改委)颁布的《工程建设项目招标范围和规模标准规定》，住房和城乡建设部(简称住建部，原建设部)颁布的《注册建造师管理规定》、《注册造价工程师管理办法》、《注册监理工程师管理规定》、《建筑业企业资质管理规定》、《建设工程勘察设计资质管理规定》、《工程监理企业资质管理规定》等。

(2) 地方政府规章

地方政府规章是指由省、自治区、直辖市以及省级人民政府所在地的市和经国务院批准的较大的市人民地方政府制定的规范性文件，效力低于地方性法规，只在本区域有效，如《山西省建筑工程招标投标管理办法》、《河南省建筑装修装饰管理办法》等。

地方政府规章的法律地位和效力低于上级和本级的地方性法规；地方性法规与地方政府规章的法律地位和效力低于宪法、法律、行政法规，只在本行政区域内有效。部门规章之间、部门规章与地方性法规之间具有同等效力，在各自的权限范围内施行。当部门规章与地方性法规对同一事项的规定不一致或不能确定如何适用时，由国务院提出意见。国务院认为应当适用地方性法规时，应当决定在该地方使用地方性法规的规定；认为应当适用部门规章时，应当提请全国人大常委会裁决。当部门规章之间、部门规章与地方政府规章之间对同一事项的规定不一致时，由国务院裁决。

1.1.3.6 最高人民法院司法解释规范性文件

最高人民法院对于法律的系统性解释文件和对法律适用的说明，对法院审判有约束力，具有法律规范的性质，在司法实践中具有重要的地位和作用，如《最高人民法院关于审理建设工程施工合同纠纷案件适用法律问题的解释》、《最高人民法院关于建设工程价款优先受偿权问题的批复》等。

1.1.3.7　技术法规

技术法规是国家制定或认可的，在全国范围内有效的技术规程、规范、标准、定额、方法等技术文件。它们是建筑业工程技术人员从事经济技术作业、建筑管理的依据。如预算定额、设计规范、施工规范、验收规范等。

1.1.3.8　国际公约、国际惯例、国际标准

我国参加或与外国签订的调整经济关系的国际公约和双边条约，还有国际惯例、国际上通用的建筑技术规程都属于建设法规的范畴，都应当遵守与实施。

我国现行的建设工程法规主要有：1997 年 11 月 1 日第八届全国人民代表大会常务委员会第二十八次会议通过，自 1998 年 3 月 1 日起施行，并于 2011 年 4 月 22 日修订的《中华人民共和国建筑法》(简称《建筑法》)；1999 年 8 月 30 日第九届全国人民代表大会常务委员会第十一次会议通过，自 2000 年 1 月 1 日起施行，并于 2017 年 12 月 27 日修订的《中华人民共和国招标投标法》(简称《招标投标法》)；1994 年 7 月 5 日第八届全国人民代表大会常务委员会第八次会议通过，中华人民共和国主席令第 29 号发布，自 1995 年 1 月 1 日起施行，并于 2007 年 8 月 30 日修订的《中华人民共和国城市房地产管理法》(简称《城市房地产管理法》)；2007 年 10 月 28 日第十届全国人民代表大会常务委员会第三十次会议通过，中华人民共和国主席令第 74 号发布，自 2008 年 1 月 1 日起施行，并于 2015 年 4 月 24 日修订的《中华人民共和国城乡规划法》；2000 年 1 月 10 日国务院第 25 次常务会议通过，1 月 30 日国务院第 279 号令发布施行，并于 2017 年 10 月 7 日修订的《建设工程质量管理条例》；2000 年 9 月 20 日国务院第 31 次常务会议通过，9 月 25 日国务院第 293 号令发布施行，并于 2015 年 6 月 12 日修订的《建设工程勘察设计管理条例》；2003 年 11 月 12 日国务院第 28 次常务会议通过，11 月 24 日国务院第 393 号令发布，自 2004 年 2 月 1 日起施行的《建设工程安全生产管理条例》；2011 年 11 月 30 日国务院第 183 次常务会议通过，12 月 20 日国务院第 613 号令公布，自 2012 年 2 月 1 日起施行的《中华人民共和国招标投标法实施条例》。除此之外，还包括所有调整建设活动的法律规范，这些法律规范分布在我国的宪法、法律、行政法规、部门规章、地方性法规、地方政府规章、技术法规以及国际公约、国际惯例、国际标准之中。

1.1.4　建设工程法规的作用

建设工程法规是国家组织管理建设活动、规范建设活动行为、加强建设市场管理、保障城乡建设事业健康发展的重要工具。建设工程法规的作用主要表现在以下三个方面：

1. 规范指导建设行为

建设工程法规是人们从事各种具体的建设活动所应遵循的行为规范，只有在法律规定的范围内进行的行为才能得到国家的承认与保护，才能实现行为人预期的目的。建设法规对人们行为的规范性表现为：

(1) 有些建设行为必须做。如《建筑法》第 44 条规定的建筑施工企业必须依法加强对建筑安全生产的管理，执行安全生产责任制度，采取有效措施，防止伤亡和其他安全生产事故的发生，即为义务性的建设行为规范。

(2) 有些建设行为禁止做。如《建筑法》第 28 条规定的禁止承包单位将其承包的全部建筑工程转包给他人，禁止承包单位将其承包的全部建筑工程肢解以后以分包的名义分别转包给他人，即为禁止性的建设行为规范。

(3) 授权某些建设行为。即规定人们有权选择某种建设行为。它既不禁止人们做出这种建设行为，也不要求人们必须做出这种建设行为，而是赋予了一个权利，由当事人自己选择。如《建筑法》第 24 条规定的建筑工程的发包单位可以将建筑工程的勘察、设计、施工、设备采购一并发包给一个工程总承包单位，也可以将建筑工程的勘察、设计、施工、设备采购的一项或者多项发包给一个工程总承包单位，即为授权性的建设行为规范。

正是由于有了上述法律规范，建设行为主体才明确了自己可以为、不得为和必须为的建设行为，并以此指导约束自己的行为，体现出建设工程法规对具体建设行为的规范和指导作用。

2. 保护合法建设行为

建设工程法规的作用不仅在于对建设主体的行为加以规范和指导，还应对一切符合法规的建设行为给予确认和保护。这种确认和保护一般是通过建设法规的原则性规定反映的。如《建筑法》第 5 条规定的任何单位和个人都不得妨碍和阻挠依法进行的建筑活动，《中华人民共和国合同法》(简称《合同法》)第 8 条规定的依法成立的合同，受法律保护，即属于保护合法建设行为的规范。

3. 处罚违法建设行为

建设工程法规要实现对建设行为的规范和指导作用，必须对违法的建设行为给予应有的处罚。否则，建设工程法规所确定的法律制度由于得不到实施过程中强制手段的法律保障，就会变成没有实际意义的规范。因此，建设工程法规都有对违法建设行为的处罚规定。如《建筑法》第 66 条规定的建筑施工企业转让、出借资质证书或者以其他方式允许他人以本企业的名义承揽工程的，责令改正，没收违法所得，并处罚款，可以责令停业整顿，降低资质等级；情节严重的，吊销资质证书。对因该项承揽工程不符合规定的质量标准造成的损失，建筑施工企业与使用本企业名义的单位或者个人承担连带赔偿责任，即属于处罚违法建设行为的规范。

1.2　建设法律关系

1.2.1　建设法律关系的概念

法律关系是在法律规范调整社会关系的过程中所形成的人与人之间的权利和义务关系。法律关系是以法律规范为前提的，是法律规范调整社会关系的结果。人们在社会生活中形成各种社会关系，当某一社会关系为法律规范所调整并在这一关系的参与者之间形成一定的权利、义务关系时，即构成法律关系。

建设法律关系则是由建设法规所调整的，在建设活动中形成的权利、义务关系。建设法律关系是建设法律规范在建设活动中实施的结果，只有建设活动的参与者按照建设法律规范进行建设活动，形成具体的权利、义务关系时，才构成建设法律关系。建设法规正是通过建设法律关系来实现其调整相关社会关系的目的的。

1.2.2　建设法律关系的构成要素

法律关系的构成要素是指法律关系不可缺少的组成部分。任何法律关系都是由法律关系主体、法律关系客体和法律关系内容三个要素构成的，缺少其中一个就不能构成法律关系。由于三要素的内涵不同，组成的法律关系也不同，如民事法律关系、行政法律关系、劳动法律关系等。

建设法律关系由建设法律关系主体、建设法律关系客体和建设法律关系内容所构成。

1.2.2.1 建设法律关系主体

法律关系的主体是指法律关系的参加者，即在法律关系中享有权利或承担义务的人。法律上所称的"人"主要包括自然人和法人。自然人是指有生命并有法律人格的个人，包括公民、外国人、无国籍人。法人是与自然人相对称的概念，指具有法律人格，能够以自己的名义独立享有权利或承担义务的组织，即由法律赋予人格并将其视同自然人一样具有独立的意志和利益的社会组织体。法人应当具备下列条件：依法成立；有必要的财产或者经费；有自己的名称、组织机构和场所；能够独立承担民事责任。法人一般可分为企业法人、事业法人、机关法人、社团法人。有时国家也作为特殊的法律关系主体参加民事法律关系或国际法律关系。

建设法律关系主体是指参加建设活动，受建设法律规范调整，在法律上享有权利和承担义务的当事人，也就是建设活动的参与者。主要包括：

1. 法人

作为建设法律关系主体的社会组织一般是法人。具有法人资格的建设活动主体，主要包括：

(1) 国家机关

参加建设法律关系的国家机关主要有国家权力机关和国家行政机关。

国家权力机关是指全国人民代表大会及其常务委员会和地方各级人民代表大会及其常务委员会。国家权力机关参加建设法律关系的职能是审查批准国家建设计划和国家预决算，制定和颁布建设法律，监督检查国家各项建设法律的执行。

国家行政机关是依照国家宪法和法律设立的依法行使国家行政职权，组织管理国家行政事务的机关。它包括国务院及其所属各部委、地方各级人民政府及其职能部门。参加建设法律关系的国家行政机关主要有：

① 国家发改委以及各级地方人民政府发展和改革委员会。其职权是负责编制长、中期和年度建设计划，组织计划的实施，督促各部门严格执行工程项目建设程序等。

② 国家建设主管部门，主要指住建部以及各级地方人民政府建设行政主管部门。其职权是制定部门规章，对城市建设、村镇建设、工程建设、建筑业、房地产业、市政公用事业进行组织管理和监督，如管理基本建设勘察设计部门和施工队伍；进行城市规划；制定工程建设的各种标准、规范和定额；监督勘察、设计、施工安装的质量；规范房地产开发、市政建设等。

③ 国家建设监督部门。它主要包括国家财政机关、中国人民银行、国家审计机关等。

④ 国家建设各业务主管机关。如交通运输部、水利部、工业和信息化部等机关，负责本部门、本行业的建设管理工作。

(2) 建设单位

建设单位是指进行工程建设的企业或事业单位。建设单位可以是房地产开发公司，也可以是工厂、学校、医院，还可以是各级政府委托的资产管理部门。在我国建设单位一般被称为甲方，根据国际惯例也可以称为业主。建设单位是建设投资的支配者，也是工程建设的组织者和监督者。

(3) 勘察设计单位

勘察设计单位是指从事工程勘察设计工作的各类设计院、所等。

(4) 建设工程监理单位

建设工程监理单位是受建设单位的委托，代表建设单位对工程承包单位在建设工程的进度、工程质量和工程投资等方面进行监督和管理的组织。

(5) 施工单位

施工单位是指由主管部门批准并在国家工商行政管理机关登记注册的从事建设工程施工安装活动的组织。

2. 公民个人

公民个人在建设活动中也可以成为建设法律关系的主体。如公民作为注册建筑师、注册建造师、注册房地产估价师等参与建设活动、房地产经营活动时，即成为建设法律关系的主体。

3. 其他经济组织

在建设活动中，不具备法人资格的其他经济组织也可以参与建设活动。其他经济组织指的是依法成立，有一定的组织机构和财产，但又不具备法人资格的组织，如合伙组织。不具备法人资格的合伙人设立的建筑设计事务所可以承担一定范围的设计业务，与委托方签订设计合同。

1.2.2.2　建设法律关系客体

建设法律关系客体是指建设法律关系的主体享有的权利和承担的义务所共同指向的事物。在通常情况下，建设法律关系主体都是为了某一客体，彼此才设立一定的权利、义务，从而产生建设法律关系，这里权利、义务所指向的对象，便是建设法律关系的客体。

在现行法律制度体系中，一般将法律关系的客体分为财产、物、行为和非物质财富。建设法律关系的客体也不外乎以下四类。

1. 财产

财产一般指资金及各种有价证券。在建设法律关系中表现为财的客体主要是建设资金，如基本建设贷款合同的标的，即一定数量的货币。

2. 物

法律意义上的物是指为人类所认识和控制，能够给人类带来某种物质利益、具有经济价值的生产资料和消费资料。在建设法律关系中表现为物的客体主要是建筑材料，如钢材、木材、水泥等，以及由其构成的建筑物，另外还有建筑机械设备等。

3. 行为

法律意义上的行为是指人的有意识的活动，是义务人为满足权利人的利益要求而完成的行为。在建设法律关系中，行为多表现为完成一定的工作，如勘察设计、施工安装、监理活动、代理招标活动等。勘察设计合同的标的，即完成一定的勘察设计任务。建设工程施工合同的标的，即按期完成一定质量要求的施工行为。

4. 非物质财富

法律意义上的非物质财富是指人们脑力劳动的成果或智力方面的创作，也称智力成果或无体财产。在建设法律关系中，如设计单位提供的具有创造性的设计成果，该设计单位依法享有专有权，使用单位未经允许不能无偿使用。如个人开发的预决算软件，开发者对其享有著作权。

1.2.2.3 建设法律关系的内容

建设法律关系的内容即建设法律关系的参加者具体享有的权利和承担的义务，这种内容要由相关的法律或合同来确定。建设法律关系的内容决定着建设法律关系的性质，是联结主体的纽带。

权利是指建设法律关系主体在法定范围内有权进行的各种建设活动。权利主体可以要求其他主体做出一定的行为或不做出一定的行为，以实现自己的权利。由于其他建设主体的行为而使自身的权利不能实现时，有权要求国家机关加以保护并对其他建设主体的行为进行制裁。

义务是指建设法律关系的主体必须按照法律规定或合同约定承担的责任，表现为为满足权利主体的要求而在建设活动中必须做出或者禁止做出一定的行为。义务和权利是相互对应的，义务主体应自觉履行义务，义务主体如果不履行或不完全履行义务，就要承担相应的法律责任。

根据建设法律关系主体地位的不同，其权利、义务关系表现为两种不同情况：一是基于主体双方地位平等基础上的对等的权利和义务关系，如建设工程合同法律关系；二是在主体双方地位不平等基础上产生的不对等的权利和义务关系，如政府有关部门对建设单位和施工企业依法进行的监督和管理活动所形成的法律关系。

1.2.3 建设法律关系的产生、变更和消灭

1.2.3.1 建设法律关系的产生

建筑法律关系的产生是指建设法律关系的主体之间形成了一定的权利和义务关系。某建设单位与施工单位签订了建设工程施工承包合同，主体双方产生了相应的权利和义务。此时，受建设法规调整的建设法律关系即告产生。

1.2.3.2 建设法律关系的变更

建设法律关系的变更是指建设法律关系的三个要素发生变化。

1. 主体变更

主体变更是指建设法律关系的主体数目发生变化，也可以是主体的改变。主体数目发生变化，表现为主体的数目增加或者减少。主体改变也称为合同转让，由另一个新主体代替原主体享有权利、承担义务。

2. 客体变更

客体变更是指建设法律关系中权利、义务所指向的事物发生变化。客体变更可以是其范围变更，也可以是其性质变更。客体范围的变更表现为客体的规模、数量发生了变化，如由于设计变更，将某分项工程的工程量由 300 m^3 混凝土增加到 400 m^3。客体性质的变更表现为原有的客体已经不复存在，而由新的客体代替了原来的客体，如由于设计变更，将原合同中的涵洞改成了小桥。

3. 内容变更

建设法律关系主体与客体的变更，必然导致相应的权利和义务的变更，即内容的变更。内容变更有权利增加和权利减少两种表现形式。一方的权利增加，也就意味着另一方的义务的增加，如建设单位与施工单位之间经过协商修改了原合同，由施工单位提供工程师的办公场所。一方的权利减少，也就意味着另一方义务的减少，如建设单位与施工单位之间经过协商约定，将原合同中的“月底支付工程款”修改为“完成一定的工程量后支付工程款”。

1.2.3.3 建设法律关系的消灭

建设法律关系的消灭是指建设法律关系主体之间的权利、义务不复存在，彼此丧失了约束力。建设法律关系的消灭可以分为自然消灭、协议消灭和违约消灭。

1. 自然消灭

建设法律关系的自然消灭是指建设法律关系主体之间的权利、义务顺利得到履行，取得了各自的利益，从而使该法律关系达到完结。如施工单位按时竣工，建设单位也按合同约定支付了工程款，他们之间的法律关系就消灭了。

2. 协议消灭

建设法律关系的协议消灭是指建设法律关系主体之间通过协商解除其权利、义务，致使该法律关系归于消灭。

3. 违约消灭

建设法律关系的违约消灭是指建设法律关系主体一方违约，致使另一方的权利不能实现，导致法定解除事由的出现，另一方行使解除权而使双方权利、义务归于消灭。

1.2.3.4 建设法律关系产生、变更和消灭的原因

建设法律关系只有在一定的情况下才能产生、变更、消灭。建设法律关系产生、变更与消灭必须符合两个方面的条件：一是抽象的条件——建设法律规范的存在；二是具体的条件——建设法律事实的存在。

1. 建设法律事实的概念

建设法律事实是指建设法律规范所规定的能够引起建设法律关系产生、变更和消灭的客观情况或现象。

建设法律事实是一种客观存在的外在现象，而不是人们的心理现象或心理活动。纯粹的心理现象不能看作是法律事实。建设法律事实是法律规定的具有法律意义的事实，与人类生活无直接关系的纯粹的客观现象（如日出日落）就不是法律事实。

建设法律关系不会自然而然地产生，也不能仅凭建设法律规范的规定，就可以在当事人之间产生具体的建设法律关系，只有通过一定的建设法律事实，才能在当事人之间产生一定的建设法律关系，或者使原来的建设法律关系变更或消灭。

2. 建筑法律事实的类型

建设法律事实按照是否与当事人的意志有关分为事件和行为两类。

（1）事件

事件指与当事人意志无关的，能够引起法律关系产生、变更和消灭的事实。它的出现与当

事人的意志无关，不是由当事人的行为引起的，包括自然事件和社会事件，如人的出生、死亡，地震、台风、水灾、火灾、战争、暴乱、政府禁令等，如洪水导致工程施工延期，致使合同不能按约定履行。

(2) 行为

行为是指与当事人意志有关的能够引起权利、义务关系的产生、变更或消灭的作为和不作为。当事人的主观因素是引发此类事实的原因。法律上的行为仅指与当事人意志有关且能引起法律后果的行为。它包含两层含义：一是法律行为必须是有行为能力的人实施的行为；二是法律行为必须是有意识的行为，但在特定的情况下，法律也要求对无意识的行为承担责任，但必须有法律的明确规定。

行为依照行为方式的不同分为积极法律行为和消极法律行为。积极行为是指当事人主动地实施某种行为，称之为作为；消极行为是指当事人消极地不去实施某种行为，称之为不作为。二者都可以产生、变更或消灭法律关系。

在建设活动中，行为通常表现为以下几种：

① 合法行为

合法行为是指实施了建设法规所要求或允许做的行为，或者没有实施建设法规所禁止做的行为。合法行为要受到法律的肯定和保护，产生积极的法律后果，如依法签订建设工程施工承包合同的行为。

② 违法行为

违法行为是指行为人实施的违反法律规范的要求、应受到处罚的行为。违法行为要受到法律的制裁，产生消极的法律后果，如没有领取施工许可证擅自开工建设的行为。

③ 行政行为

行政行为是指国家行政机关依法行使行政管理权而发生法律后果的行为，如吊销施工企业的资质证书。

④ 立法行为

立法行为是指有立法权的国家机关在法定权限内通过规定的程序，制定、修改、废止建设法律规范性文件的活动，如国家制定、颁布建设法律、法规、条例、标准定额等行为。

⑤ 司法行为

司法行为是指国家司法机关的法定职能活动，如人民法院对建设工程纠纷案件做出判决或裁定行为或采取强制措施对涉案财产采取查封、扣押等保全措施。

相关案例

【案情简介】

某建筑公司与某学校签订一教学楼施工合同，明确施工单位要保质保量保工期完成学校的教学楼施工任务。工程竣工后，承包方向学校提交了竣工报告。学校为了不影响学生上课，没有组织验收就直接投入了使用。使用过程中，校方发现了教学楼存在的质量问题，要求施工单位修理。施工单位认为工程未经验收，学校提前使用出现质量问题，施工单位不应再承担责任。

【案件评析】

本案中的建设法律关系主体是某建筑公司和某学校。客体是按约定的工期、质量要求完成教学楼的施工。内容是主体双方各自应当享受的权利和应当承担的义务，具体而言是某学校按照合同的约定，承担按时、足额支付工程款的义务，在按合同约定支付工程款后，该学校就有权要求建筑公司按时交付质量合格的教学楼。建筑公司的权利是获取学校的工程款，在享受该项权利后，就应当承担义务，即按时交付质量合格的教学楼给学校，并承担保修义务。

校方在未组织竣工验收的情况下就直接将教学楼投入使用，违反了工程竣工验收方面的有关法律法规。因此，一般的质量问题，应由校方承担。但若涉及结构等方面的质量问题，还是应按照造成质量缺陷的原因分清责任。承包方已向学校提交竣工报告，说明施工单位的自行验收已经通过，而学校教学楼仅供学校日常教学使用，不存在不当使用问题。所以，该教学楼的质量缺陷是客观存在的，承包方仍然应该承担维修义务，至于产生的费用应由有关责任方承担，协商不成，可请求仲裁或诉讼。

复习思考题

1. 什么是建设法规？它的调整对象是什么？
2. 建设法规有哪些表现形式？它有什么作用？
3. 什么是建设法律关系？简述建设法律关系的主体、客体、内容。
4. 简述建设法律关系产生、变更、消灭的原因。

2　工程项目建设程序及相关法律制度

2.1　工程项目建设程序

2.1.1　工程项目建设程序的概念

工程项目建设程序是指从项目的投资意向和投资机会选择、项目决策、设计、施工到竣工验收投入生产或交付使用的整个建设过程中各项工作必须遵循的法定顺序。建设活动中有些工作内容是前后衔接的，有些是互相交叉的，有些则是同步进行的，所有这些工作都必须纳入统一的轨道，遵照统一的步调和次序来进行，才能有条不紊，按预定计划完成建设任务，取得使用效益。工程项目建设程序是工程建设过程客观规律的反映，是工程建设项目科学决策和顺利进行的重要保证。

工程项目建设活动的标的物是不动产，建设周期长、投资额巨大、工作技术性强、管理协作关系复杂，建设过程需要各个参与方严密配合，并遵循一定的工作程序。工程项目建设程序是随着人们对建设工作的认识日益深化而逐步建立、发展起来的，随着我国经济体制改革的深入，有关工程项目建设程序的制度化必将进一步完善。

我国现行的工程项目建设程序，主要包括项目的立项决策阶段、建设准备阶段、建设实施阶段、竣工验收交付使用阶段及建设项目的后评价阶段。每个阶段都有其具体的内容和规定。凡是国家、地方人民政府、国有企事业单位投资兴建的工程项目，特别是大中型建设项目，必须遵循该工程建设程序。

2.1.2　工程项目建设各阶段的主要内容

2.1.2.1　工程项目建设的立项决策阶段

工程项目建设立项决策阶段，是指对工程项目投资的合理性进行考察和对工程项目进行选择的阶段。工程项目前期的决策分析，将从根本上决定建设单位的投资效益。该阶段主要包括以下环节：

(1) 产生投资意向

投资意向是投资主体发现社会存在合适的投资机会所产生的投资愿望，它是工程建设活动的起点。

(2) 投资机会分析

投资机会分析是投资主体对投资机会所进行的初步考察和分析，在认为机会合适、有良好的预期效益时，则可以进行下一步的活动。

(3) 编写项目建议书

项目建议书是拟建项目单位提出的要求建设某一具体工程项目的建议文件，是对拟建项目轮廓的设想，主要是从宏观上来衡量分析项目建设的必要性，看其是否符合国家长远规划的方针和要求，同时初步分析建设的可能性，看其是否具备建设条件，是否值得投资。项目建议书经批准后，可以进行详细的可行性研究工作，但并不表明项目非上不可，批准的项目建议书不是项目的最终决策。

项目建议书一般由建设单位（或项目法人、业主）委托具有相应资质的工程咨询单位或设计单位负责编制，内容按项目的类别有所侧重。对于基本建设项目，其主要内容有：建设项目提出的必要性和依据；产品方案、拟建规模和建设地点的初步设想；资源情况、建设条件、协作关系和引进国别、厂商的初步分析；投资估算和资金筹措设想；项目进度安排；经济效益、社会效益和环境效益的初步设计。

项目建议书按编制要求完成后，按项目建设总规模和建设性质的不同，由不同的机关进行审批。项目建议书一经批准，即可开展项目可行性研究。

(4) 编制可行性研究报告

可行性研究报告是对建设项目在技术上是否可行和经济上是否合理进行科学的分析和论证，对各种因素进行具体的调查、研究和分析，确定有利和不利的因素，论证项目是否可行，估计其成功率大小、经济效益和社会效益，供决策者和主管机关审批的文件。可行性研究报告是项目最终决策和进行初步设计的重要文件，要求必须具有一定的深度和准确性。大中型建设项目的可行性研究报告内容包括：总论；需求预测、拟建规模和产品方案；资源、原材料、燃料及公用设施情况；建厂条件及选址意见书；各种技术经济指标及设计方案；环境影响评价、地震安全评价、社会及经济效益评价；工程建设进度和工期；企业组织、劳动定员和人员培训数目估算；投资估算和资金筹措；其他相关附件。

承担可行性研究的单位应当是经过资格审定的规划、设计和工程咨询单位，可行性研究报告必须经过工程咨询机构评估确认后才能作为投资决策的依据。

(5) 审批投资项目并立项

审批立项是有关部门对可行性研究报告的审查批准程序，审查通过后即予以立项，正式进入工程项目建设准备阶段。批准后的可行性研究报告不得随意修改和变更，如果在建设规模、产品方案、建设地区、主要协作关系等方面有变动以及突破投资控制额度时，应经过原批准机关同意。

2.1.2.2　工程项目建设准备阶段

工程项目建设准备阶段主要包括以下环节：

(1) 项目规划

在规划区内建设的工程，必须符合城市规划。在可行性研究报告批准后要向规划主管部门办理建设用地规划许可证，取得建设用地规划许可证后应当向土地管理部门办理土地划拨或出让手续，取得土地使用权证等有关批准文件，然后向规划主管部门申请办理建设工程规划许可证。

(2) 取得土地使用权

建设用地使用权的取得方式主要有两种：一种是有偿使用方式，一般是通过签订土地使用权出让合同，并缴纳土地出让金取得；另一种是行政划拨方式，是由县级以上人民政府依法批准后，无偿取得。其中，以出让等有偿使用方式为原则，只有在特殊情况下才考虑行政划拨。

(3) 工程报建

建设项目被批准立项后，建设单位必须持工程项目立项批准文件、银行出具的资信证明、建设用地的批准文件等相关资料，向当地建设行政主管部门或其授权机构进行报建。凡未报建的工程项目，不得办理招标手续和发放施工许可证，设计和施工单位不得承接该项目的设计、施工任务。

(4) 工程发包与承包

建设单位完成报建后，须对拟建工程进行发包，以择优选定工程勘察单位、设计单位、施工单位、总承包单位和监理单位。工程发包与承包有招标发包和直接发包两种方式。为鼓励公平竞争，国家提倡招标发包，并规定某些工程必须实行招标发包。

2.1.2.3　工程项目建设实施阶段

工程项目建设实施阶段是整个建设活动中最重要的阶段，也是关系到该项目是否能取得预期经济效益和社会效益的关键阶段。该阶段主要工作包括以下环节：

(1) 工程勘察与设计

设计是工程项目建设的重要环节，设计文件是制订建设计划、组织施工和控制建设投资的依据。设计与勘察是密不可分的，设计必须在进行工程勘察取得足够的地质、水文等基础资料后才能进行。未经勘察、设计单位同意，任何单位和个人不得擅自修改勘察设计文件。

(2) 进行施工准备

施工准备包括施工单位在技术、物资方面的准备和建设单位取得开工许可两个方面的内容。

工程施工涉及的因素很多，过程也十分复杂，施工单位必须做好细致的施工准备工作，以确保工程顺利完成。施工单位接到施工图纸后，首先要熟悉、审查图纸，并编制施工组织设计，向下属单位进行技术、质量、安全、经济责任的交底，下达施工任务书，准备施工所需要的设备、材料等。同时，对建设场地、施工用水用电等工作也要做出必要安排。

建设单位在具备法定条件后，应当向工程所在地县级以上人民政府的建设行政主管部门申请并领取施工许可证，并在批准之日起三个月内组织开工。未取得施工许可证的建设单位不得擅自组织开工。

(3) 工程正式施工

工程施工是施工队伍具体配置各种施工要素，将工程设计物化为建筑产品的过程，也是投入劳动量最大、耗费时间较长的工作。施工单位管理水平的高低、工作质量的好坏对建设项目质量和所产生的效益起着十分重要的作用。工程施工管理具体包括施工调度、安全施工、文明施工、环境保护等方面的内容。

施工调度是进行施工管理，掌握施工情况，及时处理施工中存在的问题，严格控制工程的施工质量、进度和成本的重要环节。施工单位的各级管理机构均应配备专职调度人员，建立和健全各级调度机构。

安全施工是指在施工活动中采取一定的措施来保障职工的身体健康与安全、机械设备使用的安全及物资的安全等。施工单位必须执行国家有关安全生产和劳动保护的法规，建立安全生产责任制，加强规范化管理，进行安全交底、安全教育和安全宣传，严格执行安全技术方案，定期检修、维护各种安全设施，做好施工现场的安全保卫工作，建立和执行防火管理制度，切实保障工程施工的安全。

文明施工是指施工单位应推行现代管理方法，科学组织施工，保证施工活动整洁、有序、合理地进行。具体内容有：按施工总平面图设置各项临时设施，施工现场设置明显标牌，主要管理人员要佩戴身份标志，施工现场的用电线路、用电设施的安装使用和现场水源、道路的设置要符合规范要求，施工区与生活区严格分开等。

环境保护是指施工单位必须遵守国家有关环境保护的法律、法规，采取措施控制各种粉尘、废气、噪声等对环境的污染和危害。如不能控制在规定范围内，则应事先报请有关部门批准。

(4) 进行生产准备

生产准备是指工程施工临近结束时，为保证建设项目能及时投产使用所进行的准备活动，它是基本建设程序中的重要环节，是建设阶段转入生产经营的必要条件。生产准备一般包括：招收和培训必要的生产人员；组织人员参加设备安装调试和工程验收；建立生产管理机构；制定生产规章制度；收集生产技术资料和样品；落实原材料、外协产品、水、电、燃料的来源及其他配合条件等。建设单位要根据建设项目或主要单项工程的生产技术特点，及时组成专门机构，有计划地做好这一工作。

2.1.2.4 工程项目建设的竣工验收、交付使用阶段

(1) 工程竣工验收

竣工验收是工程项目建设程序的最后环节。当工程项目按设计文件的规定内容和施工图纸的要求全部完成后，必须组织验收。竣工验收应由国家规定的机构负责进行。竣工验收过程中，如发现工程内容或工程质量不符合设计规定时，施工单位应负责限期返工或重建，由此所产生的各种费用和材料消耗由施工单位承担。不经验收就用于生产使用的，施工单位不再承担工程质量的责任。

(2) 工程交付使用及工程结算

交付使用是工程建设项目实现建设目的的过程。工程项目竣工验收合格后，即可交付使用；工程项目未经验收，不得提前使用。建设单位与施工单位办理工程交接手续后，即可行使对工程的管理权及使用权。办理移交手续的同时，双方还要进行工程结算，将所有的工程款项结算清楚。

(3) 工程质量保修

建设工程实行质量保修制度。工程竣工验收合格并交付使用后，在保修期内发生的质量问题，施工单位应当履行保修义务，并对造成的损失承担赔偿责任。

2.1.2.5 工程建设项目的后评价阶段

项目后评价是指对已经完成项目的目的、执行过程、效益、作用和影响进行的系统、客观的分析，通过项目活动的检查总结，确定项目预期的目标是否达到、项目是否合理有效、项目的主要指标是否实现。通过分析评价从中发现问题，总结经验、教训，为未来新项目的决策和提高完善投资决策管理水平提出建议，为后评价项目实施运营中出现的问题提出改进建议，从而达到提高投资效益的目的。

2.2 建设工程报建制度

建设工程报建是指建设单位在工程项目通过建设立项、可行性研究、项目评估、选址定点、立项审批、建设用地规划许可等前期筹备工作结束后，向建设行政主管部门报告工程前期筹备

工作结束，申请转入工程建设的实施阶段；建设行政主管部门依法对建设工程是否具备发包条件进行审查，对符合条件的，准许该工程进行发包的一项制度。

工程报建标志着工程建设的前期准备工作已经结束，工程项目可以进入建筑市场，转入工程建设的实施阶段。为了防止不具备条件的工程项目进入建筑市场，有效地控制建筑规模，规范工程建设实施阶段的程序管理，建设部于 1994 年 8 月 13 日发布了《工程建设项目报建管理办法》，就报建的内容、程序、时间、范围等做出了规定。

2.2.1 建设工程报建的范围和时间

1. 报建的范围

所有的工程建设项目都必须报建。工程建设项目是指各类房屋建筑、土木工程、设备安装、管道线路敷设、装饰装修等的固定资产投资的新建、扩建、改建以及技改等建设项目，统称为工程建设项目。凡在我国境内投资兴建的项目，包括外国独资、合资、合作的工程项目，都必须实行报建制度，接受当地建设行政主管部门或其授权机构的监督管理。

2. 报建的时间

报建的时间是在工程建设项目的可行性研究报告或其他立项文件批准后、建设工程发包前。由建设单位或其代理机构，向工程所在地建设行政主管部门或其授权机构进行报建。报建时要交验工程项目立项的批准文件，包括银行出具的资信证明以及批准的建设用地等其他文件。

2.2.2 建设工程报建的内容和程序

1. 报建的内容

工程建设项目报建的主要内容有：工程名称；建设地点；投资规模；资金来源；当年投资额；工程规模；开工、竣工日期；发包方式；工程筹建情况。

2. 报建程序

工程建设项目的报建应当按照以下程序进行：

(1) 建设单位到有管辖权的工程所在地的建设行政主管部门或其授权机构领取“工程建设项目报建表”。

(2) 按“工程建设项目报建表”的内容及要求认真填写。

(3) 向建设行政主管部门或其授权机构报送已填好的“工程建设项目报建表”，并按照要求进行招标准备。

(4) 接受报建的建设行政主管部门或其授权机构，对报建的文件、资料进行认真核验，审查合格后，颁发“工程发包许可证”。

在建设过程中，工程建设的投资和建设规模发生变化时，建设单位应及时到原接受报建的建设行政主管部门或其授权机构进行补充登记。筹建负责人变更时，应重新登记。凡未报建的工程建设项目，不得办理招标手续和发放施工许可证，设计、施工单位不得承接该项工程的设计和施工任务。

2.3　城乡规划法律制度

城乡规划是指为了实现一定时期内城乡经济和社会发展目标，确定城乡规模和发展方向，合理利用土地，协调城乡空间布局和各项建设的综合部署和具体安排。城乡规划是城乡建设和管理的基本依据，是保证城乡土地合理利用和开发的基础，是提高城市、集镇和村庄综合效益的前提，是实现城乡经济和社会全面可持续发展的重要手段。《中华人民共和国城乡规划法》(简称《城乡规划法》)是我国城乡规划的基本法律，制定和实施城乡规划，在规划区内进行建设活动，必须遵守《城乡规划法》。

2.3.1　《城乡规划法》的立法宗旨、适用范围

(1) 立法宗旨

立法宗旨又称为立法目的，是一部法律所要达到的目标。制定《城乡规划法》是为了加强城乡规划管理，协调城乡空间布局，改善人居环境，促进城乡经济社会全面协调可持续发展。

(2) 适用范围

根据《城乡规划法》第二条的规定，制定和实施城乡规划，在规划区内进行建设活动，必须遵守《城乡规划法》。这里所说的城乡规划，包括城镇体系规划、城市规划、镇规划、乡规划和村庄规划。城市规划、镇规划分为总体规划和详细规划。详细规划分为控制性详细规划和修建性详细规划。这里所说的规划区，是指城市、镇和村庄的建成区以及因城乡建设和发展需要，必须实行规划控制的区域。规划区的具体范围由有关人民政府在组织编制的城市总体规划、镇总体规划、乡规划和村庄规划中，根据城乡经济社会发展水平和统筹城乡发展的需要划定。

可见，凡是在规划区内进行的各项建设活动，都必须遵守《城乡规划法》。凡是与城乡规划的制定、实施活动有关的单位和个人，包括负责编制、审批、管理的各级人民政府及其城乡规划主管部门和其他有关主管部门，同规划编制工作有关的各生产、科研、教学、规划设计单位，进行建设活动的建设单位、设计单位、施工单位及其他单位，都必须遵守《城乡规划法》。

2.3.2　制定和实施城乡规划的原则和依据

2.3.2.1　制定和实施城乡规划的原则

制定和实施城乡规划，应当遵循城乡统筹、合理布局、节约土地、集约发展和先规划后建设的原则，改善生态环境，促进资源、能源节约和综合利用，保护耕地等自然资源和历史遗产，保持地方特色、民族特色和传统风貌，防止污染和其他公害，并符合区域人口发展、国防建设、防灾减灾和公共卫生、公共安全的需要。

2.3.2.2　城乡规划的编制依据

城市总体规划、镇总体规划以及乡规划和村庄规划的编制，应当依据国民经济和社会发展规划，并与土地利用总体规划相衔接。

城乡规划不是孤立的，必须处理好与其他规划的关系。实施城乡规划的最终目的是促进城乡经济社会全面协调可持续发展，因此编制城乡规划必须考虑经济和社会发展目标，依据国民经济和社会发展规划进行编制。同时，城乡规划与土地利用有密切关系，编制城乡规划还要

注意与土地利用总体规划之间的协调和衔接。

2.3.3 城乡规划的制定

2.3.3.1 城镇体系规划的制定

国务院城乡规划主管部门会同国务院有关部门组织编制全国城镇体系规划，用于指导省域城镇体系规划、城市总体规划的编制。全国城镇体系规划由国务院城乡规划主管部门报国务院审批。

省、自治区人民政府组织编制省域城镇体系规划，报国务院审批。省域城镇体系规划的内容应当包括：城镇空间布局和规模控制，重大基础设施的布局，为保护生态环境、资源等需要严格控制的区域。

2.3.3.2 城市规划和镇规划的制定

1. 城市和镇的总体规划

(1) 总体规划的编制和审批部门

城市人民政府组织编制城市总体规划。直辖市的城市总体规划由直辖市人民政府报国务院审批。省、自治区人民政府所在地的城市以及国务院确定的城市的总体规划，由省、自治区人民政府审查同意后，报国务院审批。其他城市的总体规划，由城市人民政府报省、自治区人民政府审批。

县人民政府组织编制县人民政府所在地镇的总体规划，报上一级人民政府审批。其他镇的总体规划由镇人民政府组织编制，报上一级人民政府审批。

省、自治区人民政府组织编制的省域城镇体系规划，城市、县人民政府组织编制的总体规划，在报上一级人民政府审批前，应当先经本级人民代表大会常务委员会审议，常务委员会组成人员的审议意见交由本级人民政府研究处理。镇人民政府组织编制的镇总体规划，在报上一级人民政府审批前，应当先经镇人民代表大会审议，代表的审议意见交由本级人民政府研究处理。规划的组织编制机关报送审批省域城镇体系规划、城市总体规划或者镇总体规划，应当将本级人民代表大会常务委员会组成人员或者镇人民代表大会代表的审议意见和根据审议意见修改规划的情况一并报送。

(2) 总体规划的内容、期限

城市总体规划、镇总体规划的内容应当包括：城市、镇的发展布局，功能分区，用地布局，综合交通体系，禁止、限制和适宜建设的地域范围，各类专项规划等。规划区范围、规划区内建设用地规模、基础设施和公共服务设施用地、水源地和水系、基本农田和绿化用地、环境保护、自然与历史文化遗产保护以及防灾减灾等内容，应当作为城市总体规划、镇总体规划的强制性内容。

城市总体规划、镇总体规划的规划期限一般为二十年。城市总体规划还应当对城市更长远的发展做出预测性安排。

2. 城市和镇的详细规划

城市和镇在总体规划的基础上，编制详细规划。详细规划是以总体规划为依据，详细规定建设用地的各项控制指标和其他规划管理要求，或者直接对建设做出具体的安排和规划设计。详细规划分为控制性详细规划和修建性详细规划。

城市人民政府城乡规划主管部门根据城市总体规划的要求，组织编制城市的控制性详细规划，经本级人民政府批准后，报本级人民代表大会常务委员会和上一级人民政府备案。

镇人民政府根据镇总体规划的要求，组织编制镇的控制性详细规划，报上一级人民政府审批。县人民政府所在地镇的控制性详细规划，由县人民政府城乡规划主管部门根据镇总体规划的要求组织编制，经县人民政府批准后，报本级人民代表大会常务委员会和上一级人民政府备案。

城市、县人民政府城乡规划主管部门和镇人民政府可以组织编制重要地块的修建性详细规划。修建性详细规划应当符合控制性详细规划。

2.3.3.3　乡规划和村庄规划的制定

乡、镇人民政府组织编制乡规划、村庄规划，报上一级人民政府审批。村庄规划在报送审批前，应当经村民会议或者村民代表会议讨论同意。

乡规划、村庄规划应当从农村实际出发，尊重村民意愿，体现地方和农村特色。乡规划、村庄规划的内容应当包括：规划区范围，住宅、道路、供水、排水、供电、垃圾收集、畜禽养殖场所等农村生产、生活服务设施，公益事业等各项建设的用地布局、建设要求，以及对耕地等自然资源和历史文化遗产保护、防灾减灾等的具体安排。乡规划还应当包括本行政区域内的村庄发展布局。

2.3.4　城乡规划的实施

城乡规划的实施，就是对建设用地和建设活动按照经过法律程序批准的城乡规划设计方案进行统一的安排和控制，引导和调节城乡的各项建设事业有计划、有秩序、有步骤地协调发展。地方各级人民政府应当根据当地经济社会发展水平，量力而行，尊重群众意愿，有计划、分步骤地组织实施城乡规划。

2.3.4.1　实施城乡规划的基本要求

1. 城乡建设和发展

城市的建设和发展，应当优先安排基础设施以及公共服务设施的建设，妥善处理新区开发与旧区改建的关系，统筹兼顾进城务工人员生活和周边农村经济社会发展、村民生产与生活的需要。镇的建设和发展，应当结合农村经济社会发展和产业结构调整，优先安排供水、排水、供电、供气、道路、通信、广播电视等基础设施和学校、卫生院、文化站、幼儿园、福利院等公共服务设施的建设，为周边农村提供服务。乡、村庄的建设和发展，应当因地制宜、节约用地，发挥村民自治组织的作用，引导村民合理进行建设，改善农村生产、生活条件。

城乡建设和发展，应当依法保护和合理利用风景名胜资源，统筹安排风景名胜区及周边乡、镇、村庄的建设。风景名胜区的规划、建设和管理，应当遵守有关法律、行政法规和国务院的规定。

城市地下空间的开发和利用，应当与经济和技术发展水平相适应，遵循统筹安排、综合开发、合理利用的原则，充分考虑防灾减灾、人民防空和通信等需要，并符合城市规划，履行规划审批手续。

城乡规划确定的铁路、公路、港口、机场、道路、绿地、输配电设施及输电线路走廊、通信设施、广播电视设施、管道设施、河道、水库、水源地、自然保护区、防汛通道、消防通道、核电站、垃圾填埋场及焚烧厂、污水处理厂和公共服务设施的用地以及其他需要依法保护的用地，禁止擅自改变用途。

2. 新城区开发建设与旧城区改建

（1）新区开发

城市新区的开发和建设，应当合理确定建设规模和时序，充分利用现有市政基础设施和公共服务设施，严格保护自然资源和生态环境，体现地方特色。在城市总体规划、镇总体规划确定的建设用地范围以外，不得设立各类开发区和城市新区。

（2）旧区改建

旧城区的改建，应当保护历史文化遗产和传统风貌，合理确定拆迁和建设规模，有计划地对危房集中、基础设施落后等地段进行改建。历史文化名城、名镇、名村的保护以及受保护建筑物的维护和使用，应当遵守有关法律、行政法规和国务院的规定。

3. 近期建设规划

城市、县、镇人民政府应当根据城市总体规划、镇总体规划、土地利用总体规划和年度计划以及国民经济和社会发展规划，制定近期建设规划，报总体规划审批机关备案。

近期建设规划应当以重要基础设施、公共服务设施和中低收入居民住房建设以及生态环境保护为重点内容，明确近期建设的时序、发展方向和空间布局。近期建设规划的规划期限为五年。

2.3.4.2 建设项目的“一书两证”制度

“一书”是指建设项目选址意见书，“两证”是指建设用地规划许可证和建设工程规划许可证。对在规划区内的建设项目实施“一书两证”制度，有利于保证各类建设活动符合城乡规划，是城乡规划实施的重要内容。

1. 建设项目选址意见书制度

（1）选址意见书的概念

选址意见书是指建设工程（主要是新建的大、中型工业与民用项目）在立项过程中，上报的可行性研究报告中必须有的由城市规划行政主管部门提出的关于建设项目选在哪个城市或者选在哪个方位的意见等具有法律效力的文件。发放目的是保障建设项目的选址和布局科学合理，符合城市规划的要求，实现经济效益、社会效益和环境效益的统一。

《城乡规划法》第 36 条规定：按照国家规定需要有关部门批准或者核准的建设项目，以划拨方式提供国有土地使用权的，建设单位在报送有关部门批准或者核准前，应当向城乡规划主管部门申请核发选址意见书。上述规定以外的建设项目不需要申请选址意见书。

（2）选址意见书的内容

根据建设部、国家发改委（原国家计划委员会）于 1991 年 8 月 23 日联合发布的《建设项目选址规划管理办法》，建设项目选址意见书的内容包括三个方面：

① 建设项目的基本情况，主要是指建设项目的名称、性质，用地与建设规模，供水与能源的需求量、采取的运输方式与运输量，以及废水、废气、废渣的排放方式和排放量。

② 建设项目规划选址的依据，主要有：经批准的项目建议书；建设项目与城市规划布局的协调；建设项目与城市交通、通信、能源、市政、防灾规划的衔接与协调；建设项目配套的生活设施与城市生活居住及供应设施规划的衔接与协调；建设项目对于城市环境可能造成的污染影

响;建设项目与城市环境保护规划和风景名胜、文物古迹保护规划是否协调。

③ 建设项目的选址、用地范围和具体规划要求。

2. 建设用地规划许可证制度

(1) 建设用地规划许可证的概念

建设用地规划许可证是指城乡规划行政主管部门根据城市规划的要求和建设项目的用地需要,向提出建设用地申请的建设单位和个人,核发的确定建设用地位置、面积、界限的法定凭证。目的在于确保土地利用符合城乡规划,维护建设单位按照规划使用土地的合法权益,为土地管理部门在城市规划区内行使权属管理职能提供必要的法律依据。

(2) 划拨土地使用权的建设用地规划许可

在城市、镇规划区内以划拨方式提供国有土地使用权的建设项目经有关部门批准、核准、备案后,建设单位应当向城市、县人民政府城乡规划主管部门提出建设用地规划许可申请,由城市、县人民政府城乡规划主管部门依据控制性详细规划核定建设用地的位置、面积、允许建设的范围,核发建设用地规划许可证。建设单位在取得建设用地规划许可证后,方可向县级以上地方人民政府土地主管部门申请用地,经县级以上人民政府审批后,由土地主管部门划拨土地。

(3) 出让土地使用权的建设用地规划许可

在城市、镇规划区内以出让方式提供国有土地使用权的,在国有土地使用权出让前,城市、县人民政府城乡规划主管部门应当依据控制性详细规划,提出出让地块的位置、使用性质、开发强度等规划条件,作为国有土地使用权出让合同的组成部分。未确定规划条件的地块,不得出让国有土地使用权。

以出让方式取得国有土地使用权的建设项目,在签订国有土地使用权出让合同后,建设单位应当持建设项目的批准、核准、备案文件和国有土地使用权出让合同,向城市、县人民政府城乡规划主管部门领取建设用地规划许可证。城市、县人民政府城乡规划主管部门不得在建设用地规划许可证中,擅自改变作为国有土地使用权出让合同组成部分的规划条件。

规划条件未纳入国有土地使用权出让合同的,该国有土地使用权出让合同无效;对未取得建设用地规划许可证的建设单位批准用地的,由县级以上人民政府撤销有关批准文件;占用土地的,应当及时退回;给当事人造成损失的,应当依法给予赔偿。

(4) 建设用地规划许可证的审批程序

建设用地规划许可证的审批程序一般分为以下步骤:

① 用地申请。由建设单位或个人,持国家批准建设项目的有关文件,向城市规划行政主管部门提出用地申请。

② 现场踏勘。城乡规划行政主管部门受理了建设单位的用地申请后,应当与建设单位会同有关部门到选址地点进行现场调查和踏勘。

③ 征求意见。在城乡规划区安排建设项目,占用城市土地,涉及许多部门。为了使建设项目的安排更趋于合理,城乡规划行政主管部门应当在审批建设用地前,征求环境保护、消防安全、文物保护、土地管理等部门的意见。

④ 提供设计条件。城乡规划行政主管部门初审通过后,可向建设单位提供建设用地地址与范围的红线图,并提出用地规划设计条件和要求。建设单位可以依据城乡规划主管部门下达的红线图委托设计单位进行方案设计工作。

⑤ 审查总平面图，核定用地面积。建设单位根据城市规划行政主管部门提供的设计条件完成总平面图设计后，应当将总平面图及其相关文件报送城市规划行政主管部门审查，主要审查用地性质、规模和布局方式、运输方式等是否符合城市规划的要求，建筑与工程设施是否符合合理用地、节约用地的原则，并根据城市规划设计用地定额指标和该地块具体情况，核审用地面积，防止浪费土地。

⑥ 核发建设用地规划许可证。城乡规划行政主管部门按照建设用地审批程序批准后，核发建设用地规划许可证。

3. 建设工程规划许可证制度

(1) 建设工程规划许可证概念

建设工程规划许可证是城乡规划主管部门向建设单位或个人核发的确认其建设工程符合城乡规划要求的法律凭证。建设工程规划许可证的作用主要表现在以下方面：确认有关建设活动的合法地位，保证建设单位和个人的合法权益；作为建设活动进行过程中接受监督检查时的法定依据；作为规划主管部门有关城市建设活动的重要历史资料和城市建设档案的重要内容。

在城市、镇规划区内进行建筑物、构筑物、道路、管线和其他工程建设的，建设单位或者个人应当向城市、县人民政府城乡规划主管部门或者省、自治区、直辖市人民政府确定的镇人民政府申请办理建设工程规划许可证。申请办理建设工程规划许可证，应当提交使用土地的有关证明文件、建设工程设计方案等材料。需要建设单位编制修建性详细规划的建设项目，还应当提交修建性详细规划。对符合控制性详细规划和规划条件的，由城市、县人民政府城乡规划主管部门或者省、自治区、直辖市人民政府确定的镇人民政府核发建设工程规划许可证。在乡、村庄规划区内进行乡镇企业、乡村公共设施和公益事业建设的，建设单位或者个人应当向乡、镇人民政府提出申请，由乡、镇人民政府报城市、县人民政府城乡规划主管部门核发乡村建设规划许可证。建设单位或者个人在取得乡村建设规划许可证后，方可办理用地审批手续。

(2) 建设工程规划许可证的审批程序

建设单位或者个人在取得建设用地规划许可证后，应当向土地管理部门办理土地划拨或者出让手续，领取土地使用权证等有关批准文件；然后，向规划主管部门提出建设申请。规划主管部门受理建设申请后，便进入了建设工程规划许可证的审批阶段。建设工程规划许可证的审批程序分为以下步骤：

① 建设申请。建设单位应当持批准的计划投资文件，上级主管部门批准建设的批件、建设用地规划许可证、土地使用权证等有关批准文件向规划主管部门提出核发建设工程规划许可证申请。规划行政主管部门对建设申请进行审查，确定建设工程的性质、规模等是否符合城乡规划的布局和发展要求；对于建设工程涉及相关行政主管部门的，则应根据实际情况和需要，征求有关主管部门的意见，进行综合协调。

② 提出规划设计要求。规划主管部门对建设申请进行审查后，根据建设工程所在地段详细规划的要求，提出规划设计要求，核发规划设计要点通知书，建设单位按此要求委托设计单位进行方案设计工作。

③ 方案审查。建设单位提出设计方案(报审设计方案应不少于 2 个)、文件、图纸后，规划主管部门对各规划方案的总平面布置、交通组织情况、工程周围环境关系和单体设计体量、层次、造型等进行审查比较，确定规划设计方案，提出规划修改意见，核发设计方案通知书。建设

单位据此委托设计单位进行施工图设计。

④ 核发建设工程规划许可证。建设单位持注明勘察设计证号的总平面图，单体建筑设计的平面图、立面图、剖面图、基础图，地下室平面图、剖面图等施工图纸，交由规划主管部门进行审查，经审查批准后，核发建设工程规划许可证。

⑤ 放线验线。建设单位按照建设工程规划许可证和批准的施工图放线后，应向城市规划行政主管部门申请验线并报告开工日期，城市规划行政主管部门现场验线无误，做好验线记录，同意开工后，建设工程方可破土动工。

(3) 竣工验收管理

建设工程经审查批准后，城乡规划行政主管部门要对城乡规划的实施情况进行监督检查。《城乡规划法》第 45 条规定：县级以上地方人民政府城乡规划主管部门按照国务院规定对建设工程是否符合规划条件予以核实。未经核实或者经核实不符合规划条件的，建设单位不得组织竣工验收。建设单位应当在竣工验收后六个月内向城乡规划主管部门报送有关竣工验收资料。

(4) 临时建设管理

临时建设是指企事业单位或者个人因生产、生活的需要临时搭建的结构简易的并在规定期限内必须拆除的建设工程或者设施。临时建设应当办理批准手续，临时建设期限由各地规划行政主管部门根据实际情况确定，一般不得超过两年。

《城乡规划法》第 44 条规定：在城市、镇规划区内进行临时建设的，应当经城市、县人民政府城乡规划主管部门批准。临时建设影响近期建设规划或者控制性详细规划的实施以及交通、市容、安全等的，不得批准。临时建设应当在批准的使用期限内自行拆除。临时建设和临时用地规划管理的具体办法，由省、自治区、直辖市人民政府制定。

2.3.5 违反《城乡规划法》的法律责任

对实施《城乡规划法》的过程中出现的违法行为，其主体应当承担相应的法律责任。这种法律责任大多以行政责任为主，构成犯罪的，依法应追究刑事责任。

2.3.5.1 国家机关及其工作人员的法律责任

(1) 对依法应当编制城乡规划而未组织编制，或者未按法定程序编制、审批、修改城乡规划的，由上级人民政府责令改正，通报批评；对有关人民政府负责人和其他直接责任人员依法给予处分。

(2) 城乡规划组织编制机关委托不具有相应资质等级的单位编制城乡规划的，由上级人民政府责令改正，通报批评；对有关人民政府负责人和其他直接责任人员依法给予处分。

(3) 镇人民政府或者县级以上人民政府城乡规划主管部门有下列行为之一的，由本级人民政府、上级人民政府城乡规划主管部门或者监察机关依据职权责令改正，通报批评；对直接负责的主管人员和其他直接责任人员依法给予处分：

① 未依法组织编制城市的控制性详细规划、县人民政府所在地镇的控制性详细规划的；

② 超越职权或者对不符合法定条件的申请人核发选址意见书、建设用地规划许可证、建设工程规划许可证、乡村建设规划许可证的；

③ 对符合法定条件的申请人未在法定期限内核发选址意见书、建设用地规划许可证、建设工程规划许可证、乡村建设规划许可证的；

④ 未依法对经审定的修建性详细规划、建设工程设计方案的总平面图予以公布的；

⑤ 同意修改修建性详细规划、建设工程设计方案的总平面图前未采取听证会等形式听取利害关系人的意见的；

⑥ 发现未依法取得规划许可或者违反规划许可的规定在规划区内进行建设的行为，而不予查处或者接到举报后不依法处理的。

(4) 县级以上人民政府有关部门有下列行为之一的，由本级人民政府或者上级人民政府有关部门责令改正，通报批评；对直接负责的主管人员和其他直接责任人员依法给予处分：

① 对未依法取得选址意见书的建设项目核发建设项目批准文件的；

② 未依法在国有土地使用权出让合同中确定规划条件或者改变国有土地使用权出让合同中依法确定的规划条件的；

③ 对未依法取得建设用地规划许可证的建设单位划拨国有土地使用权的。

2.3.5.2 城乡规划编制单位的法律责任

(1) 城乡规划编制单位有下列行为之一的，由所在地城市、县人民政府城乡规划主管部门责令限期改正，处合同约定的规划编制费一倍以上两倍以下的罚款；情节严重的，责令停业整顿，由原发证机关降低资质等级或者吊销资质证书；造成损失的，依法承担赔偿责任：

① 超越资质等级许可的范围承揽城乡规划编制工作的；

② 违反国家有关标准编制城乡规划的。

未依法取得资质证书承揽城乡规划编制工作的，由县级以上地方人民政府城乡规划主管部门责令停止违法行为，依照上述规定处以罚款；造成损失的，依法承担赔偿责任。

以欺骗手段取得资质证书承揽城乡规划编制工作的，由原发证机关吊销资质证书，依照上述规定处以罚款；造成损失的，依法承担赔偿责任。

(2) 城乡规划编制单位取得资质证书后，不再符合相应的资质条件的，由原发证机关责令限期改正；逾期不改正的，降低资质等级或者吊销资质证书。

2.3.5.3 建设单位的法律责任

(1) 未取得建设工程规划许可证或者未按照建设工程规划许可证的规定进行建设的，由县级以上地方人民政府城乡规划主管部门责令停止建设；尚可采取改正措施消除对规划实施的影响的，限期改正，处建设工程造价5%以上10%以下的罚款；无法采取改正措施消除影响的，限期拆除，不能拆除的，没收实物或者违法收入，可以并处建设工程造价10%以下的罚款。

(2) 在乡、村庄规划区内未依法取得乡村建设规划许可证或者未按照乡村建设规划许可证的规定进行建设的，由乡、镇人民政府责令停止建设、限期改正；逾期不改正的，可以拆除。

(3) 建设单位或者个人有下列行为之一的，由所在地城市、县人民政府城乡规划主管部门责令限期拆除，可以并处临时建设工程造价一倍以下的罚款：

① 未经批准进行临时建设的；

② 未按照批准内容进行临时建设的；

③ 临时建筑物、构筑物超过批准期限不拆除的。

(4) 建设单位未在建设工程竣工验收后六个月内向城乡规划主管部门报送有关竣工验收资料的，由所在地城市、县人民政府城乡规划主管部门责令限期补报；逾期不补报的，处一万元以上五万元以下的罚款。

(5) 城乡规划主管部门做出责令停止建设或者限期拆除的决定后，当事人不停止建设或者逾期不拆除的，建设工程所在地县级以上地方人民政府可以责成有关部门采取查封施工现场、强制拆除等措施。

2.4 建设用地法律制度

2.4.1 土地管理的基本制度

人类的生产、生活资料的交换等各项活动都离不开土地，没有土地就没有人类。历朝历代的统治者都十分重视土地管理，并制定了一系列有关的法律法规。1986 年 6 月 25 日第六届全国人民代表大会常务委员会第十六次会议通过，并经过 1988 年 12 月 29 日、1998 年 8 月 29 日和 2004 年 8 月 28 日三次修正(订)的《中华人民共和国土地管理法》(以下简称《土地管理法》)是我国土地管理的基本法律，对土地的权属、开发、利用、保护及土地管理进行了规范。

《土地管理法》确定了以下基本制度。

2.4.1.1 土地公有制

土地公有制是我国社会主义公有制的重要内容。我国土地实行社会主义公有制，即全民所有制和劳动群众集体所有制。城市市区的土地属于国家所有。农村和城市郊区的土地除由法律规定属于国家所有的以外，属于农民集体所有；宅基地和自留地、自留山，属于农民集体所有。

任何单位和个人不得侵占、买卖或者以其他形式非法转让土地。土地使用权可以依法转让。国家为了公共利益的需要，可以依法对集体所有的土地实行征收或者征用并给予补偿。

2.4.1.2 合理利用和切实保护耕地

十分珍惜、合理利用土地和切实保护耕地是我国一项长期的基本国策，各级人民政府应当采取措施，全面规划，严格管理，保护、开发土地资源，制止非法占用土地的行为。只有这样，可持续发展战略的实施才有保障。我国人均耕地面积不到世界平均水平的一半，耕地后备资源也严重不足，因此国家十分重视耕地保护。

《土地管理法》明确规定，国家保护耕地，严格控制耕地转为非耕地。国家实行占用耕地补偿制度。非农业建设经批准占用耕地的，按照“占多少，垦多少”的原则，由占用耕地的单位负责开垦与所占用耕地的数量和质量相当的耕地；没有条件开垦或者开垦的耕地不符合要求的，应当按照省、自治区、直辖市的规定缴纳耕地开垦费，专款用于开垦新的耕地。

国家实行基本农田保护制度。下列耕地应当根据土地利用总体规划划入基本农田保护区，严格管理：

(1) 经国务院有关主管部门或者县级以上地方人民政府批准确定的粮、棉、油生产基地内的耕地；

(2) 有良好的水利与水土保持设施的耕地，正在实施改造计划以及可以改造的中、低产田；

(3) 蔬菜生产基地；

(4) 农业科研、教学试验田；

(5) 国务院规定应当划入基本农田保护区的其他耕地。

2.4.1.3　土地用途管制制度

国家实行土地用途管制制度。国家编制土地利用总体规划，规定土地用途，将土地分为农用地、建设用地和未利用地。严格限制农用地转为建设用地，控制建设用地总量，对耕地实行特殊保护。这里的农用地是指直接用于农业生产的土地，包括耕地、林地、草地、农田水利用地、养殖水面等；建设用地是指建造建筑物、构筑物的土地，包括城乡住宅和公共设施用地、工矿用地、交通水利设施用地、旅游用地、军事设施用地等；未利用地是指农用地和建设用地以外的土地。使用土地的单位和个人必须严格按照土地利用总体规划确定的用途使用土地。土地用途管制的目的是通过土地利用规划引导合理利用土地，促进区域经济、社会和环境的协调发展。

土地用途管制制度的内容包括：按用途对土地进行科学、合理的分类；通过土地登记明确土地使用权性质；编制土地利用总体规划；划分土地利用区和确定各区内土地利用的限制条件；对用途改变进行行政审批；对违反土地用途管制的行为进行处罚。

2.4.1.4　国有土地有偿使用制度

国家依法实行国有土地有偿使用制度，但是，国家在法律规定的范围内划拨国有土地使用权的除外。实行土地有偿使用有利于调动土地使用者的积极性，有利于土地的有效开发和利用，提高土地的使用效益，最大限度地发挥土地的经济价值。

2.4.2　农用地转用审批制度

将农用地转为建设用地，对于耕地短缺的我国来说，会严重影响国民经济的发展和社会的稳定，也与我国切实保护耕地的国策不符，《土地管理法》对此做出了严格的限制，规定了严格的审批程序。

根据《土地管理法》第44条规定，建设占用土地，涉及农用地转为建设用地的，应当办理农用地转用审批手续。省、自治区、直辖市人民政府批准的道路、管线工程和大型基础设施建设项目、国务院批准的建设项目占用土地，涉及农用地转为建设用地的，由国务院批准。在土地利用总体规划确定的城市和村庄、集镇建设用地规模范围内，为实施该规划而将农用地转为建设用地的，按土地利用年度计划分批次由原批准土地利用总体规划的机关批准。在已批准的农用地转用范围内，具体建设项目用地可以由市、县人民政府批准。上述规定以外的建设项目占用土地，涉及农用地转为建设用地的，由省、自治区、直辖市人民政府批准。

2.4.3　土地征收制度

《土地管理法》规定，国家为了公共利益的需要，可以依法对集体所有的土地实行征收或者征用并给予补偿。为了防止滥征土地，保护农民集体的利益，《土地管理法》对征收土地的审批程序和补偿办法做出了具体规定。

2.4.3.1　土地征收的审批

(1) 征收下列土地由国务院审批：

① 基本农田；

② 基本农田以外的耕地超过35公顷的；

③ 其他土地超过 70 公顷的。

(2) 征收上述规定以外的土地由省、自治区、直辖市的人民政府审批,并报国务院备案。

(3) 农用地征收的情形比较复杂,应当先办理农用地转用审批手续,否则不能征收。其中,经国务院批准农用地转用的,同时办理征地审批手续,不再另行办理征地审批;经省级人民政府在其征地批准权限内批准农用地转用的,同时办理征地审批手续,不再另行办理征地审批,超过其征地批准权限的,应报请国务院审批。

2.4.3.2 土地征收的实施

国家征收土地的,依照法定程序批准后,由县级以上地方人民政府予以公告并组织实施。

被征收土地的所有权人、使用权人应当在公告规定期限内,持土地权属证书到当地人民政府土地行政主管部门办理征地补偿登记。

2.4.3.3 土地征收的补偿

根据《土地管理法》的规定,征收土地的,按照被征收土地的原用途给予补偿。征收耕地的补偿费用包括土地补偿费、安置补助费以及地上附着物和青苗的补偿费。

1. 土地补偿费

征收耕地的土地补偿费为该耕地被征收前三年平均年产值的 6~10 倍。

征收其他土地的土地补偿费,由省、自治区、直辖市参照征收耕地的补偿标准规定;大、中型水利、水电工程建设征用土地的补偿标准由国务院规定。

2. 安置补助费

征收耕地的安置补助费,按照需要安置的农业人口数计算。需要安置的农业人口数,按照被征收的耕地数量除以征地前被征收单位平均每人占有耕地的数量计算。每一个需要安置的农业人口的安置补助费标准为该耕地被征用前三年平均年产值的 4~6 倍,但是每公顷被征收耕地的最高补助费不超过该耕地被征收前三年平均年产值的 15 倍。

征收其他土地的安置补助费标准,由省、自治区、直辖市参照征收耕地的安置补助费的标准规定。

按照上述标准支付的土地补偿费和安置补助费,尚不能使需要安置的农民保持原有生活水平的,经省、自治区、直辖市人民政府批准,可以增加安置补助费。但是土地补偿费和安置补助费的总和不得超过土地被征收前三年平均年产值的 30 倍。

3. 地上附着物和青苗补偿费

被征收土地上的附着物和青苗的补偿标准,由省、自治区、直辖市规定。地上附着物是指依附于土地上的各类地上、地下建筑物和构筑物,如房屋、水井等。青苗是指被征收土地上正处于生长阶段的农作物。

征收城市郊区的菜地,用地单位应当按照国家有关规定缴纳新菜地开发建设基金。城市郊区菜地是指连续三年以上常年种菜的商品菜地和养殖鱼、虾的精养鱼塘。

征地补偿安置方案确定后,有关地方人民政府应当公告,并听取被征地的农村集体经济组织和农民的意见。被征地的农村集体经济组织应当将征收土地的补偿费用的收支状况向本集体经济组织的成员公布,接受监督。禁止侵占、挪用被征收土地单位的征地补偿费用和其他有关费用。

2.4.3.4 劳动力的安置

(1) 对征收土地造成的多余劳动力，由政府组织征地、被征地和其他有关单位，通过发展农副业生产或开办乡镇企业来安置。

(2) 安置不完的，可以安排符合条件的人员到用地单位或其他全民、集体所有制单位就业。需要安置的人员由农村集体经济组织安置的，安置补助费支付给农村集体经济组织，由农村集体经济组织管理和使用；由其他单位安置的，安置补助费支付给安置单位；不需要统一安置的，安置补助费发放给被安置人员个人或者征得被安置人员同意后用于支付被安置人员的保险费用。

(3) 被征地单位的土地被全部征用的，经省、自治区、直辖市人民政府审查批准，原有农业户口可转为非农业户口，原有的集体所有的财产和征地补偿费应用于组织生产和就业人员的生活补助。

(4) 大、中型水利、水电工程建设征收土地而产生的移民安置，由国务院另行规定。

此外，《中华人民共和国物权法》(简称《物权法》)也规定，征收集体所有的土地，除应当依法足额支付土地补偿费、安置补助费、地上附着物和青苗的补偿费等费用外，还要安排被征地农民的社会保障费用，保障被征地农民的生活，维护被征地农民的合法权益。

2.4.4 国有建设用地使用制度

国有建设用地包括国家所有的建设用地和国家征收的原属于农民集体所有的土地。建设项目可行性研究论证时，土地行政主管部门可以根据土地利用总体规划、土地利用年度计划和建设用地标准，对建设用地有关事项进行审查，并提出意见。经批准的建设项目需要使用国有建设用地的，建设单位应当持法律、行政法规规定的有关文件，向有批准权的县级以上人民政府土地行政主管部门提出建设用地申请，经土地行政主管部门审查，报本级人民政府批准。建设单位使用国有土地，可通过划拨和出让两种方式取得土地使用权。

2.4.4.1 国有建设用地使用权的划拨

1. 土地使用权划拨的含义

土地使用权划拨是指县级以上人民政府依法批准，在土地使用者缴纳补偿、安置等费用后将该土地交付其使用，或者将土地使用权无偿交付给土地使用者使用的行为。划拨土地使用权有以下含义：

(1) 划拨土地使用权有两种形式，一种是将土地使用权无偿交付给使用者使用，另一种是附条件的使用，在土地使用者缴纳土地补偿、安置费用后，才能取得土地使用权。

(2) 经划拨取得的土地使用权没有使用期限的限制。

(3) 取得划拨土地使用权，必须经有批准权的人民政府核准并按法定的程序办理手续。

2. 划拨土地使用权的适用范围

根据《土地管理法》的规定，下列建设用地，经县级以上人民政府依法批准，可以以划拨方式取得：

(1) 国家机关用地和军事用地；

(2) 城市基础设施用地和公益事业用地；

(3) 国家重点扶持的能源、交通、水利等基础设施用地；

(4) 法律、行政法规规定的其他用地。

2.4.4.2 国有建设用地使用权的出让

1. 土地使用权出让的含义

土地使用权出让是指国家以土地所有者身份将国有土地使用权在一定年限内出让给土地使用者，由土地使用者向国家支付土地使用权出让金的行为。它具有以下特征：

(1) 土地使用权的出让方是土地的所有者——国家，但国家是一个抽象的主体，在具体行使权利时，一般是由各级人民政府及其所属的土地行政主管部门作为国家的代表。受让方是中华人民共和国境内外的公司、企业、其他组织和个人，但是外商投资开发经营成片土地，应依法设立中外合资经营企业、中外合作经营企业、外商独资企业，才能享有该项权利。

(2) 土地使用权出让的是国有土地，主要是指市、县、建制镇、工矿区范围内属于全民所有的土地。城市规划区内的集体所有的土地，必须先依法征用转为国有土地之后方可出让。

(3) 土地使用权的出让方将土地交给受让方使用，而受让方则需支付相应的出让金。出让金的实质是土地所有者凭借其所有权取得的土地的经济利益。

2. 出让土地使用权的年限

土地使用权出让的最高年限由国务院规定，实际出让年限由出让合同约定，合同约定的出让年限不得超过法律规定的最高出让年限。按照《中华人民共和国城镇国有土地使用权出让和转让暂行条例》的规定，最高出让年限按用途确定：居住用地 70 年；工业用地 50 年；教育、科技、文化、卫生、体育用地 50 年；商业、旅游、娱乐用地 40 年；综合或其他用地 50 年。

3. 土地使用权出让的方式

出让方式是指国有土地的代表通过一定形式或程序将国有土地使用权出让给一定的使用者。土地使用权出让，可以采取拍卖、招标或者双方协议的方式，近年来又出现了挂牌交易的出让方式。

(1) 拍卖

拍卖出让国有建设用地使用权，是指出让人发布拍卖公告，由竞买人在指定时间、地点进行公开竞价，根据出价结果确定国有建设用地使用权人的行为。

拍卖出让方式更为充分地引进了市场竞争机制，由最高报价者取得土地使用权，排除了出让方的任何主观因素，政府也可获得最高收益。拍卖方式使用面很广，但主要适用于竞争性强的房地产、金融、商业、旅游等用地。

(2) 招标

招标出让国有建设用地使用权，是指市、县人民政府国土资源行政主管部门发布招标公告，邀请特定或者不特定的自然人、法人和其他组织参加国有建设用地使用权投标，根据投标结果确定国有建设用地使用权人的行为。

招标方式引入竞争机制，体现了商品交换的原则，但获得土地使用权的并不一定是出价最高者，因为在评标时，既要考虑到投标价，又要考虑投标规划设计方案和投标人的资信等各方面的情况。这种方式既有利于公平竞争，又有利于土地规划利用的优化。

(3) 协议

协议是指土地使用权的受让方直接向出让方提出有偿使用土地的要求，双方就出让土地使用权的有关事宜进行协商，并达成一致意见的一种土地使用权出让方式。国有土地的所有者或其代表机关（出让方）根据用地性质、功能和土地开发利用的特点确定国有土地的使用者

(受让方)。

以协议方式出让土地使用权时,双方当事人在议定合同条款,特别是确定土地出让金方面,具有较大的灵活性。因此,《物权法》规定,对工业、商业、旅游、娱乐和商品住宅等经营性用地以及同一土地有两个以上意向用地者的,应当采取招标、拍卖等公开竞价的方式。

(4) 挂牌交易

挂牌出让国有建设用地使用权,是指出让人发布挂牌公告,按公告规定的期限将拟出让宗地的交易条件在指定的土地交易场所挂牌公布,接受竞买人的报价申请并更新挂牌价格,根据挂牌期限截止时的出价结果或者现场竞价结果确定国有建设用地使用权人的行为。

挂牌交易土地最低交易价透明,交易过程平和,竞买人可以在深思熟虑后做出决定,起到了稳定地价的作用,对土地的有效出让起到了保证作用。

2.4.4.3 建设用地的用途变更

建设单位使用国有土地的,应当按照土地使用权出让等有偿使用合同的约定或者土地使用权划拨批准文件的规定使用土地;确需改变该幅土地建设用途的,应当经有关人民政府土地行政主管部门同意,报原批准用地的人民政府批准。其中,在城市规划区内改变土地用途的,在报批前,应当先经有关城市规划行政主管部门同意。

2.4.4.4 国有建设用地使用权的收回

根据《土地管理法》规定,出现下列情形之一的,由有关人民政府土地行政主管部门报经原批准用地的人民政府或者有批准权的人民政府批准,可以收回国有土地使用权:

(1) 为公共利益需要使用土地的;

(2) 为实施城市规划进行旧城区改建,需要调整使用土地的;

(3) 土地出让等有偿使用合同约定的使用期限届满,土地使用者未申请续期或者申请续期未获批准的;

(4) 因单位撤销、迁移等原因,停止使用原划拨的国有土地的;

(5) 公路、铁路、机场、矿场等经核准报废的。

其中因上述(1)、(2)两种情形收回国有土地使用权的,对土地使用权人应当给予适当补偿。

2.4.5 乡(镇)村建设用地制度

1. 乡(镇)村建设用地的控制原则

(1) 乡镇企业、乡(镇)村公共设施、公益事业、农村村民住宅等乡(镇)村建设,应当按照村庄和集镇规划,合理布局,综合开发,配套建设;建设用地,应当符合乡(镇)土地利用总体规划和土地利用年度计划,并依照规定办理审批手续。

(2) 农村村民一户只能拥有一处宅基地,其宅基地的面积不得超过省、自治区、直辖市规定的标准。农村村民建住宅,应当符合乡(镇)土地利用总体规划,并尽量使用原有的宅基地和村内空闲地。

(3) 兴办企业的建设用地,必须严格控制。省、自治区、直辖市可以按照乡镇企业的不同行业和经营规模,分别规定用地标准。

2. 乡(镇)村建设用地的审批

农村集体经济组织使用乡(镇)土地利用总体规划确定的建设用地兴办企业或者与其他单位、个人以土地使用权入股、联营等形式共同举办企业的,应当持有关批准文件,向县级以上地方人民政府土地行政主管部门提出申请,按照省、自治区、直辖市规定的批准权限,由县级以上地方人民政府批准;其中,涉及占用农用地的,依法办理农用地转用审批手续。

乡(镇)村公共设施、公益事业建设,需要使用土地的,经乡(镇)人民政府审核,向县级以上地方人民政府土地行政主管部门提出申请,按照省、自治区、直辖市规定的批准权限,由县级以上地方人民政府批准;其中,涉及占用农用地的,依法办理农用地转用审批手续。

农村村民住宅用地,经乡(镇)人民政府审核,由县级人民政府批准;其中,涉及占用农用地的,依法办理农用地转用审批手续。农村村民出卖、出租住房后,再申请宅基地的,不予批准。

3. 乡(镇)村土地使用权的收回

出现下列情形之一的,农村集体经济组织报经原批准用地的人民政府批准,可以收回土地使用权:

(1) 为乡(镇)村公共设施和公益事业建设,需要使用土地的;

(2) 不按照批准的用途使用土地的;

(3) 因撤销、迁移等原因而停止使用土地的。

依照第(1)项规定收回农民集体所有的土地的,对土地使用权人应当给予适当补偿。

2.4.6 临时建设用地制度

临时建设用地是指因建设项目施工和地质勘察等需要临时使用国有土地或者集体土地。与一般建设用地相比,用地时间短,审批手续相对简便。

1. 临时建设用地的审批手续

临时建设用地由县级以上人民政府土地行政主管部门批准。其中,在城市规划区内的临时用地,在报批前,应当先经有关城市规划行政主管部门同意。土地使用者应当根据土地权属,与有关土地行政主管部门或者农村集体经济组织、村民委员会签订临时使用土地合同,并按照合同的约定支付临时使用土地补偿费。

2. 临时建设用地的限制

临时使用土地的使用者应当按照临时使用土地合同约定的用途使用土地,并不得修建永久性建筑物。

临时使用土地期限一般不超过 2 年。临时用地为耕地的,土地使用者应当自临时用地期满之日起 1 年内恢复种植条件。

2.4.7 违反《土地管理法》的法律责任

1. 非法交易土地的法律责任

在我国,土地所有权禁止交易,土地使用权可以交易,但必须依法进行,否则就属于非法土地交易,应承担相应的法律责任。

(1) 买卖或者以其他形式非法转让土地的,由县级以上人民政府土地行政主管部门没收违法所得；对违反土地利用总体规划擅自将农用地改为建设用地的，限期拆除在非法转让的土地上新建的建筑物和其他设施，恢复土地原状；对符合土地利用总体规划的，没收在非法转让的土地上新建的建筑物和其他设施，可以并处罚款；对直接负责的主管人员和其他直接责任人员，依法给予行政处分；构成犯罪的，依法追究刑事责任。

(2) 擅自将农民集体所有的土地的使用权出让、转让或者出租用于非农业建设的，由县级以上人民政府土地行政主管部门责令限期改正，没收违法所得，并处罚款。

2. 非法占用土地的法律责任

在我国，使用土地实行严格审批制度，非经审批或虽经审批但超过批准的数量或法定标准占用土地均为非法占用土地，须承担相应的法律责任。

(1) 未经批准或者采取欺骗手段骗取批准，非法占用土地的，由县级以上人民政府土地行政主管部门责令退还非法占用的土地；对违反土地利用总体规划擅自将农用地改为建设用地的，限期拆除在非法占用的土地上新建的建筑物和其他设施，恢复土地原状；对符合土地利用总体规划的，没收在非法占用的土地上新建的建筑物和其他设施，可以并处罚款；对非法占用土地单位的直接负责的主管人员和其他直接责任人员，依法给予行政处分；构成犯罪的，依法追究刑事责任。超过批准的数量占用土地，多占的土地以非法占用土地论处。

(2) 农村村民未经批准或者采取欺骗手段骗取批准，非法占用土地建住宅的，由县级以上人民政府土地行政主管部门责令退还非法占用的土地，限期拆除在非法占用的土地上新建的房屋。超过省、自治区、直辖市规定的标准，多占的土地以非法占用土地论处。

(3) 责令限期拆除在非法占用的土地上新建的建筑物和其他设施的，建设单位或者个人必须立即停止施工，自行拆除；对继续施工的，做出处罚决定的机关有权制止。建设单位或者个人对责令限期拆除的行政处罚决定不服的，可以在接到责令限期拆除决定之日起十五日内，向人民法院起诉；期满不起诉又不自行拆除的，由做出处罚决定的机关依法申请人民法院强制执行，费用由违法者承担。

3. 非法批准征收、使用土地的法律责任

在我国批准征收、使用土地的法定审批权限、条件、程序极为严格，违反其中任何一项规定均为非法批准征收、使用土地，应承担相应的法律责任。

(1) 无权批准征收、使用土地的单位或者个人非法批准征收、使用土地的，超越批准权限非法批准征收、使用土地的，不按照土地利用总体规划确定的用途批准用地的，或者违反法律规定的程序批准征收、使用土地的，其批准文件无效。

(2) 对非法批准征收、使用土地的直接负责的主管人员和其他直接责任人员，依法给予行政处分；构成犯罪的，依法追究刑事责任。

(3) 非法批准征收、使用的土地应当收回，有关当事人拒不归还的，以非法占用土地论处。

(4) 非法批准征收、使用土地，对当事人造成损失的，依法应当承担赔偿责任。

相关案例

【案情简介】

2014 年 5 月，某市某区居民孙某回家乡创办机械制造有限公司，与该区某镇政府签订征用土地协议书，并分别在区发展和改革局、建设局办理了该项目的立项和规划批准手续。为了使该项目尽快上马，2014 年 6 月 5 日，该镇召开招商引资会议，确定了主管领导具体负责该项目的落实工作。2014 年 6 月 11 日，该镇又召开党政联席会议，会议由镇党委书记王某主持，经研究同意机械制造有限公司在 6 月 18 日动工建设，并要求镇有关领导和有关部门人员参加。2014 年 6 月 18 日，在镇有关人员的组织下，违法当事人开始填土，填土面积 6350 m^2。2014 年 6 月 20 日，该市国土局接到群众举报，立即赶到现场并进行勘测、调查，并发出书面制止通知。但违法当事人并未停工，并在镇有关领导的支持、纵容下继续施工建设，建成小部分厂房和办公楼。2014 年 8 月，该市国土局对该案做了进一步调查处理，并做出了行政处罚决定。

【案件分析】

根据《土地管理法》第 76 条和《中华人民共和国土地管理法实施条例》第 42 条的规定，该市国土局做出行政处罚决定，责令该机械制造有限公司退还非法占用的 6350 m^2 土地，没收在非法占用的土地上新建的建筑物和其他设施，并处以每平方米 20 元的罚款，共计 12.7 万元。与此同时，根据《违反土地管理规定行为处分办法》，该市国土局将有关的案卷材料移送给市监察局，建议纪检监察部门追究该镇党委书记王某等人的纪律责任。

【案件评析】

这起案件具有一定的代表性，许多问题值得深思和引以为戒。

机械制造有限公司的法定代表人孙某在回家乡投资办厂的过程中，轻信该镇有关领导的承诺，在未依法办理有关用地审批手续的情况下，在镇有关人员的组织下，违法填占耕地 6350 m^2，又不服从土地管理部门的及时制止，继续违法抢建，最终受到市国土局的严厉处罚，其损失是惨重的，教训也是深刻的。它告诫所有的用地者，在使用土地，特别是占用耕地前，一定要认真学习有关的土地法律、法规，依法办妥法定的审批手续，不能轻信当地有关领导的承诺、批示或会议纪要等，这些都不具有法律效力。

该镇党委书记王某等有关领导，为了使机械制造有限公司尽快投产建设，积极筹备该项目的落实工作，其急于发展当地经济的动机是好的，但也必须依法办事。在明知该项目的用地审批手续未依法办妥的情况下，镇党委书记王某专门主持召开党政联席会议，同意该公司迅速动工建设，并要求镇领导和有关部门人员参加，其后又纵容该公司继续抢建，其行为违反了有关的土地管理规定，受到了纪律处分。这也警示我们有关领导，在发展经济的过程中，一定要依法办事，按法定的程序和权限办事，不要“好心办坏事”。

复习思考题

1. 什么是工程项目建设程序？我国工程项目建设程序可分为哪几个阶段？
2. 简述建设工程报建的范围、时间。
3. 简述建设项目的“一书两证”制度。
4. 简述我国土地征收的审批权限。
5. 什么是土地使用权划拨？简述划拨土地使用权的适用范围。
6. 我国的土地使用权出让方式有哪些？出让最高年限是如何规定的？

3　建筑许可法律制度

许可是指行政机关根据公民、法人和其他组织的申请，经过依法审查准予其从事特定活动的行政行为。对于行政许可，申请是许可的必要条件，没有申请，就没有许可。

建筑许可是指建设行政主管部门根据建设单位和从事建筑活动的公民、法人和其他组织的申请，经过依法审查准予其从事建筑活动的行政行为。实行建筑许可制度的目的在于加强对工程建设活动的监督管理，保证建筑工程的质量和安全。

我国的建筑许可包括建筑工程施工许可、从业单位的资质许可和从业人员执业资格许可的法律制度。下面将分别进行阐述。

3.1　建筑工程施工许可

建筑工程施工许可制度是指建设行政主管部门，在建筑工程施工开始之前，对该工程是否符合法定的开工条件进行审查，对符合条件的建筑工程发给施工许可证，允许该工程开工建设的一项制度。建筑工程施工许可制度是许多国家对建筑活动实施监督管理所采用的做法。实行施工许可制度，可以督促建设单位及时开工，防止土地闲置浪费，有利于保证开工建设的工程符合法定条件，在开工后能够顺利进行，避免不具备条件的建筑工程盲目开工造成不必要的损失，同时也有助于建设行政主管部门对在建的项目进行监督管理。

3.1.1　建筑工程施工许可证的申领时间、审批机关与范围

3.1.1.1　施工许可证的申领时间、审批机关

建筑工程开工前，建设单位应当按照国家有关规定向工程所在地县级以上人民政府建设行政主管部门申请领取施工许可证。

开工日期是指建设项目或单项工程设计文件中规定的永久性工程计划开始施工的时间，以永久性工程正式破土开槽、开始施工的时间为准；在此之前的准备工作，如地质勘探，平整场地，拆除旧有建筑物，建临时建筑，建施工用临时道路、水、电等工程都不算正式开工。建设单位未依法在开工前申请领取施工许可证便开工建设的，属于违法行为，由行政主管部门责令改正，对不符合开工条件的责令停止施工，可以处以罚款。

施工许可证由工程所在地县级以上人民政府建设行政主管部门审批，乡、镇人民政府无权审批。

3.1.1.2　申领施工许可证的范围

除国务院建设行政主管部门确定的限额以下的小型工程，以及按照国务院规定的权限和程序批准开工报告的建筑工程外，其余所有在我国境内的建筑工程均应领取施工许可证。可见，有两种情况属于例外，可以不领取施工许可证。

1. 国务院建设行政主管部门确定的限额以下的小型工程

根据《建筑工程施工许可管理办法》第 2 条的规定，工程投资额在 30 万元以下或者建筑面积在 300 m^2 以下的建筑工程，可以不申请办理施工许可证。省、自治区、直辖市人民政府建设行政主管部门可以根据当地的实际情况，对限额进行调整，并报国务院建设行政主管部门备案。

2. 按照国务院规定的权限和程序批准开工报告的建筑工程

这里的开工报告，是指建设单位按照国家规定向相关主管部门申请准予开工的文件。

为什么有依法批准的开工报告的建筑工程不再领取施工许可证呢？主要是因为开工报告的审批内容和施工许可证的内容基本相同，同时又经过了国家机关的批准，所以没有必要再进行审批。

此外，抢险救灾工程、临时性建筑工程、农民自建两层以下(含两层)住宅工程，不适用施工许可证制度。军事房屋建筑工程施工许可的管理，按国务院、中央军事委员会制定的办法执行。

3.1.2 建筑工程施工许可证的申领条件

施工许可证的申领条件是指申请领取施工许可证应当达到的要求。

规定施工许可证的申领条件是为了保证建筑工程开工后能够顺利进行施工。根据《建筑法》第 8 条和《建筑工程施工许可管理办法》第 4 条的规定，申请领取施工许可证，应当具备下列条件。

1. 已经办理该建筑工程用地批准手续

办理用地批准手续是建筑工程依法取得土地使用权的必经程序。在我国，建设单位取得建设用地使用权，有出让和划拨两种方式。建设单位依法以出让或划拨方式取得土地使用权，应当向县级以上地方人民政府土地管理部门申请登记，经县级以上地方人民政府土地管理部门核实，由同级人民政府颁发土地使用权证书。建设单位取得土地使用权证书表明已经办理了该建筑工程用地批准手续。

2. 在城市规划区的建筑工程，已经取得建设工程规划许可证

这是在城市规划区的建筑工程开工建设的前提条件。根据《城乡规划法》的规定，在城市、镇规划区内进行建筑物、构筑物、道路、管线和其他工程建设的，建设单位或者个人应当向城市、县人民政府城乡规划主管部门或者省、自治区、直辖市人民政府确定的镇人民政府申请办理建设工程规划许可证。

3. 施工场地已经基本具备施工条件，需要征收房屋的，其进度符合施工要求。

4. 已经确定建筑施工企业

建筑工程的施工必须由具备相应资质的建筑施工企业来承担。在建筑工程开工前，建设单位必须确定承包该建筑工程的建筑施工企业，即建设单位必须依法通过招标发包或者直接发包的方式，确定具备相应资质的建筑施工企业，并签订建筑工程承发包合同。应当招标的工程没有招标，应当公开招标的工程没有公开招标，或者肢解发包工程，以及将工程发包给不具备相应资质条件的企业的，所确定的施工企业无效。

5. 有满足施工需要的施工图纸及技术资料，施工图设计文件已按规定审查合格

施工图纸及技术资料是进行施工作业的技术依据，是施工过程中保证工程质量的重要因素，因此在开工前必须要有满足施工需要的施工图纸和技术资料。我国实施施工图设计文件审查制度，施工图设计文件未经审查批准，不得使用。

6. 有保证工程质量和安全的具体措施

建筑工程的质量和安全直接关系到人民生命财产安全，在工程施工中必须把保证工程的质量和安全放在首位。施工企业编制的施工组织设计中应有根据建筑工程特点制定的相应质量、安全技术措施，专业性较强的工程项目应编制专项质量、安全施工组织设计。建立工程质量安全责任制并落实到人，并按照规定办理工程质量、安全监督手续。

7. 按照规定应该委托监理的工程已委托监理

我国实行建筑工程监理制度。实行监理的建筑工程，由建设单位委托具有相应资质的工程建设监理单位进行监督管理。凡是按照规定应该委托监理的工程必须委托监理，否则不予颁发施工许可证。

8. 建设资金已经落实

建设资金的落实是建筑工程开工后顺利实施的关键。在建筑工程开工前，建设资金必须落实，以避免开工后因缺乏资金而使施工不能继续进行，同时可以防止建设单位强行要求建筑施工企业垫资施工现象的发生。根据《建筑工程施工许可管理办法》的规定，建设工期不足一年的，到位资金原则上不得少于工程合同价的50%，建设工期超过一年的，到位资金原则上不得少于工程合同价的30%。建设单位应当提供本单位截至申请之日无拖欠工程款情形的承诺书或者能够表明其无拖欠工程款情形的其他材料，以及银行出具的到位资金证明，有条件的可以实行银行付款保函或者其他第三方担保。

9. 法律、行政法规规定的其他条件

这是指法律、行政法规对施工许可证申领条件的特别规定。由于建筑工程的施工活动比较复杂，各类建筑工程的施工方法、技术要求等不同，很难用列举的方式把申领施工许可证的条件都包括进去。而且，随着建筑活动的管理不断完善，施工许可证的申领条件也会发生变化，法律、行政法规可以根据实践的需要，进一步完善施工许可证的申领条件。县级以上地方人民政府建设行政主管部门不得违反法律、行政法规规定，增设办理施工许可证的其他条件。

上述九个方面的条件，是建设单位申请领取施工许可证所必须同时具备的必要条件，缺一不可。

3.1.3 申请办理施工许可证的程序

建设单位要取得施工许可证，必须先提出申请。施工许可证的申领，应当由建设单位来承担，而不是施工单位或其他单位。根据《建筑法》和《建筑工程施工许可管理办法》的规定，申请办理施工许可证，应当按照下列程序进行：

(1) 建设单位向有权颁发施工许可证的建设行政主管部门领取“建筑工程施工许可证申请表”。

(2) 建设单位持加盖单位及法定代表人印鉴的“建筑工程施工许可证申请表”，并附规定的证明文件，向发证机关提出申请。

(3) 发证机关在收到建设单位报送的“建筑工程施工许可证申请表”和所附证明文件后，对于符合条件的，应当自收到申请之日起 15 日内颁发施工许可证；对于证明文件不齐全或者失效的，应当当场或者在 5 日内一次性告知建设单位需要补正的全部内容，审批时间可以自证明文件补正齐全后做相应顺延；对于不符合条件的，应当自收到申请之日起 15 日内书面通知建设单位，并说明理由。

此外，建筑工程在施工过程中，建设单位或者施工单位发生变更的，应当重新申请领取施工许可证。

对申领施工许可证的期限做出明确规定，目的在于督促建设行政主管部门及时对施工许可证申请进行审查，提高办事效率，更好地保护当事人的合法权益。对建设行政主管部门不批准施工许可证申请，或长期无故拖延不做决定的，建设单位可以根据《中华人民共和国行政复议法》(简称《行政复议法》)的规定，向复议机关申请行政复议，对复议决定不服的，可以根据《中华人民共和国行政诉讼法》(简称《行政诉讼法》)的规定，向人民法院起诉；建设单位也可以根据《行政诉讼法》的规定，直接向人民法院起诉。

3.1.4 施工许可证的有效期与延期

为了督促建设单位及时开工，《建筑法》对施工许可证的有效期进行了明确规定。《建筑法》第 9 条规定建设单位应当自领取施工许可证之日起 3 个月内开工，也就是说施工许可证的有效期为 3 个月。建设单位应当如期开工，期限为领取施工许可证之日起 3 个月内。所谓领取施工许可证日，应当是从建设行政主管部门通知领取之日起算。

由于不可抗力和某些合理的客观原因，可能影响建筑工程的如期开工，因此根据客观情况的变化，允许施工许可证延期。《建筑法》第 9 条规定建设单位因故不能按时开工的，应当在期满前向发证机关申请延期，并说明理由。延期以两次为限，每次不超过 3 个月。申请延期的理由应当是合理的，比如不可抗力的原因，“三通一平”没有完成，材料、构件、必要的设备等没有按计划进场等客观原因。

在施工许可证的有效期内既不开工又不申请延期或者超过延期次数、时限的，施工许可证自行废止。所谓自行废止，即自动失去法律效力。施工许可证失去法律效力后，建设单位如组织开工，还必须重新领取新的施工许可证。施工许可证自动废止的情况有两种：一是既不在 3 个月内开工，又不向发证机关申请延期；二是超过延期的次数和时限，即建设单位在申请延期两次后，即领取施工许可证 9 个月后仍不开工，该许可证则失去效力。

3.1.5 中止施工与恢复施工

3.1.5.1 中止施工

中止施工是指由于一定事件的出现使得正在建设中的工程暂时停止施工。所谓一定事件是指能够引起正在建设中的工程停止下来的合理事件，如地震、洪水等不可抗力，国家宏观调控、压缩基建规模，停建、缓建，建筑工程质量事故、建筑工程安全事故等。

在建的建筑工程因故中止施工的，建设单位应当自中止施工之日起一个月内向发证机关报告，并按照规定做好建筑工程的维护管理工作。

中止施工后，建设单位应做好两个方面工作：一是向发证机关报告中止施工的情况，包括中止施工的时间、原因、在施部位、维护管理措施等，此报告应在中止施工起一个月内完成。二是按照规定做好建筑工程的维护管理工作，主要包括对于中止施工工程，工程建设单位和施工单位应确立合理的停工部位；建设单位和施工单位应提出善后处理的具体方案，方案要明确双方的职责，确定各自的义务，提出明确的中止施工日期；建设单位要与施工单位共同做好中止施工工程的现场安全、防火、防盗、维护等几项工作，并保管好工程技术档案资料。

3.1.5.2 恢复施工

恢复施工是指建筑工程中止施工后，造成中止施工的情况消除，继续进行施工的一种行为。

建筑工程恢复施工时，中止施工不满一年的，建设单位应当向该建筑工程的发证机关报告恢复施工的有关情况；中止施工满一年的，建筑工程恢复施工前，建设单位应当报发证机关核验施工许可证。建设行政主管部门对中止施工满一年的建筑工程进行审查，重新确定其是否仍具备组织施工的条件。符合条件的，允许其恢复施工，施工许可证继续有效；对不符合条件的，不允许恢复施工，施工许可证收回，待具备条件后，建设单位重新申领施工许可证。

3.1.6 建筑工程开工报告的管理

开工报告的审批也是一种政府行政许可的行为。开工报告批准后，建设单位也应按照开工报告规定的期限尽快开工，不得随意改变和拖延时间。

按照国务院有关规定批准开工报告的建筑工程，因特殊情况发生，不能按照开工报告规定期限开工的，建设单位应尽快向批准该开工报告的机关报告情况。已经按照开工报告规定的期限开始施工，在施工过程中，因特殊情况发生，而中途停止施工的，建设单位应尽快向批准该开工报告的机关报告中止施工的有关情况。因特殊情况不能按照开工报告规定的期限开工，时间超过 6 个月的，开工报告自行失效。建设单位应当按照国务院有关规定重新向批准开工报告的机关办理开工报告的批准手续。

3.2 从业单位资质管理制度

从事建设活动的企业资质管理制度，是指建设行政主管部门对从事建设活动有关企业的人员素质、管理水平、资金数量、业务能力等进行审查，以确定其承接任务的范围，并发给相应的资质证书的一种制度。企业资质管理的内容，主要是对企业的设立、定级、升级、降级、变更、终止等的资质审查或批准以及资质证书管理等。

建设活动不同于一般的经济活动，从业单位资质的高低直接影响着建设工程的质量和安全。因此，从事建设活动的单位必须符合严格的资质条件。企业资质等级反映了企业从事建设活动的资格和能力，是国家对建筑市场准入管理的重要手段。

3.2.1 从业单位应当具备的条件

从事建筑活动的建筑施工企业、勘察单位、设计单位和工程监理单位，应当具备下列条件。

1. 有符合国家规定的注册资本

注册资本是判断企业经济力量的依据之一。从事经营活动的企业组织，都必须具备基本的责任能力，能够承担与其经营活动相适应的责任。因此，建筑施工企业、勘察单位、设计单位和工程监理单位的注册资本必须适应从事建筑活动的需要，不得低于一定的限额。

(1) 建设部发布的《建筑业企业资质等级标准》对房屋建筑工程施工总承包企业和公路工程施工总承包企业的注册资本的最低限额做出的规定是：

① 房建工程：特级企业注册资本金 3 亿元以上；一级企业注册资本金 5000 万元以上；二级企业注册资本金 2000 万元以上；三级企业注册资本金 600 万元以上。

② 公路工程：特级企业注册资本金 3 亿元以上；一级企业注册资本金 6000 万元以上；二级企业注册资本金 3000 万元以上；三级企业注册资本金 1000 万元以上。

(2) 建设部发布的《工程勘察资质分级标准》、《工程设计资质标准》对工程勘察设计单位的注册资本的最低限额做出了明确规定：

① 工程勘察综合类资质注册资本金不少于 800 万元；工程勘察专业类甲级资质注册资本金不少于 150 万元，乙级资质注册资本金不少于 80 万元，丙级资质注册资本金不少于 50 万元。

② 工程设计综合类资质注册资本金不少于 6000 万元；工程设计行业类甲级资质注册资本金不少于 600 万元，乙级资质注册资本金不少于 300 万元，丙级资质注册资本金不少于 100 万元；工程设计专业类甲级资质注册资本金不少于 300 万元，乙级资质注册资本金不少于 100 万元，丙级资质注册资本金不少于 50 万元，丁级(限建筑工程设计)资质注册资本金不少于 5 万元。

(3) 建设部发布的《工程监理企业资质标准》对工程监理单位注册资本的最低限额做出的规定是：

工程监理综合类资质注册资本金不少于 600 万元；工程监理专业类甲级资质注册资本金不少于 300 万元，乙级资质注册资本金不少于 100 万元，丙级资质注册资本金不少于 50 万元。

(4) 建设部发布的《工程造价咨询企业管理办法》对工程造价咨询单位注册资本的最低限额做出的规定是：

甲级工程造价咨询企业注册资本金不少于 100 万元；乙级工程造价咨询企业注册资本金不少于 50 万元。

2. 有与其从事的建筑活动相适应的具有法定执业资格的专业技术人员

建筑活动是一种专业性、技术性很强的活动，因此从事建筑活动的建筑施工企业、勘察单位、设计单位和工程监理单位必须有足够的专业技术人员。建筑活动涉及人民的生命和财产安全，因而从事建筑活动的专业技术人员，必须有法定的执业资格，这种法定的执业资格必须依法通过考试和注册才能取得。由于建筑工程的规模和复杂程度各不相同，建筑活动所要求的专业技术人员的级别和数量也不同，建筑施工企业、勘察单位、设计单位和工程监理单位必须有与其从事的建筑活动相适应的专业技术人员。

3. 有从事相关建筑活动所应有的技术装备

建筑活动具有专业性强、技术性强的特点，没有相应的技术装备就无法进行。从事勘察设计和建筑施工活动的建筑施工企业、勘察单位、设计单位和工程监理单位必须有从事相关建筑活动所应有的技术装备。没有相应技术装备的单位，不得从事建筑活动。

4. 法律、行政法规规定的其他条件

除了应具备以上三项条件外，建筑施工企业、勘察单位、设计单位和工程监理单位还必须具备从事经营活动所应具备的其他条件。如按照《中华人民共和国民法通则》(简称《民法通则》)的规定，法人应当有自己的名称、组织机构和场所。按照《中华人民共和国公司法》(简称《公司法》)规定设立从事建筑活动的有限责任公司和股份有限公司，股东或发起人必须符合法定人数；股东或发起人共同制定公司章程，有公司名称，建立符合要求的组织机构，有固定的生产经营场所和必要的生产条件等。

3.2.2 从业单位的资质管理

3.2.2.1 建筑业企业资质管理制度

这里的建筑业企业，是指从事土木工程、建筑工程、线路管道设备安装工程、装修工程的新建、扩建、改建等活动的企业。建筑业企业应当按照其拥有的注册资本、专业技术人员、技术装备和已完成的建筑工程业绩等条件申请资质，经审查合格，取得建筑业企业资质证书后，方可在资质许可的范围内从事建筑施工活动。住建部发布的《建筑业企业资质管理规定》(住建部令第22号，自2015年3月1日起施行)和《施工总承包企业特级资质标准》(建市[2007]72号，自2007年3月13日起施行)，以及《建筑业企业资质标准》(建市[2014]159号，自2015年1月1日起施行)，对建筑施工企业的资质等级与标准、申请与审批、监督与管理、业务范围等做了明确规定。

1. 资质序列、资质类别和资质等级

(1) 资质序列

建筑业企业资质分为施工总承包、专业承包和劳务分包三个序列。

取得施工总承包资质的企业，可以承接施工总承包工程。施工总承包企业可以对所承接的施工总承包工程内各专业工程全部自行施工，也可以将专业工程或劳务作业依法分包给具有相应资质的专业承包企业或劳务分包企业。

取得专业承包资质的企业，可以承接施工总承包企业分包的专业工程和建设单位依法发包的专业工程。专业承包企业可以对所承接的专业工程全部自行施工，也可以将劳务作业依法分包给具有相应资质的劳务分包企业。

取得劳务分包资质的企业，可以承接施工总承包企业或专业承包企业分包的劳务作业。

(2) 资质分类和等级

施工总承包资质、专业承包资质、劳务分包资质序列这三类建筑业企业按照各自的工程性质和技术特点分别划分为若干资质类别。其中，施工总承包企业资质分为建筑工程、公路工程、铁路工程、港口与航道工程、水利水电工程、电力工程、矿山工程、冶金工程、石油化工工程、市政公用工程、通信工程、机电工程共12类；专业承包企业分为地基基础工程、起重设备安装工程、建筑装修装饰工程等36类；建筑业劳务分包企业资质不划分类别与等级。

各资质类别按照各自规定的条件划分为若干资质等级：如房屋建筑工程施工总承包企业资质分为特级、一级、二级、三级；地基基础工程专业承包企业资质分为一级、二级、三级；桥梁工程、隧道工程专业承包企业资质分为一级、二级；钢结构工程专业承包企业资质分为一级、二级、三级；城市轨道交通工程专业承包企业资质不分等级。不同资质等级企业根据工程规范和复杂程度在不同范围内承包工程，如建筑工程施工总承包企业承包工程范围如表 3.1 所列。

表 3.1 建筑工程施工总承包企业承包工程范围一览表

企业级别	单项建安合同额	房屋建筑工程	构筑物	住宅小区或建筑群体
特级企业	不受限制	不受限制	不受限制	不受限制
一级企业	不超过企业注册资本金 5 倍	40 层及以下、各类跨度	高度 240 m 及以下	建筑面积 20 万 m^2 及以下
二级企业		28 层及以下、单跨跨度 39 m 及以下	高度 120 m 及以下	建筑面积 12 万 m^2 及以下
三级企业		14 层及以下、单跨跨度 27 m 及以下	高度 70 m 及以下	建筑面积 6 万 m^2 及以下

2. 资质许可

建筑业企业资质许可包括资质申请和审批，资质升级和资质增项，资质证书延续，资质证书变更等。

(1) 资质申请和审批

建筑业企业资质证书分为正本和副本，正本一份，副本若干份，由国务院建设主管部门统一印制，正、副本具备同等法律效力。资质证书有效期为 5 年。

建筑业企业可以申请一项或多项建筑业企业资质；申请多项建筑业企业资质的，应当选择等级最高的一项资质为企业主项资质。

资质申请和审批根据管理机构的管辖权限实行分级申请和审批。各级人民政府建设主管部门都应当将准予资质许可的决定报国务院建设主管部门备案。

(2) 首次申请建筑业企业资质

首次申请建筑业企业资质，应当提交以下材料：①建筑业企业资质申请表及相应的电子文档；②企业法人营业执照副本；③企业章程；④企业负责人和技术、财务负责人的身份证明、职称证书、任职文件及相关资质标准要求提供的材料；⑤建筑业企业资质申请表中所列注册执业人员的身份证明、注册执业证书；⑥建筑业企业资质标准要求的非注册的专业技术人员的职称证书、身份证明及养老保险凭证；⑦部分资质标准要求企业必须具备的特殊专业技术人员的职称证书、身份证明及养老保险凭证；⑧建筑业企业资质标准要求的企业设备、厂房的相应证明；⑨建筑业企业安全生产条件有关材料；⑩资质标准要求的其他有关材料。

企业首次申请建筑业企业资质，不考核企业工程业绩，其资质等级按照最低资质等级核定。

已取得工程设计资质的企业首次申请同类别或相近类别的建筑业企业资质的，可以将相应规模的工程总承包业绩作为工程业绩予以申报，但申请资质等级最高不超过其现有工程设计资质等级。

(3) 增项申请

增项申请建筑业企业资质，与首次申请建筑业企业资质提交的材料完全一样。企业增项申请建筑业企业资质，不考核企业工程业绩，其资质等级按照最低资质等级核定。

(4) 资质升级

建筑业企业申请资质升级的,应当提交以下材料:①首次申请建筑业企业资质的第一、二、四、五、六、八、十项所列资料;②企业原资质证书副本复印件;③企业年度财务、统计报表;④企业安全生产许可证副本;⑤满足资质标准要求的企业工程业绩的相关证明材料。

(5) 不予批准企业资质升级申请和增项申请的情况

取得建筑业企业资质的企业,申请资质升级、资质增项,在申请之日起前一年内有下列情形之一的,资质许可机关不予批准企业的资质升级申请和增项申请:①超越本企业资质等级或以其他企业的名义承揽工程,或允许其他企业或个人以本企业的名义承揽工程的;②与建设单位或企业之间相互串通投标,或以行贿等不正当手段谋取中标的;③未取得施工许可证擅自施工的;④将承包的工程转包或违法分包的;⑤违反国家工程建设强制性标准的;⑥发生过较大生产安全事故或者发生过两起以上一般生产安全事故的;⑦恶意拖欠分包企业工程款或者农民工工资的;⑧隐瞒或谎报、拖延报告工程质量安全事故或破坏事故现场、阻碍对事故调查的;⑨按照国家法律、法规和标准规定需要持证上岗的技术工种的作业人员未取得证件上岗,情节严重的;⑩未依法履行工程质量保修义务或拖延履行保修义务,造成严重后果的;⑪涂改、倒卖、出租、出借或者以其他形式非法转让建筑业企业资质证书的;⑫其他违反法律、法规的行为。

(6) 资质延续

资质有效期届满,企业需要延续资质证书有效期的,应当在资质证书有效期届满60日前,申请办理资质延续手续。

对在资质有效期内遵守有关法律、法规、规章、技术标准,信用档案中无不良行为记录,且注册资本、专业技术人员满足资质标准要求的企业,经资质许可机关同意,有效期延续5年。

(7) 资质变更

建筑业企业在资质证书有效期内名称、地址、注册资本、法定代表人等发生变更的,应当在工商部门办理变更手续后30日内办理资质证书变更手续。

(8) 企业合并、分立、改制后的资质等级

企业合并的,合并后存续或者新设立的建筑业企业可以承继合并前各方中较高的资质等级,但应当符合相应的资质等级条件。

企业分立的,分立后企业的资质等级,根据实际达到的资质条件,按照规定的审批程序核定。

企业改制的,改制后不再符合资质标准的,应按其实际达到的资质标准按照规定的程序申请重新核定;资质条件不发生变化的,按企业资质变更办理。

3. 建筑业企业资质的监督管理

(1) 监督管理工作的实施

县级以上人民政府建设主管部门和其他有关部门应当依照有关法律、法规规定,加强对建筑业企业资质的监督管理。上级建设主管部门应当加强对下级建设主管部门资质管理工作的监督检查,及时纠正资质管理中的违法行为。

建设主管部门、其他有关部门履行监督检查职责时,有权采取下列措施:①要求被检查单位提供建筑业企业资质证书,注册执业人员的注册执业证书,有关施工业务的文档,有关质量管理、安全生产管理、档案管理、财务管理等企业内部管理制度的文件;②进入被检查单位进行

检查,查阅相关资料;③纠正违反有关法律、法规、规章及有关规范和标准的行为。

建设主管部门、其他有关部门依法对企业从事行政许可事项的活动进行监督检查时,应当将监督检查情况和处理结果予以记录,由监督检查人员签字后归档。

建设主管部门、其他有关部门在实施监督检查时,应当有两名以上监督检查人员参加,并出示执法证件,不得妨碍企业正常的生产经营活动,不得索取或者收受企业的财物,不得谋取其他利益。有关单位和个人对依法进行的监督检查应当协助与配合,不得拒绝或者阻挠。监督检查机关应当将监督检查的处理结果向社会公布。

建筑业企业违法从事建筑活动的,违法行为发生地的县级以上地方人民政府建设主管部门或者其他有关部门应当依法查处,并将违法事实、处理结果或处理建议及时告知该建筑业企业的资质许可机关。

(2) 企业资质的撤回

企业取得建筑业企业资质后不再符合相应资质条件的,建设主管部门、其他有关部门根据利害关系人的请求或者依据职权,可以责令其限期改正;逾期不改的,资质许可机关可以撤回其资质。被撤回建筑业企业资质的企业,可以申请资质许可机关按照其实际达到的资质标准,重新核定资质。

(3) 企业资质的撤销

有下列情形之一的,资质许可机关或者其上级机关,根据利害关系人的请求或者依据职权,可以撤销建筑业企业资质:①资质许可机关工作人员滥用职权、玩忽职守做出准予建筑业企业资质许可的;②超越法定职权做出准予建筑业企业资质许可的;③违反法定程序做出准予建筑业企业资质许可的;④对不符合许可条件的申请人做出准予建筑业企业资质许可的;⑤依法可以撤销资质证书的其他情形。以欺骗、贿赂等不正当手段取得建筑业企业资质证书的,应当予以撤销。

(4) 企业资质的注销

有下列情形之一的,资质许可机关应当依法注销建筑业企业资质,并公告其资质证书作废,建筑业企业应当及时将资质证书交回资质许可机关:①资质证书有效期届满,未依法申请延续的;②建筑业企业依法终止的;③建筑业企业资质依法被撤销、撤回或吊销的;④法律、法规规定的应当注销资质的其他情形。

(5) 企业信用档案信息的建立和公示

企业应当按照有关规定,向资质许可机关提供真实、准确、完整的企业信用档案信息。企业的信用档案应当包括企业基本情况、业绩、工程质量和安全、合同履约等情况。被投诉举报和处理、行政处罚等情况应当作为不良行为记入其信用档案。企业的信用档案信息按照有关规定向社会公示。

3.2.2.2 勘察设计单位资质管理制度

从事建设工程勘察、工程设计活动的企业,应当按照其拥有的注册资本、专业技术人员、技术装备和勘察设计业绩等条件申请资质,经审查合格,取得建设工程勘察、工程设计资质证书后,方可在资质许可的范围内从事建设工程勘察、工程设计活动。建设部发布的《建设工程勘察设计资质管理规定》(建设部令第160号,自2007年9月1日起施行)、《关于印发〈工程设计资质标准〉的通知》(建市[2007]86号)以及《工程勘察资质分级标准》对工程勘察设计企业的资质等级与标准、申请与审批、业务范围等做出了明确规定。

1. 工程勘察资质的分类、分级和工程承接范围

(1) 工程勘察资质的分类

工程勘察资质分为工程勘察综合资质、工程勘察专业资质和工程勘察劳务资质三个类别。工程勘察综合资质是指包括全部工程勘察专业资质的工程勘察资质。工程勘察专业资质包括岩土工程专业资质、水文地质勘察专业资质和工程测量专业资质。其中,岩土工程专业资质包括岩土工程勘察、岩土工程设计、岩土工程物探测试检测监测等岩土工程(分项)专业资质。工程勘察劳务资质包括工程钻探和凿井。

(2) 工程勘察资质的分级

工程勘察综合资质只设甲级。工程勘察专业资质设甲级、乙级,根据工程性质和技术特点,部分专业可以设丙级;工程勘察劳务资质不分等级。

(3) 工程承接范围

取得工程勘察综合资质的企业,可以承接各专业(海洋工程勘察除外)、各等级工程勘察业务;取得工程勘察专业资质的企业,可以承接相应等级、相应专业的工程勘察业务;取得工程勘察劳务资质的企业,可以承接工程钻探、凿井等工程勘察劳务业务。

2. 工程设计资质的分类、分级和工程承接范围

(1) 工程设计资质的分类

工程设计资质分为工程设计综合资质、工程设计行业资质、工程设计专业资质和工程设计专项资质四个类别。工程设计综合资质是指涵盖 21 个行业的设计资质。工程设计行业资质是指涵盖某个行业资质标准中的全部设计类型的设计资质。工程设计专业资质是指某个行业资质标准中的某一个专业的设计资质。工程设计专项资质是指为适应和满足行业发展的需求,对已形成产业的专项技术独立进行设计以及设计、施工一体化而设立的资质。

(2) 工程设计资质的分级

工程设计综合资质只设甲级;工程设计行业资质、工程设计专业资质、工程设计专项资质设甲级、乙级。根据工程性质和技术特点,个别行业、专业、专项资质可以设丙级,建筑工程专业资质可以设丁级。

(3) 工程承接范围

取得工程设计综合资质的企业,可以承接各行业、各等级的建设工程设计业务;取得工程设计行业资质的企业,可以承接相应行业、相应等级的工程设计业务及本行业范围内同级别的相应专业、专项(设计、施工一体化资质除外)工程设计业务;取得工程设计专业资质的企业,可以承接本专业相应等级的专业工程设计业务及同级别的相应专项工程设计业务(设计、施工一体化资质除外);取得工程设计专项资质的企业,可以承接本专项相应等级的专项工程设计业务。

具有工程设计资质的企业,还可以从事资质证书范围内的相应工程总承包、工程项目管理和相关的技术咨询与管理服务。

3. 资质许可

工程勘察甲级资质、工程设计甲级资质以及涉及铁路、交通、水利、信息产业、民航等方面的工程设计乙级资质由国务院建设主管部门审批,工程勘察乙级及以下资质、劳务资质、工程设计乙级(涉及铁路、交通、水利、信息产业、民航等方面的工程设计乙级资质除外)及以下资质许可由省、自治区、直辖市人民政府建设主管部门实施。

工程勘察、工程设计资质证书分为正本和副本，正本一份，副本六份，由国务院建设主管部门统一印制，正、副本具备同等法律效力。资质证书有效期为 5 年。

企业首次申请、增项申请工程勘察、工程设计资质，其申请资质等级最高不超过乙级，且不考核企业工程勘察、工程设计业绩。已具备施工资质的企业首次申请同类别或相近类别的工程勘察、工程设计资质的，可以将相应规模的工程总承包业绩作为工程业绩予以申报。其申请资质等级最高不超过其现有施工资质等级。

4. 企业资质的监督管理

勘察设计企业资质的监督管理制度同建筑业企业。

3.2.2.3 工程监理企业资质管理制度

从事建设工程监理活动的企业，应当按照规定取得工程监理企业资质，并在工程监理企业资质证书许可的范围内从事工程监理活动。建设部发布的《工程监理企业资质管理规定》（建设部令第 158 号，自 2007 年 8 月 1 日起施行），以及建设部颁布实施的《关于印发〈工程监理企业资质管理规定实施意见〉的通知》（建市[2007]190 号），对工程监理企业的资质等级、资质标准、申请与审批、业务范围等做了明确规定。

1. 工程监理资质的分类、分级和工程承接范围

（1）工程监理资质的分类

工程监理企业资质分为综合资质、专业资质和事务所资质。其中，专业资质按照工程性质和技术特点划分为若干工程类别。

（2）工程监理企业资质的分级

综合资质和事务所资质不分级别。专业资质分为甲级、乙级；其中，房屋建筑、水利水电、公路和市政公用工程专业资质可设立丙级。

（3）工程承接范围

综合资质可以承担所有专业工程类别建设工程项目的工程监理业务。

专业甲级资质可承担相应专业工程类别各个级别建设工程项目的工程监理业务。专业乙级资质可承担相应专业工程类别二级以下（含二级）建设工程项目的工程监理业务。专业丙级资质可承担相应专业工程类别三级建设工程项目的工程监理业务。

事务所资质可承担三级建设工程项目的工程监理业务，但是国家规定必须实行强制监理的工程除外。

工程监理企业可以开展相应类别建设工程的项目管理、技术咨询等业务。

2. 资质许可

工程监理综合资质、专业甲级资质由国务院建设主管部门审批。专业乙级、丙级资质和事务所资质由企业所在地省、自治区、直辖市人民政府建设主管部门审批。

新设立的企业申请工程监理企业资质，应先取得“企业法人营业执照”或“合伙企业营业执照”，办理完相应的执业人员注册手续后，方可申请资质。取得“企业法人营业执照”的企业，只可申请综合资质和专业资质；取得“合伙企业营业执照”的企业，只可申请事务所资质。

新设立的企业申请工程监理企业资质，应从专业乙级、丙级资质或事务所资质开始申请，不需要提供业绩证明材料。申请房屋建筑、水利水电、公路和市政公用工程专业资质的企业，也可以直接申请专业乙级资质。

具有甲级设计资质或一级及以上施工总承包资质的企业可以直接申请与主营业务相对应的专业工程类别甲级工程监理企业资质。具有甲级设计资质或一级及以上施工总承包资质的企业申请主营业务以外的专业工程类别监理企业资质的,应从专业乙级及以下资质开始申请。主营业务是指企业在具有的甲级设计资质或一级及以上施工总承包资质中主要从事的工程类别业务。

工程监理企业的注册人员、工程监理业绩(包括境外工程业绩)和技术装备等资质条件,均是以独立企业法人为审核单位。企业(集团)的母、子公司在申请资质时,各项指标不得重复计算。

工程监理企业资质证书分为正本和副本,每套资质证书包括 1 本正本,4 本副本,正、副本具有同等法律效力。工程监理企业资质证书的有效期为 5 年。

3. 工程监理企业的行为规范

工程监理企业不得有下列行为:

(1) 与建设单位串通投标或者与其他工程监理企业串通投标,以行贿手段谋取中标;

(2) 与建设单位或者施工单位串通弄虚作假、降低工程质量;

(3) 将不合格的建设工程、建筑材料、建筑构配件和设备按照合格签字;

(4) 超越本企业资质等级或以其他企业名义承揽监理业务;

(5) 允许其他单位或个人以本企业的名义承揽工程;

(6) 将承揽的监理业务转包;

(7) 在监理过程中实施商业贿赂;

(8) 涂改、伪造、出借、转让工程监理企业资质证书;

(9) 其他违反法律、法规的行为。

4. 企业资质的监督管理

工程监理企业资质的监督管理制度与建筑业企业的相同。

3.3 从业人员执业资格管理制度

执业资格制度是指对具备一定专业学历的专业技术人员,通过考试合格取得资格证书,并按规定进行注册后方能实际执业的管理制度的统称。我国《建筑法》第 14 条规定:从事建筑活动的专业技术人员,应当依法取得相应的执业资格证书,并在执业资格证书许可的范围内从事建筑活动。

对从事建筑活动的专业技术人员实行执业资格制度是非常必要的。法律之所以这样规定,一是深化我国建筑工程管理体制改革的需要,实行专业技术人员执业资格制度能保证建筑工程由具有相应资格的专业技术人员主持完成设计、施工、监理任务;二是我国工程建设领域与国际惯例接轨,适应对外开放的需要,当前世界大多数发达国家对从事涉及公众生命和财产安全的建筑活动的专业技术人员都制定了严格的执业资格制度,我国的专业技术人员要走向世界,其他国家和地区的专业技术人员要进入中国建筑市场,建立专业技术人员执业资格制度有利于对等互认和加强管理;三是加速人才培养,提高专业技术人员业务水平和队伍素质的需要，执业资格制度有一套严格的考试、注册办法以及继续教育的要求，有利于促进建筑工程质量、专业技术人员业务水平和从业能力的不断提高。

目前，我国对从事建筑活动的专业技术人员已建立起多种执业资格制度，如注册建筑师、注册结构工程师、注册建造师、注册土木工程师、注册监理工程师、注册造价工程师、注册房地产估价师的执业资格制度。这里重点介绍注册建造师、注册监理工程师、注册造价工程师的执业资格制度。

3.3.1 注册建造师执业资格制度

注册建造师是指取得中华人民共和国建造师资格证书，并按照规定注册取得中华人民共和国建造师注册证书和执业印章，担任施工单位项目负责人及从事相关活动的专业技术人员。

人事部(现合并为人力资源和社会保障部)、建设部联合印发的《建造师执业资格制度暂行规定》(人发[2002]111 号)对注册建造师的执业资格做出了规定，正式建立了建造师执业资格制度。建设部发布的《注册建造师管理规定》(建设部令第 153 号，自 2007 年 3 月 1 日起施行)对注册建造师的注册、执业、监督管理和法律责任做出了详细规定。

3.3.1.1 注册建造师的管理体制

国务院建设主管部门对全国注册建造师的注册、执业活动实施统一监督管理；国务院铁路、交通、水利、信息产业、民航等有关部门按照国务院规定的职责分工，对全国有关专业工程注册建造师的执业活动实施监督管理。

县级以上地方人民政府建设主管部门对本行政区域内的注册建造师的注册、执业活动实施监督管理；县级以上地方人民政府交通、水利、通信等有关部门在各自职责范围内，对本行政区域内有关专业工程注册建造师的执业活动实施监督管理。

3.3.1.2 建造师的考试

1. 报考条件

凡遵守国家法律、法规，具备下列条件之一者，可以申请参加建造师执业资格考试：

(1) 取得工程类或工程经济类大学专科学历，工作满 6 年，其中从事建设工程项目施工管理工作满 4 年。

(2) 取得工程类或工程经济类大学本科学历，工作满 4 年，其中从事建设工程项目施工管理工作满 3 年。

(3) 取得工程类或工程经济类双学士学位或研究生班毕业，工作满 3 年，其中从事建设工程项目施工管理工作满 2 年。

(4) 取得工程类或工程经济类硕士学位，工作满 2 年，其中从事建设工程项目施工管理工作满 1 年。

(5) 取得工程类或工程经济类博士学位，从事建设工程项目施工管理工作满 1 年。

2. 考试科目及成绩管理

建造师执业资格考试设“建设工程经济”、“建设工程法规及相关知识”、“建设工程项目管理”和“专业工程管理与实务”4 个科目。“专业工程管理与实务”按照建设工程的专业要求进行考查，具体分为建筑工程、公路工程、铁路工程、民航机场工程、港口与航道工程、水利水电工程、市政公用工程、通信与广电工程、矿业工程和机电工程 10 个专业类别。

考试成绩实行 2 年为一个周期的滚动管理办法，且必须在连续的两个考试年度内通过全部科目。

已取得建造师执业资格证书的人员，也可根据实际工作需要，选择“专业工程管理与实务”科目的相应专业，报名参加考试。考试合格后核发国家统一印制的相应专业合格证明。该证明作为注册时增加执业专业类别的依据。

3.3.1.3　注册建造师的注册

注册建造师实行注册执业管理制度。取得建造师执业资格证书的人员，必须经过注册，方可以注册建造师的名义执业。

1. 注册程序

取得建造师资格证书并受聘于一个建设工程勘察、设计、施工、监理、招标代理、造价咨询等单位的人员，应当通过聘用单位向单位工商注册所在地的省、自治区、直辖市人民政府建设主管部门提出注册申请。

对申请初始注册、重新注册、增项注册的，省、自治区、直辖市人民政府建设主管部门应当自受理申请之日起，20 日内审查完毕，并将申请材料和初审意见报国务院建设主管部门审批。国务院建设主管部门应当自收到省、自治区、直辖市人民政府建设主管部门上报材料之日起，20 日内审批完毕并做出书面决定，审批结果向社会公告。涉及铁路、公路、港口与航道、水利水电、通信与广电、民航专业的，国务院建设主管部门应当将全部申报材料送同级有关部门审核。有关部门应当在收到国务院建设主管部门移送的申请材料之日起，10 日内审核完毕，并将审核意见送国务院建设主管部门。住建部应将审核意见结果汇总后向社会公示 10 日，公示无异议的，准予注册。

对申请延续注册的，省、自治区、直辖市人民政府建设主管部门应当自受理申请之日起 5 日内审查完毕，并做出书面初审意见。国务院建设主管部门应当自收到省、自治区、直辖市人民政府建设主管部门上报材料之日起，10 日内审批完毕并做出书面决定，审批结果向社会公告。有关部门在收到国务院建设主管部门移送的申请材料后，应当在 5 日内审核完毕，并将审核意见送国务院建设主管部门。住建部将审核结果汇总后向社会公示 10 日，公示无异议的，准予注册。

对申请变更注册、注销注册，注册证书、执业印章遗失补办或污损更换的，住建部委托省级建设主管部门负责办理，5 日内办结。

2. 初始注册

初始注册者，可自资格证书签发之日起 3 年内提出申请。逾期未申请者，须符合本专业继续教育的要求后方可申请初始注册。

申请初始注册需要提交下列材料：

(1) 注册建造师初始注册申请表。

(2) 资格证书、学历证书和身份证复印件。

(3) 申请人与聘用单位签订的聘用劳动合同复印件或申请人所在企业出具的劳动、人事、工资关系证明。

(4) 逾期申请初始注册的，应当提供达到继续教育要求的证明材料。

初始注册的有效期限为 3 年，自核准注册之日起计算。

3. 延续注册

注册有效期满需继续执业的,应当在注册有效期届满 30 日前,按规定申请延续注册。延续注册的,有效期为 3 年。

申请延续注册的,应当提交下列材料:

(1) 注册建造师延续注册申请表。

(2) 原注册证书。

(3) 申请人与聘用单位签订的聘用劳动合同复印件或申请人聘用企业出具的劳动、人事、工资关系证明。

(4) 申请人注册有效期内达到继续教育要求的证明材料。

4. 变更注册

在注册有效期内,发生下列情形之一的,应当及时申请变更注册;变更注册后,有效期执行原注册证书的有效期:

(1) 执业企业变更的。

(2) 所在聘用企业名称变更的。

(3) 注册建造师姓名变更的。

申请变更注册的,申请人应当提交下列材料:

(1) 注册建造师变更注册申请表。

(2) 注册证书原件和执业印章。

(3) 执业企业变更的,应当提供申请人与新聘用企业签订的聘用劳动合同,或申请人聘用企业出具的劳动、人事、工资关系证明,以及工作调动证明复印件(与原聘用企业解除聘用合同或聘用合同到期的证明文件、退休人员的退休证明)。

(4) 申请人所在聘用企业名称发生变更的,应当提供变更后的"企业法人营业执照"复印件和企业所在地工商行政主管部门出具的企业名称变更函复印件。

(5) 注册建造师姓名变更的,应当提供变更后的身份证明原件或公安机关户籍管理部门出具的有效证明。

5. 增项注册

注册建造师需要增加执业专业的,应当按规定申请专业增项注册,并提供相应的资格证明。

6. 不予注册

申请人有下列情形之一的,不予注册:

(1) 不具有完全民事行为能力的。

(2) 申请在两个或者两个以上单位注册的。

(3) 未达到注册建造师继续教育要求的。

(4) 受到刑事处罚,刑事处罚尚未执行完毕的。

(5) 因执业活动受到刑事处罚,自刑事处罚执行完毕之日起至申请注册之日止不满 5 年的。

(6) 因前项规定以外的原因受到刑事处罚,自处罚决定之日起至申请注册之日止不满 3 年的。

(7) 被吊销注册证书,自处罚决定之日起至申请注册之日止不满2年的。

(8) 在申请注册之日前3年内担任施工企业项目负责人期间,所负责项目发生过重大质量和安全事故的。

(9) 申请人的聘用单位不符合注册单位要求的。

(10) 年龄超过65周岁的。

(11) 法律、法规规定不予注册的其他情形。

7. 注册证书和执业印章失效

注册建造师有下列情形之一的,其注册证书和执业印章失效:

(1) 聘用单位破产的。

(2) 聘用单位被吊销营业执照的。

(3) 聘用单位被吊销或者撤回资质证书的。

(4) 已与聘用单位解除聘用合同关系的。

(5) 注册有效期满且未延续注册的。

(6) 年龄超过65周岁的。

(7) 死亡或不具有完全民事行为能力的。

(8) 其他导致注册失效的情形。

8. 注销注册

注册建造师有下列情形之一的,负责审批的部门应当办理注销手续,收回注册证书和执业印章或者公告其注册证书和执业印章作废:

(1) 有上述注册证书和执业印章失效所列情形发生的。

(2) 依法被撤销注册的。

(3) 依法被吊销注册证书的。

(4) 受到刑事处罚的。

(5) 法律、法规规定应当注销注册的其他情形。

注册建造师有上述所列情形之一的,注册建造师本人和聘用单位应当及时向注册机关提出注销注册申请;有关单位和个人有权向注册机关举报;县级以上地方人民政府建设主管部门或者有关部门应当及时告知注册机关。

9. 重新申请注册

被注销注册或者不予注册的,在重新具备注册条件后,可按规定重新申请注册。

3.3.1.4 注册建造师的执业

取得建造师资格证书的人员应当受聘于一个具有建设工程勘察、设计、施工、监理、招标代理、造价咨询等一项或者多项资质的单位,经注册后方可从事相应的执业活动。注册建造师可以从事建设工程项目总承包管理或施工管理,建设工程项目管理服务,建设工程技术经济咨询,以及法律、行政法规和国务院建设主管部门规定的其他业务。

担任施工单位项目负责人的,应当受聘并注册于一个具有施工资质的企业。注册建造师不得同时在两个及两个以上的建设工程项目上担任施工单位项目负责人。

建设工程施工活动中形成的有关工程施工管理文件,应当由注册建造师签字并加盖执业印章。施工单位签署质量合格的文件上,必须有注册建造师的签字盖章。

3.3.1.5 注册建造师的继续教育

注册建造师在每一个注册有效期内应当达到国务院建设主管部门规定的继续教育要求。注册一个专业的建造师在每一注册有效期内应参加继续教育不少于120学时，其中必修课60学时，选修课60学时。注册两个及以上专业的，每增加一个专业还应参加所增加专业60学时的继续教育，其中必修课30学时，选修课30学时。经继续教育达到合格标准的，颁发继续教育证书。

3.3.1.6 注册建造师的权利和义务

1. 注册建造师的权利

注册建造师享有下列权利：

(1) 使用注册建造师名称。

(2) 在规定范围内从事执业活动。

(3) 在本人执业活动中形成的文件上签字并加盖执业印章。

(4) 保管和使用本人注册证书、执业印章。

(5) 对本人执业活动进行解释和辩护。

(6) 接受继续教育。

(7) 获得相应的劳动报酬。

(8) 对侵犯本人权利的行为进行申述。

2. 注册建造师的义务

注册建造师应当履行下列义务：

(1) 遵守法律、法规和有关管理规定，恪守职业道德。

(2) 执行技术标准、规范和规程。

(3) 保证执业成果的质量，并承担相应责任。

(4) 接受继续教育，努力提高执业水准。

(5) 保守在执业中知悉的国家秘密和他人的商业、技术等秘密。

(6) 与当事人有利害关系的，应当主动回避。

(7) 协助注册管理机关完成相关工作。

3. 注册建造师的禁止行为

注册建造师不得有下列行为：

(1) 不履行注册建造师义务。

(2) 在执业过程中，索贿、受贿或者谋取合同约定费用外的其他利益。

(3) 在执业过程中实施商业贿赂。

(4) 签署有虚假记载等不合格的文件。

(5) 允许他人以自己的名义从事执业活动。

(6) 同时在两个或者两个以上单位受聘或者执业。

(7) 涂改、倒卖、出租、出借或以其他形式非法转让资格证书、注册证书和执业印章。

(8) 超出执业范围和聘用单位业务范围内从事执业活动。

(9) 法律、法规、规章禁止的其他行为。

3.3.1.7 注册建造师执业的检查、监督

县级以上地方人民政府建设主管部门或者有关部门对建造师执业资格注册、执业和继续教育实施监督检查。县级以上人民政府建设主管部门和有关部门履行监督检查职责时，有权采取以下措施：要求被检查人员出示注册证书；要求被检查人员所在聘用单位提供有关人员签署的文件及相关业务文档；就有关问题询问签署文件的人员；纠正违反有关法律、法规及工程标准规范的行为。

注册建造师违法从事相关活动的，违法行为发生地县级以上地方人民政府建设主管部门或者其他有关部门应当依法查处，并将违法事实、处理结果告知注册机关；依法应当撤销注册的，要将违法事实、处理建议及有关材料报注册机关。

1. 撤销注册

有下列情形之一的，注册机关依据职权或者根据利害关系人的请求，可以撤销注册建造师的注册：

（1）注册机关工作人员滥用职权、玩忽职守做出准予注册许可的。

（2）超越法定职权做出准予注册许可的。

（3）违反法定程序做出准予注册许可的。

（4）对不符合法定条件的申请人颁发注册证书和执业印章的。

（5）依法可以撤销注册的其他情形。

申请人以欺骗、贿赂等不正当手段获准注册的，应当予以撤销。

2. 注册建造师信用档案信息的建立与公示

注册建造师及其聘用单位应当按照要求，向注册机关提供真实、准确、完整的注册建造师信用档案信息。注册建造师信用档案应当包括注册建造师的基本情况、业绩、良好行为、不良行为等内容。违法违规行为、被投诉举报处理、行政处罚等情况应当作为注册建造师的不良行为记入其信用档案。

注册建造师信用档案信息按照有关规定向社会公示。

3.3.2 注册监理工程师执业资格制度

注册监理工程师，是指通过全国统一考试，取得中华人民共和国监理工程师资格证书，并按照规定注册，取得中华人民共和国注册监理工程师注册执业证书和执业印章，从事工程监理及相关业务活动的专业技术人员。未取得注册证书和执业印章的人员，不得以注册监理工程师的名义从事工程监理及相关业务活动。《注册监理工程师管理规定》（建设部令第147号，自2006年4月1日起施行）明确规定了注册监理工程师的执业资格制度。

3.3.2.1 注册监理工程师的管理体制

国务院建设主管部门对全国注册监理工程师的注册、执业活动实施统一监督管理。

县级以上地方人民政府建设主管部门对本行政区域内注册监理工程师的注册、执业活动实施监督管理。

3.3.2.2 注册监理工程师的执业资格考试

1. 考试报名条件

凡中华人民共和国公民，遵纪守法，具有工程技术或工程经济专业大专以上（含大专）学

历,并符合下列条件之一者,可申请参加监理工程师执业资格考试:

(1) 具有按照国家有关规定评聘的工程技术或工程经济专业中级专业技术职务,并任职满3年。

(2) 具有按照国家有关规定评聘的工程技术或工程经济专业高级专业技术职务。

2. 考试科目

考试科目共有4门:"工程建设监理基本理论与相关法规"、"工程建设合同管理"、"建设工程质量、投资、进度控制"、"建设工程监理案例分析"。

3.3.2.3 监理工程师的注册

注册监理工程师实行注册执业管理制度。取得监理工程师资格证书的人员,必须经过注册,方能以注册监理工程师的名义执业。注册监理工程师依据其所学专业、工作经历、工程业绩,按照《工程监理企业资质管理规定》划分的工程类别,按专业注册。每人最多可以申请两个专业注册。

1. 注册程序

取得监理工程师资格证书的人员申请注册,由省、自治区、直辖市人民政府建设主管部门初审,国务院建设主管部门审批。

取得监理工程师资格证书并受聘于一个建设工程勘察、设计、施工、监理、招标代理、造价咨询等单位的人员,应当通过聘用单位向单位工商注册所在地的省、自治区、直辖市人民政府建设主管部门提出注册申请;省、自治区、直辖市人民政府建设主管部门受理后提出初审意见,并将初审意见和全部申报材料报国务院建设主管部门审批;符合条件的,由国务院建设主管部门核发注册证书和执业印章。注册证书和执业印章是注册监理工程师的执业凭证,由注册监理工程师本人保管、使用。注册证书和执业印章的有效期为3年。

省、自治区、直辖市人民政府建设主管部门在收到申请人的申请材料后,应当即时做出是否受理的决定,并向申请人出具书面凭证;申请材料不齐全或者不符合法定形式的,应当在5日内一次性告知申请人需要补正的全部内容。逾期不告知的,自收到申请材料之日起即为受理。

对申请初始注册的,省、自治区、直辖市人民政府建设主管部门应当自受理申请之日起20日内审查完毕,并将申请材料和初审意见报国务院建设主管部门。国务院建设主管部门自收到省、自治区、直辖市人民政府建设主管部门上报材料之日起,应当在20日内审批完毕并做出书面决定,并自做出决定之日起10日内,在公众媒体上公告审批结果。

对申请变更注册、延续注册的,省、自治区、直辖市人民政府建设主管部门应当自受理申请之日起5日内审查完毕,并将申请材料和初审意见报国务院建设主管部门。国务院建设主管部门自收到省、自治区、直辖市人民政府建设主管部门上报材料之日起,应当在10日内审批完毕并做出书面决定。

对不予批准的,应当说明理由,并告知申请人享有依法申请行政复议或者提起行政诉讼的权利。

2. 初始注册

初始注册者,可自资格证书签发之日起3年内提出申请。逾期未申请者,须符合继续教育的要求后方可申请初始注册。

申请初始注册需要提交下列材料：

(1) 申请人的注册申请表。

(2) 申请人的资格证书和身份证复印件。

(3) 申请人与聘用单位签订的聘用劳动合同复印件。

(4) 所学专业、工作经历、工程业绩、工程类中级及中级以上职称证书等有关证明材料。

(5) 逾期初始注册的，应当提供达到继续教育要求的证明材料。

初始注册的有效期为3年。自核准注册之日起计算。

3. 延续注册

注册监理工程师每一注册有效期为3年，注册有效期满需继续执业的，应当在注册有效期满30日前，按照规定程序申请延续注册。延续注册有效期为3年。延续注册需要提交下列材料：

(1) 申请人延续注册申请表。

(2) 申请人与聘用单位签订的聘用劳动合同复印件。

(3) 申请人注册有效期内达到继续教育要求的证明材料。

4. 变更注册

在注册有效期内，注册监理工程师变更执业单位，应当与原聘用单位解除劳动关系，并按规定的程序办理变更注册手续，变更注册后仍延续原注册有效期。

变更注册需要提交下列材料：

(1) 申请人变更注册申请表。

(2) 申请人与新聘用单位签订的聘用劳动合同复印件。

(3) 申请人的工作调动证明(与原聘用单位解除聘用劳动合同或者聘用劳动合同到期的证明文件、退休人员的退休证明)。

5. 不予注册

申请人有下列情形之一的，不予初始注册、延续注册或者变更注册：

(1) 不具有完全民事行为能力的。

(2) 刑事处罚尚未执行完毕或者因从事工程监理或者相关业务受到刑事处罚，自刑事处罚执行完毕之日起至申请注册之日止不满2年的。

(3) 未达到监理工程师继续教育要求的。

(4) 在两个或者两个以上单位申请注册的。

(5) 以虚假的职称证书参加考试并取得资格证书的。

(6) 年龄超过65周岁的。

(7) 法律、法规规定不予注册的其他情形。

6. 重新申请注册

被注销注册者或者不予注册者，在重新具备初始注册条件，并符合继续教育要求后，可以按照规定的程序重新申请注册。

3.3.2.4 注册监理工程师的执业

取得监理工程师资格证书的人员，应当受聘于一个具有建设工程勘察、设计、施工、监理、招标代理、造价咨询等一项或者多项资质的单位，经注册后方可从事相应的执业活动。从事工程监理执业活动的，应当受聘并注册于一个具有工程监理资质的单位。

注册监理工程师可以从事工程监理、工程经济与技术咨询、工程招标与采购咨询、工程项目管理服务以及国务院有关部门规定的其他业务。

工程监理活动中形成的监理文件由注册监理工程师按照规定签字盖章后方可生效。修改经注册监理工程师签字盖章的工程监理文件，应当由该注册监理工程师进行；因特殊情况，该注册监理工程师不能进行修改的，应当由其他注册监理工程师修改，并签字、加盖执业印章，对修改部分承担责任。

注册监理工程师从事执业活动，由所在单位接受委托并统一收费。因工程监理事故及相关业务造成的经济损失，聘用单位应当承担赔偿责任；聘用单位承担赔偿责任后，可依法向负有过错的注册监理工程师追偿。

3.3.2.5 注册监理工程师的继续教育

注册监理工程师在每一注册有效期内应当达到国务院建设主管部门规定的继续教育要求。继续教育作为注册监理工程师逾期初始注册、延续注册和重新申请注册的条件之一。注册监理工程师的继续教育分为必修课和选修课，在每一注册有效期内各为 48 学时。

3.3.2.6 注册监理工程师的权利和义务

注册监理工程师的权利和义务基本上同注册建造师。

3.3.3 注册造价工程师执业资格制度

注册造价工程师是指通过全国造价工程师执业资格统一考试或者资格认定、资格互认，取得中华人民共和国造价工程师执业资格，并按照规定的程序注册，取得中华人民共和国造价工程师注册执业证书和执业印章，从事工程造价活动的专业人员。建设部发布的《注册造价工程师管理办法》(建设部令第 150 号，自 2007 年 3 月 1 日起施行)明确规定了注册造价工程师的执业资格制度。

3.3.3.1 注册造价工程师的管理体制

国务院建设主管部门对全国注册造价工程师的注册、执业活动实施统一监督管理；国务院铁路、交通、水利、信息产业等有关部门按照国务院规定的职责分工，对有关专业注册造价工程师的注册、执业活动实施监督管理。

省、自治区、直辖市人民政府建设主管部门对本行政区域内注册造价工程师的注册、执业活动实施监督管理。

工程造价行业组织应当加强造价工程师自律管理，鼓励注册造价工程师加入工程造价行业组织。

3.3.3.2 造价工程师的考试

凡中华人民共和国公民，遵纪守法并具备下列条件之一者，均可申请参加造价工程师执业资格考试：

(1) 工程造价专业大专毕业后，从事工程造价业务工作满 5 年；工程或工程经济类大专毕业后，从事工程造价业务工作满 6 年。

(2) 工程造价专业本科毕业后，从事工程造价业务工作满 4 年；工程或工程经济类本科毕业后，从事工程造价业务工作满 5 年。

（3）获上述专业第二学士学位或研究生班毕业或获硕士学位后，从事工程造价业务工作满 3 年。

（4）获上述专业博士学位后，从事工程造价业务工作满 2 年。

考试科目为建设工程造价管理、建设工程计价、建设工程技术与计量（土建或安装）、建设工程造价案例分析。

3.3.3.3 造价工程师的注册

注册造价工程师实行注册执业管理制度。取得造价工程师资格证书的人员，必须经过注册，方能以注册造价工程师的名义执业。

1. 注册程序

取得执业资格的人员申请注册的，应当向聘用单位工商注册所在地的省、自治区、直辖市人民政府建设主管部门（省级注册初审机关）或者国务院有关部门（部门注册初审机关）提出注册申请。

对申请初始注册的，注册初审机关应当自受理申请之日起 20 日内审查完毕，并将申请材料和初审意见报国务院建设主管部门（注册机关）。注册机关应当自受理之日起 20 日内做出决定。

对申请变更注册、延续注册的，注册初审机关应当自受理申请之日起 5 日内审查完毕，并将申请材料和初审意见报注册机关。注册机关应当自受理之日起 10 日内做出决定。

准予注册的，由注册机关核发注册证书和执业印章。

2. 初始注册

初始注册者，可自资格证书签发之日起 1 年内提出申请。逾期未申请者，还须符合继续教育的要求后方可申请初始注册。初始注册的有效期为 4 年。

申请初始注册的，应当提交下列材料：

（1）初始注册申请表。

（2）执业资格证件和身份证复印件。

（3）与聘用单位签订的劳动合同复印件。

（4）工程造价岗位工作证明。

（5）取得资格证书的人员，自资格证书签发之日起 1 年后申请初始注册的，应当提供继续教育合格证明。

（6）受聘于具有工程造价咨询资质的中介机构的，应当提供聘用单位为其交纳的社会基本养老保险凭证、人事代理合同复印件，或者劳动、人事部门颁发的离退休证复印件。

（7）外国人、中国台港澳人员应当提供外国人就业许可证书、中国台港澳人员就业证书复印件。

3. 延续注册

注册造价工程师注册有效期满需继续执业的，应当在注册有效期满 30 日前，按照规定的程序申请延续注册。延续注册的有效期为 4 年。

申请延续注册的，应当提交下列材料：

（1）延续注册申请表。

(2) 注册证书。

(3) 与聘用单位签订的劳动合同复印件。

(4) 前一个注册期内的工作业绩证明。

(5) 继续教育合格证明。

4. 变更注册

在注册有效期内,注册造价工程师变更执业单位的,应当与原聘用单位解除劳动合同,并按照规定的程序办理变更注册手续。变更注册后延续原注册有效期。

申请变更注册的,应当提交下列材料:

(1) 变更注册申请表。

(2) 注册证书。

(3) 与新聘用单位签订的劳动合同复印件。

(4) 与原聘用单位解除劳动合同的证明文件。

(5) 受聘于具有工程造价咨询资质的中介机构的,应当提供聘用单位为其交纳的社会基本养老保险凭证、人事代理合同复印件,或者劳动、人事部门颁发的离退休证复印件。

(6) 外国人、中国台港澳人员应当提供外国人就业许可证书、中国台港澳人员就业证书复印件。

5. 不予注册

有下列情形之一的,不予注册:

(1) 不具有完全民事行为能力的。

(2) 申请在两个或者两个以上单位注册的。

(3) 未达到造价工程师继续教育合格标准的。

(4) 前一个注册期内工作业绩达不到规定标准或未办理暂停执业手续而脱离工程造价业务岗位的。

(5) 受刑事处罚,刑事处罚尚未执行完毕的。

(6) 因工程造价业务活动受刑事处罚,自刑事处罚执行完毕之日起至申请注册之日止不满 5 年的。

(7) 因前项规定以外原因受刑事处罚,自处罚决定之日起至申请注册之日止不满 3 年的。

(8) 被吊销注册证书,自处罚决定之日起至申请注册之日止不满 3 年的。

(9) 以欺骗、贿赂等不正当手段获准注册被撤销,自被撤销注册之日起至申请注册之日止不满 3 年的。

(10) 法律、法规规定不予注册的其他情形。

6. 重新申请注册

被注销注册者或者不予注册者,在具备注册条件后重新申请注册的,按照规定的程序办理。

3.3.3.4 注册造价工程师的执业

注册造价工程师执业范围包括:

(1) 建设项目建议书、可行性研究投资估算的编制和审核,项目经济评价,工程概算、预算、结算、竣工结(决)算的编制和审核。

（2）工程量清单、标底（或者控制价）、投标报价的编制和审核，工程合同价款的签订及变更、调整，工程款支付与工程索赔费用的计算。

（3）建设项目管理过程中设计方案的优化、限额设计等工程造价分析与控制，工程保险理赔的核查。

（4）工程经济纠纷的鉴定。

注册造价工程师应当在本人承担的工程造价成果文件上签字并盖章。修改经注册造价工程师签字盖章的工程造价成果文件，应当由签字盖章的注册造价工程师本人进行；注册造价工程师本人因特殊情况不能进行修改的，应当由其他注册造价工程师修改，并签字盖章；修改工程造价成果文件的注册造价工程师对修改部分承担相应的法律责任。

在注册有效期内，注册造价工程师因特殊原因需要暂停执业的，应当到注册初审机关办理暂停执业手续，并交回注册证书和执业印章。

3.3.3.5 注册造价工程师的权利与义务

1. 注册造价工程师的权利

注册造价工程师享有下列权利：

（1）使用注册造价工程师名称。

（2）依法独立执行工程造价业务。

（3）在本人执业活动中形成的工程造价成果文件上签字并加盖执业印章。

（4）发起设立工程造价咨询企业。

（5）保管和使用本人的注册证书和执业印章。

（6）参加继续教育。

2. 注册造价工程师的义务

注册造价工程师应当履行下列义务：

（1）遵守法律、法规、有关管理规定，恪守职业道德。

（2）保证执业活动成果的质量。

（3）接受继续教育，提高执业水平。

（4）执行工程造价计价标准和计价方法。

（5）与当事人有利害关系的，应当主动回避。

（6）保守在执业中知悉的国家秘密和他人的商业、技术秘密。

3. 注册造价工程师的禁止行为

注册造价工程师不得有下列行为：

（1）不履行注册造价工程师义务。

（2）在执业过程中，索贿、受贿或者谋取合同约定费用外的其他利益。

（3）在执业过程中实施商业贿赂。

（4）签署有虚假记载、误导性陈述的工程造价成果文件。

（5）以个人名义承接工程造价业务。

（6）允许他人以自己名义从事工程造价业务。

（7）同时在两个或者两个以上单位执业。

（8）涂改、倒卖、出租、出借或者以其他形式非法转让注册证书或者执业印章。

(9)法律、法规、规章禁止的其他行为。

3.3.3.6 注册造价工程师的继续教育

注册造价工程师在每一注册期内应当达到注册机关规定的继续教育要求。注册造价工程师继续教育分为必修课和选修课，每一注册有效期各为 60 学时。经继续教育达到合格标准的，颁发继续教育合格证明。注册造价工程师继续教育，由中国建设工程造价管理协会负责组织。

3.3.3.7 注册造价工程师的监督管理

1. 监督检查

县级以上人民政府建设主管部门和其他有关部门应当依照有关法律、法规，对注册造价工程师的注册、执业和继续教育实施监督检查。

县级以上人民政府建设主管部门和其他有关部门依法履行监督检查职责时，有权采取下列措施：要求被检查人员提供注册证书；要求被检查人员所在聘用单位提供有关人员签署的工程造价成果文件及相关业务文档；就有关问题询问签署工程造价成果文件的人员；纠正违反有关法律、法规、《注册造价工程师管理办法》及工程造价计价标准和计价办法的行为。

注册造价工程师违法从事工程造价活动的，违法行为发生地县级以上地方人民政府建设主管部门或者其他有关部门应当依法查处，并将违法事实、处理结果告知注册机关；依法应当撤销注册的，违法行为发生地县级以上地方人民政府建设主管部门或者其他有关部门应当将违法事实、处理建议及有关材料告知注册机关。

2. 注册证书失效

注册造价工程师有下列情形之一的，其注册证书失效：

(1) 已与聘用单位解除劳动合同且未被其他单位聘用的。

(2) 注册有效期满且未延续注册的。

(3) 死亡或者不具有完全民事行为能力的。

(4) 其他导致注册失效的情形。

3. 撤销注册

有下列情形之一的，注册机关或者其上级行政机关依据职权或者根据利害关系人的请求，可以撤销注册造价工程师的注册：

(1) 行政机关工作人员滥用职权、玩忽职守做出准予注册许可的。

(2) 超越法定职权做出准予注册许可的。

(3) 违反法定程序做出准予注册许可的。

(4) 对不具备注册条件的申请人做出准予注册许可的。

(5) 以欺骗、贿赂等不正当手段获准注册的。

(6) 依法可以撤销注册的其他情形。

4. 注销注册

有下列情形之一的，由注册机关办理注销注册手续，收回注册证书和执业印章或者公告其注册证书和执业印章作废：

(1) 有注册证书失效所列情形发生的。

(2) 依法被撤销注册的。

(3) 依法被吊销注册证书的。

(4) 受到刑事处罚的。

(5) 法律、法规规定应当注销注册的其他情形。

注册造价工程师有前述所列情形之一的，注册造价工程师本人和聘用单位应当及时向注册机关提出注销注册申请；有关单位和个人有权向注册机关举报；县级以上地方人民政府建设主管部门或者其他有关部门应当及时告知注册机关。

5. 注册造价工程师信用档案信息的管理

注册造价工程师及其聘用单位应当按照有关规定，向注册机关提供真实、准确、完整的注册造价工程师信用档案信息。注册造价工程师信用档案应当包括造价工程师的基本情况、业绩、良好行为、不良行为等内容。违法违规行为、被投诉举报处理、行政处罚等情况应当作为造价工程师的不良行为记入其信用档案。

注册造价工程师信用档案信息按有关规定向社会公示。

相关案例

【案情简介】

2015 年 2 月 26 日，常熟市住房和城乡建设局城市建设监察大队发现某房地产开发有限公司投资建设的住宅楼、商业用房桩基工程项目涉嫌未取得施工许可证擅自施工，于 2015 年 3 月 3 日立案调查。经调查，该工程于 2015 年 1 月 10 日开始施工，目前桩基部分已经完成，施工单位为某建设集团有限公司(地基与基础工程专业承包二级)，施工图纸由某建筑设计有限公司设计，已审核，工程未办理质监手续、安监手续。

【案件分析】

经调查，该房地产开发有限公司投资建设的住宅楼、商业用房桩基工程项目，工程合同造价为 456 万元。该公司在未取得施工许可证、未办理质监手续、安监手续的情况下进行项目建设，调查时桩基部分已经完工，其行为违反了《中华人民共和国建筑法》第 7 条第 1 款和《建设工程质量管理条例》第 13 条的规定。违法事实认定的依据主要有：发包人和承包人签订的施工协议、现场检查笔录及照片、询问笔录等。

根据《建设工程质量管理条例》第 57 条的规定，常熟市住房和城乡建设局对该房地产开发有限公司无施工许可证擅自施工的行为，责令停止施工，限期改正，并处工程合同价款(456 万元)的 1.49%(67944 元)的罚款。

【案件评析】

本案主要涉及的是无建设工程施工许可证的违法施工应受到处罚的问题。本案之所以定性为违法，其中主要原因是该项目违反建设程序，在没有办理建设工程施工许可证的情况下进行施工，凡是不具备建设工程施工许可证的建设项目就属于违法建设项目。

施工许可证是建设单位能够从事建筑工程开工活动的法律凭证，取得施工许可证也就享有建筑工程开工的权利。《中华人民共和国建筑法》第 64 条规定：违反本法规定，未取得施工许可证或者开工报告未经批准擅自施工的，责令改正，对不符合开工条件的责令停止施工，可以处以罚款。《建设工程质量管理条例》第 57 条规定：违反本条例规定，建设单位未取得施工许可证或者开工报告未经批准，擅自施工的，责令停止施工，限期改正，处工程合同价款1%以上、2%以下的罚款。

复习思考题

1. 简述施工许可证的申领时间、申领范围、申领条件和申领程序。
2. 施工许可证的有效期与延期的含义是什么？
3. 中止施工后，建设单位应做好哪些工作？恢复施工时，建设单位要办理哪些手续？
4. 建筑活动从业单位应具备哪些条件？
5. 简述建筑施工企业的资质等级、资质标准及其业务范围。
6. 简述注册建造师的注册条件、执业范围、享有的权利和应履行的义务。

4 建设工程勘察设计法律制度

4.1 概 述

4.1.1 建设工程勘察设计的概念

4.1.1.1 建设工程勘察

建设工程勘察，是指根据建设工程的要求，查明、分析、评价建设场地的地质地理环境特征和岩土工程条件，编制建设工程勘察文件的活动。

工程勘察的内容主要有工程测量、水文地质勘察和工程地质勘察。工程测量的任务是为建设项目的选址、设计和施工提供有关地形地貌的科学依据。水文地质勘察的任务在于为建设项目的设计提供有关供水地下水源的详细资料。而工程地质勘察则能为建设项目的选址、设计和施工提供工程地质方面的具体资料。

工程勘察阶段一般分为选址勘察、初步勘察、详细勘察以及施工勘察。选址勘察阶段，应对拟选地址的稳定性和适宜性做出工程地质评价，确定是否符合地址方案的要求。初步勘察阶段，应对场地内建筑地段的稳定性做出评价，并为确定建筑总平面布置、各主要建筑物地基基础工程方案以及对不良地质现象的防治工程方案提供地质资料，以满足初步设计的需要。详细勘察阶段，应对建筑地基做出工程地质评价，并为地基基础设计、地基处理与加固和不良地质条件的防治工程提供工程地质资料，以满足施工图设计的要求。施工勘察阶段，应满足深基础、地基处理和加固的设计与施工的特殊要求。

4.1.1.2 建设工程设计

建设工程设计是指根据建设工程的要求，对建设工程所需的技术、经济、资源、环境等条件进行综合分析、论证，编制建设工程设计文件的活动。

工程设计主要包括总体规划设计、初步设计、技术设计、施工图设计、施工设计概(预)算等。总体规划设计须能满足初步设计的开展、主要大型设备和材料的预先安排以及土地征用准备工作的要求。初步设计在总体规划设计的指导下进行。技术设计是为了解决某些重大或特殊项目在初步设计阶段无法解决的某些技术问题而进行的。例如，特殊工艺流程、新型设备、大型建筑物的某些关键部位等问题的试验、研究和确定。施工图设计主要是根据批准的初步设计和技术设计，绘制出正确、完整和尽可能详尽的建筑、安装施工图纸。施工设计概(预)算是考核设计方案的经济性、编制基本建设计划、核定投资包干额以及拟定招标标底的重要依据。

4.1.1.3 建设工程勘察设计的原则

(1) 建设工程勘察、设计应当与社会、经济发展水平相适应，做到经济效益、社会效益和环境效益相统一。

(2) 从事建设工程勘察、设计活动，应当坚持先勘察、后设计、再施工的原则。

(3) 建设工程勘察、设计单位必须依法进行建设工程勘察、设计，严格执行工程建设强制性标准，并对建设工程勘察、设计的质量负责。

(4) 国家鼓励在建设工程勘察、设计活动中采用先进技术、先进工艺、先进设备、新型材料和现代管理方法。

在工程建设的各个环节中，勘察是基础，而设计是整个工程建设的灵魂，它们对工程的质量和效益都起着至关重要的作用。

4.1.2 建设工程勘察设计立法

4.1.2.1 工程勘察设计法规概念及调整对象

1. 建设工程勘察设计法规的概念

建设工程勘察设计法规是指国家立法机关及其授权的行政机关制定的旨在调整国家机关、企事业单位、社会团体和公民之间在建设工程勘察设计活动中所产生的各种社会关系的法律、法规的总称。

建设工程勘察设计法规涉及范围广、内容多，既包括了建设工程勘察设计的专门性法规，如《建设工程勘察设计管理条例》，又包括了其他法律，如《建筑法》、《城乡规划法》中有关勘察设计方面的法律规定。

2. 建设工程勘察设计法规的调整对象

建设工程勘察设计法规的调整对象，即勘察设计法律关系，也就是建设工程勘察设计活动中所产生的各种社会关系。具体包括：

(1) 勘察设计行政主管部门对从事勘察设计活动的单位和个人实施许可制度而发生的行政管理关系。

(2) 勘察设计行政主管部门与建设单位和勘察设计单位之间，因编制、审批、执行勘察设计文件及资料等而发生的审批关系。

(3) 因工程建设的实施，在建设单位与勘察设计单位之间发生的合同关系。

(4) 因各种技术规定、制度和操作规程，发生在勘察设计单位内部的计划管理、技术管理、质量管理以及各种形式的经济责任制等内部管理关系。

4.1.2.2 我国的建设工程勘察设计立法概况

我国的建设工程勘察设计立法同其他领域的立法一样，都经历了一个曲折发展的历程。中华人民共和国成立初期，是建设工程勘察设计立法的初步发展阶段，在这期间，国务院和建设行政主管部门先后颁布了《基本建设工作程序暂行办法》、《关于加强设计工作的决定》等一系列指导勘察设计工作的规定。其后数十年，由于环境的极不稳定，建设工程勘察设计立法陷于停滞，使建设工程的勘察设计质量受到严重的影响。改革开放以来，建设工程勘察设计立法工作得到恢复并快速发展，建设部先后颁布了《工程勘察和工程设计单位资格管理办法》、《建设工程勘察设计合同管理办法》、《建设工程勘察设计市场管理规定》等系列规章。进入21世纪后，我国的工程建设蓬勃发展，建设工程勘察设计立法也日趋完善，主要有2000年9月25日颁布施行的《建设工程勘察设计管理条例》，2007年6月20日颁布并自2007年9月1日起施行的《建设工程勘察设计资质管理规定》，2007年11月22日颁布施行的《建设工程勘察质量管理办法》，住建部于2013年4月27日颁布并自2013年8月1日起施行的《房屋建筑和市政基础设施工程施工图设计文件审查管理办法》等，这些法规、规章对规范勘察设计活动和加强勘察设计单位管理起了重要作用。

4.2 建设工程勘察设计文件的编制与实施

4.2.1 建设工程勘察设计文件编制的依据

编制建设工程勘察、设计文件，应当以下列规定为依据：

(1) 项目建议书及项目批准文件。

(2) 工程所在地城市规划文件。

(3) 工程建设强制性标准。

(4) 国家规定的建设工程勘察、设计深度要求。

铁路、交通、水利等专业建设工程，还应当以专业规划的要求为依据。

4.2.2 建设工程勘察设计文件的编制要求

1. 建设工程勘察文件的编制要求

编制建设工程勘察文件，应当真实、准确，满足建设工程规划、选址、设计、岩土治理和施工的需要。

2. 建设工程设计文件的编制要求

(1) 编制方案设计文件，应当满足编制初步设计文件和控制概算的需要。编制初步设计文件，应当满足编制施工招标文件、主要设备材料订货和编制施工图设计文件的需要。编制施工图设计文件，应当满足设备材料采购、非标准设备制作和施工的需要，并注明建设工程合理使用年限。

(2) 设计文件中选用的材料、构配件、设备，应当注明其规格、型号、性能等技术指标，其质量要求必须符合国家规定的标准。除有特殊要求的建筑材料、专用设备和工艺生产线等外，设计单位不得指定生产厂、供应商。

4.2.3 建设工程勘察设计文件的修改

建设工程勘察设计文件是工程建设的主要依据，经批准后，就具有一定的严肃性，不得任意修改和变更。

建设单位、施工单位、监理单位不得修改建设工程勘察、设计文件；确需修改建设工程勘察、设计文件的，应当由原建设工程勘察、设计单位修改。经原建设工程勘察、设计单位书面同意，建设单位也可以委托其他具有相应资质的建设工程勘察、设计单位修改。修改单位对修改的勘察、设计文件承担相应责任。施工单位、监理单位发现建设工程勘察、设计文件不符合工程建设强制性标准、合同约定的质量要求的，应当报告建设单位，建设单位有权要求建设工程勘察、设计单位对建设工程勘察、设计文件进行补充、修改。建设工程勘察、设计文件内容需要做重大修改的，建设单位应当报经原审批机关批准后，方可修改。

4.2.4 建设工程勘察设计文件的实施

建设工程勘察、设计文件中规定采用的新技术、新材料，既可能影响建设工程质量和安全，又没有国家技术标准的，应当由国家认可的检测机构进行试验、论证，出具检测报告，并经国务院有关部门或者省、自治区、直辖市人民政府有关部门组织的建设工程技术专家委员会审定后，方可使用。

建设工程勘察、设计单位应当在建设工程施工前，向施工单位和监理单位说明建设工程勘察、设计意图，解释建设工程勘察、设计文件。建设工程勘察、设计单位应当及时解决施工中出现的勘察、设计问题。

4.3 建设工程勘察设计质量管理制度

勘察设计工作是建设程序的先行环节，其质量的优劣直接关系到建设项目的经济效益和社会效益。勘察设计单位必须对勘察设计质量负责，通过建立、健全质量管理制度，推行全面质量管理，不断提高勘察设计质量。

4.3.1 建设工程勘察设计质量监督管理体制

国务院建设行政主管部门对全国的建设工程勘察、设计活动实施统一监督管理。国务院铁路、交通、水利等有关部门按照国务院规定的职责分工，负责对全国的有关专业建设工程勘察、设计活动的监督管理。县级以上地方人民政府建设行政主管部门对本行政区域内的建设工程勘察、设计活动实施监督管理。县级以上地方人民政府交通、水利等有关部门在各自的职责范围内，负责对本行政区域内的有关专业建设工程勘察、设计活动的监督管理。

县级以上地方人民政府建设行政主管部门或者交通、水利等有关部门应当对施工图设计文件中涉及公共利益、公众安全、工程建设强制性标准的内容进行审查。施工图设计文件未经审查批准的，不得使用。

任何单位和个人对建设工程勘察、设计活动中的违法行为都有权检举、控告和投诉。

4.3.2 建设工程勘察的质量管理

1. 工程勘察企业的质量责任与义务

（1）工程勘察企业应当按照有关建设工程质量的法律、法规、工程建设强制性标准和勘察合同进行勘察工作，并对勘察质量负责。勘察文件应当符合国家规定的勘察深度要求，必须真实、准确。

（2）工程勘察企业必须依法取得工程勘察资质证书，并在资质等级许可的范围内承揽勘察业务。工程勘察企业不得超越其资质等级许可的业务范围或者以其他勘察企业的名义承揽勘察业务；不得允许其他企业或者个人以本企业的名义承揽勘察业务；不得转包或者违法分包所承揽的勘察业务。

（3）工程勘察企业应当健全勘察质量管理体系和质量责任制度。

（4）工程勘察企业应当拒绝用户提出的违反国家有关规定的不合理要求，有权提出保证工程勘察质量所必需的现场工作条件和合理工期。

(5) 工程勘察企业应当参与施工验槽，及时解决工程设计和施工中与勘察工作有关的问题。工程勘察企业应当参与建设工程质量事故的分析，并对因勘察原因造成的质量事故，提出相应的技术处理方案。

(6) 工程勘察项目负责人、审核人、审定人及有关技术人员应当具有相应的技术职称或者注册资格。项目负责人应当组织有关人员做好现场踏勘、调查，按照要求编写《勘察纲要》，并对勘察过程中各项作业资料验收和签字。工程勘察企业的法定代表人、项目负责人、审核人、审定人等相关人员，应当在勘察文件上签字或者盖章，并对勘察质量负责。工程勘察企业法定代表人对本企业勘察质量全面负责；项目负责人对项目的勘察文件负主要质量责任；项目审核人、审定人对其审核、审定项目的勘察文件负审核、审定的质量责任。

(7) 工程勘察工作的原始记录应当在勘察过程中及时整理、核对，确保取样、记录的真实和准确，严禁离开现场追记或者补记。

(8) 工程勘察企业应当确保仪器、设备的完好。钻探、取样的机具设备、原位测试、室内试验及测量仪器等应当符合有关规范、规程的要求。

(9) 工程勘察企业应当加强职工技术培训和职业道德教育，提高勘察人员的质量责任意识。观测员、试验员、记录员、机长等现场作业人员应当接受专业培训，方可上岗。

(10) 工程勘察企业应当加强技术档案的管理工作。工程项目完成后，必须将全部资料分类编目，装订成册，归档保存。

2. 建设单位的质量责任与义务

(1) 建设单位应当为勘察工作提供必要的现场工作条件，保证合理的勘察工期，提供真实、可靠的原始资料。

(2) 建设单位应当严格执行国家收费标准，不得迫使工程勘察企业以低于成本的价格承揽任务。

3. 工程勘察的监督管理

(1) 工程勘察文件应当经工程勘察质量监督部门审查。工程勘察质量监督部门可以委托施工图设计文件审查机构对工程勘察文件进行审查。审查机构应当履行下列职责：

① 监督检查工程勘察企业有关质量管理文件、文字报告、计算书、图纸图表和原始资料等是否符合有关规定和标准。

② 发现勘察质量问题，及时报告有关部门依法处理。

(2) 工程勘察质量监督部门应当对工程勘察企业质量管理程序的实施、实验室是否符合标准等情况进行检查，并定期向社会公布检查和处理结果。

(3) 工程勘察发生重大质量、安全事故时，有关单位应当按照规定向工程勘察质量监督部门报告。

(4) 任何单位和个人有权向工程勘察质量监督部门检举、投诉工程勘察质量、安全问题。

4.3.3 建设工程设计的质量管理

4.3.3.1 设计单位的质量责任和义务

(1) 从事建设工程设计的单位应当依法取得相应等级的资质证书，并在其资质等级许可的范围内承揽工程。禁止工程设计单位超越其资质等级许可的范围或者以其他设计单位的名义承揽工程。禁止工程设计单位允许其他单位或者个人以本单位的名义承揽工程。工程设计单位不得转包或者违法分包所承揽的工程。

(2) 设计单位必须按照工程建设强制性标准进行设计,并对其设计质量负责。注册建筑师、注册结构工程师等注册执业人员应当在设计文件上签字,对设计文件负责。

(3) 设计单位应当根据勘察成果文件进行建设工程设计。设计文件应当符合国家规定的设计深度要求,注明工程合理使用年限。

(4) 设计单位在设计文件中选用的建筑材料、建筑构配件和设备,应当注明规格、型号、性能等技术指标,其质量要求必须符合国家规定的标准。除有特殊要求的建筑材料、专用设备、工艺生产线等外,设计单位不得指定生产厂、供应商。

(5) 设计单位应当就审查合格的施工图设计文件向施工单位做出详细说明。

(6) 设计单位应当参与建设工程质量事故分析,并对因设计造成的质量事故,提出相应的技术处理方案。

4.3.3.2 施工图设计文件审查制度

建设工程质量与社会公共利益和广大人民生命财产安全息息相关,因此,监管好工程质量是政府不可推卸的职责。而工程设计是整个工程建设的灵魂,对建设工程质量有着至关重要的作用。因此,世界上主要发达国家和地区都建立了工程设计施工图审查制度。当前,由于工程建设项目投资主体多元化以及勘察、设计单位的企业化改制等原因使得一些业主及勘察、设计单位片面追求利益的最大化,忽视社会公共利益和国家利益,使得工程设计质量下降。因此,在我国建立施工图审查制度是十分必要的。《建设工程质量管理条例》、《建设工程勘察设计管理条例》对此做出了规定:建设单位应当将施工图设计文件报县级以上人民政府建设行政主管部门或者其他有关部门审查。县级以上人民政府建设行政主管部门或者交通、水利等有关部门应当对施工图设计文件中涉及公共利益、公众安全、工程建设强制性标准的内容进行审查。未经审查批准的施工图设计文件,不得使用。根据这些规定,建设部于 2000 年 2 月 17 日下发了《建筑工程施工图设计文件审查暂行办法》(建设[2000]41 号),住建部于 2013 年 4 月 27 日发布了《房屋建筑和市政基础设施工程施工图设计文件审查管理办法》,对施工图审查的具体事项做出了具体规定。

1. 施工图设计文件审查的概念

施工图设计文件审查,简称施工图审查,是指施工图审查机构按照有关法律、法规,对施工图涉及公共利益、公众安全和工程建设强制性标准的内容进行的审查。

施工图审查应当坚持先勘察、后设计的原则。施工图未经审查合格的,不得使用。从事房屋建筑工程、市政基础设施工程施工、监理等活动,以及实施对房屋建筑工程和市政基础设施工程质量安全监督管理,应当以审查合格的施工图为依据。

施工图审查制度是政府主管部门对建设工程勘察设计质量监督管理的重要环节,是基本建设必不可少的程序,工程建设各方必须认真贯彻执行。

2. 施工图审查机构

施工图审查机构是专门从事施工图审查业务,不以营利为目的的独立法人。省、自治区、直辖市人民政府建设行政主管部门应当根据规定的审查机构条件,结合本行政区域内的建设规模,确定相应数量的审查机构,将审查机构名录报国务院建设行政主管部门备案,并向社会公布。

审查机构按承接业务范围分为两类，一类机构承接房屋建筑工程、市政基础设施工程施工图审查业务范围不受限制；另一类机构可以承接中型及以下房屋建筑工程、市政基础设施工程的施工图审查。房屋建筑工程、市政基础设施工程的规模划分，按照国务院建设行政主管部门的有关规定执行。

3. 施工图的审查

（1）建设单位送审施工图

施工图完成后，建设单位应当将施工图送审查机构审查，但审查机构不得与所审查项目的建设单位、勘察设计企业有隶属关系或者其他利害关系。送审管理的具体办法由省、自治区、直辖市人民政府建设行政主管部门按照“公开、公平、公正”的原则规定。

建设单位不得明示或者暗示审查机构违反法律、法规和工程建设强制性标准进行施工图审查，不得压缩合理审查周期、压低合理审查费用。

建设单位应当向审查机构提供下列资料并对所提供资料的真实性负责：①作为勘察、设计依据的政府有关部门的批准文件及附件；②全套施工图；③其他应当提交的材料。

（2）施工图审查的内容

审查机构对施工图的下列内容进行审查：①是否符合工程建设强制性标准；②地基基础和主体结构的安全性；③是否符合民用建筑节能强制性标准，对执行绿色建筑标准的项目，还应当审查是否符合绿色建筑标准；④勘察设计企业和注册执业人员以及相关人员是否按规定在施工图上加盖相应的图章和签字；⑤法律、法规、规章规定必须审查的其他内容。

（3）施工图审查的期限要求

施工图审查原则上不超过下列时限：①大型房屋建筑工程、市政基础设施工程为15个工作日，中型及以下房屋建筑工程、市政基础设施工程为10个工作日；②工程勘察文件，甲级项目为7个工作日，乙级及以下项目为5个工作日。以上时限不包括施工图修改时间和审查机构的复审时间。

（4）施工图审查后的处理

审查机构对施工图进行审查后，应当根据下列情况分别做出处理：

审查合格的，审查机构应当向建设单位出具审查合格书，并在全套施工图上加盖审查专用章。审查合格书应当有各专业的审查人员签字，经法定代表人签发，并加盖审查机构公章。审查机构应当在出具审查合格书后5个工作日内，将审查情况报工程所在地县级以上地方人民政府建设行政主管部门备案。

审查不合格的，审查机构应当将施工图退给建设单位并出具审查意见告知书，说明不合格原因。同时，应当将审查意见告知书及审查中发现的建设单位、勘察设计企业和注册执业人员违反法律、法规和工程建设强制性标准的问题，报工程所在地县级以上地方人民政府建设行政主管部门。

施工图退给建设单位后，建设单位应当要求原勘察设计企业进行修改，并将修改后的施工图送原审查机构复审。

（5）施工图审查合格后的修改

任何单位或者个人不得擅自修改审查合格的施工图；确需修改的，凡涉及规定的施工图审查内容，建设单位应当将修改后的施工图送原审查机构审查。

4. 施工图审查各方的责任

(1) 勘察设计单位的责任

勘察设计单位应当依法进行建设工程勘察、设计，严格执行工程建设强制性标准，并对建设工程勘察、设计的质量负责。

勘察设计单位对自己勘察设计文件的质量负责，这是《建设工程质量管理条例》、《建设工程勘察设计管理条例》等法规所明确规定的，也是国际上通行的规则。它并不因为通过了审查机构的审查就可免责。审查机构的审查只是一种监督行为，它只对工程设计质量承担间接的审查责任，其直接责任仍由完成设计的单位负责。如若出现质量问题，设计单位必须依据实际情况和相关法律的规定，承担相应的民事责任、行政责任和刑事责任。

(2) 审查机构的责任

审查机构对施工图审查工作负责，承担审查责任。施工图经审查合格后，仍有违反法律、法规和工程建设强制性标准的问题，给建设单位造成损失的，审查机构依法承担相应的赔偿责任。

4.3.4 勘察设计单位违规进行勘察设计的法律责任

工程勘察设计单位应对其勘察文件、设计文件的质量负责。注册建筑师、注册结构工程师等注册执业人员应当在设计文件上签字，对设计文件负责。

勘察设计单位有下列行为之一的，责令改正，处 10 万元以上 30 万元以下的罚款：

(1) 勘察单位未按照工程建设强制性标准进行勘察的。

(2) 设计单位未根据勘察成果文件进行工程设计的。

(3) 设计单位指定建筑材料、建筑构配件的生产厂、供应商的。

(4) 设计单位未按照工程建设强制性标准进行设计的。

有前述所列行为，造成工程质量事故的，责令停业整顿，降低资质等级；情节严重的，吊销资质证书；造成损失的，依法承担赔偿责任。

设计单位违反国家规定，降低工程质量标准，造成重大安全事故的，对直接责任人员处 5 年以下有期徒刑或者拘役，并处罚金；后果特别严重的，处 5 年以上 10 年以下有期徒刑，并处罚金。

注册建筑师、注册结构工程师等注册执业人员因过错造成质量事故的，责令停止执业 1 年；造成重大质量事故的，吊销执业资格证书，5 年以内不准注册；情节特别恶劣的，终身不予注册。

相关案例

【案情简介】

某企业建设附属小学。某设计院为其设计了 5 层砖混结构的教学楼、运动场等。其教学楼的楼梯梯井净宽为 0.3 m，为防止学生攀滑，梯井采用工程玻璃隔离防护，楼梯采用垂直杆件做栏杆，其杆件净距为 0.15 m；其运动场与街道之间采用透景墙，墙体采用垂直杆件做栏杆，其杆件净距为 0.15 m。在建设过程中，有人对该设计提出异议。

【案件分析】

根据《建设工程质量管理条例》第 19 条的规定，勘察、设计单位必须按照工程建设强制性标准进行勘察、设计，并对其勘察、设计的质量负责。

《民用建筑设计通则》(GB 50352—2005)中第6.6.3款中第4条规定：住宅、托儿所、幼儿园、中小学及少年儿童专用活动场所的栏杆必须采用防止少年儿童攀登的构造，当采用垂直杆件做栏杆时，其杆件净距不应大于0.11 m。第6.7.9款规定：托儿所、幼儿园、中小学及少年儿童专用活动场所的楼梯，梯井净宽大于0.20 m时，必须采取防止少年儿童攀滑的措施，楼梯栏杆应采取不易攀登的构造，当采用垂直杆件做栏杆时，其栏杆净距不应大于0.11 m。

可见，该教学楼设计的楼梯杆件净距、运动场透景墙的栏杆净距都超过了规定的0.11 m，违反了国家强制性标准的规定，也违反了《建设工程质量管理条例》的规定。

【案件评析】

强制性标准是工程建设技术和经验的积累，是勘察、设计工作的技术依据。只有满足工程建设强制性标准才能保证质量，才能满足工程对安全、卫生、环保等多方面的质量要求，因而勘察、设计单位必须严格执行。

根据《建设工程质量管理条例》第63条的规定，设计单位未按照工程建设强制性标准进行设计的，责令改正，处10万元以上30万元以下的罚款；造成工程质量事故的，责令停业整顿，降低资质等级；情节严重的，吊销资质证书；造成损失的，依法承担赔偿责任。因而，该设计院应当尽快予以纠正，否则一旦该工程在使用时发生了相关事故，该设计院必须承担其质量责任。

复习思考题

1. 什么是工程勘察设计?
2. 工程勘察设计文件编制的依据是什么?
3. 简述工程勘察单位的质量责任和义务。
4. 简述工程设计单位的质量责任和义务。

5 建设工程承发包与招投标法律制度

5.1 建设工程发包与承包

建设工程的发包，是指建设工程的建设单位（或总承包单位）将建设工程任务（勘察、设计、施工、安装等）的全部或部分通过招标或其他方式，交付给具有从事建设活动的法定从业资格的单位完成，并按约定支付报酬的行为。建设工程的承包，是指具有从事建设活动的法定从业资格的单位，通过投标或其他方式，承揽建设工程任务，并按约定取得报酬的行为。发包与承包是发包、承包经济活动的不可分割的两个方面。习惯上把发包、承包简称为“承发包”。

建设工程发包、承包制度，是市场经济的产物。工程勘察、设计、施工、安装等单位通过参与竞争来承揽建设工程项目，可以激发企业活力，有利于建筑业健康发展，有利于建筑市场的活跃和繁荣。

5.1.1 建设工程发包与承包的一般规定

建设工程发包、承包活动是一项特殊的商品交易活动，同时又是一项重要的法律活动，必须依法进行，才能确保活动的顺利、高效、公平。《建筑法》规定发包与承包应遵循以下规定：

1. 承发包双方依法订立书面合同和全面履行合同约定义务

这里所说的书面合同是指建设工程承包合同。由于建设工程承包合同具有合同标的数额大、合同内容复杂、履行期较长的特点，为便于明确各自的权利与义务，减少纷争，《建筑法》和《合同法》都明确规定，建设工程承包合同应当采用书面形式。订立合同时，应当以发包单位发出的招标文件和中标通知书规定的承包范围、工期、质量和价款等实质性内容为依据；非招标工程应当以当事人双方协商达成的一致意见为依据订立合同。

承发包双方应根据建设工程承包合同约定的质量、工期、价款及结算办法等要求，全面地履行各自的义务，任何一方都不得擅自变更或解除合同。不按照合同约定履行义务的，依法承担违约责任。

2. 承发包的招标投标活动应当遵循公开、公正、平等竞争的原则

招标投标是市场经济条件下进行大宗货物买卖或建设工程发包与承包时通常采用的竞争交易方式，与直接发包相比，具有明显的优越性，符合市场竞争的要求。招标投标活动应当遵循公开、公正和平等竞争的原则，择优选择承包单位。

3. 建设工程的承发包活动中禁止任何形式的行贿、受贿行为

发包单位及其工作人员在工程建设发包中不得收受贿赂、回扣或者索取其他好处。承包单位及其工作人员不得利用向发包单位及其他工作人员行贿、提供回扣或者给予其他好处等不正当手段承揽工程。在工程建设的承发包活动中以任何形式行贿、受贿，都是严重违反市场交易规则、破坏正常的市场经济秩序的行为，必须坚决予以禁止。

4. 工程造价由合同双方依法约定以及发包单位按合同约定及时拨付工程款项

建设工程合同价款应当按照国家有关规定，由发包单位与承包单位在合同中约定。全部或者部分使用国有资金投资或者国家融资的建设工程，应当按照国家发布的计价规则和标准编制招标文件、进行评标定标、确定工程承包合同价款。

按照建设工程承包合同的约定向承包方支付工程价款，是发包方应当履行的基本义务。发包方应当按照约定的支付时间、支付金额和支付方式，及时、足额地向承包方支付工程价款。

5.1.2 建设工程发包

1. 建设工程发包的方式

建设工程的发包方式分为招标发包和直接发包两种。

(1) 招标发包

招标发包是指发包方通过公告或者其他方式，发布拟建工程的有关信息，由各承包商按照发包方的要求提出各自的工程报价和其他承包条件，参加承揽工程任务的竞争，最后由发包方从中择优选定中标者作为该项工程的承包方的发包方式。

招标发包的方式将竞争机制引入了建设工程的发包活动中，符合市场经济的要求，是市场经济条件下进行建设工程发包采用最普遍的方式。

(2) 直接发包

直接发包是指发包方直接选定特定的承包商，与其进行一对一的协商谈判，并通过合同的形式约定双方的权利、义务的发包方式。

直接发包的方式简便易行，节省发包费用，但缺乏竞争带来的优越性，在市场经济的条件下，只有少数不适宜招投标的特殊建设工程，才采用直接发包的方式，如采用特定专利技术、专有技术，或者对建筑艺术造型有特殊要求的建设工程的勘察、设计，经省、自治区、直辖市人民政府建设行政主管部门或有关部门批准，可以直接发包。

2. 建设工程发包的行为规范

建设工程发包单位必须依照法律、法规的规定进行发包工程。

(1) 发包单位应当依照法律、法规规定的程序和方式进行招标并接受有关行政主管部门的监督

工程发包虽然是民事活动，不受政府直接领导和安排，但并非不受任何约束。为了确保发包活动符合法律规定，不危害社会公共利益和国家利益，《建筑法》第 20 条规定：建筑工程实行公开招标的，发包单位应当依照法律程序和方式，发布招标公告，提供载有招标工程的主要技术要求、主要的合同条款、评标的标准和方法以及开标、评标、定标的程序等内容的招标文件。开标应当在招标文件规定的时间、地点公开进行，并接受有关行政主管部门的监督。开标后应当按照招标文件规定的评标标准和程序对标书进行评价、比较，在具备相应资质条件的投标者中，择优选定中标者。同时，《建筑法》第 21 条规定：建筑工程招标的开标、评标、定标由建设单位依法组织实施，并接受有关行政主管部门的监督。

(2) 发包单位应当将工程发包给合格的承包人

《建筑法》第 22 条规定：建筑工程实行招标发包的，发包人应当将建筑工程发包给依法中标的承包单位。建筑工程实行直接发包的，发包人应将建筑工程发包给具有相应资质的承包单位。

(3) 禁止行政机关滥用行政权力指定招标发包的承包单位

行政机关滥用行政权力指定招标发包的承包单位的做法，破坏了公平竞争的原则，扰乱了市场经济秩序，败坏了政府机关的形象，给腐败行为留下了可乘之机，因此应予以禁止。《建筑法》第 23 条规定：政府及其所属部门不得滥用行政权力，限定发包单位将招标发包的建筑工程发包给指定的承包单位。

(4) 禁止将工程肢解发包

肢解发包是指发包单位将应当由一个承包单位完成的工程肢解成若干部分分别发包给几个承包单位。肢解发包使整个工程建设在管理和技术上缺乏应有的统筹协调，往往造成施工现场秩序混乱、责任不清，严重影响工程建设质量和安全，而且现实生活中肢解发包往往与发包单位的工作人员徇私舞弊、利用肢解发包多拿贿赂、回扣等违法行为有关。因此，《建筑法》第 24 条规定：提倡对建筑工程实行总承包，禁止将建筑工程肢解发包。建筑工程的发包单位可以将建筑工程的勘察、设计、施工、设备采购一并发包给一个工程总承包单位，也可以将建筑工程勘察、设计、施工、设备采购的一项或者多项发包给一个工程总承包单位；但是，不得将应当由一个承包单位完成的建筑工程肢解成若干部分发包给几个承包单位。

(5) 发包方不得要求承包方按其指定采购建筑材料、建筑构配件和设备

工程所需的建筑材料、建筑构配件和设备，根据具体情况，可以由发包单位采购，也可以由承包单位采购，应当由承发包双方在承包合同中做出明确约定。如果合同中明确约定由承包单位负责采购建筑材料、建筑构配件和设备，按照合同约定的要求自行采购，既是承包单位应履行的义务，也是其享有的合同权利。发包单位有权按照合同约定对承包单位采购的建筑材料、建筑构配件和设备是否符合规定的要求进行验收，对不符合要求的有权拒绝接收并要求承包单位承担相应的责任。但是，发包单位不得利用自己的优势地位，要求承包单位购入由其指定的建筑材料、建筑构配件或设备，包括不得要求承包单位必须向其指定的生产厂家或供应商购买建筑材料、建筑构配件或设备。《建筑法》第 25 条明确规定：按照合同约定，建筑材料、建筑构配件和设备由工程承包单位采购的，发包单位不得指定承包单位购入用于工程的建筑材料、建筑构配件和设备或指定生产厂、供应商。

5.1.3 建设工程承包

1. 建设工程承包的方式

承包方式是指工程发包单位与承包单位二者之间经济关系的形式。承包方式多种多样，根据承包单位与建设单位之间，以及不同承包单位之间的关系、地位可分为以下几种方式：

(1) 总承包

一个建设项目建设全过程或其中某个阶段（例如施工阶段）的全部工作，由一个承包单位负责组织实施。这个承包单位可以将若干专业性工作交给不同的专业承包单位去完成，并统一协调和监督它们的工作。在一般情况下，建设单位仅同这个承包单位发生直接关系，而不同各专业承包单位发生直接关系。这样的承包方式叫作总承包。承担这种任务的单位叫作总承包单位，或简称总包。

建设工程总承包包括以下两种情况：

① 全部建设工程的总承包。即发包单位将建设工程的勘察、设计、施工、设备采购一并发包给一个工程总承包单位，由总承包单位直接向发包单位负责。总承包单位可以自己负责整

个建设工程的全过程，也可以依法再分包给若干个专业分包单位来完成。

②分项总承包。即发包单位将建设工程勘察、设计、施工、设备采购的一项或者多项发包给一个工程总承包单位。

建设工程总承包制度有利于充分发挥那些在建设工程方面具有较强的技术力量、丰富的经验和组织管理能力的大承包商的专业优势，综合协调工程建设中的各种关系，强化对工程建设的统一指挥和组织管理，保证工程质量和进度，缩短建设工期，减少开支，提高投资效益。因此，国家提倡工程总承包制度，并予以鼓励和推荐。

(2) 分承包

分承包简称分包，是相对总承包而言的，是指建设工程的总承包单位根据法律的规定，在取得建设单位同意的前提下，将总承包工程中的部分工程发包给具有相应资质条件的分包单位。

《建筑法》第 29 条规定了分包应当遵守的条件：建筑工程总承包单位可以将承包工程中的部分工程发包给具有相应资质条件的分包单位；但是，除总承包合同中约定的分包外，必须经建设单位认可。施工总承包的，建筑工程主体结构的施工必须由总承包单位自行完成。建筑工程总承包单位按照总承包合同的约定对建设单位负责；分包单位按照分包合同的约定对总承包单位负责。总承包单位和分包单位就分包工程对建设单位承担连带责任。禁止总承包单位将工程分包给不具备相应资质条件的单位。禁止分包单位将其承包的工程再分包。

(3) 联合承包

联合承包是指由两个以上承包单位组成联合体承包一项工程任务，共同与建设单位签订合同，共同对建设单位负责。但参加联合的各单位仍是各自独立经营的企业，只是在共同承包的工程项目上，根据预先达成的协议，承担各自的义务和分享共同的收益，包括投入资金数额、工人和管理人员的派遣、机械设备和临时设施的费用分摊、利润的分享以及风险的分担等。

这种承包方式由于多家联合，可以集中各方的经济、技术力量，发挥各自的优势，提高了竞争力，适用于大型建筑工程和结构复杂的建筑工程。对发包方来说，也有利于提高投资效益，保证工程建设质量。

《建筑法》第 27 条规定：大型建筑工程或者结构复杂的建筑工程，可以由两个以上的承包单位联合共同承包。共同承包的各方对承包合同的履行承担连带责任。两个以上不同资质等级的单位实行联合共同承包的，应当按照资质等级低的单位的业务许可范围承揽工程。

2. 建设工程承包的行为规范

(1) 承包单位的资质要求

《建筑法》第 26 条规定：承包建筑工程的单位应当持有依法取得的资质证书，并在其资质等级许可的业务范围内承揽工程。禁止建筑施工企业超越本企业资质等级许可的业务范围或者以任何形式用其他建筑施工企业的名义承揽工程。禁止建筑施工企业以任何形式允许其他单位或者个人使用本企业的资质证书、营业执照，以本企业的名义承揽工程。

建设工程的质量问题直接关系着公众的生命和财产安全，而要保证工程质量，首先要求从事建设活动（包括建设工程的勘察、设计、施工和监理活动等）的单位必须具备相应的资质条件。同时，由于各建设工程的性质、规模和技术复杂程度不同，对承包单位应具备的具体条件的要求也不相同。因此，将从事建设活动的单位按其所具有的条件划分为不同的资质等级，并规定其只能在核定的资质等级范围内承揽工程。一些无资质或者低资质的企业以“挂靠”有较高资质等级的企业或者采取与资质等级较高的企业搞假“联营”的形式，以资质等级较高的企业的名义承揽工程；一些企业见利忘义，为谋取不正当利益（如收取挂靠管理费、资质证书和营业执照的有偿使用费等），允许其他单位甚至个人使用本企业的名义承揽工程，扰乱了建筑市场秩序，对工程质量危害极大，这些必须予以禁止。

（2）禁止将承包的工程违法分包

根据《建筑法》、《建设工程质量管理条例》的规定，违法分包是指下列行为：

① 总承包单位将建设工程分包给不具备相应资质条件的单位的。

② 建设工程总承包合同中未有约定，又未经建设单位认可，总承包单位将其承包的部分建设工程交由其他单位完成的。

③ 施工总承包单位将建设工程主体结构的施工分包给其他单位的。

④ 分包单位将其承包的建设工程再分包的。

（3）禁止建设工程转包

所谓转包，是指承包建设工程后，不履行合同约定的责任和义务，将其承包的全部建设工程转给他人或者将其承包的全部建设工程肢解以后以分包的名义分别转给其他单位承包的行为。转包的形式有两种：一种是承包单位将其承包的全部建设工程转包给他人；另一种是承包单位将其承包的全部工程肢解以后以分包的名义发包给他人，即变相的转包。分包工程发包人将工程分包后，未在施工现场设立项目管理机构和派驻相应人员，并未对该工程的施工活动进行组织管理的，视同转包行为。

转包工程容易使建设单位失去对承包人的控制和监督，造成投机行为，引起工程质量与安全事故等，也违反了合同法律的规定，破坏了合同关系应有的稳定性和严肃性，具有极大的危害性。因此《建筑法》第 28 条明确规定：禁止承包单位将其承包的全部建筑工程转包给他人，禁止承包单位将其承包的全部建筑工程肢解以后以分包的名义分别转包给他人。

5.2 建设工程招标投标概述

建设工程招标投标是指招标人通过招标文件将工作内容和要求告之有意向参与竞争的投标人，各投标人按照招标文件规定的统一要求提出实施计划和价格，递交投标文件，招标人通过评审比较从中择优选择中标人，并与之签订承发包合同的过程。建设工程招标投标，是市场经济条件下进行建设工程项目的承发包时采用的一种交易方式。它引入了竞争机制，更有利于公平竞争，能够节约和合理使用资金，保证工程质量。

为了规范招标投标活动，保护国家利益、社会公共利益和招标投标活动当事人的合法权益，提高经济效益，保证项目质量，1999 年 8 月 30 日第九届全国人民代表大会常务委员会第十一次会议审议并通过了《中华人民共和国招标投标法》，将我国的招标投标活动纳入法制管理的轨道。《招标投标法》是我国招标投标的基本法律。针对招投标领域出现的新情况、新问题，2011 年 11 月 30 日国务院第 183 次常务会议通过并公布，自 2012 年 2 月 1 日起施行的《中华人民共和国招标投标法实施条例》（简称《招标投标法实施条例》），对招投标制度做了补充、细化和完善。除此之外，国务院有关部门相继颁发了一些招投标的部门规章，主要有《工程建设项目招标范围和规模标准规定》、《招标公告发布暂行办法》、《工程建设项目自行招标试行办法》、《工程建设项目招标代理机构资格认定办法》、《工程建设项目勘察设计招标投标管理办法》、《评标委员会和评标方法暂行规定》、《工程建设项目施工招标投标办法》。目前，我国的招标投标法律制度已经建立并逐步完善，招投标活动已步入法制化轨道。

5.2.1 招标投标活动应遵循的基本原则

《招标投标法》第 5 条规定：招标投标活动应当遵循公开、公平、公正和诚实信用的原则。这是招标投标活动必须遵循的基本原则。这些原则包含着丰富的内涵，反映了招标投标活动的本质特征。

1. 公开原则

公开就是要求招标投标活动具有较高的透明度，实行招标信息、招标过程、招标结果公开，将招投标活动置于广大群众的监督之下，保证招投标活动的合法。采用公开招标方式的，招标方应通过国家指定的报刊、信息网络或者其他公共媒介发布招标公告。开标应当公开进行，并邀请所有投标人参加，开标的时间和地点应当与招标文件中预先确定的相一致。评标的标准和办法应当在提供给所有投标人的招标文件中载明。确定中标人后，招标人应当向中标人发出中标通知书，同时将中标结果通知所有未中标的投标人。

2. 公平原则

公平是指招标人和投标人的权利、义务是平等的，当事人双方是平等的民事法律关系主体，享受对等的权利，承担相应的义务，任何一方不得向另一方提出不合理的要求，不得将自己的意志强加给对方。

3. 公正原则

公正原则是指所有的投标人在招投标活动中享有平等的权利，不得对投标人实行歧视待遇。招标人不得以不合理的条件限制或者排斥潜在投标人，不得对潜在投标人实行歧视待遇。招标文件不得要求或者标明特定的生产供应者以及含有倾向或者排斥潜在投标人的其他内容。招标人不得向他人透露已获取招标文件的潜在投标人的名称、数量以及可能影响公平竞争的有关招标投标的其他情况。招标人不得限制投标人之间的竞争。任何单位和个人不得非法干预、影响评标过程和结果。

4. 诚实信用原则

“诚实信用”是民事活动的基本准则。我国《民法通则》和《合同法》等民事基本法中都规定了这一原则，招投标活动同样应当遵循诚实信用原则。在招标投标活动中，招标人和投标人都应诚实守信，以善意的方式履行其义务。投标人应具有相应的资质、业绩，有符合招标文件要求的能力，不得弄虚作假，欺骗他人。

5.2.2 必须招标的项目范围和规模标准

根据《招标投标法》第 3 条的规定，必须进行招标的工程建设项目有两大类：一是《招标投标法》明确规定必须进行招标的项目；二是依照法律或者国务院的规定必须进行招标的其他项目。

1.《招标投标法》明确规定必须进行招标的项目

在中华人民共和国境内进行下列工程建设项目（包括项目的勘察、设计、施工、监理以及与工程建设有关的重要设备、材料等的采购），必须进行招标：

① 大型基础设施、公用事业等关系社会公共利益、公众安全的项目。

② 全部或者部分使用国有资金投资或者国家融资的项目。

③ 使用国际组织或者外国政府贷款、援助资金的项目。

上述项目的具体范围和规模标准，由国务院发展改革部门会同国务院有关部门制订，报国务院批准后公布施行。

这里的工程建设项目，是指工程以及与工程建设有关的货物、服务。工程是指建设工程，包括建筑物和构筑物的新建、改建、扩建及其相关的装修、拆除、修缮等；与工程建设有关的货物，是指构成工程不可分割的组成部分，且为实现工程基本功能所必需的设备、材料等；与工程建设有关的服务，是指为完成工程所需的勘察、设计、监理等服务。

2. 法律或者国务院规定必须进行招标的其他项目

随着招标投标制度的建立和推行，我国实行招标投标制度的领域将逐步扩大，必须依法采用招标采购方式的项目，并非仅限于工程建设项目。如《政府采购法》规定的应当进行招标投标的政府采购工程。根据《招标投标法》第 3 条的规定，法律或者国务院对必须进行招标的其他项目的范围有规定的，依照其规定。但应指出，法律或国务院规定必须进行招标的其他项目，在招标投标的规则和程序方面，都适用《招标投标法》的规定。

5.2.3 可以不进行招标的工程建设项目

如果工程建设项目不属于法律规定必须进行招标的项目，当事人可以自己决定是否采取招标方式。但是，即使符合必须进行招标项目的条件，具有某些特殊情形的，也可以不进行招标。

依据《招标投标法》第 66 条的规定，涉及国家安全、国家秘密、抢险救灾或者属于利用扶贫资金实行以工代赈、需要使用农民工等特殊情况，不适宜进行招标的项目，按照国家有关规定可以不进行招标。

《招标投标法实施条例》第 9 条进一步规定，除《招标投标法》第 66 条规定的可以不进行招标的特殊情况外，有下列情形之一的，可以不进行招标：

① 需要采用不可替代的专利或者专有技术；

② 采购人依法能够自行建设、生产或者提供；

③ 已通过招标方式选定的特许经营项目投资人依法能够自行建设、生产或者提供；

④ 需要向原中标人采购工程、货物或者服务，否则将影响施工或者功能配套要求；

⑤ 国家规定的其他特殊情形。

依据《建设工程勘察设计管理条例》第 16 条的规定，下列建设工程的勘察、设计，经有关主管部门批准，可以直接发包：

① 采用特定的专利或者专有技术的；

② 建筑艺术造型有特殊要求的；

③ 国务院规定的其他可以直接发包的建设工程的勘察、设计。

5.3 招　　标

招标是指招标人公布工作内容和要求，邀请投标人参与投标竞争，从中择优选定中标人的活动。招标必须按照法律规定的程序进行。

5.3.1 招标人

《招标投标法》第 8 条规定：招标人是依照本法规定提出招标项目、进行招标的法人或者其他组织。对招标人的含义应从以下两个方面加以理解：

(1) 招标人应当是法人或者其他组织，自然人不能成为招标人。根据我国《民法通则》的有关规定，法人是指具有民事权利能力和民事行为能力，依法独立享有民事权利和承担民事义务的组织。其他组织是指依法成立，有一定的组织机构和财产但不具备法人资格的组织，包括私营独资企业、合伙组织、外资企业以及法人依法设立并领取营业执照的分支机构等。

(2) 依法提出招标项目，进行招标。这里有两层含义：一是要提出招标项目，即根据招标人的实际情况以及《招标投标法》的有关规定确定需要招标的具体项目，办理有关审批手续，落实项目的资金来源等。二是进行招标，即根据《招标投标法》规定的程序和内容确定招标方式，编制招标文件，发布招标公告，审查潜在投标人资格，进行开标、评标、确定中标人及订立书面合同等。

5.3.2 招标条件

在组织招标之前，招标人应当向国家主管部门进行申请，只有满足了规定的招标条件，才能进行招标。设定招标条件，是为了保证招标人具有足够组织招标的能力，保证招标活动的顺利进行，保证工程建设项目的顺利进行。

根据《招标投标法》、《工程建设项目施工招标投标办法》的规定，依法必须招标的工程建设项目，应当具备下列条件才能进行施工招标：

① 招标人已经依法成立；

② 初步设计及概算应当履行审批手续的，已经批准；

③ 有相应资金或资金来源已经落实；

④ 有招标所需的设计图纸及技术资料。

5.3.3 招标方式

目前世界各国和国际组织招标的方式大体上有三种：公开招标、邀请招标和议标。《招标投标法》规定的法定招标方式为公开招标和邀请招标，不包括议标。这是因为议标是通过协商达成交易的一种方式，通常在非公开状态下采取一对一的谈判的方式进行，违反了招标应遵循的公开、公平、公正的原则。

1. 公开招标

公开招标又称无限竞争性招标，是指招标人以招标公告的方式邀请不特定的法人或者其他组织投标。其特点是招标人通过报刊、信息网络或其他媒介发出招标公告，其针对的对象是所有对招标项目感兴趣的法人或者其他组织，对参加投标的投标人在数量上并没有限制，具有广泛性。

公开招标的优点是招标人可以在较广的范围内选择中标人，投标竞争激烈，有利于将工程项目的建设给予可靠的中标人实施并取得有竞争性的报价。公开招标程序严密、规范，招标活动的透明度高，有助于招标人防范风险，保证招标的效果，有利于防范招标过程中的不正当行为。但其缺点是，由于参与投标的人数较多，一般需要进行资格预审，招标工作量大，组织工作复杂，需投入较多的人力、物力，招标所需时间长、费用高。

2. 邀请招标

邀请招标又称为有限竞争性招标，是指招标人以投标邀请书的方式邀请特定的法人或者其他组织投标。其特点是招标人应当向三个以上的具备承担招标项目的能力、资信良好的特定的法人或其他组织发出投标邀请书；只有接受投标邀请书的法人或者其他组织才可以参加投标竞争，其他法人或组织无权参加投标。

邀请招标的优点是，不需要发布招标公告和设置资格预审，招标工作量小，可以节约时间，降低成本。邀请招标的缺点是，由于参加的投标人较少，竞争性较差，招标人的选择范围小。如果招标人在选择邀请单位前掌握的信息量不足，则会失去发现最适合承担该项目的承包商的机会。

邀请招标与公开招标相比，后者更有利于充分竞争的开展，因而有关法规对采用邀请招标方式进行了限制性规定。

《招标投标法实施条例》第8条规定，国有资金占控股或者主导地位的依法必须进行招标的项目，应当公开招标；但有下列情形之一的，可以邀请招标：

① 技术复杂、有特殊要求或者受自然环境限制，只有少量潜在投标人可供选择；

② 采用公开招标方式的费用占项目合同金额的比例过大。

另外，如果属于按照国家有关规定需要履行项目审批、核准手续的项目，由项目审批、核准部门在审批、核准项目时做出认定；其他项目由招标人申请有关行政监督部门做出认定。

国务院发展计划部门确定的国家重点项目和省、自治区、直辖市人民政府确定的地方重点项目不适宜公开招标的，经国务院发展计划部门或者省、自治区、直辖市人民政府批准，可以进行邀请招标。

5.3.4　自行招标和代理招标

工程建设项目的招标活动，一般由建设单位自行组织。但是，由于招标活动是一种组织性、规范性及专业性较强、具有较高难度的交易运作方式，许多建设单位并不具备法律规定的招标条件时就应当委托招标代理机构组织招标活动。这就形成了工程建设项目招标的两种组织形式：自行招标和代理招标。

5.3.4.1　自行招标

自行招标指的是工程项目的建设单位以招标人的身份对自己的工程亲自组织招标。

建设单位自行招标，须具备一定的条件。《招标投标法》规定招标人具有编制招标文件和组织评标能力的可以自行招标，指的是招标人具有与招标项目规模和复杂程度相适应的技术、经济等方面的专业人员。

《工程建设项目自行招标试行办法》对自行招标的招标人必须具备的条件做出如下规定：

(1) 具有项目法人资格(或者法人资格)；

(2) 具有与招标项目规模和复杂程度相适应的工程技术、概预算、财务和工程管理等方面专业技术力量；

(3) 有从事同类工程建设项目招标的经验；

(4) 拥有3名以上取得招标资格的专职招标业务人员；

(5) 熟悉和掌握招标投标法及有关法规、规章。

招标人符合法律规定的自行招标条件的,可以自行办理招标事宜。任何单位和个人不得强制其委托招标代理机构办理招标事宜。建设单位如不具备自行招标条件,应当采用代理招标的方式。

5.3.4.2 代理招标

代理招标是指工程项目的建设单位将工程招标工作委托给招标代理机构,由其代为办理招标事宜。

招标代理机构是依法设立、从事招标代理业务并提供相关服务的社会中介组织。

招标人有权自行选择招标代理机构,委托其办理招标事宜。任何单位和个人不得以任何方式为招标人指定招标代理机构。

1. 招标代理机构的资格认定

从事工程建设项目招标代理业务的招标代理机构,其资格由国务院或者省、自治区、直辖市人民政府的建设行政主管部门认定。具体办法由国务院建设行政主管部门会同国务院有关部门制定。从事其他招标代理业务的招标代理机构,其资格认定的主管部门由国务院规定。

(1) 申请工程招标代理资格的机构应当具备的条件

根据《工程建设项目招标代理机构资格认定办法》的规定,申请工程招标代理资格的机构应当具备下列条件:①依法设立的中介组织,具有独立法人资格;②与行政机关和其他国家机关没有行政隶属关系或者其他利益关系;③有固定的营业场所和开展工程招标代理业务所需设施及办公条件;④有健全的组织机构和内部管理的规章制度;⑤具备编制招标文件和组织评标的相应专业力量;⑥具有可以作为评标委员会成员人选的技术、经济等方面的专家库;⑦法律、行政法规规定的其他条件。

(2) 招标代理机构的分级和承接工程范围

工程招标代理机构资格分为甲级、乙级和暂定级。甲级工程招标代理机构资格由国务院建设主管部门认定。乙级、暂定级工程招标代理机构资格由工商注册所在地的省、自治区、直辖市人民政府建设主管部门认定。甲级工程招标代理机构可以承担各类工程的招标代理业务。乙级工程招标代理机构只能承担工程总投资1亿元以下的工程招标代理业务。暂定级工程招标代理机构只能承担工程总投资6000万元以下的工程招标代理业务。

工程招标代理机构可以跨省、自治区、直辖市承担工程招标代理业务。任何单位和个人不得限制或者排斥工程招标代理机构依法开展工程招标代理业务。

2. 招标代理机构可以承担的招标事宜

招标代理机构应当在招标人委托的范围内承担招标事宜。招标代理机构可以在其资格等级范围内承担下列招标事宜:

① 拟订招标方案,编制和出售招标文件、资格预审文件。

② 审查投标人资格。

③ 编制标底。

④ 组织投标人踏勘现场。

⑤ 组织开标、评标,协助招标人定标。

⑥ 草拟合同。

⑦ 招标人委托的其他事项。

3. 工程招标代理机构的行为规范

工程招标代理机构在工程招标代理活动中不得有下列行为：

① 与所代理招标工程的招投标人有隶属关系、合作经营关系以及其他利益关系。

② 从事同一工程的招标代理和投标咨询活动。

③ 超越资格许可范围承担工程招标代理业务。

④ 明知委托事项违法而进行代理。

⑤ 采取行贿、提供回扣或者给予其他不正当利益等手段承接工程招标代理业务。

⑥ 未经招标人书面同意，转让工程招标代理业务。

⑦ 泄露应当保密的与招标投标活动有关的情况和资料。

⑧ 与招标人或者投标人串通，损害国家利益、社会公共利益和他人合法权益。

⑨ 对有关行政监督部门依法责令改正的决定拒不执行或者以弄虚作假的方式隐瞒真相。

⑩ 擅自修改经招标人同意并加盖了招标人公章的工程招标代理成果文件。

⑪ 涂改、倒卖、出租、出借或者以其他形式非法转让工程招标代理资格证书。

⑫ 法律、法规和规章禁止的其他行为。

5.3.5 招标程序

1. 招标前期准备工作

招标前期准备工作包括组织成立专门招标机构，选择招标方式，向建设行政主管部门提出招标申请。招标申请应当以书面申请书形式提出，主要内容包括：招标工程具备的条件、招标的工程内容和范围、拟采用的招标方式、对投标人的要求、施工前期准备情况、招标人或者招标代理人的资质。

2. 资格预审文件、招标文件编制与送审

招标申请书经批准后，可以编制资格预审文件、招标文件，并将这些文件报招投标管理机构批准。

资格预审文件是招标人审查潜在投标人是否满足其资格要求的文件。

招标文件是工程建设项目招标遵循的基础性文件，是投标、开标、评标、决标等工作的基础，也是合同的重要组成部分。招标文件反映了招标人的目的、想法和要求以及招标工作的组织方法，同时招标文件又是投标人编制标书、参加投标工作的依据。

为了规范招标人的行为，保证资格预审文件、招标文件的公正合理，《招标投标法》及《招标投标法实施条例》规定了招标人编制资格预审文件、招标文件的一般要求和主要内容：

(1) 编制依法必须进行招标的项目的资格预审文件和招标文件，应当使用国务院发展改革部门会同有关行政监督部门制定的标准文本。

(2) 招标人应当根据招标项目的特点和需要编制招标文件。招标文件应当包括招标项目的技术要求、对投标人资格审查的标准、投标报价要求和评标标准等所有实质性要求和条件以及拟签订合同的主要条款。国家对招标项目的技术、标准有规定的，招标人应当按照其规定在招标文件中提出相应要求。招标项目需要划分标段、确定工期的，招标人应当合理划分标段、确定工期，并在招标文件中载明。

(3) 招标文件不得要求或者标明特定的生产供应者以及含有倾向或者排斥潜在投标人的其他内容。

3. 发布招标信息

发布招标信息是指招标人将招标的有关内容通过一定的方式发布出去，以吸引潜在的投标人参与投标。招标方式不同，发布招标信息的方法也不同，公开招标应发布招标公告，邀请招标应发出投标邀请书。

(1) 发布招标公告

招标公告是招标人以公告方式邀请不特定的潜在投标人就招标项目参加投标的意思表示。公开招标的招标信息必须通过公告的途径予以通知，使所有合格的投标人都有同等机会了解招标要求。招标公告的发布方式对信息能否广泛传播起着决定性作用，直接影响招标公告的发布结果。招标公告的主要目的是发布招标项目的有关信息，使那些有兴趣的潜在投标人了解与项目有关的主要情况，来决定其是否参加投标。因此，招标公告的内容对潜在投标人是至关重要的。《招标投标法》和《招标投标法实施条例》对此进行了规定。

依法必须进行招标的项目的招标公告，应当通过国家指定的报刊、信息网络或者其他媒介发布。招标公告应当载明招标人的名称和地址，招标项目的性质、数量、实施地点和时间以及获取招标文件的办法等事项。依法必须进行招标的项目的资格预审公告和招标公告，应当在国务院发展改革部门依法指定的媒介发布。在不同媒介发布的同一招标项目的资格预审公告或者招标公告的内容应当一致。指定媒介发布依法必须进行招标的项目的境内资格预审公告、招标公告，不得收取费用。

公开招标发布招标公告有两种做法：一是实行资格预审的，用资格预审通告代替招标公告，即只发布资格预审公告，通过发布资格预审公告，吸引潜在投标人；二是实行资格后审的，不发资格预审公告，只发招标公告，通过发布招标公告，吸引潜在投标人。通常做法是投标前对投标人进行资格审查，也就是资格预审，但实践当中常常不注意资格预审公告和招标公告在使用上的区分。

(2) 发出投标邀请书

招标人采用邀请招标方式的，应当向三个以上具备承担招标项目的能力、资信良好的特定的法人或者其他组织发出投标邀请书。投标邀请书应当载明的事项与招标公告应载明的事项相同。

4. 对潜在投标人或者投标人的资格审查

为了确保建设工程的质量以及避免招标工作上的财力和时间的浪费，法律允许招标人根据招标项目本身的特点和需要，要求潜在投标人或者投标人提供满足其资格要求的文件，对潜在投标人或者投标人进行资格审查。

(1) 资格审查的类型

资格审查分为资格预审和资格后审两种。

① 资格预审

资格预审是指在投标前对潜在投标人进行的资格审查。采取资格预审的，招标人可以发布资格预审公告，并应在资格预审文件中载明资格预审的条件、标准和方法。

《招标投标法实施条例》对资格预审进行了规范。招标人应当按照资格预审公告规定的时间、地点发售资格预审文件。资格预审文件的发售期不得少于5日。招标人应当合理确定提交资格预审申请文件的时间。依法必须进行招标的项目提交资格预审申请文件的时间,自资格预审文件停止发售之日起不得少于5日。招标人可以对已发出的资格预审文件进行必要的澄清或者修改。澄清或者修改的内容可能影响资格预审申请文件编制的,招标人应当在提交资格预审申请文件截止时间至少3日前,以书面形式通知所有获取资格预审文件的潜在投标人;不足3日的,招标人应当顺延提交资格预审申请文件的截止时间。潜在投标人或者其他利害关系人对资格预审文件有异议的,应当在提交资格预审申请文件截止时间2日前提出。招标人应当自收到异议之日起3日内做出答复;做出答复前,应当暂停招标投标活动。招标人编制的资格预审文件的内容违反法律、行政法规的强制性规定,违反公开、公平、公正和诚实信用原则,影响资格预审结果的,依法必须进行招标的项目的招标人应当在修改资格预审文件后重新招标。

资格预审应当按照资格预审文件载明的标准和方法进行。国有资金占控股或者主导地位的依法必须进行招标的项目,招标人应当组建资格审查委员会审查资格预审申请文件。资格审查委员会及其成员应当遵守《招标投标法》和《招标投标法实施条例》有关评标委员会及其成员的规定。资格预审结束后,招标人应当及时向资格预审申请人发出资格预审结果通知书。未通过资格预审的申请人不具有投标资格。通过资格预审的申请人少于3个的,应当重新招标。

② 资格后审

资格后审是指在开标后对投标人进行的资格审查。进行资格预审的,一般不再进行资格后审,但招标文件另有规定的除外。招标人采用资格后审办法对投标人进行资格审查的,应当在开标后由评标委员会按照招标文件规定的标准和方法对投标人的资格进行审查。资格后审不合格的投标人的投标应予否决。

(2) 资格审查的内容

资格审查主要审查潜在投标人或者投标人是否符合下列条件:

① 具有独立订立合同的权利。

② 具有履行合同的能力,包括专业、技术资格和能力,资金、设备和其他物质设施状况,管理能力,经验、信誉和相应的从业人员。

③ 没有处于被责令停业,投标资格被取消,财产被接管、冻结,破产状态。

④ 在最近三年内没有骗取中标和严重违约及重大工程质量问题。

⑤ 法律、行政法规规定的其他资格条件。

资格审查时,招标人不得以不合理的条件限制、排斥潜在投标人或者投标人,不得对潜在投标人或者投标人实行歧视待遇。任何单位和个人不得以行政手段或者其他不合理方式限制投标人的数量。

5. 招标文件的发售

招标人应当按照招标公告或者投标邀请书规定的时间、地点发售招标文件。招标文件的发售期不得少于5日。招标人发售招标文件收取的费用应当限于补偿印刷、邮寄的成本支出,不得以营利为目的。

招标人可以对已发出的招标文件进行必要的澄清或者修改。澄清或者修改的内容可能影响投标文件编制的,招标人应当在投标截止时间至少15日前,以书面形式通知所有获取招标文件的潜在投标人。不足15日的,招标人应当顺延提交投标文件的截止时间。该澄清或者修改的内容为招标文件的组成部分。

潜在投标人或者其他利害关系人对招标文件有异议的，应当在投标截止时间10日前提出。招标人应当自收到异议之日起3日内做出答复；做出答复前，应当暂停招标投标活动。

招标人编制的招标文件的内容违反法律、行政法规的强制性规定，违反公开、公平、公正和诚实信用原则，影响潜在投标人投标的，依法必须进行招标的项目的招标人应当在修改招标文件后重新招标。

投标有效期是招标文件中规定的投标文件有效期，招标人应当在招标文件中载明投标有效期，以保证招标人有足够的时间完成评标和与中标人签订合同。投标有效期从提交投标文件截止之日起计算。

投标保证金是招标人为了防止投标人不递交投标文件，或者递交毫无意义或未经充分、慎重考虑的投标文件，投标人中途撤回投标文件或中标后不签订合同等情况的发生而设定的一种担保形式。其目的是约束投标人的投标行为，保护招标人的利益，维护招投标活动的正常秩序，这也是一种国际惯例。因此，招标人可以在招标文件中要求投标人提供投标保证金或其他形式的担保，投标保证金可以是支票、现金、银行汇票等。招标人在招标文件中要求投标人提交投标保证金的，投标保证金不得超过招标项目估算价的2%，投标保证金有效期应当与投标有效期一致。依法必须进行招标的项目的境内投标单位，以现金或者支票形式提交的投标保证金应当从其基本账户转出。招标人不得挪用投标保证金。招标人最迟应当在书面合同签订后5日内向中标人和未中标的投标人退还投标保证金及银行同期存款利息。

6. 组织现场踏勘和标前答疑

(1) 组织现场踏勘

组织现场踏勘是指组织潜在投标人到招标工程的具体地点进行勘察，了解现场的地理位置、地物地貌、地质状况、环境状况、交通状况等，为编制施工总平面布置图、施工组织设计掌握第一手的资料。

招标人根据招标项目的具体情况，可以组织潜在投标人踏勘项目现场，向其介绍工程场地和相关环境的有关情况。潜在投标人依据招标人介绍情况做出的判断和决策，由投标人自行负责。招标人不得组织单个或者部分潜在投标人踏勘项目现场。

(2) 标前答疑

对于潜在投标人对招标文件和现场踏勘提出的疑问，招标人可以以书面形式或召开投标预备会的方式解答，但须同时将解答以书面方式通知所有购买招标文件的潜在投标人。该解答的内容为招标文件的组成部分。答疑的目的是使潜在投标人能够准确地把握招标人的目的要求，编制出适当的投标文件。

7. 接受投标人送达的投标文件

招标人应当确定投标人编制投标文件所需要的合理时间；依法必须进行招标的项目，自招标文件开始发出之日起至投标人提交投标文件截止之日止，最短不得少于20日。

招标人应当在规定的投标截止时间前，按照招标文件规定的方式接受投标人送来的投标文件。此时的投标文件是密封状态，招标人不得启封，收到的投标文件应当进行登记，并开具接收凭证给投标人。

8. 开标

9. 评标

10. 定标

11. 发出中标通知书，签订合同

本章第5.5节将对开标，评标，定标，发出中标通知书、签订合同的内容进行详细阐述。

5.3.6 招标人不得从事的行为

1. 招标人不得以不合理的条件限制、排斥潜在投标人或者投标人

招标人有下列行为之一的，属于以不合理条件限制、排斥潜在投标人或者投标人：

(1) 就同一招标项目向潜在投标人或者投标人提供有差别的项目信息。

(2) 设定的资格、技术、商务条件与招标项目的具体特点和实际需要不相适应或者与合同履行无关。

(3) 依法必须进行招标的项目以特定行政区域或者特定行业的业绩、奖项作为加分条件或者中标条件。

(4) 对潜在投标人或者投标人采取不同的资格审查或者评标标准。

(5) 限定或者指定特定的专利、商标、品牌、原产地或者供应商。

(6) 依法必须进行招标的项目非法限定潜在投标人或者投标人的所有制形式或者组织形式。

(7) 以其他不合理条件限制、排斥潜在投标人或者投标人。

2. 禁止泄密

招标人不得向他人透露已获取招标文件的潜在投标人的名称、数量以及可能影响公平竞争的有关招标投标的其他情况。招标人设有标底的，标底必须保密。

5.4 投　　标

投标又称报价，是指作为承包方的投标人根据招标人的招标条件向招标人提交其依照招标文件的要求所编制的投标文件，争取获得招标项目承包权的活动。

招标与投标是一个有机整体，招标是招标人在招标投标活动中的工作内容，投标则是投标人在招标投标活动中的工作内容。投标活动的一般程序包括：①获取招标信息；②决定是否投标；③成立投标组织；④参加资格预审，购买招标文件；⑤理解招标文件，参加现场踏勘和招标预备会；⑥组织编制投标文件；⑦递交投标文件；⑧参加开标会议；⑨接到中标通知书后，与建设单位签订合同。

投标人想在投标竞争中取得成功，不仅需要良好的信誉和雄厚的实力作为基础，还需要做好投标的参与工作。全面地了解招标人和招标项目，客观地分析竞争对手，仔细地研究招标文件，认真地编制投标文件，是投标成功的有效保证。

5.4.1 投标人及其资格

1. 投标人

投标人是响应招标、参加投标竞争的法人或者其他组织。对于自然人，法律做出不同于招标人的特殊规定,即依法招标的科研项目允许个人参加投标的,投标的个人适用有关投标人的规定。这是对科研项目投标的特殊规定。

所有对招标公告或投标邀请书感兴趣的并有可能参加投标的人,称为潜在投标人。所谓响应招标,是指潜在投标人获得了招标的信息或者投标邀请书以后购买招标文件,接受资格审查,并编制投标文件,按照招标人的要求参加投标。参加投标竞争是指按照招标文件的要求并在规定的时间内提交投标文件的活动。

2. 投标人的资格

为保证投标人成为中标人后能够顺利地履行合同,参加投标活动必须具备一定的条件,不是所有感兴趣的法人或经济组织都可以参加投标。《招标投标法》规定:投标人应当具备承担招标项目的能力;国家有关规定对投标人资格条件或者招标文件对投标人的资格有规定的,投标人应当具备规定的资格条件。投标人应当具备承担招标项目的能力,具体包括:与招标文件要求相适应的人力、物力和财力;招标文件要求的资质证书和相应的工作经验与业绩证明;法律、法规规定的其他条件。《招标投标法实施条例》进一步规定,与招标人存在利害关系可能影响招标公正性的法人、其他组织或者个人,不得参加投标。单位负责人为同一人或者存在控股、管理关系的不同单位,不得参加同一标段投标或者未划分标段的同一招标项目投标。违反上述规定的,相关投标均无效。

对投标人的资格条件做出规定,对保证招标项目的质量,维护招标人的利益以及国家和社会公共利益,都是很有必要的。不具备相应的资格条件的承包商、供应商,不能参加有关的招标项目的投标。对投标人应具备的资格条件做出规定,也可以使潜在的投标人以此判断自己有无资格参加投标,以避免花费不必要的投标费用,这对潜在投标人也是有益的。

5.4.2 投标文件的编制

1. 投标文件的编制依据

编制投标文件,应当以一定的法律、法规和理论知识为基础,保证投标文件的合法合理。以编制工程建设施工投标文件为例,其编制应依据以下内容:

① 招标文件。

② 施工图纸和技术资料。

③ 工程量清单。

④ 现场踏勘资料和标前会议纪要。

⑤ 现行工程建设施工规范和标准。

⑥ 现行工程建设概预算定额。

⑦ 工期定额。

⑧ 相关法律、法规。

2. 投标文件编制的基本要求

根据《招标投标法》的规定,编制投标文件应当符合以下要求:

(1) 按照招标文件的要求编制投标文件。投标人应认真研究、正确理解招标文件的全部内容,并按照招标文件的要求来编制自己的投标文件,才有中标的可能。

(2) 对招标文件提出的实质性要求和条件做出响应。这里“实质性要求和条件”,是指招标文件中有关招标项目的技术要求、投标报价要求和评标标准、合同的主要条款等，投标人必须严格按招标文件的要求，一一作答，不得对招标文件进行修改，不得遗漏或回避招标文件中的问题，更不能提出任何附带条件，否则将有可能失去中标机会。

编制建设施工项目的投标文件，除符合上述两项基本要求外，还应当包括拟派出的项目负责人与主要技术人员的简历、业绩和拟用于完成招标项目的机械设备等。

3. 投标文件的内容

工程建设项目招标的内容不同，投标文件的内容也不同。以工程建设项目施工投标为例，施工投标文件应当包括以下内容：

(1) 投标函

投标函是投标人签署的明确表示参加招标工程投标的法律文书，是投标人参与投标的意思表示。其内容包括项目名称、投标人名称、投标人表明完全愿意按招标文件中规定承包工程施工的意思、总报价、总工期、履约保证内容、投标人签字盖章。

(2) 投标人概况、资信、业绩、拟派出的项目负责人与主要技术人员的简历等

主要包括投标人单位概况、营业执照、资质证书、在建工程一览表、竣工工程一览表、同类工程业绩、项目负责人简历、项目部管理人员简历等。

(3) 施工组织设计

施工组织设计是投标人承包工程后的施工方案，包括施工部署、主要施工方法、工程总平面布置图、施工进度计划、拟投入主要机械设备、拟投入的劳动力计划、工期、质量、安全保证措施、季节性施工措施、文明施工、环境保护措施等。

(4) 投标报价

施工投标报价是指投标人完成招标项目施工任务的合理费用。施工投标报价由投标人自主确定，由直接费、间接费、利润、税金四部分组成。

(5) 商务和技术偏差表。

(6) 招标文件要求的其他内容。

另外，投标人根据招标文件载明的项目实际情况，拟在中标后将中标项目的部分非主体、非关键性工作进行分包的，应当在投标文件中载明。

5.4.3 投标文件的送达

投标人应当在招标文件要求提交投标文件的截止时间前，将投标文件送达投标地点。招标人收到投标文件后，应当签收保存，不得开启，并如实记载投标文件的送达时间和密封情况，以存档备查。招标人未通过资格预审的申请人提交的投标文件，以及逾期送达或者不按照招标文件要求密封的投标文件，招标人应当拒收。

投标人在招标文件要求提交投标文件的截止时间前，可以补充、修改或者撤回已提交的投标文件，并书面通知招标人。补充、修改内容为投标文件的组成部分。投标人撤回已提交的投标文件，应当在投标截止时间前书面通知招标人。招标人已收取投标保证金的，应当自收到投标人书面撤回通知之日起5日内退还。投标截止后投标人撤回投标文件的，招标人可以不退还投标保证金。

5.4.4 联合体投标

5.4.4.1 联合体投标的含义和特征

1. 联合体投标的含义

联合体投标是指两个以上法人或者其他组织，共同组成一个非法人的联合体，以该联合体的名义，作为一个投标人，参加投标竞争。

2. 联合体投标的特征

联合体投标具有以下特征：

（1）联合体的主体包括两个以上的法人或者其他组织。

（2）联合体是为了进行投标及中标后履行合同而组织起来的一个临时性的非法人组织。

（3）联合体以一个投标人的身份共同投标。就中标项目，联合体各方对招标人承担连带责任。

5.4.4.2 联合体投标的资格条件

为了确保联合体投标的质量，防止利用联合体的方式规避法律，使不具备投标资格者投标甚至中标，《招标投标法》规定，联合体各方均应具备承担招标项目的相应能力；国家有关规定或者招标文件对投标人资格条件有规定的，联合体各方均应具备规定的相应资格条件。由同一专业的单位组成的联合体，按照资质等级较低的施工企业的业务范围承揽工程。这里承担招标项目的相应能力，是指完成招标项目所需要的技术、资金、设备、管理等方面的能力。

5.4.4.3 联合体内外关系的确定

首先，在联合体内部，联合体各方应当签订共同投标协议，约定各方拟承担的工作和责任，并将共同投标协议连同投标文件一并提交给招标人。共同投标协议约定了组成联合体各成员单位在联合体中所承担的各自的工作范围，这个范围的确定也为招标人判断该成员单位是否具备相应的资格条件提供了依据。共同投标协议也约定了组成联合体各成员单位在联合体中所承担的各自的责任，这也为将来可能引发的纠纷的解决提供了必要的依据。因此，共同投标协议对于联合体投标这种投标形式是非常必要的。

其次，联合体中标后，应当由各方共同与招标人签订合同，就中标项目向招标人承担连带责任。这里所说的共同签订合同，是指联合体各方均应参加合同的订立，并在合同上签字盖章。这里的连带责任，是指如果联合体中的一个成员单位没能按照合同约定履行义务，招标人可以要求联合体中任何一个成员单位承担不超过总债务的任何比例的债务，而该单位不得拒绝。该成员单位承担了债务后，有权向其他成员单位追偿其按照共同投标协议不应当承担的债务。

5.4.4.4 联合体各方的责任、义务

（1）履行共同投标协议中约定的义务

共同投标协议中约定了联合体各方应该承担的责任，各成员单位应当按照该协议的约定认真履行自己的义务，否则要对对方承担违约责任。同时，共同投标协议中约定的责任承担也是各成员单位最终的责任承担方式。

（2）不得重复投标

联合体各方在同一招标项目中以自己名义单独投标或者参加其他联合体投标的，相关投

标均无效。

(3) 不得随意改变联合体的组成

招标人应当在资格预审公告、招标公告或者投标邀请书中载明是否接受联合体投标。招标人接受联合体投标并进行资格预审的，联合体应当在提交资格预审申请文件前组成。资格预审后联合体增减、更换成员的，其投标无效。

5.4.4.5 招标人不得强制投标人组成联合体共同投标

《招标投标法》规定，招标人不得强制投标人组成联合体共同投标，不得限制投标人之间的竞争。投标人之间的联合投标应当是出于自愿。实践中，有些地方公共工程项目，招标人是地方政府或者其授权的部门，他们往往基于地方保护主义或者部门保护主义，强制当地实力不够的单个投标人组成联合体共同投标，以阻止外地的企业中标，这是法律所不允许的。

5.4.5 投标人不得从事的行为

1. 投标人不得相互串通投标或者与招标人串通投标

串通投标是招标投标活动中典型的不正当竞争行为。这种行为背离了公平、公正原则，排斥其他投标人的正当竞争，使招标投标失去了本来的意义，因此《招标投标法》、《招标投标法实施条例》和《反不正当竞争法》对此都做了禁止性的规定。

(1) 投标人之间相互串通投标

《招标投标法实施条例》第 39 条规定，有下列情形之一的，属于投标人相互串通投标：

① 投标人之间协商投标报价等投标文件的实质性内容；

② 投标人之间约定中标人；

③ 投标人之间约定部分投标人放弃投标或者中标；

④ 属于同一集团、协会、商会等组织成员的投标人按照该组织要求协同投标；

⑤ 投标人之间为谋取中标或者排斥特定投标人而采取的其他联合行动。

《招标投标法实施条例》第 40 条规定，有下列情形之一的，视为投标人相互串通投标：

① 不同投标人的投标文件由同一单位或者个人编制；

② 不同投标人委托同一单位或者个人办理投标事宜；

③ 不同投标人的投标文件载明的项目管理成员为同一人；

④ 不同投标人的投标文件异常一致或者投标报价呈规律性差异；

⑤ 不同投标人的投标文件相互混装；

⑥ 不同投标人的投标保证金从同一单位或者个人的账户转出。

(2) 招标人与投标人串通投标

《招标投标法实施条例》第 41 条规定，有下列情形之一的，属于招标人与投标人串通投标：

① 招标人在开标前开启投标文件并将有关信息泄露给其他投标人；

② 招标人直接或者间接向投标人泄露标底、评标委员会成员等信息；

③ 招标人明示或者暗示投标人压低或者抬高投标报价；

④ 招标人授意投标人撤换、修改投标文件；

⑤ 招标人明示或者暗示投标人为特定投标人中标提供方便；

⑥ 招标人与投标人为谋求特定投标人中标而采取的其他串通行为。

2. 投标人不得以行贿的手段谋取中标

招投标的实质是为了以最公平的方式选择到最优的合同伙伴，并以最低的成本完成招标的项目。行贿这种丑恶的违法行为，与上述目标背道而驰，为法律所不容。因此，《招标投标法》明确规定禁止投标人以向招标人或者评标委员会成员行贿的手段谋取中标。

3. 投标人不得以低于成本的报价竞标

投标人以低于自己的个别成本的价格竞价，表面上似乎有利于招标人，实际上是为了将以正常价格竞争的投标人排挤出市场；中标后则以偷工减料、粗制滥造、高价转包等方式降低成本，挽回损失，或者中途以停工相要挟，提出涨价。因此，该行为受到《招标投标法》的严格禁止。

4. 投标人不得以他人名义投标或者以其他方式弄虚作假，骗取中标

《招标投标法》要求中标人应亲自履行合同约定的义务，不得转让或变相转让中标项目，分包亦受到严格限制。所以，禁止投标人以他人名义投标或者以其他方式弄虚作假，骗取中标。使用通过受让或者租借等方式获取的资格、资质证书投标的，属于以他人名义投标。投标人有下列情形之一的，属于以其他方式弄虚作假的行为：

① 使用伪造、变造的许可证件；

② 提供虚假的财务状况或者业绩；

③ 提供虚假的项目负责人或者主要技术人员简历、劳动关系证明；

④ 提供虚假的信用状况；

⑤ 其他弄虚作假的行为。

5.5 开标、评标和定标

开标、评标和定标是招标投标过程中非常重要的环节，是决定中标人的关键阶段，也是公开、公平、公正原则的具体体现。

5.5.1 开标

开标就是招标人依据招标文件的时间、地点，当众开启所有投标人提交的投标文件，公开宣布投标人的姓名、投标报价和其他主要内容的行为。开标使招标人和全体投标人能够了解实际参加投标的人有哪些、各投标人的投标价格及其投标文件的其他主要内容，以便在此基础上评价并确定中标人。开标应当公开进行，而不得秘密开标。这是法律的强制性规定，任何当事人不得违反或变更。公开开标保护了投标人的合法权益，增加了招标投标活动的透明度，维护了公开、公平、公正的原则。

1. 开标的时间和地点

根据《招标投标法》的规定，开标时间应当是招标文件确定的提交投标文件截止时间的同一时间；开标地点应当是招标文件中预先确定的地点。

2. 开标的主持人和参加人

开标由招标人主持，邀请所有投标人参加。根据开标工程的具体情况，可以邀请相关主管部门代表、公证机关代表、咨询机构代表参加。开标过程应当对所有投标人和社会公开，因此，作为开标的组织者，招标人应邀请所有投标人和有关单位代表参加开标，确保开标在投标人监督和社会监督下进行，保证开标的公正性和合法性。投标人对开标有异议的，应当在开标现场提出，招标人应当当场做出答复，并做记录。

3. 开标程序

开标一般按下列程序进行：

（1）开标时，由投标人或者其推选的代表检查投标文件的密封情况，也可以由招标人委托的公证机构检查并公证。投标文件没有密封或有被开启的痕迹，应被认为无效。

（2）拆封所有投标文件并宣读投标文件的主要内容。如果有标底应首先公布，然后由工作人员当众予以拆封，招标人在招标文件要求提交投标文件的截止时间前收到的所有投标文件都应当予以拆封，并宣读投标人名称、投标价格和投标的其他主要内容，所有在投标函中提出的附加条件、补充声明、优惠条件、替代方案等均应宣读，并在事先备好的唱标记录上登记。

（3）记录开标过程并存档备查。招标人应制作开标会议记录，将开标会议的全过程和主要情况，特别是投标人参加开标会议的情况、对投标文件的检验结果、开标唱标内容的真实情况等进行记录。当开标结束时，由招标人代表、投标人代表、公证人员等参会人员，核对记录内容无误后签字确认。开标会议记录应当存档备查，作为开标公平、公正、合法的证明。

5.5.2 评标

评标是指对投标人提交的投标文件，按照规定的标准和方法进行审查及评议，从中选出最佳投标人的过程。评标是招投标活动中最重要的环节，关系到整个招标过程是否体现了公平竞争的原则。

5.5.2.1 评标委员会

评标由招标人依法组建的评标委员会负责。评标委员会是指招标人为具体某一次招标投标活动而临时组建的负责评标的机构。

1. 评标委员会的组建

为了确保那些依法必须进行招标的项目的评标工作的质量，依法必须进行招标的项目，其评标委员会由招标人的代表和有关技术、经济等方面的专家组成，成员人数为五人以上的单数，其中技术、经济等方面的专家不得少于成员总数的三分之二。这样规定的目的是保证各方面专家的人数在评标委员会成员中占绝对多数，充分发挥专家在评标活动中的权威作用，保证评审结论的科学性、合理性。专家应当从事相关领域工作满八年并具有高级职称或者具有同等专业水平，由招标人从国务院有关部门或者省、自治区、直辖市人民政府有关部门提供的专家名册或者招标代理机构的专家库内的相关专业的专家名单中确定。一般招标项目可以采取随机抽取方式，技术复杂、专业性强或者国家有特殊要求的招标项目，采取随机抽取方式确定的专家难以胜任的，可以由招标人直接确定。任何单位和个人不得以明示、暗示等任何方式指定或者变相指定参加评标委员会的专家成员。

2. 评标委员会专家的回避制度

评标委员会作为独立实施评标职能的组织，其组成成员如与投标人有利害关系，则不能进入相关项目的评标委员会，已经进入的应当更换。

根据《评标委员会和评标方法暂行规定》的规定，有下列情形之一的，不得担任评标委员会成员：

① 投标人或者投标人主要负责人的近亲属；

② 项目主管部门或者行政监督部门的人员；

③ 与投标人有经济利益关系，可能影响对投标公正评审的；

④ 曾因在招标、评标以及其他与招标投标有关活动中从事违法行为而受过行政处罚或刑事处罚的。

评标委员会成员有上述规定情形之一的，应当主动提出回避。

3. 评标委员会成员应遵守的准则

评标委员会成员在评标过程中应当遵守以下行为准则：

(1) 客观、公正地履行职务

评标委员会成员应当客观、公正地履行职务，遵守职业道德，对所提出的评审意见承担个人责任。评标委员会成员应当按照招标文件规定的评标标准和方法，客观、公正地对投标文件提出评审意见。招标文件没有规定的评标标准和方法不得作为评标的依据。不得向招标人征询确定中标人的意向，不得接受任何单位或者个人明示或者暗示提出的倾向或者排斥特定投标人的要求，不得有其他不客观、不公正履行职务的行为。

(2) 禁止非法接触

在招标投标活动中，有些投标人为了中标，不惜采取各种不正当的手段来达到其目的。为了防止这些行为对评标的影响，《招标投标法》规定，评标委员会成员不得私下接触投标人，不得收受投标人给予的财物或者其他好处。

(3) 保密义务

评标委员会成员和参与评标的有关工作人员不得透露对投标文件的评审和比较、中标候选人的推荐情况以及与评标有关的其他情况。

5.5.2.2 评标的保密性和独立性

1. 评标的保密性

为防止暗箱操作，使评标委员会成员真正独立、公平、公正地对投标文件进行评审，保证评标具有良好的工作环境，招标人应当采取必要的措施，保证评标在严格保密的情况下进行。保密措施包括评标委员会成员名单在中标结果确定前对外要严格保密，以避免某些投标人在得知评标委员会成员的名单后，采取不正当手段对评委会的成员施加影响，造成评标结果的不公正；为评标委员会进行评标工作提供比较安静、不易受外界干扰的评标地点，并对该评标地点保密，做好警戒工作；制定严密的工作计划和程序，堵住泄露秘密的缺口以及加强完善本单位工作人员的职业道德等。

评标是一个严格保密的过程，它与《招标投标法》的公开原则并不矛盾。公开原则只是要求招标投标活动的基本过程应当公开，包括招标信息的公开、开标的公开、中标结果的公开等，目的在于保证招标投标活动的公正和公平。而评标保密的目的也在于保证招标投标活动的公正和公平，两者的宗旨是相通的。

2. 评标的独立性

鉴于我国目前仍然存在的一些特殊现象，《招标投标法》有针对性地规定，任何单位和个人不得非法干预、影响评标的过程和结果。独立性是评标工作公平、公正的基础。评标委员会是法定的独立行使评标职能的组织，不隶属于任何行政机关，包括招标人。招标人虽然负责组建评标委员会，但是评标委员会一旦组建，其工作是独立的，并不受招标人的领导和支配，也不受任何组织和个人的压力或暗示的影响。只有保证评标的独立性，才能保证评标的公正性，也才能使评标结果达到招标人以最低价格获得高质量效益的目的，同时保障社会公共利益不受损害。

5.5.2.3 评标方法

为保证招标投标活动符合公开、公平和公正的原则，评标委员会对投标文件进行评审、比较的唯一标准和评审方法，只能是在事先已提供给每一个投标人的招标文件中已载明的评标标准和方法，招标文件没有规定的评标标准和方法不得作为评标的依据。招标文件中规定的评标标准和评标方法应当合理，不得含有倾向或者排斥潜在投标人的内容，不得妨碍或者限制投标人之间的竞争。设有标底的，标底只能作为评标的参考，不得以投标报价是否接近标底作为中标条件，也不得以投标报价超过标底上下浮动范围作为否决投标的条件。

评标方法包括经评审的最低投标价法、综合评估法或者法律、行政法规允许的其他评标方法。

(1) 经评审的最低投标价法

经评审的最低投标价法一般适用于具有通用技术、性能标准或者招标人对其技术、性能没有特殊要求的招标项目。采用经评审的最低投标价法的，应当在投标文件能够满足招标文件实质性要求的投标人中，评审出投标价格最低的投标人，但投标价格低于其企业成本的除外。

(2) 综合评估法

不宜采用经评审的最低投标价法的招标项目，一般应当采取综合评估法进行评审。采用综合评估法的，应当对投标文件提出的工程质量、施工工期、投标价格、施工组织设计或者施工方案、投标人及项目经理业绩等，能否最大限度地满足招标文件中规定的各项要求和评价标准进行综合评审和比较。

5.5.2.4 评标程序

对于小型工程，可采取即开、即评的方式，由评标委员会及时确定中标人。对于大型工程，由于内容复杂，涉及面广，通常分成初步评审和详细评审两个阶段进行。

1. 初步评审

初步评审时，评标委员会应当根据招标文件规定的评标标准和方法，对投标文件进行系统的评审和比较。具体主要工作包括：按照投标报价的高低或者招标文件规定的其他方法对投标文件排序；研究确定汇率风险的承担；书面形式要求投标人对投标文件做必要的澄清、说明或者补正；对否决投标的处理；审查并列出投标偏差等。

(1) 投标偏差

评标委员会应当根据招标文件，审查并逐项列出投标文件的全部投标偏差。投标偏差分为重大偏差和细微偏差。

下列情形属于重大偏差：①没有按照招标文件要求提供投标担保或者所提供的投标担保有瑕疵；②投标文件没有投标人授权代表签字和加盖公章；③投标文件载明的招标项目完成期限超过招标文件规定的期限；④明显不符合技术规格、技术标准的要求；⑤投标文件载明的货物包装方式、检验标准和方法等不符合招标文件的要求；⑥投标文件附有招标人不能接受的条件；⑦不符合招标文件中规定的其他实质性要求。投标文件有上述情形之一的，由于未能对招标文件做出实质性响应，应否决其投标。招标文件对重大偏差另有规定的，从其规定。

细微偏差是指投标文件在实质上响应招标文件要求，但在个别地方存在漏项或者提供了不完整的技术信息和数据等情况，并且补正这些遗漏或者不完整不会对其他投标人造成不公平的结果。细微偏差不影响投标文件的有效性。评标委员会应当书面要求存在细微偏差的投标人在评标结束前予以补正。拒不补正的，在详细评审时可以对细微偏差做不利于该投标人的量化，量化标准应当在招标文件中规定。

(2) 投标文件的澄清、说明和补正

投标文件中有含义不明确的内容、明显文字或者计算错误，评标委员会认为需要投标人做出必要澄清、说明的，应当书面通知该投标人。投标人的澄清、说明应当采用书面形式，并不得超出投标文件的范围或者改变投标文件的实质性内容。评标委员会不得暗示或者诱导投标人做出澄清、说明，不得接受投标人主动提出的澄清、说明。

评标委员会在对实质上响应招标文件要求的投标文件进行报价评估时，除招标文件另有约定外，应当按下述原则进行修正：用数字表示的数额与用文字表示的数额不一致时，以文字数额为准；总价金额与单价金额不一致的，以单价金额为准，但单价金额小数点有明显错误的除外；对不同文字文本投标文件的解释发生异议的，以中文文本为准。

(3) 评标委员会否决投标的情形

在评标过程中有下列情形之一的，评标委员会应当否决其投标：

① 投标文件未经投标单位盖章和单位负责人签字；

② 投标联合体没有提交共同投标协议；

③ 投标人不符合国家或者招标文件规定的资格条件；

④ 同一投标人提交两个以上不同的投标文件或者投标报价，但招标文件要求提交备选投标的除外；

⑤ 投标报价低于成本或者高于招标文件设定的最高投标限价；

⑥ 投标文件没有对招标文件的实质性要求和条件做出响应；

⑦ 投标人有串通投标、弄虚作假、行贿等违法行为。

2. 详细评审

经初步评审合格的投标文件，评标委员会应当根据招标文件确定的评标标准和方法，对其技术部分和商务部分作进一步评审、比较。

评标委员会对各个评审因素进行量化时，应当将量化指标建立在同一基础或者同一标准上，使各投标文件具有可比性。对技术部分和商务部分进行量化后，评标委员会应当对这两部分的量化结果进行加权，计算出每一投标的综合评估价或者综合评估分。

招标人应当根据项目规模和技术复杂程度等因素合理确定评标时间。超过三分之一的评标委员会成员认为评标时间不够的，招标人应当适当延长。

5.5.2.5 评标报告

评标完成后，评标委员会应当向招标人提交书面评标报告和中标候选人名单。评标报告应当由评标委员会全体成员签字。对评标结果有不同意见的评标委员会成员应当以书面形式说明其不同意见和理由，评标报告应当注明该不同意见。评标委员会成员拒绝在评标报告上签字又不书面说明其不同意见和理由的，视为同意评标结果。

评标报告应当如实记载以下内容：基本情况和数据表；评标委员会成员名单；开标记录；符合要求的投标一览表；否决投标的情况说明；评标标准、评标方法或者评标因素一览表；经评审的价格或者评分比较一览表；经评审的投标人排序；推荐的中标候选人名单与签订合同前要处理的事宜；澄清、说明、补正事项纪要。

向招标人提交书面评标报告后，评标委员会应将评标过程中使用的文件、表格以及其他资料即时归还招标人。

5.5.3 定标

1. 中标的条件

根据《招标投标法》第 41 条的规定，中标人的投标应当符合下列条件之一：

(1) 能够最大限度地满足招标文件中规定的各项综合评价标准。

(2) 能够满足招标文件的实质性要求，并且经评审的投标价格最低；但是投标价格低于成本的除外。

中标条件是根据评标方法的不同而不同的，而且只需要符合其中一个条件就可以中标。根据经评审的最低投标价法，能够满足招标文件的实质性要求，并且经评审的投标价格最低且不低于成本的投标人，应当推荐为中标候选人。根据综合评估法，能够最大限度地满足招标文件中规定的各项综合评价标准的投标人，应当推荐为中标候选人。

2. 确定中标人

评标完成后，评标委员会应当向招标人提交书面评标报告和中标候选人名单。中标候选人应当不超过 3 个，并标明排序。招标人根据评标委员会提出的书面评标报告和推荐的中标候选人确定中标人。招标人也可以授权评标委员会直接确定中标人。国务院对特定招标项目的评标有特别规定的，从其规定。在确定中标人之前，招标人不得与投标人就投标价格、投标方案等实质性内容进行谈判。因为如果允许招标人与投标人就投标实质性内容进行谈判，会出现招标人与投标人串通影响正常招标结果的可能性。

依法必须进行招标的项目，招标人应当自收到评标报告之日起 3 日内公示中标候选人，公示期不得少于 3 日。投标人或者其他利害关系人对依法必须进行招标的项目的评标结果有异议的，应当在中标候选人公示期间提出。招标人应当自收到异议之日起 3 日内做出答复；做出答复前，应当暂停招标投标活动。

国有资金占控股或者主导地位的依法必须进行招标的项目，招标人应当确定排名第一的中标候选人为中标人。排名第一的中标候选人放弃中标、因不可抗力不能履行合同、不按照招标文件要求提交履约保证金，或者被查实存在影响中标结果的违法行为等情形，不符合中标条件的，招标人可以按照评标委员会提出的中标候选人名单排序依次确定其他中标候选人为中标人，也可以重新招标。

中标候选人的经营、财务状况发生较大变化或者存在违法行为，招标人认为可能影响其履约能力的，应当在发出中标通知书前由原评标委员会按照招标文件规定的标准和方法审查确认。

3. 中标通知书

中标人确定后，招标人应当向中标人发出中标通知书，并同时将中标结果通知所有未中标的投标人。中标通知书对招标人和投标人具有法律效力。中标通知书发出后，招标人改变中标结果的，或者中标人放弃中标项目的，应当依法承担法律责任。中标通知书实际上就是招标人对其选中的投标人的承诺，是招标人同意某投标人要约的意思表示。

4. 订立合同

招标人和中标人应当依照招标文件和投标文件订立确定双方之间权利、义务关系的协议。《招标投标法》第 46 条规定：招标人和中标人应当自中标通知书发出之日起 30 日内，按照招标文件和中标人的投标文件订立书面合同。合同的标的、价款、质量、履行期限等主要条款应当与招标文件和中标人的投标文件的内容一致。招标人和中标人不得再行订立背离合同实质性内容的其他协议。

履约保证金是指招标人要求中标人提交的保证履行合同各项义务的担保。一旦中标人不履行合同义务，该项担保用于赔偿招标人因此所受的损失。招标文件要求中标人提交履约保证金的，中标人应当提交。履约保证金不得超过中标合同金额的 10%。

5. 递交书面报告

《招标投标法》第 47 条规定：依法必须进行招标的项目，招标人应当自确定中标人之日起 15 日内，向有关行政监督部门提交招标投标情况的书面报告。书面报告应包括以下内容：招标范围；招标方式和发布招标公告的媒介；招标文件中投标人须知、技术条款、评标标准和方法、合同主要条款等内容；评标委员会的组成和评标报告；中标结果。

需要注意的是，只有依法必须进行招标的项目，《招标投标法》才要求招标人向有关部门提交书面报告。提交书面报告并不是说合法的中标结果和合同必须经行政部门审查批准后才能生效，而是为了通过审查备案，及时发现问题、解决问题，追究其中的违法行为。

6. 重新招标

在招标投标过程中，招标的组织达不到法律规定的条件时，需要重新组织招标。招标活动出现以下几种情形之一时，需要重新招标：

(1) 通过资格预审的申请人少于 3 个的，应当重新招标。

(2) 投标人少于 3 个的，不得开标，招标人应当依法重新招标。

(3) 评标委员会经评审，认为所有投标都不符合招标文件要求的，可以否决所有投标。属于依法必须进行招标的项目的，招标人应当依法重新招标。

对于依法必须进行招标的项目，如果出现上述情况，招标人不能再从落选的投标人中进行挑选，也不能找另外的人进行一对一的谈判，自己确定中标人，而是应当按照《招标投标法》规定的招标程序，重新进行招标。对于非依法必须进行招标的项目，则不受此限制，招标人可以重新招标，也可以采用其他方式。

5.6 违反《招标投标法》的法律责任

招标投标活动必须依法实施，任何违法行为都要承担相应的法律责任。《招标投标法》明确规定了违法行为应承担的法律责任。

5.6.1 招标人的法律责任

(1) 必须进行招标的项目而不招标的，将必须进行招标的项目化整为零或者以其他任何方式规避招标的，责令限期改正，可以处项目合同金额5‰以上10‰以下的罚款；对全部或者部分使用国有资金的项目，可以暂停项目执行或者暂停资金拨付；对单位直接负责的主管人员和其他直接责任人员依法给予处分。

(2) 招标人以不合理的条件限制或者排斥潜在投标人的，对潜在投标人实行歧视待遇的，强制要求投标人组成联合体共同投标的，或者限制投标人之间竞争的，责令改正，可以处一万元以上五万元以下的罚款。

(3) 依法必须进行招标的项目的招标人向他人透露已获取招标文件的潜在投标人的名称、数量或者可能影响公平竞争的有关招标投标的其他情况的，或者泄露标底的，给予警告，可以并处一万元以上十万元以下的罚款；对单位直接负责的主管人员和其他直接责任人员依法给予处分；构成犯罪的，依法追究刑事责任。影响中标结果的，中标无效。

(4) 依法必须进行招标的项目，招标人违反规定的定标程序，与投标人就投标价格、投标方案等实质性内容进行谈判的，给予警告，对单位直接负责的主管人员和其他直接责任人员依法给予处分。影响中标结果的，中标无效。

(5) 招标人在评标委员会依法推荐的中标候选人以外确定中标人的，依法必须进行招标的项目在所有投标被评标委员会否决后自行确定中标人的，中标无效。责令改正，可以处中标项目金额5‰以上10‰以下的罚款；对单位直接负责的主管人员和其他直接责任人员依法给予处分。

(6) 招标人与中标人不按照招标文件和中标人的投标文件订立合同的，或者招标人、中标人订立背离合同实质性内容的协议的，责令改正；可以处中标项目金额5‰以上10‰以下的罚款。

5.6.2 投标人的法律责任

(1) 投标人相互串通投标或者与招标人串通投标的，投标人以向招标人或者评标委员会成员行贿的手段谋取中标的，中标无效，处中标项目金额5‰以上10‰以下的罚款，对单位直接负责的主管人员和其他直接责任人员处单位罚款数额5%以上10%以下的罚款；有违法所得的，并处没收违法所得；情节严重的，取消其一至两年内参加依法必须进行招标的项目的投标资格并予以公告，直至由工商行政管理机关吊销营业执照；构成犯罪的，依法追究刑事责任；给他人造成损失的，依法承担赔偿责任。

(2) 投标人以他人名义投标或者以其他方式弄虚作假，骗取中标的，中标无效；给招标人造成损失的，依法承担赔偿责任；构成犯罪的，依法追究刑事责任。尚未构成犯罪的，处中标项目金额5‰以上10‰以下的罚款，对单位直接负责的主管人员和其他直接责任人员处单位罚款数额5%以上10%以下的罚款；有违法所得的，并处没收违法所得；情节严重的，取消其一至三年内参加依法必须进行招标的项目的投标资格并予以公告，直至由工商行政管理机关吊销营业执照。

5.6.3 中标人的法律责任

(1) 中标人将中标项目转让给他人的，将中标项目肢解后分别转让给他人的，违反规定将中标项目的部分主体、关键性工作分包给他人的，或者分包人再次分包的，转让、分包无效，处转让、分包项目金额5‰以上10‰以下的罚款；有违法所得的，并处没收违法所得；可以责令停业整顿；情节严重的，由工商行政管理机关吊销营业执照。

(2) 中标人不履行与招标人订立的合同的，履约保证金不予退还，给招标人造成的损失超过履约保证金数额的，还应当对超过部分予以赔偿；没有提交履约保证金的，应当对招标人的损失承担赔偿责任。中标人不按照与招标人订立的合同履行义务，情节严重的，取消其二至五年内参加依法必须进行招标的项目的投标资格并予以公告，直至由工商行政管理机关吊销营业执照。因不可抗力不能履行合同的，不适用上述规定。

5.6.4 其他主体的法律责任

(1) 招标代理机构泄露应当保密的与招标投标活动有关的情况和资料的，或者与招标人、投标人串通损害国家利益、社会公共利益或者他人合法权益的，处五万元以上二十五万元以下的罚款，对单位直接负责的主管人员和其他直接责任人员处单位罚款数额5%以上10%以下的罚款；有违法所得的，并处没收违法所得；情节严重的，暂停直至取消招标代理资格；构成犯罪的，依法追究刑事责任；给他人造成损失的，依法承担赔偿责任；影响中标结果的，中标无效。

(2) 评标委员会成员收受投标人的财物或者其他好处的，评标委员会成员或者参加评标的有关工作人员向他人透露对投标文件的评审和比较、中标候选人的推荐以及与评标有关的其他情况的，给予警告，没收收受的财物，可以并处三千元以上五万元以下的罚款，并对有上述违法行为的评标委员会成员取消担任评标委员会成员的资格，不得再参加任何依法必须进行招标的项目的评标；构成犯罪的，依法追究刑事责任。

(3) 任何单位或者个人违反《招标投标法》规定，限制或者排斥本地区、本系统以外的法人或者其他组织参加投标的，为招标人指定招标代理机构的，强制招标人委托招标代理机构办理招标事宜的，或者以其他方式干涉招标投标活动的，责令改正；对单位直接负责的主管人员和其他直接责任人员依法给予警告、记过、记大过的处分，情节较严重的，依法给予降级、撤职、开除的处分。

(4) 对招标投标活动依法负有行政监督职责的国家机关工作人员徇私舞弊、滥用职权或者玩忽职守，构成犯罪的，依法追究刑事责任；不构成犯罪的，依法给予行政处分。

相关案例

【案情简介】

2000年7月4日，被告中电公司向深圳市建设局申请对中电照明研发中心工程进行对外招标后获得批准。同年8月11日，原告大成公司向被告支付了保证金，共计人民币100万元，并于8月18日递交了《中电照明研发中心标书》。8月29日，被告召开开标会，会上由深圳市建设工程造价管理站(以下简称造价站)公开宣布标底为人民币19010550.12元，然后公开了6个投标单位的投标价，其中原告的投标价为人民币17004308.68元。9月20日，被告向造价站发函，要求修改招标文件并重新定标。造价站回函称仅同意部分变更。9月30日，被告以修改后的标底召开定标会，重新确定投标价为人民币1991.7393万元，并宣布深圳市某建筑工程总公司得分最高，为中标单位。

【案件分析】

一审人民法院经审理后认为，原告的投标书经公开后达到被告公开承诺的中标要求，原告应是中标单位。被告拒绝向原告发出中标通知书和签订施工合同属于违约，应承担违约责任。被告在公开标底前没有以书面形式向投标单位说明招标要求有变更，被告须承担其在标底公开后对工程量改动的责任。因此，判决如下：被告应在本判决发生法律效力之日起 10 日内双倍返还原告保证金共计 200 万元；逾期则应当加倍支付延迟履行期间的债务利息。案件受理费人民币 20010 元由被告负担。

被告不服一审判决，上诉至深圳市中级人民法院。本案经二审法院主持进行调解，双方达成了如下调解协议：被告补偿原告人民币 30 万元了结本案纠纷，在本案招标投标过程中产生的其他纠纷双方不再追究。上述款项被告于本调解书送达之日起 10 日内支付给原告。一、二审案件受理费双方各自负担。

【案件评析】

《招标投标法》第 23 条规定：招标人对已发出的招标文件进行必要澄清或者修改的，应当在招标文件要求提交投标文件截止时间至少 15 日前，以书面形式通知所有招标文件接收人。该澄清或者修改的内容为招标文件的组成部分。这是招标文件进行修改或者澄清的法定程序，是法律的强制性规定，没有遵守此规定的，其修改及其澄清是无效的。本案中，原告对此并无过错。因此，被告在公布标底之后，又以标底错误为由中止招投标程序，并修改招标文件和标底，显然是不符合法律强制性规定的，应承担一定的法律责任。

招投标是以订立合同为目的的民事活动。招标人发出的招标公告或投标邀请书、投标人提交的投标文件、招标人向中标的投标人发出的中标通知书，按其法律性质分别属于《合同法》中的要约邀请、要约和承诺。但建设工程合同又是一种要式合同，其成立的标志是签订书面合同。在合同成立之前，招标人未履行向投标人发出中标通知书的法定义务，致使合同不能成立，应承担缔约过失责任，而非违约责任。故一审法院认定招标人违约并承担违约责任值得商榷。

复习思考题

1. 建设工程发包有哪些方式？建设工程承包有哪些方式？
2. 什么是违法分包？什么是转包？
3. 招标、投标活动应遵循哪些基本原则？
4. 简述依法必须进行招标的项目的范围。
5. 具备哪些条件才能进行招标？
6. 我国《招标投标法》规定了哪几种招标方式？它们有哪些区别？
7. 对潜在投标人或者投标人的资格审查内容有哪些？
8. 招标文件一般应载明哪些内容？
9. 如何编制投标文件？
10. 什么是共同投标？共同投标的联合体应具备的条件是什么？它的内外关系如何确定？
11. 中标的条件是什么？

6 建设工程合同法律制度

6.1 建设工程合同概述

6.1.1 建设工程合同的概念

在人们的社会生活中，合同是普遍存在的。在社会主义市场经济中，社会各类经济组织或商品生产经营者之间存在着各种经济往来关系，这些最基本的市场经济活动都需要通过合同来实现和连接。为了保护合同当事人的合法权益，维护社会经济秩序，促进社会主义现代化建设，1999年3月15日第九届全国人民代表大会第二次会议审议通过并公布了《中华人民共和国合同法》，并从1999年10月1日起施行。《合同法》是规范我国社会主义市场交易的基本法律，它分总则、分则、附则3个部分，共23章428条。总则包括一般规定、合同的订立、效力、履行、变更和转让、权利义务终止、违约责任，分则就社会生活中常见的合同类型进行了规定，其中就包括建设工程合同。《合同法》第16章“建设工程合同”的规定，为保护建设工程合同双方当事人的合法权益，规范交易双方的市场行为，提供了法律保证。

《合同法》所称的合同是平等主体的自然人、法人、其他组织之间设立、变更或者终止民事权利、义务关系的协议。合同具有以下法律特征：合同是当事人协商一致的产物或意思表示一致的协议；合同以设立、变更或终止民事法律关系为目的和宗旨；合同的当事人地位平等。

建设工程合同是指一方依约定完成建设工程，另一方按约定验收工程并支付价款的合同。前者称为承包人，后者称为发包人。建设工程合同包括建设工程勘察合同、设计合同、施工合同。

建设工程合同属于承揽合同的一种特殊类型，但由于建设工程合同在经济活动、社会生活中的重要作用，以及在国家管理、合同标的等方面均有别于一般的承揽合同，《合同法》将其单列为一类。因此，法律对建设工程合同没有特别规定的，适用承揽合同的有关规定。

6.1.2 建设工程合同的特征

建设工程合同除具有一般合同的共同特征之外，还具有以下特征：

1. 合同主体的限制性

建设工程的质量直接关系到人民的生命财产安全，法律对建设工程合同主体的资格有严格的限制，承包人只能是经国家主管部门审查，具有相应资质等级，并经登记注册，依法领取营业执照的单位。

2. 合同标的的特殊性

建设工程合同的标的是各类建筑产品，建筑产品是不动产，通常涉及对土地的利用强制性规范的限制。建筑产品类别多样，耗用材料多，所需资金大，产品使用时间长，对社会影响范围大。这些都决定了建设工程合同标的的特殊性。

3. 合同履行期限的长期性

建设工程由于结构复杂，体积庞大，施工过程消耗的材料品种多样，工作量大，使得合同履行期限较长。此外，合同的订立和履行一般都需要较长的准备期，履行过程中还可能因为不可抗力、设计变更、材料供应不及时导致合同期限延长。因此，建设工程合同的履行期限具有长期性。

4. 合同形式的特殊要求

建设工程周期长，涉及因素多，且专业技术性强，导致当事人之间的权利、义务关系十分复杂。因此，《合同法》规定，建设工程合同必须采用书面形式。此外，为使合同内容更为严谨周密，双方当事人权利、义务公平合理，政府、行业协会往往会制定出合同示范文本，推荐给当事人选择使用。

5. 国家管理的特殊性

由于建设工程合同的标的物为不动产，工程建设对国家和社会生活的方方面面影响较大。因此，国家对建设工程合同的监督管理十分严格，建设工程合同具有强烈的国家干预的色彩。合同的订立和履行必须符合国家对于建设程序的规定，接受各相关部门的监管。

6.1.3 建设工程合同的种类

建设工程合同可以从不同的角度进行分类。

1. 根据承发包的工程范围进行划分

根据承发包的工程范围，建设工程合同可以分为建设工程承包合同和分包合同。

根据《合同法》的有关规定，发包人可以与总承包人订立建设工程合同，也可以分别与勘察人、设计人、施工人订立勘察、设计、施工承包合同。总承包人或者勘察、设计、施工承包人经发包人同意，可以将自己承包的部分工作交由第三人完成，订立的合同即为建设工程分包合同。

2. 根据承包的工作内容进行划分

根据承包的工作内容，建设工程合同可以分为建设工程勘察合同、建设工程设计合同和建设工程施工合同三类。

建设工程勘察合同是指承包人与发包人为完成一定的勘察任务，明确双方权利、义务关系的协议。建设工程设计合同是指承包人与发包人为完成一定的设计任务，明确双方权利、义务关系的协议。建设工程施工合同是指承包人与发包人为完成商定的建设、安装工程，明确双方权利、义务关系的协议。

3. 根据付款方式划分

根据付款方式的不同进行划分，建设工程合同可以分为总价合同、单价合同和成本加酬金合同。

(1) 总价合同

总价合同是指在合同中确定一个完成建设工程的总价，承包单位据此完成项目全部内容的合同。这种合同类型能够使建设单位在评标时易于确定报价最低的承包商、易于进行支付计算。但这类合同仅适用于工程量不太大且能精确计算、工期较短、技术不太复杂、风险不大的项目。采用这种合同类型要求建设单位必须准备详细而全面的设计图纸和各项说明，使承包单位能准确计算工程量。

(2) 单价合同

单价合同是承包单位在投标时按招标文件就分部分项工程所列出的工程量表确定各分部分项工程费用的合同类型。这类合同的适用范围比较宽,其风险可以得到合理的分摊,并且能鼓励承包单位通过提高工效等手段从成本节约中提高利润。这类合同能够成立的关键在于双方对单价和工程量计算方法的确认。

(3) 成本加酬金合同

成本加酬金合同是由发包人向承包人支付建设工程的实际成本,并按事先约定的某一种方式支付酬金的合同类型。在这类合同中,发包人需承担项目实际发生的一切费用,因此也就承担了项目的全部风险。而承包人由于无风险,其报酬往往较低。这类合同的缺点是发包人对工程总造价不易控制,承包人也不注意降低项目成本。它主要适用于以下项目:需要立即开展工作的项目,如地震后的救灾工作;新型的工程项目,或对项目工程内容及技术经济指标未确定的项目;风险很大的项目。

此外,建设工程实行监理的,发包人应当与监理人采用书面的形式订立委托监理合同。发包人与监理人的权利、义务和法律责任,适用委托合同以及其他有关法律、行政法规的有关规定。

6.2 建设工程合同的订立

6.2.1 建设工程合同订立的原则

建设工程合同订立的原则是指在建设工程合同订立的整个过程中,对承发包双方签订合同起指导和规范作用的、双方应当遵守的准则。

1. 平等原则

平等是指合同的当事人,不论经济实力的强弱和地位的高低,他们的法律地位是平等的,相互间不存在服从与命令、管理与被管理的关系,当事人必须平等地协商相互间的权利和义务,任何一方都不得把自己的意志强加于另一方,当事人的权利平等地受法律保护。

2. 自愿原则

自愿是指订立合同要充分尊重当事人的意愿,任何单位和个人都不得非法干预。合同自愿原则是民法上意思自治原则的具体体现及中心内容,它贯彻于合同动态发展的整个过程,包括订约自愿、选择合同相对人的自愿、决定合同内容的自愿、选择合同方式的自愿、变更和解除合同的自愿等。

3. 公平原则

公平是民法的基本原则之一,是指民事活动中以利益均衡作为判断标准,以此来确定合同当事人的民事权利、民事义务、民事责任。它要求当事人按照公平原则设立权利、义务,也要求按照公平原则履行合同,按照公平原则处理当事人之间的纠纷。

4. 诚实信用原则

诚实信用原则是指当事人在订立、履行合同以及合同终止的全过程中,都要诚实,讲信用,相互协作。它既要求当事人在行使权利上不得滥用权利，不损害他方的合法利益，也要求在履行义务上不欺诈，严格遵守诺言；要求当事人既应按约定履行主义务，也应按法律规定履行附随义务。

5. 守法原则

守法原则是指订立合同的主体、内容、形式、程序等都要符合法律规定。《合同法》第 7 条规定：当事人订立、履行合同，应当遵守法律、行政法规，尊重社会公德，不得扰乱社会经济秩序，损害社会公共利益。合同的订立、履行并不仅仅是当事人之间的事情，它可能会涉及社会公共利益。因此，订立合同必须遵守法律和行政法规，合同才会受到法律的保护，当事人预期的目的才能实现。

6.2.2 建设工程合同的形式

合同的形式是当事人之间关于设立、变更、终止民事权利、义务关系而达成协议的外在表现形式。《合同法》第 10 条规定：当事人订立合同，有书面形式、口头形式和其他形式。法律、行政法规规定采用书面形式的，应当采用书面形式。书面形式是指合同书、信件和数据电文（包括电报、电传、传真、电子数据交换和电子邮件）等可以有形地表现所载内容的形式。合同采用书面形式，虽然手续比较复杂，不够便捷，但它的优势在于权利、义务记载清楚，便于履行，发生纠纷时也容易举证和分清责任。因此，书面形式大量应用于法人之间从事经济活动的各个领域。

《合同法》第 270 条规定：建设工程合同应当采用书面形式。可见，建设工程合同为要式合同，必须采取书面形式，这是国家对基本建设进行监督管理的需要，也是由建设工程合同履行的特点所决定的。

6.2.3 建设工程合同订立的程序

合同的订立，是当事人就合同的内容，经协商达成协议的过程。要约与承诺是当事人订立合同必经的程序。由于建设工程的发包有直接发包和招标发包两种方式，采用招标发包的方式签订建设工程合同有其特殊性，需要经过要约邀请、要约和承诺的程序。

1. 要约邀请

要约邀请是当事人向他人做出的希望他人向自己发出要约的意思表示。要约邀请既可以向特定人发出，也可以向不特定的人发出。要约邀请的目的不是与对方订立合同，而是希望对方向自己发出要约，内容无须具体明确。我国《合同法》第 15 条规定：寄送的价目表、拍卖公告、招标公告、招股说明书、商业广告等为要约邀请。因此，在建设工程合同订立的过程中，发包方发布招标公告或发出投标邀请书的行为就是一种要约邀请的行为，其目的在于邀请他人参加投标。

2. 要约

要约是当事人一方向对方发出的希望与对方订立合同的意思表示。发出要约的一方称为要约人，接受要约的一方称为受要约人。构成要约应具备以下条件：

（1）要约须是特定当事人的意思表示。

（2）要约应当向要约人希望与之订立合同的受要约人发出。

（3）要约应当有相对人承诺，即成立合同而受其约束的确定意思。

（4）要约的内容具体确定，足以构成一个合同的内容。

在建设工程合同的订立过程中，投标人按照招标文件的要求向招标人递交投标文件的行为属于要约。投标文件中应包含建设工程合同应具备的主要条款，如工程造价、工程质量、工程工期等内容。要约对投标人具有法律约束力，表现在投标人在投标有效期内无权修改或撤回投标文件，以及一旦中标必须与招标人签订合同，否则需承担相应的法律责任。

3. 承诺

承诺是指受要约人同意要约的意思表示。要约经受要约人承诺，表明当事人之间达成协议，合同即告成立。承诺须具备以下条件：

（1）承诺必须由受要约人做出。

（2）承诺必须向要约人做出。

（3）承诺的内容必须与要约的内容一致。受要约人对要约的内容做出实质性变更的，不构成承诺，而是新要约。有关合同标的、数量、质量、价款或者报酬、履行期限、履行地点和方式、违约责任和解决争议方法等要约内容的变更，是对要约内容的实质性变更。

（4）承诺必须在规定的期限内到达要约人。

（5）承诺的方式须符合要约的要求。承诺应当以通知的方式做出，但根据交易习惯或者要约表明可以通过行为做出承诺的除外。

在工程建设招投标中，招标人经过开标、评标、确定中标人，发出中标通知书的行为为承诺。中标通知书对招标人和中标人具有法律效力。中标通知书发出后，招标人改变中标结果的，或者中标人放弃中标项目的，应当依法承担法律责任。

4. 签订合同

根据《建筑法》第 15 条的规定，建设工程的发包单位与承包单位应当依法订立书面合同，明确双方的权利和义务。采用招标方式发包建设工程的，根据《招标投标法》的规定，招标人和中标人应当自中标通知书发出之日起 30 日内，按照招标文件和中标人的投标文件订立书面合同。

6.2.4 建设工程合同的内容

合同的内容，在实质意义上是指合同当事人所享有的权利和应承担的义务。但是，当事人的权利、义务是通过合同条款表现出来的，因此合同的内容在形式意义上即为合同条款。合同条款是确定当事人权利和义务的依据，而且合同是否成立、有效，当事人之间的关系属于哪种性质也都取决于合同条款。因此，订立合同时如何确定合同的内容具有重要的意义。

1. 一般合同应当具备的主要条款

《合同法》第 12 条规定：合同的内容由当事人约定，一般包括以下条款。

（1）当事人的名称或者姓名和住所

这是有关合同主体的内容。这项内容包括两项：一是当事人的名称或姓名，这是区别于其他民事主体的代表符号，以固定合同的主体；二是当事人的住所，这是民事主体发生民事法律关系的地理区域。自然人以其户籍所在地的居住地为住所，经常居住地与住所不一致的，经常居住地视为住所；法人和其他组织的主要办事机构所在地为住所。

(2) 标的

标的即合同法律关系的客体，是合同双方当事人的权利和义务所共同指向的对象。不同类型的合同的标的是不同的。合同的标的可分为三大类：一是物，如商品买卖类合同的标的是各种货物，借款合同的标的是货币；二是行为，如完成一定工作的行为，像勘察、设计、建筑、安装行为，提供一定劳务以满足对方要求的行为，像货物运输、仓储保管行为；三是智力成果，如著作权、专利权、商标权在进行有偿转让时，它的标的就是这些智力成果。尤其要注意的是，行为作为标的时往往折射于物上，但物只是行为所指向的对象，而标的本身仍是某种行为。关于合同标的的表述，应当准确、具体、完整，不能含糊不清。

(3) 数量

数量是合同标的的量化体现，是以数字和计量单位来衡量标的的尺度。如设计图纸份数的约定，关于工程量数额的约定等。

(4) 质量

质量是合同标的的品质及外观形态的要求，如产品的品种、型号、规格、质量等级等。当事人约定质量条款时，必须符合国家规定和有关标准化的要求。

(5) 价款或者报酬

价款或者报酬是指一方当事人接受合同标的时向对方支付的对价。所支付的对价既可以是货币，又可以是实物，还可以是劳务。如财产租赁合同中的租金，建设工程承包合同中的勘察费、设计费、工程价款，货物运输合同中的运费，仓储保管合同中的保管费等。

(6) 履行期限、地点和方式

合同的履行期限是指负有义务的一方当事人向权利人履行义务的时间。履行合同的地点是指权利人接受义务人履行义务的场所。履行方式是指履行合同义务的方式。不同性质的合同对履行方式的要求有所不同，当事人要按照合同约定的方式正确履行义务，如有违反，要承担违约责任。

(7) 违约责任

违约责任是指合同的当事人不履行合同义务或者履行合同义务不符合约定，依照法律的规定或者合同的约定应当承担的法律责任。违约责任条款是合同十分重要的条款，它对于维护合同的严肃性、促使当事人严格履行合同义务具有重要的现实意义。因此，合同应对承担违约责任的方式、数额等做出明确规定。

(8) 解决争议的方法

解决争议的方法是指解决争议的方式和途径。根据我国现有法律的规定，争议解决的方法有和解、调解、仲裁和诉讼四种方式。其中仲裁和诉讼是最终解决争议的两种不同的方法，当事人只能在这两种方法中选择其一。当事人在订立合同时，在合同中约定争议解决的方法，有利于当事人在发生争议后，及时解决争议。

2. 勘察、设计合同应当具备的条款

勘察、设计合同除了具备一般合同应当具备的条款外，还应当具备如下的条款：

(1) 提交有关基础资料和文件(包括概预算)的期限

这一条款是对勘察人、设计人提交勘察、设计成果时间上的要求。当事人之间应当根据勘察、设计的内容和工作难度确定合理的提交工作成果的期限。勘察人、设计人必须在约定的期限内完成并向发包人提交工作成果，超过约定期限的，应当承担违约责任。

（2）勘察或者设计的质量要求

这是勘察、设计合同中最重要的条款。勘察人、设计人应当对没有达到合同约定质量的勘察成果或者设计图纸承担违约责任。

（3）勘察或者设计费用

工程勘察和工程设计的收费办法和收费标准当前应执行国家发改委（原国家计划委员会）和建设部于2002年1月7日共同发布的《工程勘察设计收费管理规定》（计价格[2002]10号）。当事人约定勘察或者设计费用时，应当以上述标准为依据。外资和中外合资建设项目的勘察、设计收费，可由当事人参照国际勘察、设计收费标准商定。

（4）其他协作条款

承包人履行勘察、设计合同，离开发包人的协作是难以进行的，合同应当根据勘察、设计任务的具体情况详细商定双方的配合事宜。

3. 施工合同应当具备的条款

工程施工合同是建设工程合同中最为复杂的合同，其合同条款除应包含一般合同所应具备的主要条款，根据该类合同的特点，还应具备下列条款：

（1）工程范围

建设安装工程一般可分为基础工程、土建工程、安装工程等分部、分项工程，合同应明确承包的具体内容。另外，由于装饰装修工程可以单独分包，也可以与上述分部、分项工程一同发包。因此合同还应明确装饰装修工程是否属于承包的范围等内容。

（2）建设工期

当事人确定建设工期时，应当以国家工期定额为依据。国家没有统一规定的，可由当事人根据工程的具体情况，并充分考虑环境、气候等综合因素对施工进度的影响，合理确定工期。实践中尤其要注意防止过分强调早日投产而违背自然规律，以损害工程质量为代价将建设工期压缩得过短。

（3）中间交工工程的开工和竣工时间

中间交工工程是指需要在全部工程完成期限之前完工的分部、分项工程。对中间交工工程的验收，也应在合同中做出明确约定。

（4）工程质量等级

建设工程的质量应当满足建设功能要求，质量等级应当为合格以上。

（5）合同价

对合同价的约定，应当遵守国家规定的收费标准，国家或地方没有统一规定的，可按等价有偿、优质优价的原则进行商定。合同价可以采用以下方式：固定价，即合同总价或者单价在合同约定的风险范围内不可调整；可调价，即合同总价或者单价在合同实施期内，根据合同约定的办法调整；成本加酬金。

（6）技术资料交付时间

对技术资料交付时间的约定，当以能满足施工需要为原则。为确保工程质量，发包人应当在合同约定的时间内向承包人按时提供与本工程项目有关的全部施工图纸和技术资料，不得约定边出图、边交图、边施工。

（7）材料和设备的供应责任

这里主要包括采购、运输进场、质量、供应时间和验收等方面的内容。

(8) 拨款和结算

这里是指发包人向承包人拨付工程价款和结算的方式和时间。施工实践中,发包人一般应在开工以前支付进场费用和一定数额的备料费用,工程开工以后应按工程进度拨付工程进度款,工程竣工后应当及时进行结算,扣留保修金后应按合同约定的期限支付其余的工程款。拨款和结算条款是建设工程合同重要的条款之一,关系到承包人能否及时实现合同权利,会对工程施工进度产生重大影响,也是发包人最易违约的环节之一。因此,对拨款和结算的约定,务必详细、明确,并强调违约责任。

(9) 竣工验收

竣工验收的条件,应依照国家有关规定结合工程的具体情况进行约定。有些发包人为了达到拖延支付工程款的目的,迟迟不组织各有关部门对工程进行质量验收,因此,承包人在竣工验收条款中应当明确约定逾期验收的违约责任。

(10) 质量保修范围和质量保修期

对建设工程的质量保修范围和质量保修期的约定,应当符合国家规定。合同约定的质量保修期不得短于国家规定的期限。建设工程质量保修期的期限,按《建设工程质量管理条例》执行。

(11) 双方相互协作条款

建设工程合同的履行特别强调双方的协作、配合,否则施工就不能顺畅。如隐蔽工程的验收,发包人派驻工地的代表不及时到场检验,就会延误工期。因此,预先在合同中明确相互协作、配合的事项十分必要。

6.2.5 缔约过失责任

1. 缔约过失责任的概念和构成要件

缔约过失责任是指当事人一方因于缔约之际具有过失,导致合同不成立、无效或被撤销,而对他方承担的损害赔偿责任。

缔约过失责任的构成应具备如下要件:

(1) 须存在合同不成立、无效或被撤销的事实。如合同已成立,纵有一方过失致他方受损失的事实,亦应按违约责任处理,而非缔约过失责任。

(2) 须当事人一方有过失,即对合同不成立、无效或被撤销有主观过错。如果无过错,即使存在合同不成立等情形,亦不发生缔约过失责任。

(3) 须他方遭受损失,即他方由于合同不成立、无效或被撤销而受到财产损失,包括直接损失和间接损失。如无损失发生,即无赔偿的必要。

(4) 须他方所受损失与一方之过失行为之间有因果关系,即他方所受损失是由于行为人之过错造成的。

具备缔约过失责任构成要件时,有过错一方应赔偿他方所受损失,如双方都是有过错的,应按过错程度各自对他方承担责任。赔偿范围包括直接损失和间接损失,直接损失一般包括:缔约费用,如为订立合同而支出的邮电通信费用,赴对方处进行考察而支出的合理费用;准备履行合同而支出的合理费用。间接损失为受害人丧失与第三人另订合同的机会而造成的损失。

2. 缔约过失责任的适用

《合同法》第 42 条规定了缔约过失责任的三种情形:

(1) 假借订立合同,恶意进行磋商

恶意磋商即非出于订立合同之目的而借订立合同之名与他人磋商。其真实目的,或阻止对方与他人订立合同,或使对方贻误商机,或仅为戏耍对方。

(2) 故意隐瞒与订立合同有关的重要事实或者提供虚假情况

依据诚实信用原则,缔约当事人负有如实告知的义务,如告知对方自己的财产状况与履约能力,告知标的物的真实状况等。

(3) 有其他违背诚实信用原则的行为

包括违反有效要约和要约邀请,违反初步协议或许诺,未尽保护、照顾、通知、保密等附随义务,违反强制缔约义务等。

缔约过失的实质是当事人在订立合同时违背了诚实信用原则,让缔约过失的行为人承担赔偿责任,是诚实信用原则的体现。

6.3 建设工程合同的效力

6.3.1 建设工程合同生效的条件

1. 合同效力的概念

合同效力是指依法成立的合同所产生的法律后果。《合同法》第 8 条规定:依法成立的合同,对当事人具有法律约束力。当事人应当按照约定履行自己的义务,不得擅自变更或者解除合同。依法成立的合同,受法律保护。

具体来说,合同的效力表现在以下三个方面:

(1) 依法成立的合同在当事人之间设立一定的权利、义务关系。债权人有权请求债务人为或不为一定行为,债务人则负有为或不为一定行为的义务。

(2) 依法成立的合同对当事人具有法律约束力。合同当事人即受合同的约束,不得为与合同的权利、义务相违背的行为,不得擅自变更或解除合同,否则要依法承担违约责任。

(3) 依法成立的合同,当事人一方违反合同,不履行所承担的义务,只要有履行的可能(包括法律上的可能和事实上的可能),对方有权请求人民法院强制违约方履行合同。

2. 合同的成立与生效

合同的成立是指当事人完成了签订合同过程,并就合同内容协商一致。合同成立不同于合同生效。合同生效是法律认可合同效力,强调合同内容的合法性。因此,合同成立体现了当事人的意志,而合同生效体现国家意志。合同成立是合同生效的前提条件,如果合同不成立,是不可能生效的,但是合同成立并不意味着合同就生效了。

《合同法》第 44 条规定:依法成立的合同,自成立时生效。法律、行政法规规定应当办理批准、登记等手续生效的,依照其规定。因此在一般情况下,合同成立的时间即是合同生效的时间。但某些法律、行政法规对合同生效有特殊规定,要求办理批准、登记手续的,合同须经批准或办理登记手续才能发生效力,如中外合资经营企业的合营合同须经外贸部门批准,才能发生法律效力。附条件或附期限的合同,自条件成熟时或期限届满时发生效力。

3. 建设工程合同生效的条件

建设工程合同作为《合同法》分则列举的有名合同之一,其生效也应遵循《合同法》和《民法通则》的相关规定。建设工程合同生效的条件应当包括：

(1) 订立合同的当事人必须具有相应的民事权利能力和民事行为能力。

(2) 意思表示真实。

(3) 不违反法律和社会公共利益。

(4) 具备法律所要求的形式。

合同具备以上有效条件的，依法成立，具有法律效力。合同不具备以上有效条件的，其效力即受影响。影响合同效力的因素：有欺诈、胁迫或乘人之危；以合法形式掩盖非法目的；重大误解；显示公平；恶意串通；违背法律规定；无权代理、无权处分、不具有相应的行为能力等。但是并非不具备上述民事法律行为有效条件的合同均为无效合同。法律从促进交易的原则出发，将这类合同分为无效合同、效力待定合同和可撤销、可变更合同三种。

6.3.2 无效合同

1. 无效合同的概念

无效合同是指虽然已经成立但不具备法律规定的生效条件，不发生法律效力的合同。这里所说的不发生法律效力，是指不发生合同当事人缔约时所期望的法律效力，而不是指不发生任何法律后果。因为在合同无效的情况下，也会发生一定的民事法律后果，如返还财产、赔偿损失等。

无效合同自合同订立时起就不具有法律效力，即无效合同自始无效。无效合同的当事人不能通过同意或追认使其生效，即绝对无效。无论当事人是否知道其无效情况，无论当事人是否提出主张无效，法院或仲裁机构可以主动审查决定该合同无效，即合同当然无效。如果合同部分无效，不影响其他部分效力的，其他部分仍然有效。合同无效，不影响合同中独立存在的有关争议解决方法的条款的效力。

2. 无效合同的种类

根据《合同法》第 52 条的规定，无效合同的种类主要包括以下几种：

(1) 一方以欺诈、胁迫的手段而订立的损害国家利益的合同。

(2) 恶意串通，损害国家、集体或第三人利益的合同。

(3) 以合法形式掩盖非法目的的合同。

(4) 损害社会公共利益的合同。

(5) 违反法律、行政法规的强制性规定的合同。

从广义上说，所有违反法律规定的合同都是无效的，所有无效的合同也都是违法的。这条规定是对无效合同列举的保底性规定，囊括了所有内容、形式违反法律、行政法规强制性规定的合同。它的意义在于明确一切不符合法律、行政法规强制性规定的合同不具有法律效力，尽管合同法没有一一把它们列举出来，但也可以适用这条规定来确认它们的效力。需要注意的是，违法的合同无效并不是泛指所有违反规范性文件的合同都无效。确认合同无效，应当以全国人民代表大会常务委员会制定的法律和国务院制定的行政法规为依据，不得以地方性法规、行政规章为依据。同时，必须是违反了法律、行政法规的强制性规定才导致合同无效，违反其中任意性规定并不导致合同无效。

3. 无效的建设工程合同

无效的建设工程合同是指虽然发包人与承包人已经订立合同，但因违反法律规定而没有法律约束力，国家不予以承认和保护，甚至要对违法当事人进行制裁的建设工程合同。造成建设工程合同无效的原因是多方面的，一般包括以下几种：

(1) 不具有从事建筑活动主体资格的企业或个人签订的合同；

(2) 超越资质等级签订的合同；

(3) 没有资质的单位或个人以挂靠、联营、内部承包等形式使用有资质的建筑企业名义签订的合同；

(4) 建设工程必须进行招标而未招标或者中标无效的合同；

(5) 发包人违反法律规定将建设工程肢解发包的合同；

(6) 非法转包的合同；

(7) 违法分包的合同；

(8) 未取得建设工程规划许可证而签订的合同；

(9) 未取得建设用地规划许可证而签订的合同；

(10) 投资计划没有取得国家批准而签订的合同；

(11) 采取欺诈、胁迫的手段所签订的损害国家利益的合同；

(12) 损害社会公共利益的合同。

6.3.3 效力待定合同

1. 效力待定合同的概念

效力待定合同是指已经成立的合同，由于存在影响合同效力的因素，合同的效力尚不能确定，有待于其他行为才能确定其效力的合同。

效力待定合同不同于无效合同。无效合同具有违法性，其不具有效力是自始确定的，不会因其他行为而产生法律效力；效力待定合同并无违法性，只是效力尚无确定，法律并不强行干预，而将选择合同效力的权利赋予相关当事人或者真正权利人。

效力待定合同不同于可撤销合同。可撤销合同在未被撤销前是有效的，效力待定合同是欠缺某种生效要件，是否有效未确定；可撤销合同只能通过法院或仲裁机构进行撤销，效力待定合同不必通过法院或仲裁机构，而是通过私人之间的行为(如追认、催告)或者一定事实来确定合同效力。

2. 效力待定合同的种类

根据《合同法》的规定，效力待定包括以下几种：

(1) 限制民事行为能力人订立的合同

限制民事行为能力人未经法定代理人事先同意，独立签订的其依法不能独立签订的合同，即构成效力待定合同，但纯获利益的合同除外。此种效力待定合同须经限制民事行为能力人的法定代理人行使追认权予以追认后才有效。为了保护相对人的利益，法律也赋予了相对人催告权和撤销权，以促使尽早结束合同效力不确定的状态。相对人可以催告法定代理人在一个月内予以追认。法定代理人未做表示的，视为拒绝追认。合同被追认之前，善意相对人有撤销的权利。撤销应以通知的方式做出。

(2) 无权代理订立的合同

无权代理订立的合同是指行为人没有代理权而以本人名义订立合同。这里的“行为人没有代理权”,既包括行为人自始就没有代理权,也包括行为人原来有代理权但代理权已终止,还包括行为人虽有代理权,但所实施的行为超越代理权。无权代理人订立的合同,未经被代理人追认的,对被代理人不发生效力,由无权代理人承担责任。但经过被代理人追认,合同有效。这是因为无权代理人订立的合同对于被代理人来说并非都不利,在对被代理人有利的情况下,被代理人予以追认,既符合被代理人的利益,又促进了交易。为保护善意相对人的利益,法律赋予相对人催告权和撤销权。相对人可以催告被代理人在一个月内予以追认。被代理人未做表示的,视为拒绝追认。合同被追认之前,善意相对人有撤销的权利。撤销应当以通知的方式做出。

此外,《合同法》第 49 条规定:行为人没有代理权、超越代理权或者代理权终止后以被代理人名义订立合同,相对人有理由相信行为人有代理权的,该代理行为有效。这里所规定的是表见代理合同的效力。表见代理合同无须被代理人追认,即产生代理效力。

(3) 法定代表人、负责人越权订立的合同

法人的法定代表人、其他组织的负责人应按照法律的规定或法人章程的规定,在职权范围内签订合同。法人或者其他组织的法定代表人、负责人超越权限订立的合同的效力,除相对人知道或者应当知道其超越权限的以外,该代表行为有效。此规定既维护了法人或其他组织的利益,又维护了交易的安全。

(4) 无权处分合同

无权处分是指行为人没有处分权,却以自己的名义实施的对他人财产的处分行为。

无处分权的人处分他人财产,经权利人追认或无处分权的人订立合同后取得处分权的,该合同有效。追认是一种单方行为,应采取明示的方式做出。追认具有溯及力,合同溯及订立时起发生效力。无处分权的人事后取得处分权的,也溯及合同订立时起发生效力。

6.3.4 可撤销、可变更的合同

1. 可撤销、可变更合同的概念

可撤销、可变更合同是指合同虽然已经成立,但由于欠缺合同生效条件,一方当事人可以请求人民法院或仲裁机构对其予以撤销或变更的合同。

可撤销、可变更合同具有以下特征:

(1) 当事人的意思表示不真实。

(2) 只有有撤销权的当事人有权主张撤销或变更,其他任何人不能主张合同无效,法院或仲裁机构也不能依职权主动确认合同无效。

(3) 可撤销、可变更合同在合同成立后、被撤销前是有效的,只有在撤销权人行使撤销权后,才因被撤销而溯及成立时起无效。

(4) 有撤销权的一方可以要求撤销,也可以要求变更,但在变更的情况下合同仍然有效。

2. 可撤销、可变更合同的种类

根据《合同法》第 54 条的规定,可撤销、可变更合同的种类主要包括以下几种:

(1) 因重大误解订立的合同

重大误解是指合同当事人由于自身的过错对合同内容产生了错误认识而订立了合同并造成了重大损失的情形。重大误解一般有以下几种情况:

① 对合同性质的误解。

② 对对方当事人的误解。

③ 对合同标的物的误解，包括对标的物的品种、质量、规格、数量等的误解。

④ 对合同其他方面的误解，如果严重影响到订约人的权利、义务，也可视为重大误解。

(2) 在订立合同时显失公平的

显失公平指一方当事人利用自己的优势或者利用另一方没有经验、轻率，致使双方的合同中权利、义务明显违反了公平、等价有偿原则。显失公平在发生时间上，必须是订立合同时；在适用条件上，必须是有偿合同，特别是双务合同，而无偿合同因不存在对价问题，自然也就不存在显失公平的问题。

(3) 因欺诈、胁迫和乘人之危订立的合同

一方当事人故意告知对方虚假情况，或者故意隐瞒真实情况，诱使对方当事人做出错误意思表示的，可以认定为欺诈行为。以给公民及其亲友的生命健康、名誉、荣誉、财产等造成损害，或者以给法人的名誉、荣誉、财产等造成损害为要挟，迫使对方做出违背真实的意思表示的，可以认定为胁迫行为。一方当事人乘对方处于危难之机，为牟取不正当利益，迫使对方做出不真实的意思表示，严重损害对方利益的，可以认定为乘人之危。因欺诈、胁迫和乘人之危而订立的损害国家利益的合同，是无效合同，除此之外，都可纳入可撤销合同的范畴。

《合同法》未将因欺诈、胁迫和乘人之危订立的合同一律做无效处理，充分体现了民法的意思自治原则，充分尊重当事人的意愿，并对维护交易安全具有重要意义。

3. 撤销权和变更权的行使

在重大误解和显失公平的合同中，各方当事人都可以行使撤销权。但在欺诈、胁迫和乘人之危的合同中，撤销权只属于受损害的一方。为了督促当事人及时行使撤销权，法律规定了一年的行使期限，即应当在撤销权人知道或者应当知道撤销事由之日起一年内行使撤销权，超过期限的，撤销权消灭。此外，撤销权人在知道撤销事由后明确表示或者以自己的行为表示放弃撤销权的，撤销权消灭。撤销权人既可以撤销合同，也可以变更合同，这一般由撤销权人自由选择，他人不得干涉。当事人请求变更的，人民法院或者仲裁机构不得撤销。

6.3.5 合同被确认无效或被撤销的法律后果

合同被确认为无效或被撤销后，合同规定的权利、义务即为无效，履行中的合同应终止履行，尚未履行的合同不得继续履行。合同无效或被撤销后，只是不发生当事人所预期的法律效力，即不发生合同履行的效力，但并非不产生任何法律后果。《合同法》第58条规定：合同无效或者被撤销后，因该合同取得的财产，应当予以返还；不能返还或者没有必要返还的，应当折价补偿。有过错的一方应当赔偿对方因此所受到的损失，双方都有过错的，应当各自承担相应的责任。《合同法》第59条规定：当事人恶意串通，损害国家、集体或者第三人利益的，因此取得的财产收归国家所有，或者返还集体、第三人。

1. 返还财产

返还财产是针对当事人实际交付了财产的情况而言，虽有交付财产的约定但并未交付，不存在返还财产的问题。合同被确认无效或被撤销后，合同一方当事人因该合同所取得的另一方当事人的财产就失去了法律依据，因此应当将财产返还给对方当事人，对方当事人也有权要

求返还。这是为了消除无效或被撤销的合同所造成的影响，恢复到签订合同之前的财产权利状态。

返还财产分为单方返还和双方返还。采用哪种方式要根据合同无效的原因、当事人主观过错的性质和程度来决定。此外，财产在不能返还或者没有必要返还时，应当折价以金钱予以补偿。不能返还包括财产灭失且无替代品，或者给付的是专有技术、劳务等。没有必要返还一般是指合同当事人认为不采用返还原物的方式对双方都有利的情况。至于如何折价的问题，在不损害第三人利益的前提下，原则上首先应尊重当事人的意见，由当事人达成折价的协议，达不成协议的，应由有关机关按照国家规定或者市场价格，公平合理地折算财产的价值。

对无效的建设工程合同，如果合同没有履行，则承包人已经受领的费用(如备料款等)，应当返还；如果合同已经履行，承包人已经完成的工作不能返还的情形，发包人应当支付相应的劳务费作为补偿。

2. 赔偿损失

根据《合同法》的规定，因为一方或者双方的过错导致合同无效或被撤销，并因此造成对方损失的，应承担赔偿责任。这种赔偿责任也应符合损害赔偿的一般构成要件。如果双方都有过错的，应当各自承担相应的责任。

3. 追缴财产

对于双方当事人恶意串通，损害国家、集体或者第三人利益的合同，由于其明显的违法性，因此应追缴当事人因合同而取得的财产，将其收归国家所有，或者返还集体、第三人，从而维护国家、集体、第三人的合法权益。

6.4 建设工程合同的履行

6.4.1 合同履行概述

1. 合同履行的概念

合同的履行是指合同双方当事人按照法律的规定和合同约定的标的、数量、质量、价款或报酬、履行期限、履行方式等，完成各自应承担的全部义务的行为，如交付标的物、完成工作、提供劳务、支付价款等。合同的履行是合同效力的体现。

2. 合同履行的原则

《合同法》第60条规定：当事人应当按照约定全面履行自己的义务。当事人应当遵循诚实信用原则，根据合同的性质、目的和交易习惯履行通知、协助、保密等义务。由此可见，合同当事人履行合同时，应遵循以下原则：

(1) 全面履行原则

全面履行原则要求合同当事人应当按照合同的约定全面履行自己的义务，即按合同约定的标的、数量、质量、价款或报酬、地点、期限、方式履行各自的义务。

(2) 诚实信用原则

诚实信用原则是《合同法》的一项非常重要的原则，它贯穿于合同的订立、履行、变更、终止等过程。合同履行过程中，当事人应当遵循诚实信用原则，根据合同的性质、目的和交易习惯履行通知、协助、保密等义务。这些义务称为附随义务，是当事人履行合同时应承担的法定义务。如债务人交付大宗货物时应预先通知债权人，不能搞突然袭击；债权人无正当理由不得拒绝受领；合同履行中涉及对方的商业秘密的，应保守秘密，不得向第三人泄露。

履行内容十分复杂的建设工程合同时，贯彻该原则尤为重要。依此原则，承发包双方在履行合同过程中应当实事求是，守信用，以善意的方式行使权利并履行义务，不得有欺诈行为，不得滥用权利，不得回避法律。

(3) 实际履行原则

订立合同是为了满足一定的经济利益目的，满足特定的生产经营活动的需要。因此，当事人应当按照合同规定的标的履行合同义务，而不能用其他标的代替。鉴于经济活动的复杂性和多变性，在具体执行该原则时，还应根据实际情况灵活掌握。

3. 合同履行的主体

履行主体是指履行合同义务的人和接受履行的人。通常情况下合同在当事人之间履行，不涉及第三人，但合同有特别约定时也可以由第三人履行或接受履行。根据《合同法》第 64、65 条的规定，当事人约定由债务人向第三人履行债务的，债务人未向第三人履行债务或者履行债务不符合约定，应当向债权人承担违约责任。当事人约定由第三人向债权人履行债务的，第三人不履行债务或者履行债务不符合约定，债务人应当向债权人承担违约责任。

4. 合同约定不明时如何履行

当事人订立合同时，对合同条款的约定应当明确、具体，以便于合同履行。然而，由于当事人合同法律知识欠缺、疏忽大意、对事物认识上的错误等原因，出现欠缺某些条款或条款约定不明，致使合同难以履行。因此，《合同法》第 61 条规定：合同生效后，当事人就质量、价款或者报酬、履行地点等内容没有约定或者约定不明确的，可以协议补充。不能达成补充协议的，按照合同有关条款或者交易习惯确定。《合同法》第 62 条进一步规定：当事人就有关合同内容约定不明确，依照本法第 61 条的规定仍不能确定的，适用下列规定：

(1) 质量要求不明确的，按照国家标准、行业标准履行；没有国家标准、行业标准的，按照通常标准或者符合合同目的的特定标准履行。

(2) 价款或者报酬不明确的，按照订立合同时履行地的市场价格履行；依法应当执行政府定价或者政府指导价的，按照规定履行。合同在履行中，既可能按市场行情约定价格，也可能执行政府定价或政府指导价。如果是按市场行情约定价格履行，则市场行情的波动不应影响合同价。如果执行政府定价或政府指导价的，在合同约定的交付期限内政府价格调整时，按照交付时的价格计价。逾期交付标的物的，遇价格上涨时，按照原价格执行；价格下降时，按照新价格执行。逾期提取标的物或者逾期付款的，遇价格上涨时，按照新价格执行；价格下降时，按照原价格执行。

(3) 履行地点不明确，给付货币的，在接受货币一方所在地履行；交付不动产的，在不动产所在地履行；其他标的，在履行义务一方所在地履行。

(4) 履行期限不明确的，债务人可以随时履行，债权人也可以随时要求履行，但应当给对方必要的准备时间。

(5) 履行方式不明确的，按照有利于实现合同目的的方式履行。

(6) 履行费用的负担不明确的，由履行义务一方负担。

5. 提前履行与部分履行

债务人如果提前履行债务，债权人可以拒绝，但提前履行不损害债权人利益的除外。债务人提前履行债务给债权人增加的费用，由债务人负担。如甲、乙订立购买水泥的买卖合同，约定乙在某日将水泥送到甲租用的库房内，而乙却提前 3 天送货，导致甲多支付了库房租金，这部分多付的租金就是增加的费用。

同样，债权人可以拒绝债务人部分履行债务，但部分履行不损害债权人利益的除外。债务人部分履行债务给债权人增加的费用，由债务人负担。

6.4.2 合同履行中的抗辩权

合同一旦有效成立，当事人应当按照合同约定履行自己的义务。一方不履行合同或不适当履行合同，损害了对方利益，受损害方可以请求公力救济。但在双务合同履行中，如果一方或双方具有法律规定的事由的话，法律授权当事人可以私力救济，即可以通过拒绝履行自己的义务来保护自己的合法权益，而不承担违约责任，这就是双务合同履行中的抗辩权。根据具体情形可分为同时履行抗辩权、先履行抗辩权和不安抗辩权三种。

6.4.2.1 同时履行抗辩权

同时履行是指合同没有约定双方履行的先后顺序，而是在一定的期限内，双方不分先后地履行各自义务的行为。这里的"同时"是指一定的期限，而不能机械地理解为某一时刻。

同时履行抗辩权是指在双务合同中，一方当事人在他方当事人未履行对价义务而请求其履行时，有拒绝履行自己义务的权利。

《合同法》第 66 条规定：当事人互负债务，没有先后履行顺序的，应当同时履行。一方在对方履行之前有权拒绝其履行要求。一方在对方履行债务不符合约定时，有权拒绝其相应的履行要求。

6.4.2.2 先履行抗辩权

先履行抗辩权是指在双务合同中，有先后履行顺序，先履行一方未履行或履行债务不符合约定的，后履行一方当事人有拒绝其履行要求的权利。

《合同法》第 67 条规定：当事人互负债务，有先后履行顺序，先履行一方未履行的，后履行一方有权拒绝其履行要求。先履行一方履行债务不符合约定的，后履行一方有权拒绝其相应的履行要求。

6.4.2.3 不安抗辩权

1. 不安抗辩权的概念

不安抗辩权指在双务合同中，应先履行债务的一方发现后履行一方欠缺履行债务能力或信用等情形，可能危及其债权时，在后履行一方未履行其债务或未提供担保前，有拒绝先履行自己债务的权利。不安抗辩权制度在于保护履行顺序在先的当事人，但不是无条件的，而是以该当事人的债权实现受到存在于对方当事人的现实危险威胁为条件。

2. 不安抗辩权的成立要件

(1) 主张不安抗辩权的一方负有先履行的义务。

(2) 须对方于合同成立后有财产状况恶化等情形。

(3) 须对方财产状况恶化导致其丧失或可能丧失履约能力。根据《合同法》第 68 条的规定,应当先履行债务的当事人,有确切证据证明对方有下列情形之一的,可以中止履行:①经营状况严重恶化;②转移财产、抽逃资金,以逃避债务;③丧失商业信誉;④有丧失或者可能丧失履行债务能力的其他情形。当事人没有确切证据中止履行的,应当承担违约责任。

(4) 须对方未履行债务或未提供担保。履行顺序在后的当事人欠缺履行能力,可能严重危及履行顺序在先的当事人的债权,但是如果后履行方提供适当担保,则先履行方的债权就不会受到损害,就不能行使不安抗辩权。

3. 不安抗辩权的行使与效力

当事人行使不安抗辩权,并不意味着合同终止,只是当事人暂时停止履行其到期债务。当事人中止履行合同的,应当及时通知对方。对方提供适当的担保时应当恢复履行。中止履行后,对方在合理的期限内未恢复履行能力并且未提供适当的担保,中止履行一方可以解除合同。当事人如果没有确切证据就中止履行合同的,应承担违约责任。

6.4.3 合同履行中的代位权和撤销权

通常情况下,债具有相对性,债的效力只存在于当事人之间,对第三人不发生效力。但债务人的财产是债权的唯一保障,债务人的财产状况如何,直接关系到债权的实现。因此,当债务人的财产由于第三人的原因减少或丧失时,就会损害债权人的利益。当债权人的债权受到此种损害时,法律赋予债权人以代位权和撤销权,恢复和保持债务人的财产,以保障其债权的实现,这就是债的保全制度。债的保全,使债的效力扩及第三人,是债的相对性的例外情况。

1. 债权人的代位权

债权人的代位权是指债权人为保全自己的债权,而以自己的名义代替债务人行使其到期债权的权利。

《合同法》第 73 条规定:因债务人怠于行使其到期债权,对债权人造成损害的,债权人可以向人民法院请求以自己的名义代位行使债务人的债权,但该债权专属于债务人自身的除外。代位权的行使范围以债权人的债权为限。债权人行使代位权的必要费用,由债务人负担。

代位权是债权人代替债务人向次债务人主张权利。它是一种法定的权利,不需要当事人的特别约定。其成立条件有:

(1) 债权人对债务人的债权合法

债权人与债务人之间的债权债务关系必须合法存在,否则代位权就失去其存在的基础。

(2) 债务人怠于行使其到期债权,对债权人造成损害

这里的"债务人怠于行使其到期债权,对债权人造成损害"是指债务人不履行其对债权人的到期债务,又不以诉讼方式或者仲裁方式向其债务人主张其享有的具有金钱给付内容的到期债权,致使债权人的到期债权未能实现。

(3) 债务人的债权已到期

债务人的债权已到期是债务人可以对次债务人行使债权的条件,而债权人的代位权是代位行使本属于债务人的债权,因此,债务人债权已到期也是债权人行使代位权的条件。

(4) 债务人的债权不是专属于债务人自身的债权

专属于债务人自身的债权不得代位行使。这里的"专属于债务人自身的债权"是指基于扶

养关系、抚养关系、赡养关系、继承关系产生的给付请求权和劳动报酬、退休金、养老金、抚恤金、安置费、人寿保险、人身伤害赔偿请求权等权利。

具备以上条件，债权人即可行使代位权，以自己的名义请求次债务人向债务人履行债务。代位权应当通过诉讼形式行使，行使的范围应当以债权人的债权为限。债权人行使代位权的必要费用，由债务人负担。

2. 债权人的撤销权

债权人的撤销权是指债权人对于债务人危害其债权实现的不当行为，有请求人民法院予以撤销的权利。

《合同法》第74条规定：因债务人放弃其到期债权或者无偿转让财产，对债权人造成损害的，债权人可以请求人民法院撤销债务人的行为。债务人以明显不合理的低价转让财产，对债权人造成损害，并且受让人知道该情形的，债权人也可以请求人民法院撤销债务人的行为。撤销权的行使范围以债权人的债权为限。债权人行使撤销权的必要费用，由债务人负担。

在合同履行过程中，当债权人发现债务人的行为将会危害自身的债权实现时，可以行使法定的撤销权，以保障合同中约定的合法权益。债权人行使撤销权应当具备以下要件：

(1) 债务人有财产处分的行为

可能导致债权人行使撤销权的债务人处分财产行为包括债务人放弃其到期债权、无偿转让财产、以明显不合理的低价转让财产等行为，如将财产赠与他人或以不合理的低价出售等。

(2) 债务人财产处分的行为危害到债权

债务人虽处分其财产，但仍有清偿能力的，债权人不得主张撤销权。

(3) 债务人的财产处分行为须发生在债权成立之后

在债权成立之前，债务人的财产处分行为并无危害债权的可能，因此，债权人对债权成立之前债务人之行为，不得主张撤销权。

(4) 债务人以不合理的低价转让财产，侵害债权的，债权人能证明受让人知情的，享有撤销权，否则不得主张撤销权。

撤销权的行使须通过诉讼程序，即债权人主张撤销权的，应向人民法院提起诉讼，请求法院撤销。债权人行使撤销权的范围，以其债权为限。撤销权应在法定期间内行使。《合同法》第75条规定：撤销权自债权人知道或者应当知道撤销事由之日起1年内行使。自债务人的行为发生之日起5年内没有行使撤销权的，该撤销权消灭。

经债权人请求，法院依法撤销债务人的行为后，债务人的财产处分行为自始无效。对受益人而言，行为被撤销后，应返还其财产和收益，原物无法返还的，应折价赔偿。由于撤销权诉讼是因为债务人实施危害债权人利益的行为而引起的，所以债权人因提起撤销权诉讼而发生的律师代理费、差旅费等必要费用，应由债务人承担；如果第三人（即受益人和受让人）有过错的，应适当分担。

6.4.4 合同的担保

合同的担保是为了确保合同能够切实履行而设立的各种法律措施。合同履行的担保是通过签订担保合同或是在合同中设立担保条款来实现的。担保合同是从合同，被担保合同是主合同。担保合同将随着被担保合同的履行而消失。合同的担保形式主要有保证、抵押、质押、留置和定金五种。

6.4.4.1 保证

1. 保证的概念

保证是指保证人与债权人约定，当债务人不履行债务时，由保证人按照约定履行债务或承担责任的行为。

保证合同的当事人包括：债权人、债务人、保证人。

保证人与债权人应当以书面形式订立保证合同。保证合同应当包括以下内容：

(1) 被保证的主债权种类、数额。

(2) 债务人履行债务的期限。

(3) 保证的方式。

(4) 保证担保的范围。

(5) 保证的期间。

(6) 双方认为需要约定的其他事项。

保证合同不完全具备上述规定内容的，可以补正。

保证担保的范围包括主债权及利息、违约金、损害赔偿金和实现债权的费用。保证合同另有约定的，按照约定。当事人对保证担保的范围没有约定或者约定不明确的，保证人应当对全部债务承担责任。

保证人承担保证责任后，有权向债务人追偿。

2. 保证人的资格条件

具有代为清偿债务能力的法人、其他组织或者公民，可以作为保证人。下列单位不得作为保证人：

(1) 国家机关不得为保证人，但经国务院批准为使用外国政府或者国际经济组织贷款进行转贷的除外。

(2) 学校、幼儿园、医院等以公益为目的的事业单位、社会团体不得为保证人。

(3) 企业法人的分支机构、职能部门不得为保证人。企业法人的分支机构有法人书面授权的，可以在授权范围内提供保证。

3. 保证方式

保证的方式分为一般保证和连带责任保证。当事人对保证方式没有约定或者约定不明确的，按照连带责任保证承担保证责任。

一般保证是指债权人和保证人约定，首先应由债务人履行债务，当债务人不能履行债务时，才由保证人承担保证责任的保证方式。一般保证的保证人在主合同纠纷未经审判或者仲裁，并就债务人财产依法强制执行仍不能履行债务前，对债权人可以拒绝承担保证责任。

连带责任保证是指当事人在保证合同中约定保证人与债务人对债务承担连带责任的保证方式。连带责任保证的债务人在主合同规定的债务履行期届满没有履行债务的，债权人可以要求债务人履行债务，也可以要求保证人在其保证范围内承担保证责任。

4. 保证期间

保证期间是指保证人承担保证责任的期间。

一般保证的保证人与债权人未约定保证期间的，保证期间为主债务履行期届满之日起 6

个月。在合同约定的保证期间和上述规定的保证期间,债权人未对债务人提起诉讼或者申请仲裁的,保证人免除保证责任;债权人已提起诉讼或者申请仲裁的,保证期间适用诉讼时效中断的规定。

连带责任保证的保证人与债权人未约定保证期间的,债权人有权自主债务履行期届满之日起 6 个月内要求保证人承担保证责任。在合同约定的保证期间和上述规定的保证期间,债权人未要求保证人承担保证责任的,保证人免除保证责任。建设工程合同中最常见的银行为工程承包单位开具的履约保函,即是银行充当保证人为承包单位担保的保证方式。

6.4.4.2　抵押

1. 抵押的概念

抵押是指债务人或者第三人不转移对财产的占有,将该财产作为债权的担保。债务人不履行债务时,债权人有权依法以该财产折价或者以拍卖、变卖该财产的价款优先受偿。这里债务人或者第三人为抵押人,债权人为抵押权人,提供担保的财产为抵押物。

抵押人和抵押权人应当以书面形式订立抵押合同。抵押合同应当包括以下内容:

(1) 被担保的主债权种类、数额。

(2) 债务人履行债务的期限。

(3) 抵押物的名称、数量、质量、状况、所在地、所有权权属或者使用权权属。

(4) 抵押担保的范围。

(5) 当事人认为需要约定的其他事项。

抵押合同不完全具备上述规定内容的,可以补正。

抵押权人在债务履行期届满前,不得与抵押人约定债务人不履行到期债务时抵押财产归债权人所有。

2. 可以抵押的财产

抵押人有权处分的下列财产可以抵押:

(1) 建筑物和其他土地附着物。

(2) 建设用地使用权。

(3) 以招标、拍卖、公开协商等方式取得的荒地等土地承包经营权。

(4) 生产设备、原材料、半成品、产品。

(5) 正在建造的建筑物、船舶、航空器。

(6) 交通运输工具。

(7) 法律、行政法规未禁止抵押的其他财产。

抵押人可以将上述所列财产一并抵押。

3. 不得抵押的财产

(1) 土地所有权。

(2) 耕地、宅基地、自留地、自留山等集体所有的土地使用权,但法律规定可以抵押的除外。

(3) 学校、幼儿园、医院等以公益为目的的事业单位、社会团体的教育设施、医疗卫生设施和其他社会公益设施。

(4) 所有权、使用权不明或者有争议的财产。

(5) 依法被查封、扣押、监管的财产。

(6) 依法不得抵押的其他财产。

6.4.4.3 质押

质押分为动产质押和权利质押。

1. 动产质押

动产质押是指债务人或者第三人将其动产出质给债权人占有,将该动产作为债权的担保,债务人不履行到期债务或者发生当事人约定的实现质权的情形,债权人有权就该动产优先受偿。这里的债务人或者第三人为出质人,债权人为质权人,交付的动产为质押财产。

设立质权,当事人应当采取书面形式订立质权合同。质权合同一般包括下列条款:

(1) 被担保债权的种类和数额。

(2) 债务人履行债务的期限。

(3) 质押财产的名称、数量、质量、状况。

(4) 担保的范围。

(5) 质押财产交付的时间。

质权人在债务履行期届满前,不得与出质人约定债务人不履行到期债务时质押财产归债权人所有。质权自出质人交付质押财产时设立。

2. 权利质押

债务人或者第三人有权处分的下列权利可以出质:

(1) 汇票、支票、本票。

(2) 债券、存款单。

(3) 仓单、提单。

(4) 可以转让的基金份额、股权。

(5) 可以转让的注册商标专用权、专利权、著作权等知识产权中的财产权。

(6) 应收账款。

(7) 法律、行政法规规定可以出质的其他财产权利。

以汇票、支票、本票、债券、存款单、仓单、提单出质的,当事人应当订立书面合同。质权自权利凭证交付质权人时设立;没有权利凭证的,质权自有关部门办理出质登记时设立。汇票、支票、本票、债券、存款单、仓单、提单的兑现日期或者提货日期先于主债权到期的,质权人可以兑现或者提货,并与出质人协议将兑现的价款或者提取的货物提前清偿债务或者提存。

6.4.4.4 留置

留置是指债权人按照约定占有债务人的动产,当债务人不履行到期债务时,债权人可以依照法律规定留置该动产,并有权就该动产优先受偿。这里的债权人为留置权人,占有的动产为留置财产。

债权人留置的动产,应当与债权属于同一法律关系,但企业之间留置的除外。法律规定或者当事人约定不得留置的动产,不得留置。

留置权人负有妥善保管留置财产的义务;因保管不善致使留置财产毁损、灭失的,应当承担赔偿责任。

留置权人与债务人应当约定留置财产后的债务履行期间;没有约定或者约定不明确的,留置权人应当给债务人两个月以上履行债务的期间，但鲜活易腐等不易保管的动产除外。债务人逾期未履行的，留置权人可以与债务人协议以留置财产折价，也可以就拍卖、变卖留置财产所得的价款优先受偿。留置财产折价或者变卖的，应当参照市场价格。

同一动产上已设立抵押权或者质权，该动产又被留置的，留置权人优先受偿。

留置权人对留置财产丧失占有或者留置权人接受债务人另行提供担保的，留置权消灭。

6.4.4.5 定金

1. 定金的概念

定金是指合同当事人为保证合同履行，根据双方约定，由一方当事人预先给付对方一定数额的金钱或其他有价代替物的担保方式。

《合同法》第115条规定：当事人可以依照《中华人民共和国担保法》(简称《担保法》)约定一方向对方给付定金作为债权的担保。债务人履行债务后，定金应当抵作价款或者收回。给付定金的一方不履行约定的债务的，无权要求返还定金；收受定金的一方不履行约定的债务的，应当双倍返还定金。

定金应当以书面形式约定。当事人在定金合同中应当约定交付定金的期限。定金合同从实际交付定金之日起生效。定金的数额由当事人约定，但不得超过主合同标的额的20%。

2. 定金与预付款的区别

定金与预付款都是在合同履行前一方当事人预先给付对方一定数额的金钱，都具有预先给付的性质，在合同履行后，都可以抵作价款，但二者有着根本的区别，表现在以下方面：

(1) 定金是合同的担保方式，主要作用是担保合同的履行；而预付款的主要作用是为对方履行合同提供资金上的帮助，属于履行的一部分。

(2) 交付定金的协议是从合同，而交预付款的协议一般为合同内容的一部分。

(3) 定金只有在交付后才能成立，而交付预付款的协议只要双方意思表示一致即可成立。

(4) 定金合同当事人不履行主合同时，适用定金罚则，而预付款交付后当事人不履行合同的，无论哪一方违约，不发生丧失预付款或双倍返还预付款的效力。

3. 定金与违约金的区别

定金与违约金都是一方应交付给对方一定的款项，都有督促当事人履行合同的作用，但二者也有不同，主要表现在以下方面：

(1) 定金须于合同履行前交付，而违约金只能在发生违约行为以后交付。

(2) 定金有证约和预先给付的作用，而违约金没有。

(3) 定金是合同的一种担保方式，而违约金是违反合同的一种民事责任形式。

(4) 定金一般是约定的，而违约金既可以是约定的，也可以是法定的。

6.4.5 建设工程合同当事人的权利和义务

当事人只有按照法律的规定和合同的约定全面地完成自己应尽的全部义务，才能实现订立合同的目的，因此履行合同时必须明确双方主体的权利、义务关系。建设工程合同是双务合同，当事人双方互为权利、义务主体，一方的权利是另一方的义务，而一方的义务又是另一方的权利。因此，下面只介绍双方的义务，其权利不再赘述。

6.4.5.1 勘察、设计合同当事人的权利、义务

1. 发包人的主要义务

(1) 发包人对其提供的技术要求和资料应负瑕疵担保责任。因发包人变更计划,提供的资料不准确,或者未按照期限提供必需的勘察、设计工作条件而造成勘察、设计的返工、停工或者修改设计,发包人应当按照勘察人、设计人实际消耗的工作量增付费用。

(2) 为承包人提供必要的协助条件。

(3) 向承包人支付勘察、设计费。

(4) 维护勘察、设计成果。

2. 承包人的主要义务

(1) 按照合同约定期限完成勘察、设计工作,并向发包人提交工作成果。

(2) 对勘察、设计成果承担瑕疵担保责任。因勘察、设计的质量不符合要求,包括没有达到合同的要求或者不符合法律、法规的强行性规定所确立的标准或者未按照合同约定的期限提交勘察、设计文件而拖延工期,造成发包人损失的,勘察人、设计人应当继续完善勘察、设计,减收或者免收勘察、设计费,补偿损失。

6.4.5.2 施工合同当事人的权利、义务

1. 发包人的主要义务

(1) 做好施工前的准备工作。发包人除按规定向对方交付施工图和有关施工的技术资料外,要做好土地征用、障碍物拆除和领取施工许可证等工作。

(2) 按约定向承包人提供各种材料和设备。发包人未按照约定的时间和要求提供原材料、设备、场地、资金、技术资料的,承包人可以顺延工程日期,并有权要求赔偿停工、窝工等损失。

(3) 及时处置施工中的有关问题,组织工程验收。发包人在不妨碍承包人正常作业的情况下,可以随时对作业进度、质量进行检查。因发包人的原因致使工程停建、缓建的,发包人有义务采取措施弥补或者减少损失,赔偿承包人因此造成的停工、窝工、倒运、机械设备调迁、材料和构件积压等损失和费用。隐蔽工程在隐蔽以前,承包人应当通知发包人检查。发包人没有及时检查的,承包人可以顺延工程日期,并有权要求赔偿停工、窝工等损失。建设工程竣工后,发包人应当根据施工图纸及说明书、国家颁发的施工验收规范和质量检验标准及时进行验收。建设工程竣工经验收合格后,方可交付使用;未经验收或者验收不合格的,不得交付使用。

(4) 接受合格工程并支付工程价款。发包人在对建设工程验收合格后,应按合同的约定支付价款,同时发包人应与承包人办理移交手续,正式接收该项建设工程。支付工程价款是发包人应承担的主要合同义务。发包人未按约定支付价款的,承包人可以催告发包人在合理期限内支付价款,发包人逾期不支付的,除按照建设工程的性质不宜折价、拍卖的以外,承包人可以与发包人协议将该工程进行折价,也可以申请人民法院将该工程拍卖,建设工程的价款就该工程折价或者拍卖的价款优先受偿。

2. 承包人的主要义务

(1) 做好施工前准备工作,按时开工。

(2) 按双方约定的分工,做好建筑材料、设备、预制构件的采购、供应和保管工作。

(3) 严格按照工程设计图纸和施工技术标准施工,保证工程质量。

(4) 接受发包人对作业进度和质量的检查和监督。

(5) 按期完成建设工程,提出竣工验收资料及竣工图,及时向对方交付。

(6) 对建设工程承担瑕疵担保责任。因施工人的原因致使建设工程质量不符合约定的,发包人有权要求承包人在合理期限内无偿修理或者返工、改建。承包人修理、返工、改建所支出的费用,均由其自行承担。修理、返工、改建导致工程逾期交付的,承包人应当承担迟延履行的违约责任,赔偿发包人因此而遭受的损失。

(7) 依据合同在一定期限内进行保修。

(8) 损害赔偿责任。因承包人的原因致使建设工程在合理使用期限内造成人身伤害和财产损失的,承包人应当承担损害赔偿责任。

6.5 建设工程合同的变更与终止

6.5.1 合同的变更

6.5.1.1 合同变更的概念

合同的变更有广义与狭义之分。广义的合同变更,包括合同内容的变更和合同主体的变更。合同主体的变更,实质上是合同的转让。狭义的合同变更,是指在不改变合同主体的前提下合同内容的变更。对合同的标的、质量、数量、价款、履行期限和地点、履行方式、违约责任以及解决争议的方式等条款的变更,均属合同内容的变更。这里仅讨论合同内容的变更。

6.5.1.2 合同变更的要件

1. 原已存在着有效的合同关系

合同的变更是改变原合同关系,没有原合同关系就没有变更的对象,所以合同的变更以原已存在的合同关系为前提。

2. 合同内容发生变化

合同内容发生变化是合同变更不可或缺的条件。合同内容的变更包括标的变更、标的物数量的增减、标的物品质的改变、价款或酬金的增减、履行期限的变更、履行地点的改变、履行方式的改变、结算方式的改变、所附条件的增添或除去、单纯债权变为选择债权、担保的设定或消失、违约金的变更、利息的变化等。

3. 经当事人协商一致或者法院判决、仲裁庭裁决或者依法律规定

合同是双方当事人达成的协议,如需变更也应双方协商一致,方可变更合同的内容。任何一方不得擅自变更合同的内容。同时,只要当事人协商一致变更合同内容,均可发生变更的效力,任何单位和个人不得干预。《合同法》规定:当事人协商一致,可以变更合同。当事人对合同变更的内容约定不明确的,推定为未变更。此外,合同可能基于法律规定或法院裁决而变更。根据《合同法》第 54 条的规定,一方当事人可以请求人民法院或者仲裁机构对重大误解或显失公平的合同予以变更。一方以欺诈、胁迫的手段或乘人之危,使对方在违背真实意思的情况下订立的合同,受害方可以请求人民法院或者仲裁机构予以变更。

4. 符合法律、行政法规要求的方式

如果法律、行政法规对合同变更方式有要求，则应遵守这种要求。《合同法》第 77 条同时规定：法律、行政法规规定变更合同应当办理批准、登记等手续的，依照其规定。

6.5.1.3 引起建设工程合同变更的事由

建设工程合同依法订立后即具有法律约束力，当事人必须严格履行合同义务，任何一方不得随意变更或解除合同，否则就要承担违约责任。然而，由于现实经济活动的复杂性以及外界客观条件的多变性，工程项目建设的情况往往不是固定不变的，合同订立后或者在履行过程中会发生与原合同的约定不相适应的变化，如果在这种情况下仍然按照原合同的要求履行，会导致合同无法履行或不能全面履行，在这种情况下，当事人可以依据法律规定或合同约定变更合同。

1. 当事人协商一致变更合同

协商一致是指发包方和承包方就变更合同的内容达成一致意见。如双方将原定的合同工期由 340 天缩短为 300 天。当事人协商一致是合同变更的最主要原因，但对合同所做变更必须符合法律的规定，并且不得违反社会公共利益。

2. 发生不可抗力事件

因不可抗力事件的发生致使合同不能按原约定履行的，允许变更，并使债务人免于承担违约责任。例如，由于建设工程施工现场遭洪水围困长达一个月，造成施工中断，承包人有权要求变更合同工期，即施工工期顺延一个月。

3. 重大误解或显失公平

建设工程合同易发生重大误解的环节一般是在工程价款的结算问题上。承包人往往由于缺乏经验而以过低的价格包死工程造价，或者因为错误套用工程预算定额而漏算较大数额的工程价款。由于建设市场是买方市场，发包人往往利用其优势地位而对承包人提出各种不平等条件（如压级压价），造成双方在合同利益上的明显失衡。出现重大误解和显失公平的情况，一方当事人可以请求人民法院或者仲裁机构对重大误解或显失公平的合同予以变更。

4. 国家修改基本建设计划

国家修改基本建设计划，履行建设工程合同的基础发生了变化，当事人丧失了依原合同约定履行合同的基础，如合同不做相应的调整，就与国家计划不相符，故应对合同进行相应的变更。

5. 情势变更

合同成立以后客观情况发生了当事人在订立合同时无法预见的、非不可抗力造成的不属于商业风险的重大变化，继续履行合同对于一方当事人明显不公平或者不能实现合同目的，当事人可以向人民法院请求予以变更合同，人民法院应当根据公平原则，并结合案件的实际情况确定是否变更。如在工程造价包死的情况下，由于出现了严重的通货膨胀，原材料价格大幅上涨，承包人如仍按原定总承包价履行合同，就会遭受重大损失，则承包人可以依照情势变更的法律规定，要求增加相应的工程价款。

6.5.1.4 合同变更的效力

合同变更的实质在于使变更后的合同代替原合同，因此，合同变更后，当事人应按变更后的合同内容履行。

合同变更原则上向将来发生效力，未变更的权利义务继续有效，已经履行的债务不因合同的变更而失去合法性。合同的变更不影响当事人要求赔偿损失的权利。原则上，提出变更的一方当事人对对方当事人因合同变更所受损失应负赔偿责任。

6.5.2 合同权利义务的终止

6.5.2.1 合同的权利义务终止概述

合同的权利义务终止是指由于一定的法律事实发生，使合同设定的权利、义务归于消灭，合同关系不复存在。

根据《合同法》第 91 条的规定，合同权利义务终止的原因主要有：

(1) 债务已经按照约定履行；

(2) 合同解除；

(3) 债务相互抵销；

(4) 债务人依法将标的物提存；

(5) 债权人免除债务；

(6) 债权债务同归于一人；

(7) 法律规定或者当事人约定终止的其他情形。

合同的权利义务终止，不影响合同中结算和清理条款的效力。合同的权利义务终止后，当事人应当遵循诚实信用原则，根据交易习惯履行通知、协助、保密等义务。合同的权利义务终止也不影响受损害一方请求损害赔偿的权利。

6.5.2.2 合同的解除

1. 合同解除的概念

合同的解除是合同权利义务终止的原因之一。合同解除是指合同有效成立后，在一定的条件下通过当事人一方或双方的意思表示，使合同效力归于消灭的行为。

2. 合同解除的条件

合同解除的条件因约定解除和法定解除而有所区别。

约定解除是指当事人双方约定解除合同。根据《合同法》第 93 条的规定，约定解除有两种情形，一是合同成立后，当事人双方协商一致解除合同，自当事人解除合同的协议生效时起合同解除。二是双方当事人约定了一方解除合同的条件，当解除合同的条件成熟时，享有解除权的一方可以解除合同，合同自解除权人做出解除的意思表示时起解除，解除权人未行使解除权的或解除权消灭的，合同不解除。

法定解除是指具备法定解除条件时，当事人一方依法解除合同。法定解除条件中，有的解除条件适用于一切合同，即一般法定解除条件，有的仅适用于特定合同，即特别法定解除条件。《合同法》第 94 条规定了一般法定解除条件：

(1) 因不可抗力致使不能实现合同目的的。

(2) 在履行期限届满之前，当事人一方明确表示或者以自己的行为表明不履行主要债务，即预期违约。

(3) 当事人一方迟延履行主要债务，经催告后在合理期限内仍未履行，即迟延履行。

(4) 当事人一方迟延履行债务或者有其他违约行为致使不能实现合同目的,即根本违约。

(5) 法律规定的其他情形。

3. 解除权的行使

除双方协议解除合同外,须经解除权人行使解除权,才能达到合同解除的法律后果。解除权是形成权,只要解除权人一方的意思表示即可成立。根据《合同法》第96条的规定,解除权人主张解除合同的,应当通知对方。合同自通知到达对方时解除。对方有异议的,可以请求人民法院或者仲裁机构确认解除合同的效力。法律、行政法规规定解除合同应当办理批准、登记等手续的,依照其规定。

解除权须在法律规定或者当事人约定的期限内行使,期限届满当事人不行使的,解除权消灭。法律没有规定或者当事人没有约定解除权行使期限,经无解除权一方催告后在合理期限内不行使的,解除权也归于消灭。

4. 合同解除的效力

合同解除的效力是合同关系的终止。《合同法》第97条规定:合同解除后,尚未履行的,终止履行;已经履行的,根据履行情况和合同性质,当事人可以要求恢复原状、采取其他补救措施,并有权要求赔偿损失。

5. 建设工程合同解除的条件

建设工程合同有下列情况之一的,可解除合同:

(1) 承发包双方经协商一致的,可以解除合同

协商的方式,可以是在订立合同时约定解除合同的条件,也可以是在合同履行过程中根据合同履行的具体情况进行商定。合同系根据当事人的合意而订立,当然也可以根据当事人的合意而解除。一般情况下,合同只要经过当事人协商一致,便可以解除,法律确认这一原则的目的就在于使当事人的合同法律关系能适应客观情况的变化,实现相应的经济利益目的,避免不必要的浪费或损失。

需要指出的是,国家重大建设工程合同是以国家批准的建设计划为基础而订立的,因此,这类合同的解除不得违反国家基本建设计划,不得损害社会公共利益。

(2) 由于发生不可抗力事件致使建设工程合同的目的不能实现,可以解除合同

不可抗力是指不能预见、不能避免并且不能克服的客观情况,如地震、洪水、战争等。不可抗力事件的发生,是合同当事人无法避免并且无法克服的,并非当事人的过错所造成。因此,如果由于不可抗力导致合同的目的不能实现,应当允许解除合同。但是,依法可以不履行合同义务的一方有尽早告知对方发生不可抗力事件的义务,如怠于告知,应对对方因此而遭受的损失承担赔偿责任。

(3) 在合同履行期届满之前,一方当事人明确表示或者以自己的行为表明不履行主要债务的,对方可以解除合同

合同义务往往有主次之分,主要义务是否履行,直接决定债权人是否能够实现订立合同的目的。在履行期届满之前,如果一方当事人明确表示或者以自己的行为表明不履行主要债务,即债务人拒绝履行,也称毁约,应当允许解除合同。

(4) 一方当事人延迟履行主要债务,经催告后在合理期限内仍未履行的,对方可以解除合同

根据合同的性质和当事人的意思表示，履行期限在合同的内容中非属特别重要时，即使债务人在履行期限届满后履行，也不至于使债权人订立合同的目的落空。在此情况下，原则上不允许当事人立即解除合同，而应由债权人向债务人发出履行催告，给予一定的履行宽限期。债务人在该履行宽限期届满时仍未履行的，债权人可以解除合同。

(5) 当事人一方延迟履行债务或者有其他违约行为，致使不能实现合同目的的，可以解除合同

某些合同中，履行期限对债权人实现债权具有重要意义。如果债务人不按期履行，合同目的就不能实现。在这种情况下，债权人可以解除合同。其他违约行为致使合同目的不能实现的，债权人可以解除合同。

(6) 国家取消基本建设计划的，可以解除合同

凡根据国家基本建设计划签订合同的，国家基本建设计划取消时，合同即丧失履行或者继续履行的基础而解除。

6.6 建设工程合同的违约责任

6.6.1 违约责任的概念和特征

1. 违约责任的概念

违约责任是违反合同的民事责任的简称，是指合同当事人不履行合同义务或者履行合同义务不符合约定所应承担的民事责任。

2. 违约责任的特征

违约责任具有以下法律特征：

(1) 违约责任是一种民事责任。

(2) 违约责任是违约的当事人一方对另一方承担的责任。

合同关系的相对性决定了违约责任的相对性，即违约责任是合同当事人之间的民事责任，合同当事人以外的第三人对当事人之间的合同不承担违约责任。违约责任是合同当事人的责任，不是合同当事人的辅助人(如代理人)的责任。当事人一方因为第三人的原因造成违约的，应当向对方承担违约责任。

(3) 违约责任是当事人不履行或不完全履行合同的责任。

首先，违约责任是违反有效合同的责任，合同有效是承担违约责任的前提。其次，违约责任以当事人不履行或不完全履行合同为条件。

(4) 违约责任具有补偿性和一定的任意性。

违约责任以补偿守约方因违约行为所受损失为主要目的，以损害补偿为主要责任形式，具有补偿性质。违约责任可以根据当事人在法律规定的范围内约定，具有一定的任意性。《合同法》第 114 条规定：当事人可以约定一方违约时应当根据违约情况向对方支付一定数额的违约金，也可以约定因违约产生的损害赔偿额的计算方法。

违约责任制度是合同法律制度的重要组成部分，是保障债权实现的重要措施。法律规定违反合同应承担违约责任的目的在于用法律的强制约束力促使当事人严格履行合同义务，维

护当事人的合法权益。如果没有该项制度，就无法从根本上保证合同的履行，当事人的合法权益就无法得到保障。我国对违约责任实行严格责任原则，即不论其是否有过错，有违约行为就构成违约责任，只有存在免责事由的时候才可以免除违约责任。

6.6.2 违约责任的形式

违约责任的形式即承担违约责任的具体方式。《合同法》第 107 条规定：当事人一方不履行合同义务或者履行合同义务不符合约定的，应当承担继续履行、采取补救措施或者赔偿损失等违约责任。据此，违约责任有三种基本形式，即继续履行、采取补救措施、赔偿损失，除此之外，还有其他形式，如违约金、定金责任。

6.6.2.1 继续履行

1. 继续履行的概念和特征

继续履行也称强制实际履行，是指违约方根据对方当事人的要求继续履行合同规定的义务的违约责任形式。

继续履行具有以下特征：

(1) 继续履行是一种独立的违约责任形式，不同于一般意义上的合同履行。继续履行是在当事人未能按照合同约定履行义务时，由法律强制其继续履行义务，因此属于责任的范畴。但它是一种独立的违约责任形式，不需要以其他违约责任是否能够适用为前提条件。

(2) 继续履行的内容表现为按合同约定的标的履行义务，这一点与一般履行并无不同。

(3) 继续履行以对方当事人(守约方)请求为条件，法院不得径行判决。

(4) 继续履行可以与违约金、赔偿损失、定金罚则并用，但不能与解除合同并用。解除合同导致合同关系不复存在，债务人也不再负有履行义务，因此解除合同与继续履行是完全对立的补救方法，两者不能并用。

2. 继续履行的适用

继续履行的适用因债务性质的不同而不同。

金钱债务无条件地适用继续履行。金钱债务只存在迟延履行，不存在履行不能，因此对于金钱债务，无条件适用继续履行的责任形式。《合同法》第 109 条规定：当事人一方未支付价款或者报酬的，对方可以要求其支付价款或者报酬。

非金钱债务有条件地适用继续履行。非金钱债务原则上可以请求继续履行，但有所限制。根据《合同法》第 110 条规定，对于非金钱债务的违约，有下列情形之一的，权利人不能再向债务人提出继续履行的请求：

(1) 法律上或者事实上不能履行。如果因违约方的违约使合同丧失了履行可能性，如标的物灭失且又是特定物，那么强制债务人履行义务也是不可能的。

(2) 债务的标的不适于强制履行或者履行费用过高。如果债务的标的不适于强制履行，如强制劳动，非违约方就不能请求强制履行；而如果强制履行的费用过高，在经济上导致不合理，非违约方也不能请求强制履行。

(3) 债权人在合理期限内未要求继续履行。对于合理期限法律没有明文规定，可根据标的物的性质和商业习惯而定。对于标的物是季节性商品的，债权人应在一个较短时间内及时提出请求；对于标的物是非季节性商品的，债权人可在一个稍长时间内及时提出请求，但不能违反法律规定的期限。

建设工程承包合同的当事人不能因为支付违约金或者赔偿损失就可以免除继续履行合同的责任。这是因为，当事人订立合同的最终目的是实现所期望的经济利益，守约一方虽然因为对方的违约行为可获得违约金或赔偿金，但特定目的却未能实现。对发包人而言，这种特定的目的就表现得很明显，发包人签订建设工程合同的最终目的，就是取得预定的建设产品的所有权及使用权，用以进行生产经营或者满足某种用途，而承包人不履行合同的行为显然破坏了发包人的设想和计划。但是，并非所有违反建设工程合同的当事人都应承担强制履行的责任，如果有法律上或客观事实上的原因而不能履行的，不能请求强制履行。

6.6.2.2 采取补救措施

采取补救措施是指当事人违反合同约定后，为防止损失发生或扩大，由其依照法律或者合同约定采取的修理、更换、重做、退货、减少价款或者报酬等补救措施。

采取补救措施是一种独立的违约责任形式，它与继续履行和赔偿损失具有互补性。质量不符合约定时多采用这一方式。《合同法》第 111 条规定：质量不符合约定的，应当按照当事人的约定承担违约责任。对违约责任没有约定或者约定不明确，依照本法第 61 条的规定仍不能确定的，受损害方根据标的的性质以及损失的大小，可以合理选择要求对方承担修理、更换、重做、退货、减少价款或者报酬等违约责任。受害方对补救措施享有选择权，但选定的方式应当合理。

勘察、设计的质量低劣的，发包人有权要求承包人在重新勘察、设计的基础上对勘察、设计文件进行修改，继续完善。在承包人的施工存在质量问题的情况下，发包人可以根据实际情况以及损失大小，要求其在合理期限内无偿修理或者返工、重做。承包人交付的建设产品的质量等级虽然符合合格标准，但未能达到合同约定的等级要求的，发包人可以减付相应的工程价款。

6.6.2.3 赔偿损失

1. 赔偿损失的概念和特征

赔偿损失也称违约损害赔偿，是指违约方就其违约给对方造成的损失给予补偿的一种违约责任形式。《合同法》第 112 条规定：当事人一方不履行合同义务或者履行合同义务不符合约定的，在履行义务或者采取补救措施后，对方还有其他损失的，应当赔偿损失。

赔偿损失具有以下特征：

（1）赔偿损失是最重要的违约责任形式，赔偿损失具有根本救济功能，任何其他责任形式都可以转化为损害赔偿。

（2）赔偿损失是以支付金钱的方式弥补损失。金钱为一般等价物，任何损失一般可以转化为金钱，因此赔偿损失主要指金钱赔偿，但在特殊情况下，也可以以其他物代替金钱作为赔偿。

（3）赔偿损失是由违约方赔偿守约方因违约所受到的损失。首先，赔偿损失是对违约行为所造成的损失的赔偿，与违约行为无关的损失不在赔偿之列。其次，赔偿损失是对守约方所受损失的一种补偿，而不是对违约行为的惩罚。

（4）赔偿损失责任具有一定的任意性。违约赔偿的范围和数额，可以由当事人约定。

2. 赔偿损失的确定方式

赔偿损失的确定方式有约定损害赔偿和法定损害赔偿两种。

约定损害赔偿是指在当事人订立合同时预先约定一方违约时应当向对方支付一定数额的赔偿金或约定损害赔偿额的计算方法。它具有预定性(缔约时确定)、从属性(以主合同的有效成立为前提)、附条件性(以损失的发生为条件)。

法定损害赔偿是指由法律规定的,由于违约方对守约方因其违约行为受到的损失承担的赔偿责任。法定损害赔偿应遵循以下原则:

(1) 完全赔偿原则。违约方对于守约方因违约所遭受的全部损失承担赔偿责任,包括直接损失和间接损失。根据《合同法》第 113 条的规定,损失赔偿额应当相当于因违约所造成的损失,包括合同履行后可以获得的利益,因此其赔偿范围包括现有财产损失和可得利益损失。前者主要表现为标的物灭失、为准备履行合同而支出的费用、停工损失、为减少违约损失而支出的费用、诉讼费用等。后者是指合同履行后可以实现和取得的财产利益。

(2) 合理预见原则。违约损害赔偿的范围以违约方在订立合同时预见到或者应当预见到的损失为限。合理预见原则是限制法定违约损害赔偿的一项重要原则,其理论基础是意思自治原则和公平原则。是否预见到或应当预见到可能的损失,应当根据合同订立时的事实或者情况加以判断。

(3) 减轻损失原则。一方违约后,另一方应当及时采取合理措施以防止损失的扩大;否则,不得就对扩大的损失要求赔偿。《合同法》第 119 条明确规定:当事人一方违约后,对方应当采取适当措施防止损失的扩大;没有采取适当措施致使损失扩大的,不得就扩大的损失要求赔偿。当事人因防止损失扩大支出的合理费用,由违约方承担。

在建设工程合同的履行过程中,常见的承担赔偿损失责任的情形有如下几种:一是勘察、设计成果的质量低劣或者未按期限提交勘察、设计文件;二是工程的质量等级不符合合同约定或者未能按时竣工;三是发包人未能及时提供原料、设备、技术资料或者未能按约定的期限、数额支付工程价款等。

6.6.2.4 违约金

违约金是指当事人一方违反合同时应当向对方支付的一定数量的金钱或财物。

当事人可以约定一方违约时应当根据违约情况向对方支付一定数额的违约金,也可以约定因违约产生的损失赔偿额的计算方法。

为了体现公平、诚实信用的原则,《合同法》对违约金责任做了必要的限制。《合同法》第 114 条规定:约定的违约金低于造成的损失的,当事人可以请求人民法院或者仲裁机构予以增加;约定的违约金过分高于造成的损失的,当事人可以请求人民法院或者仲裁机构予以适当减少。《合同法司法解释二》进一步规定:当事人请求人民法院增加违约金的,增加后的违约金数额以不超过实际损失额为限。增加违约金以后,当事人又请求对方赔偿损失的,人民法院不予支持。当事人主张约定的违约金过高请求予以适当减少的,人民法院应当以实际损失为基础,兼顾合同的履行情况、当事人的过错程度以及预期利益等综合因素,根据公平原则和诚实信用原则予以衡量,并做出裁决。当事人约定的违约金超过所造成损失的 30%的,一般可以认定为"过分高于造成的损失"。

当事人就迟延履行约定违约金的,违约方支付违约金后,还应当履行债务。

6.6.2.5 定金责任

定金是指合同当事人为了确保合同的履行，根据双方约定，由一方按合同标的额的一定比例预先给付对方的金钱或其他替代物。

《合同法》第 115 条规定：当事人可以依照《担保法》约定一方向对方给付定金作为债权的担保。债务人履行债务后，定金应当抵作价款或者收回。给付定金的一方不履行约定的债务的，无权要求返还定金；收受定金的一方不履行约定的债务的，应当双倍返还定金。根据《担保法》第 91 条的规定，定金的数额不得超过合同标的额的 20%。

违约金存在于主合同中，定金存在于从合同中。它们可能单独存在，也可能同时存在。《合同法》第 116 条规定：当事人既约定违约金，又约定定金的，一方违约时，对方可以选择适用违约金或者定金条款。可见，在一般情况下，定金与违约金不能并用。适用定金条款后，如果当事人的损失数额超过定金数额，当事人仍可以要求赔偿损失。

6.6.3 违约责任的免除

违约责任的免除，是指在履行合同的过程中，因出现法定的免责事由或者合同约定的免责事由，违约方可以免予承担违约责任。

1. 法定免责事由

法定免责事由是指由法律直接规定，不需要当事人约定即可援用的免责事由，主要指不可抗力。

这里不可抗力是指不能预见、不能避免且不能克服的客观情况。其构成要件为：

(1) 不可预见，即当事人无法知道是否发生、何时何地发生、发生的情况如何。对此应以一般人的预见能力为标准加以判断。

(2) 不能避免，即无论当事人采取什么措施，或即使尽了最大努力仍不能防止或避免事件的发生。

(3) 不能克服，即以当事人自身的能力和条件无法战胜这种客观力量。

(4) 不可抗力仅指客观情况，即外在于当事人的行为的客观现象(包括第三人的行为)。

不可抗力主要包括以下几种情形：自然灾害，如地震、台风、洪水、冰雹等；政府行为，如征收、征用等；社会异常事件，如战争、罢工、骚乱等。

《合同法》第 117 条规定：因不可抗力不能履行合同的，根据不可抗力的影响，部分或全部免除责任，但法律另有规定的除外。当事人迟延履行后发生不可抗力的，不能免除责任。

2. 免责条款

免责条款是指当事人在合同中约定的免除将来可能发生的违约责任的条款，其所规定的免责事由即约定免责事由。民法实行意思自治原则，民事主体可以依法放弃民事权利，免除他人的民事义务、民事责任。因此，当事人在订立合同时，可以约定免责条款，并奉行合同自由原则。只要具有免责条款规定的情形，当事人纵然有违约行为，也不承担违约责任。但是免责条款不能排除当事人的基本义务，也不能排除造成对方人身伤害、因故意或者重大过失造成对方财产损失的责任。

6.7　建设工程合同的索赔

6.7.1　建设工程合同索赔概述

6.7.1.1　索赔的概念

索赔是当事人在合同实施过程中，根据法律、合同规定及惯例，对并非由于自己的过错，而是由于应由合同对方承担责任的情况造成的实际损失，向对方提出给予补偿或赔偿的权利要求。实践当中，一般把承包人向发包人提出的赔偿或补偿要求称为索赔，把发包人向承包人提出的赔偿或补偿要求称为反索赔。

建设工程由于工期长、规模大、技术复杂、地质条件不确定、气候条件复杂多变以及市场波动大等，任何工程设计都不免有考虑欠缺的地方，任何招标文件或合同文件都会存在不同程度的差错或漏洞。即使各种文件非常完善，当事人之间也存在着对某些问题的分歧。这些问题都可能导致工期延长，费用增加。因此，索赔在建设工程合同实施中是非常常见的。

6.7.1.2　索赔应遵循的基本原则

索赔的目的在于维护自身的合法权益。因此，索赔应是一种理智的行为，而不能盲目进行。索赔应遵循以下原则：

1. 客观性原则

当索赔事件发生并且有证据能够证实时，才能索赔。事实是要靠证据来证实的，因此发生索赔事件后，应认真、及时、全面地收集证据。

2. 合法性原则

当事人的任何索赔要求都应限定在法律许可的范围内，没有法律上的依据或合同上的依据不能要求索赔。

3. 合理性原则

索赔的数额在计算时要采用合理的计算方式，还要结合工程的实际情况，兼顾对方的利益，不因追求眼前小利而丢失长远大利。

6.7.2　建设工程合同索赔的原因

建设工程合同实施中，引起索赔的原因多种多样，主要有以下几个方面：

1. 合同风险分担不均

合同风险通常由双方共同承担，但受建筑市场“买方市场”的制约，合同的风险主要落在承包人一方。因此，法律允许承包人通过索赔来减小风险，有经验的承包人在订立建设工程合同时就会事先设定自己的权利，一旦条件成熟，即可依据合同约定提起索赔。

2. 施工条件变化

施工现场条件变化对工程施工的影响很大。一些工程地质条件，如地下水、地质断层、熔岩孔洞、地下古建筑或文物等，发包人提供的勘察资料有时不完全准确，有经验的承包人也难以合理预见到这些不利的现场条件。不利的自然条件及人为障碍，经常导致设计变更、工期延长和费用大幅度增加，此时承包人就可以提出索赔。

3. 工程变更指令

在施工过程中，业主或监理工程师发现设计、质量标准或施工顺序等问题时或由于其他原因，往往会发出增加新工作，改换建筑材料，暂停施工或加速施工等指令。这些变更指令使工程不能按原设计及计划进行，使得施工费用增加，工期延长，承包人可以就此提出索赔要求。

4. 发包人违约

发包人违约的常见情形有以下几种：

(1) 发包人未按合同规定的时间和要求向承包人提供施工场地、创造施工条件。如未按约定完成土地征用、房屋拆迁、清除地上地下障碍，保证施工用水、用电、材料运输、机械进场、通信联络需要，办理施工所需各种证件、批件及有关申报批准手续，提供地下管网线路资料等。

(2) 发包人未按合同规定的条件提供应的材料、设备。发包人所供应的材料、设备到货场、站与合同约定不符，单价、种类、规格、数量、质量等级与合同不符，到货日期与合同约定不符等。

(3) 发包人未按规定向承包人支付工程款。

(4) 监理工程师未按规定时间提供施工图纸、指示或批复。

(5) 监理工程师的工作不适当或失误。如提供数据不正确、下达错误指令等。

5. 合同缺陷

合同缺陷是指所订立的建设工程合同进入实施阶段才发现的，合同本身存在的(合同签订时没有预料的)、现时不能再做修改或补充的问题。合同在实施过程中，常发现有如下的情况：

(1) 合同条款中有错误、用语含糊、不够准确等，难以分清双方的责任。

(2) 合同条款中存在着遗漏。对实际可能发生的情况未做预料和规定，缺少某些必不可少的条款。

(3) 合同条款之间存在矛盾。即在不同的条款或条文中，对同一问题的规定或要求不一致。这时，承包人应按监理工程师的解释执行。但是，若此解释使承包人的费用增加和工期延长，承包人可以提出索赔。

6. 国家政策、法规变更

由于国家或地方的法律法规、政策发生了变更，如税率增加、进口限制、关税提高等，导致承包人成本增加，承包人可以提出索赔。

7. 其他情形

其他情形是概括性规定，如不可抗力，恶劣气候现象导致无法施工，非正常停水、停电和交通中断，承发包双方之外的原因导致工程停建、缓建，或者承发包双方解除合同，都可以成为索赔的原因。

6.7.3 建设工程合同索赔的依据

合同一方向另一方提出的索赔要求，都应该提出一份具有说服力的证据资料作为索赔的依据。这也是索赔能否成功的关键因素。由于索赔的具体事由不同，所需的论证资料也有所不同。索赔依据一般包括：

1. 招标文件、投标文件和中标通知书

招标文件是承包人投标报价的依据，它是工程项目合同文件的基础。招标文件中一般包括的通用条件、专用条件、施工图纸、施工技术规范、工程量表、工程范围说明、现场水文地质资料等文本，都是工程的基础资料。它们不仅是承包人参加投标竞争和投标报价的依据，也是索赔时的依据。

投标文件是承包人依据招标文件进行现场勘察后投标报价的成果资料，是投标竞争中标的依据。在投标报价文件中，承包人对各主要工种的施工单价进行了分析计算，对各主要工程量的施工效率和施工进度进行了分析，对施工所需的设备和材料列出了数量和价值，对施工过程中各阶段所需的资金数额提出了要求，等等。所有这些文件，在中标及签订合同协议书以后，都成为正式合同文件的组成部分，也成为索赔的基本依据。

2. 合同协议书及其附属文件。

3. 往来信函

在合同实施期间，合同双方有大量的往来信函（包括电传、传真资料）。这些信件都具有合同效力，是结算和索赔的依据资料，如监理工程师的工程变更指令，口头变更确认函，加速施工指令，工程单价变更通知，对承包人问题的书面回答等。

4. 会议记录

在工程项目从招标到建成移交的整个期间，合同双方要召开许多次的会议，讨论解决合同实施中的问题。所有这些会议的记录，都是很重要的文件。工程和索赔中的许多重大问题，都是通过会议反复协商讨论后决定的。如标前会议纪要、工程协调会议纪要、工程进度变更会议纪要、技术讨论会议纪要、索赔会议纪要等。

5. 批准的施工进度计划和调整计划，以及实际进度记录。

6. 施工现场记录

施工现场记录包括的具体项目非常多，主要的如施工日志、施工检查记录、工时记录、质量检查记录、施工设备使用记录、材料使用记录、施工进度记录等。有些重要记录文本，如质量检查、验收记录，还应有监理工程师或其代表的签字认可。工程师同样要有自己完备的施工现场记录，以备核查。

7. 工程照片、录像资料。

8. 检查验收报告和技术鉴定报告。

9. 工程财务记录文件

在工程实施过程中，对工程成本的开支和工程款的历次收入，均应做详细的记录，如工程进度款每月的支付申请表，工人劳动计时卡和工资单，设备、材料和零配件采购单，付款收据，工程开支月报等。

10. 现场气象记录

水文气象条件对工程实施的影响甚大，它经常引起工程施工的中断或工效降低，有时甚至造成在建工程的破损。施工现场应注意记录的气象资料，包括每月降水量、风力、气温、河水位、河水流量、洪水位、洪水流量、施工基坑地下水状况等。如遇到地震、海啸、飓风等特殊自然灾害,更应注意随时详细记录。

11. 市场行情资料

大中型工程项目,一般工期长达数年,市场行情资料,如市场价格、工程所在地官方公布的物价指数、汇率、工资指数等,不仅对工程款的调价计算是必不可少的,也是索赔费用计算的重要依据。

12. 政策法律文件

政策法律文件是指工程所在地的政府或立法机关公布的有关工程造价的决定或法令,如货币汇兑限制指令,外汇兑换率的决定,调整工资的决定,税收变更指令等。由于工程的合同条件是以适应工程所在地的法律为前提的,因此政府的这些法令对工程结算和索赔具有决定性的意义。

6.7.4 建设工程合同索赔的程序

索赔程序是指从索赔事件发生到最终获得处理的全过程所包括的内容和步骤。索赔程序一般包括发出索赔意向通知、提交索赔报告、评审索赔报告、索赔谈判和解决索赔争端。

1. 发出索赔意向通知

当索赔事件发生时,承包人要做的第一件事就是用书面形式向业主或监理工程师发出索赔意向通知,它标志着索赔的开始。索赔意向通知,一般仅仅是表明索赔意向,所以应当简明扼要,涉及索赔内容但不涉及索赔金额。

2. 提交索赔报告

在正式提出索赔要求后,承包人应抓紧准备索赔资料,计算索赔值,编写索赔报告,并在合同规定的时间内正式提交。如果索赔事项的影响具有连续性,即事态还在继续发展,则按合同规定,每隔一定时间报送一次补充资料,说明事态发展情况。在索赔事项的影响结束后的规定时间内报送此项索赔的最终报告,附上最终账目和全部证据资料,提出具体的索赔额,要求业主或监理工程师审定。索赔报告的编写,应审慎、周密,索赔证据充分,计算结果正确。

3. 评审索赔报告

业主或监理工程师在接到承包人的索赔报告后,应当站在公正的立场,以科学的态度及时认真地审阅报告,重点审查承包人索赔要求的合理性和合法性,审查索赔值的计算是否正确、合理。对不合理的索赔要求或不明确的地方提出反驳和质疑,或要求做出解释和补充。工程师可在业主的授权范围内做出自己独立的判断。

监理工程师判定承包人索赔成立的条件:

(1) 与合同相对照,事件已造成了承包人施工成本的额外支出,或直接工期损失。

(2) 造成费用增加或工期损失的原因,按合同约定不属于承包人的行为责任或风险责任。

(3) 承包人按合同规定的程序提交了索赔意向通知和索赔报告。

上述三个条件应当同时具备,只有监理工程师认定索赔成立后,才按一定程序处理。

4. 索赔谈判

业主或监理工程师经过对索赔报告的评审后,由于承包人常常需要做出进一步的解释和补充证据,而业主或监理工程师也需要对索赔报告提出的初步处理意见做出解释和说明。因此,业主、监理工程师和承包人三方就索赔的解决要进行进一步的讨论、磋商,即谈判。对经谈判达成一致意见的,做出索赔决定。

5. 解决索赔争端

如果业主和承包人均接受索赔决定,索赔事件的处理即告结束。业主或承包人如果对索赔决定不满意,可以申请仲裁或起诉来解决争端。

6.8 建设工程合同纠纷的解决

建设工程合同纠纷是指合同当事人对合同条款的理解发生争议或者违反合同约定不履行合同义务而形成的纠纷。在工程建设过程中,发包人和承包人为了维护各自的利益,不可避免地会出现建设工程合同纠纷。《合同法》第128条规定:当事人可以通过和解或者调解解决合同争议。当事人不愿和解、调解或者和解、调解不成的,可以根据仲裁协议向仲裁机构申请仲裁。当事人没有订立仲裁协议或者仲裁协议无效的,可以向人民法院起诉。当事人应当履行发生法律效力的判决、仲裁裁决、调解书;拒不履行的,对方可以请求人民法院执行。因此,解决建设工程合同纠纷有和解、调解、仲裁、诉讼四种途径。它们各有特点,只有正确把握其特点,才能根据具体纠纷的情况,选择合适的处理方式。

6.8.1 和解

1. 和解的概念

和解是指合同当事人依据有关法律规定和合同约定,在自愿友好的基础上,互相谅解,就已经发生的争议进行协商并达成协议,从而自行解决合同争议的一种方法。和解应以合法、自愿、平等为原则。

和解达成的协议不具有强制执行的效力,但是可以成为原合同的补充部分。当事人不按照和解达成的协议执行,另一方当事人不能申请强制执行,但可以追究其违约责任。

2. 和解的特点

建设工程合同纠纷发生后,通常首选的解决纠纷方式是和解。合同双方应本着解决问题与分歧的诚意,直接进行协商,以求相互谅解,从而消除分歧与异议,解决纠纷。

这种解决纠纷方式的优点在于无须第三人介入,既可以节省费用,及时解决问题,又可以保持友好合作关系,以利于下一步对协商协议的执行。其缺点是双方就解决纠纷所达成的协议不具备强制执行的效力,当事人较易反悔。

3. 和解的适用

(1) 未经仲裁和诉讼的和解

发生争议后,当事人可以自行和解。如果达成一致意见,就无须仲裁或诉讼。

(2) 申请仲裁后和解

当事人申请仲裁后,可以自行和解。达成和解协议的,可以请求仲裁庭根据和解协议做出裁决书,也可以撤回仲裁申请。当事人达成和解协议,撤回仲裁申请后反悔的,可以根据仲裁协议申请仲裁。

(3) 诉讼后和解

当事人在诉讼中和解的,应由原告申请撤诉,经法院裁定撤诉后结束诉讼。

(4) 执行中的和解

在执行中,双方当事人在自愿协商的基础上达成的和解协议,产生结束执行程序的效力。如果一方当事人不履行和解协议或者反悔的,对方当事人只能申请人民法院按照原生效法律文书强制执行。

6.8.2 调解

1. 调解的概念

调解,是指第三方(即调解人)应纠纷当事人请求,依法或依合同约定,对当事人进行说服教育,促使双方互相做出适当的让步,自愿达成协议,从而解决合同争议的方法。调解以合法、自愿、平等为原则。

2. 调解的形式

在实践中,依调解人的不同,合同纠纷的调解有民间调解、行政调解、仲裁调解和法院调解四种。

(1) 民间调解

民间调解是指当事人临时选择的社会组织或者个人作为调解人,对合同争议进行调解。在调解人的调解下,双方当事人达成的调解协议不具有强制约束力,但具有与合同同等的法律效力。

(2) 行政调解

行政调解是指在有关行政机关的主持下,依据有关法律、行政法规和政策,处理纠纷的方式。行政调解达成的协议也不具有强制约束力。

(3) 仲裁调解

仲裁调解是指在仲裁庭做出裁决前进行的调解。仲裁庭在做出裁决前,可以先行调解。当事人自愿调解的,仲裁庭应当调解。调解达成协议的,仲裁庭应当制作调解书,调解书经双方当事人签收后,即发生法律效力。调解书与裁决书具有同等法律效力。

(4) 法院调解

法院调解是指在人民法院主持下进行的调解。当事人将争议提起诉讼后,在双方当事人自愿的基础上,法院可以进行调解。经调解达成协议的,由法院制作调解书,调解书经双方当事人签收后,即具有法律效力。调解未达成协议或者调解书送达前一方反悔的,人民法院应当及时判决。调解达成协议,必须双方自愿,不得强迫,调解协议的内容不得违反法律规定。

调解解决争议,可以不伤和气,使双方当事人互相谅解,有利于双方的合作。但这种方式受当事人自愿的限制,如果当事人不愿调解,或调解不成时,则应及时采取仲裁或诉讼方式解决合同争议。

6.8.3 仲裁

1. 仲裁的概念

仲裁是指发生争议的双方当事人(申请人与被申请人),根据其在合同争议发生前或争议发生后达成的协议,自愿将该争议提交中立的第三者(仲裁机构)进行裁决的争议解决的方式。

在我国,《中华人民共和国仲裁法》(简称《仲裁法》)是调整和规范仲裁制度的基本法律,但

《仲裁法》的调整范围仅限于民事、商事仲裁，即“平等主体的公民、法人和其他组织之间发生的合同纠纷和其他财产权纠纷”仲裁。劳动争议仲裁和农业承包合同纠纷仲裁不受《仲裁法》的调整。此外，根据《仲裁法》第3条的规定，婚姻、收养、监护、扶养、继承纠纷以及依法应当由行政机关处理的行政争议不能仲裁。

2. 仲裁的特点

作为一种解决财产权益纠纷的民间性裁判制度，仲裁既不同于解决同类争议的司法、行政途径，也不同于人民调解委员会的调解和当事人的自行和解。其具有以下特点：

(1) 自愿性

当事人的自愿性是仲裁最突出的特点。仲裁以双方当事人的自愿为前提，即当事人之间的纠纷是否提交仲裁，交与谁仲裁，仲裁庭如何组成，由谁组成，以及仲裁的审理方式、开庭形式等都是在当事人自愿的基础上，由双方当事人协商确定的。因此，仲裁是最能充分体现当事人意思自治原则的争议解决方式。

(2) 专业性

民商事纠纷往往涉及特殊的知识领域，会遇到许多复杂的法律、经济贸易和有关的技术性问题，由专家进行裁决更能体现专业权威性。因此，具有一定专业水平和能力的专家担任仲裁员，对当事人之间的纠纷进行裁决是仲裁公正性的重要保障。专家仲裁是民商事仲裁的重要特点之一。

(3) 灵活性

由于仲裁充分体现当事人的意思自治，仲裁中的许多具体程序都是由当事人协商确定和选择的，与诉讼相比，仲裁程序更加灵活。

(4) 保密性

仲裁以不公开审理为原则，保密性较强。

(5) 快捷性

仲裁实行一裁终局制，仲裁裁决一经仲裁庭做出即发生法律效力，这使当事人之间的纠纷能够迅速得以解决。

(6) 经济性

由于时间上的快捷性使得仲裁所需费用相对减少，仲裁无须多审级收费，使得仲裁费往往低于诉讼费。

(7) 独立性

仲裁机构独立于行政机构，仲裁机构之间也无隶属关系，仲裁庭独立进行仲裁，不受任何机关、社会团体和个人的干涉，不受其他仲裁机构的干涉，显示出极大的独立性。

3. 仲裁协议

在民商事仲裁中，仲裁协议是仲裁的前提，没有仲裁协议，就不存在有效的仲裁。

(1) 仲裁协议的概念

仲裁协议是指当事人自愿将他们之间已经发生或者可能发生的争议提交仲裁解决的协议。它包括合同中订立的仲裁条款和以其他书面方式在纠纷发生前或者纠纷发生后达成的请求仲裁的协议。仲裁协议法律效力表现为：

① 对双方当事人的法律效力。仲裁协议是双方当事人就纠纷解决方式达成的一致意思

表示。发生纠纷后,当事人只能通过向仲裁协议中所确定的仲裁机构申请仲裁的方式解决纠纷,而丧失了就该纠纷提起诉讼的权利。如果一方当事人违背仲裁协议就该争议起诉的,另一方当事人有权要求法院停止诉讼,法院也应当驳回当事人的起诉。

② 对法院的法律效力。有效的仲裁协议可以排除法院对订立于仲裁协议中的争议事项的司法管辖权。这是仲裁协议法律效力的重要体现。

③ 对仲裁机构的效力。仲裁协议是仲裁委员会受理仲裁案件的依据。没有仲裁协议就没有仲裁机构对案件的管辖权。同时,仲裁机构的管辖权又受到仲裁协议的严格限制。仲裁庭只能对当事人在仲裁协议中约定的争议事项进行仲裁,而对仲裁协议约定范围之外的其他争议无权仲裁。

(2) 仲裁协议的内容

合法有效的仲裁协议应当具备以下法定内容:

① 请求仲裁的意思表示。即双方都同意将争议通过仲裁方式解决,这是仲裁协议的首要内容。

② 仲裁事项。即双方提交仲裁的具体争议事项。根据我国《仲裁法》的规定,对仲裁事项没有约定或者约定不明的,当事人应就此达成补充协议,达不成补充协议的,仲裁协议无效。

③ 选定的仲裁委员会。仲裁委员会是受理仲裁案件的机构。由于仲裁没有法定管辖的规定,因此仲裁委员会是由当事人自主选定的。如果当事人在仲裁协议中不选定仲裁委员会,仲裁就无法进行。

(3) 仲裁协议的效力

当事人对仲裁协议效力有异议的,应当在仲裁庭首次开庭前提出。当事人既可以请求仲裁委员会做出决定,也可以请求人民法院做出裁定。一方请求仲裁委员会做出决定,另一方请求人民法院做出裁定的,由人民法院裁定。

仲裁协议在下列情形下无效:

① 约定的仲裁事项超过法律规定的仲裁范围。

② 无民事行为能力人或者限制行为能力人订立的仲裁协议。

③ 一方采取胁迫手段,迫使对方订立仲裁协议的。

仲裁协议对仲裁事项、仲裁委员会没有约定或者约定不明确,当事人可以达成补充协议,达不成补充协议的,仲裁协议无效。

仲裁协议无效,使得仲裁协议不再具有约束力,当事人之间的纠纷既可以通过诉讼方式解决,也可以重新达成仲裁协议以仲裁的方式解决。法院对于当事人的纠纷恢复了管辖权,而仲裁机构则因仲裁协议的无效不能对当事人之间的纠纷进行审理和裁决。

4. 仲裁的程序

仲裁程序是指由当事人提出仲裁申请直至仲裁庭做出裁决的程序。

(1) 申请与受理

当事人申请仲裁应当符合下列条件:①有仲裁协议;②有具体的仲裁请求和事实、理由;③属于仲裁委员会的受理范围。

当事人申请仲裁,应当向仲裁委员会递交仲裁协议、仲裁申请书及副本。仲裁委员会收到仲裁申请书之日起5日内,认为符合受理条件的,应当受理并通知当事人;认为不符合受理条件的,应当书面通知当事人不予受理,并说明理由。仲裁委员会受理仲裁申请后,应当在仲裁规则规定的期限内将仲裁规则和仲裁员名册送达申请人，并将仲裁申请书副本和仲裁规则、仲裁员名册送达被申请人。被申请人收到仲裁申请书副本后，应当在仲裁规则规定的期限内向仲裁委员会提交答辩书。仲裁委员会收到答辩书后，应当在仲裁规则规定的期限内将答辩书副本送达申请人。被申请人未提交答辩书的，不影响仲裁程序的进行。

(2) 组成仲裁庭

仲裁庭是行使仲裁权的主体。在我国，仲裁庭的组成形式有合议仲裁庭和独任仲裁庭两种。仲裁庭的组成必须按照法定程序进行。

当事人收到仲裁委员会的仲裁规则和仲裁员名册后，应当约定仲裁庭的组成形式，并在仲裁规则规定的期限内加以确定。当事人既可以选择合议仲裁庭，也可以选择独任仲裁庭。当事人约定由3名仲裁员组成仲裁庭的，应当各自选定或者各自委托仲裁委员会主任指定一名仲裁员，第3名仲裁员由当事人共同选定或者共同委托仲裁委员会主任指定。第3名仲裁员是首席仲裁员。当事人约定由一名仲裁员成立仲裁庭的，应当由当事人共同选定或者共同委托仲裁委员会主任指定仲裁员。如果当事人没有在仲裁规则规定的期限内约定仲裁庭组成形式或者选择仲裁员的，由仲裁委员会主任指定。

(3) 仲裁审理

仲裁应当开庭进行，当事人协议不开庭的，仲裁庭可以根据仲裁申请书、答辩书以及其他材料做出裁决。仲裁不公开进行，当事人协议公开的，可以公开进行，但涉及国家秘密的除外。

仲裁委员会应当在仲裁规则规定的期限内将开庭日期通知双方当事人。当事人有正当理由的，可以在仲裁规则规定的期限内请求延期开庭。是否延期，由仲裁庭决定。申请人经书面通知，无正当理由不到庭或者未经仲裁庭许可中途退庭的，可以视为撤回仲裁申请；被申请人经书面通知，无正当理由不到庭或者未经仲裁庭许可中途退庭的，可以缺席裁决。

当事人应当对自己的主张提供证据。证据应当在开庭时出示，当事人可以质证。当事人在仲裁过程中有权进行辩论。在开庭中，仲裁员应认真听取当事人的陈述和辩论，辩论终结时，首席仲裁员或者独任仲裁员应当征询当事人的最后意见。

(4) 仲裁裁决

仲裁庭在做出裁决前，可以先行调解。当事人自愿调解的，仲裁庭应当调解。调解不成的，应当及时做出裁决。调解达成协议的，仲裁庭应当制作调解书或者根据协议的结果制作裁决书。裁决应当按照多数仲裁员的意见做出，仲裁庭不能形成多数意见时，裁决应当按照首席仲裁员的意见做出。调解书与裁决书具有同等法律效力。调解书经双方当事人签收后，即发生法律效力。裁决书自做出之日起发生法律效力。

5. 仲裁裁决的执行

仲裁裁决的执行是指人民法院经当事人申请，采取强制措施将仲裁裁决书中的内容付诸实现的行为和程序。

裁决书依法生效后，当事人应当履行裁决。仲裁委员会作为民间的准司法机构，本身不具有强制执行力，但其仲裁裁决为国家强制力所支持。一方当事人不履行的，另一方当事人可以依照《民事诉讼法》的有关规定向有管辖权的人民法院申请执行。受申请的人民法院应当执行。

6. 仲裁裁决的撤销与不予执行

仲裁委员会内部的监督机制较少，对仲裁委员会的监督主要是由人民法院进行外部监督，具体体现在仲裁裁决的撤销与不予执行。

(1) 仲裁裁决的撤销

仲裁裁决撤销是指对符合法定应予撤销情形的仲裁裁决,经当事人申请,人民法院裁定撤销仲裁裁决的行为。

当事人提出证据证明仲裁裁决有下列情形之一的,可以向仲裁委员会所在地的中级人民法院申请撤销裁决:

① 没有仲裁协议的。

② 仲裁的事项不属于仲裁协议约定的范围或者仲裁机构无权仲裁的。

③ 仲裁庭的组成或者仲裁的程序违反法定程序的。

④ 仲裁裁决所依据的证据是伪造的。

⑤ 对方当事人向仲裁机构隐瞒了足以影响公正裁决的证据的。

⑥ 仲裁员在仲裁该案时有索贿受贿、徇私舞弊、枉法裁决行为的。

人民法院经组成合议庭审查核实仲裁裁决有前述规定情形之一的,应当裁定撤销。人民法院认定该裁决违背社会公共利益的,应当裁定撤销。

当事人申请撤销仲裁裁决的,应当自收到裁决书之日起 6 个月内提出。人民法院应当在受理撤销裁决申请之日起 2 个月内做出撤销裁决或者驳回申请的裁定。人民法院受理撤销裁决的申请后,认为可以由仲裁庭重新仲裁的,通知仲裁庭在一定期限内重新仲裁,并裁定中止撤销程序。仲裁庭拒绝重新仲裁的,人民法院应当裁定恢复撤销程序。

(2) 仲裁裁决的不予执行

一方当事人向人民法院申请执行仲裁裁决,被申请人提出证据证明仲裁裁决有下列情形之一的,经人民法院组成合议庭审核后,裁定不予执行:

① 当事人在合同中没有订立仲裁条款或者事后没有达成书面仲裁协议的。

② 裁决的事项不属于仲裁协议约定的范围或者仲裁机构无权仲裁的。

③ 仲裁庭的组成或者仲裁的程序违反法定程序的。

④ 仲裁裁决所依据的证据是伪造的。

⑤ 对方当事人向仲裁机构隐瞒了足以影响公正裁决的证据的。

⑥ 仲裁员在仲裁该案时有索贿受贿、徇私舞弊、枉法裁决行为的。

人民法院认定执行该裁决违背社会公共利益的,裁定不予执行。

仲裁裁决被人民法院依法裁定不予执行的,当事人可以根据双方达成的书面仲裁协议重新申请仲裁,也可以向人民法院起诉。

一方当事人申请执行裁决,另一方当事人申请撤销裁决的,人民法院应当裁定中止执行。人民法院裁定撤销裁决的,应当裁定终结执行。撤销裁决的申请被裁定驳回的,人民法院应当裁定恢复执行。

6.8.4 民事诉讼

6.8.4.1 民事诉讼的概念

民事诉讼是指人民法院在当事人和其他诉讼参与人的参加下,以审理、裁判、执行等方式解决民事纠纷的活动以及由这些活动产生的各种诉讼关系的总和。在诉讼过程中,法院始终居于主导地位,代表国家行使审判权,是解决争议的主持者和审判者,而当事人则各自基于诉讼法所赋予的权利，在法院的主持下为维护自己的合法权益而进行活动。

在我国，《中华人民共和国民事诉讼法》(简称《民事诉讼法》)是调整和规范法院和诉讼参与人的各种民事诉讼活动的基本法律。诉讼参与人包括原告、被告、第三人、证人、鉴定人、勘验人等。

6.8.4.2 民事诉讼的特点

民事诉讼与调解、仲裁这些非诉讼解决纠纷的方式相比，有如下特征：

1. 公权性

民事诉讼是由法院代表国家行使审判权解决民事争议。它既不同于群众自治组织性质的人民调解委员会以调解方式解决纠纷，也不同于由民间性质的仲裁委员会以仲裁方式解决纠纷。

2. 强制性

民事诉讼的强制性既表现在案件的受理上，又反映在裁判的执行上。调解、仲裁均建立在当事人自愿的基础上，只要有一方不愿意选择上述方式解决争议，调解、仲裁就无从进行。民事诉讼则不同，只要原告起诉符合《民事诉讼法》规定的条件，无论被告是否愿意，诉讼均会发生。诉讼外调解协议的履行依赖于当事人的自觉，不具有强制力，而法院裁判则不同，当事人不自动履行生效裁判所确定的义务，法院可以依法强制执行。

3. 程序性

民事诉讼是依照法定程序进行的诉讼活动。无论是法院，还是当事人或者其他诉讼参与人，都应按照《民事诉讼法》设定的程序实施诉讼行为，违反诉讼程序常常会引起一定的法律后果。而人民调解没有严格的程序规则，仲裁虽然也需要按预先设定的程序进行，但其程序相当灵活，当事人对程序的选择权也较大。

6.8.4.3 诉讼管辖

民事诉讼中的管辖是指各级法院之间和同级法院之间受理第一审民事案件的分工和权限。诉讼管辖包括级别管辖、地域管辖、专属管辖、移送管辖和指定管辖。

1. 级别管辖

级别管辖是指按一定的标准，划分上下级法院之间受理第一审民事案件的分工和权限。《民事诉讼法》主要根据案件的性质、复杂程度和案件影响来确定级别管辖。各级人民法院都管辖第一审民事案件。

(1) 基层人民法院管辖第一审民事案件，法律另有规定除外。

(2) 中级人民法院管辖下列第一审民事案件：①重大涉外案件；②在本辖区有重大影响的案件；③最高人民法院确定由中级人民法院管辖的案件。

(3) 高级人民法院管辖在本辖区有重大影响的第一审民事案件。

(4) 最高人民法院管辖下列第一审民事案件：①在全国有重大影响的案件；②认为应当由本院审理的案件。

2. 地域管辖

地域管辖是指按照各法院的辖区和民事案件的隶属关系，划分同级法院受理第一审民事案件的分工和权限。主要包括如下两种情况：

（1）一般地域管辖

一般地域管辖通常实行“原告就被告”原则，即以被告住所地作为确定管辖的标准。《民事诉讼法》第 21 条规定：对公民提起的民事诉讼，由被告住所地人民法院管辖；被告住所地与经常居住地不一致的，由经常居住地人民法院管辖。对法人或者其他组织提起的民事诉讼，由被告住所地人民法院管辖。同一诉讼的几个被告住所地、经常居住地在两个以上人民法院辖区的，各人民法院都有管辖权。

（2）特殊地域管辖

特殊地域管辖是指以被告住所地、诉讼标的所在地或法律事实所在地为标准确定的管辖。我国《民事诉讼法》对于特殊地域管辖进行了专门规定，其中与建设工程关系最为密切的是因合同纠纷提起的诉讼。

《民事诉讼法》第 23 条规定：因合同纠纷提起的诉讼，由被告住所地或者合同履行地人民法院管辖。《民事诉讼法》第 34 条规定：合同或者其他财产权益纠纷的当事人可以书面协议选择被告住所地、合同履行地、合同签订地、原告住所地、标的物所在地等与争议有实际联系的地点的人民法院管辖，但不得违反本法对级别管辖和专属管辖的规定。

3. 专属管辖

专属管辖是指法律规定某些特殊类型的案件专门由特定的法院管辖。专属管辖是排他性管辖，排除了诉讼当事人协议选择管辖法院的权利。专属管辖与一般地域管辖和特殊地域管辖的关系是：凡法律规定为专属管辖的诉讼，均适用专属管辖。

我国《民事诉讼法》第 33 条规定了 3 种适用专属管辖的案件。其中，因不动产纠纷提起的诉讼，由不动产所在地人民法院管辖，如房屋买卖纠纷、土地使用权转让纠纷等。

4. 移送管辖和指定管辖

人民法院发现受理的案件不属于本院管辖的，应当移送有管辖权的人民法院，受移送的人民法院应当受理。受移送的人民法院认为受移送的案件依照规定不属于本院管辖的，应当报请上级人民法院指定管辖，不得再自行移送。

有管辖权的人民法院由于特殊原因，不能行使管辖权的，由上级人民法院指定管辖。人民法院之间因管辖权发生争议，由争议双方协商解决；协商解决不了的，报请它们的共同上级人民法院指定管辖。

6.8.4.4 保全及先予执行

1. 保全

人民法院对于可能因当事人一方的行为或者其他原因，使判决难以执行或者造成当事人其他损害的案件，根据对方当事人的申请，可以裁定对其财产进行保全，责令其做出一定行为或者禁止其做出一定行为；当事人没有提出申请的，人民法院在必要时也可以裁定采取保全措施。人民法院采取保全措施，可以责令申请人提供担保，申请人不提供担保的，裁定驳回申请。人民法院接受申请后，对情况紧急的，必须在 48 小时内做出裁定；裁定采取保全措施的，应当立即开始执行。

利害关系人因情况紧急，不立即申请保全将会使其合法权益受到难以弥补的损害的，可以在提起诉讼或者申请仲裁前向被保全财产所在地、被申请人住所地或者对案件有管辖权的人民法院申请采取保全措施。申请人应当提供担保，不提供担保的，裁定驳回申请。人民法院接受申请后，必须在48小时内做出裁定；裁定采取保全措施的，应当立即开始执行。申请人在人民法院采取保全措施后30日内不依法提起诉讼或者申请仲裁的，人民法院应当解除保全。

保全限于请求的范围，或者与本案有关的财物。财产保全采取查封、扣押、冻结或者法律规定的其他方法。人民法院保全财产后，应当立即通知被保全财产的人。财产已被查封、冻结的，不得重复查封、冻结。

财产纠纷案件，被申请人提供担保的，人民法院应当裁定解除保全。申请有错误的，申请人应当赔偿被申请人因保全所遭受的损失。

当事人对保全裁定不服的，可以申请复议一次，复议期间不停止裁定的执行。

2. 先予执行

先予执行是指人民法院对某些民事案件在做出终局判决前，为了解决权利人的生活或生产经营急需，根据其申请，裁定另一方当事人预先履行一定义务的诉讼措施。

人民法院对下列案件，根据当事人的申请，可以裁定先予执行：

(1) 追索赡养费、扶养费、抚育费、抚恤金、医疗费用的；

(2) 追索劳动报酬的；

(3) 因情况紧急需要先予执行的。

先予执行须符合以下条件：

(1) 当事人之间权利义务关系明确，不先予执行将严重影响申请人的正常生活或生产经营的；

(2) 被申请人有履行能力。

人民法院可以责令申请人提供担保，申请人不提供担保的，驳回申请。申请人败诉的，应当赔偿被申请人因先予执行遭受的财产损失。

当事人对先予执行的裁定不服的，可以申请复议一次。复议期间不停止裁定的执行。

6.8.4.5 审判程序

在我国，审判程序可以分为一审程序、二审程序和审判监督程序。

1. 一审程序

一审程序包括普通程序和简易程序，普通程序是指人民法院审理一审民事案件通常适用的程序。普通程序是一审程序中最基本的程序，具有独立性和广泛性，是整个民事审判程序的基础。由于建设工程合同纠纷成因众多，当事人权利义务复杂，不属于事实清楚、权利义务明确、争议不大的简单民事案件，不适用简易程序，一般都适用普通程序。普通程序分为以下几个阶段：

(1) 起诉

起诉是指公民、法人和其他组织在其民事权益受到侵害或者发生争议时，请求人民法院通过审判给予司法保护的诉讼行为。起诉是当事人获得司法保护的手段，也是人民法院对民事案件行使审判权的前提。

起诉必须符合下列条件：①原告是与本案有直接利害关系的公民、法人或其他组织；②有明确的被告；③有具体的诉讼请求、事实和理由；④属于人民法院受理民事诉讼的范围和受诉人民法院管辖的范围。

起诉应向人民法院递交起诉状，并按照被告人数提出副本。书写起诉状确有困难的，可以口头起诉,由人民法院记入笔录,并告知对方当事人。起诉状应当记明下列事项:①原告的姓名、性别、年龄、民族、职业、工作单位、住所、联系方式,法人或者其他组织的名称、住所和法定代表人或者主要负责人的姓名、职务、联系方式;②被告的姓名、性别、工作单位、住所等信息,法人或者其他组织的名称、住所等信息;③诉讼请求和所根据的事实与理由;④证据和证据来源,证人姓名和住所。

(2) 受理

人民法院应当保障当事人依照法律规定享有的起诉权利。对符合条件的起诉,必须受理。符合起诉条件的,应当在7日内立案,并通知当事人。认为不符合起诉条件的,应当在7日内做出裁定书,不予受理。对裁定不服的,可以提起上诉。

(3) 审理前的准备

审理前的准备是指人民法院接受原告起诉并立案受理后,在开庭审理之前,由承办案件的审判员依法所做的各种准备工作。

人民法院应当在立案之日起5日内将起诉状副本发送被告,被告应当在收到之日起15日内提出答辩状。答辩状应当记明被告的姓名、性别、年龄、民族、职业、工作单位、住所、联系方式;法人或者其他组织的名称、住所和法定代表人或者主要负责人的姓名、职务、联系方式。人民法院应当在收到答辩状之日起5日内将答辩状副本发送原告。被告不提出答辩状的,不影响人民法院审理。人民法院对决定受理的案件,应当在受理案件通知书和应诉通知书中向当事人告知有关的诉讼权利义务,或者口头告知。合议庭组成人员确定后,应当在3日内告知当事人。

经当事人申请,人民法院可以组织当事人在开庭审理前交换证据。经当事人申请,人民法院可以调查收集证据,或者在法定情况下,依职权调查收集证据或者委托外地人民法院调查。

(4) 开庭审理

开庭审理是指人民法院在当事人和其他诉讼参与人参加下,对案件进行实体审理的诉讼活动。

人民法院审理民事案件,除涉及国家秘密、个人隐私或者法律另有规定的以外,应当公开进行。人民法院审理民事案件,应当在开庭3日前通知当事人和其他诉讼参与人。公开审理的,应当公告当事人姓名、案由和开庭的时间、地点。

开庭审理主要有以下几个步骤:

① 准备开庭。开庭审理前,书记员应当查明当事人和其他诉讼参与人是否到庭,宣布法庭纪律,开庭审理时,由审判长核对当事人,宣布案由,宣布审判人员、书记员名单,告知当事人有关的诉讼权利义务,询问当事人是否提出回避申请。

② 法庭调查阶段。法庭调查按照下列程序进行:当事人陈述;告知证人的权利义务,证人作证,宣读未到庭的证人证言;出示书证、物证、视听资料和电子数据;宣读鉴定意见;宣读勘验笔录。当事人在法庭上可以提出新的证据。当事人经法庭许可,可以向证人、鉴定人、勘验人发问。

③ 法庭辩论。法庭辩论顺序为:原告及其诉讼代理人发言;被告及其诉讼代理人答辩;第三人及其诉讼代理人发言或答辩;相互辩论。法庭辩论终结后,由审判长按原告、被告、第三人的先后顺序征得各方面最后意见。法庭辩论结束后,法院做出判决前,能够调解的,可以进行调解;调解不成的,应当及时判决。

④ 评议和宣判。法庭辩论终结后，对不进行调解或调解不成的，合议庭成员退庭进行评议，认定案件事实，确定适用的法律和结果。合议庭评议完毕后应制作判决书，宣告判决应公开进行。当庭宣判的，应当在10日内发送判决书；定期宣判的，宣判后立即发给判决书。宣告判决时，须告知当事人上诉的权利、上诉的期限和上诉的法院。

人民法院适用普通程序审理的案件，应在立案之日起6个月内审结，有特殊情况需延长的，由本院院长批准，可延长6个月；还需要延长的，报请上级人民法院批准。

2. 二审程序

二审程序又叫终审程序，是指民事诉讼当事人不服地方各级人民法院未生效的第一审裁判，在法定期限内向上一级人民法院提起上诉，上一级人民法院对案件进行审理所适用的程序。二审程序并不是每一个民事案件的必经程序，如果当事人在案件一审过程中达成调解协议或者在上诉期内未提起上诉，一审法院的裁判就发生法律效力，二审程序也因无当事人的上诉而无从发生，当事人的上诉是二审程序发生的前提。

(1) 上诉的提起

当事人不服地方人民法院一审判决的，有权在判决书送达之日起15日内向上一级人民法院提起上诉。当事人不服地方人民法院一审裁定的，有权在裁定书送达之日起10日内向上一级人民法院提起上诉。

上诉应当递交上诉状，当事人口头提出上诉的，也应在上诉期内补交上诉状。上诉状应当通过原审人民法院提出，并按照对方当事人或者代表人的人数提出副本。当事人直接向二审人民法院上诉的，二审人民法院应当在5日内将上诉状移交原审人民法院。

(2) 上诉的审理

二审人民法院应当对上诉请求的有关事实和适用法律进行审查。二审人民法院对上诉案件，应当组成合议庭，开庭审理。经过阅卷、调查和询问当事人，对没有提出新的事实、证据或者理由，合议庭认为不需要开庭审理的，可以不开庭审理。

(3) 对上诉案件的裁判

二审法院对上诉案件经过审理后，按下列情形分别处理：①原判决、裁定认定事实清楚，适用法律正确的，以判决、裁定方式驳回上诉，维持原判决、裁定；②原判决、裁定认定事实错误或者适用法律错误的，以判决、裁定方式依法改判、撤销或者变更；③原判决认定基本事实不清的，裁定撤销原判决，发回原审人民法院重审，或者查清事实后改判；④原判决遗漏当事人或者违法缺席判决等严重违反法定程序的，裁定撤销原判决，发回原审人民法院重审。

二审人民法院审理上诉案件，适用一审普通程序。二审人民法院的判决、裁定，是终审的判决、裁定，当事人不得再行上诉，也不得就同一诉讼标的，以同一事实和理由再行起诉。

人民法院审理对判决的上诉案件，应当在二审立案之日起3个月内审结。有特殊情况需要延长的，由本院院长批准。人民法院审理对裁定的上诉案件，应当在二审立案之日起30日内做出终审裁定。

3. 审判监督程序

审判监督程序也叫再审程序，是指由有审判监督权的法定机关和人员提起，或由当事人申请，或由人民检察院抗诉，由人民法院对发生法律效力的判决、裁定、调解书依法重新审判的诉讼程序。这是为了加强法律监督、纠正错误、保障裁判公正而设立的一种特殊程序。

下列情形可以提起审判监督程序：

(1) 各级人民法院院长对本院已经发生法律效力的判决、裁定、调解书，发现确有错误，认为需要再审的，应当提交审判委员会讨论决定。最高人民法院对地方各级人民法院已经发生法律效力的判决、裁定、调解书，上级人民法院对下级人民法院已经发生法律效力的判决、裁定、调解书，发现确有错误的，有权提审或者指令下级人民法院再审。

(2) 当事人对已经发生法律效力的判决、裁定，认为有错误的，可以向上一级人民法院申请再审；当事人一方人数众多或者当事人双方为公民的案件，也可以向原审人民法院申请再审。当事人申请再审的，不停止判决、裁定的执行。

《民事诉讼法》第 200 条规定：当事人的申请符合下列情形之一的，人民法院应当再审。

① 有新的证据，足以推翻原判决、裁定的；

② 原判决、裁定认定的基本事实缺乏证据证明的；

③ 原判决、裁定认定事实的主要证据是伪造的；

④ 原判决、裁定认定事实的主要证据未经质证的；

⑤ 对审理案件需要的主要证据，当事人因客观原因不能自行收集，书面申请人民法院调查收集，人民法院未调查收集的；

⑥ 原判决、裁定适用法律确有错误的；

⑦ 审判组织的组成不合法或者依法应当回避的审判人员没有回避的；

⑧ 无诉讼行为能力人未经法定代理人代为诉讼或者应当参加诉讼的当事人，因不能归责于本人或者其诉讼代理人的事由，未参加诉讼的；

⑨ 违反法律规定，剥夺当事人辩论权利的；

⑩ 未经传票传唤，缺席判决的；

⑪ 原判决、裁定遗漏或者超出诉讼请求的；

⑫ 据以做出原判决、裁定的法律文书被撤销或者变更的；

⑬ 审判人员审理该案件时有贪污受贿，徇私舞弊，枉法裁判行为的。

当事人对已经发生法律效力的调解书，提出证据证明调解违反自愿原则或者调解协议的内容违反法律的，可以申请再审。经人民法院审查属实的，应当再审。

当事人申请再审，应当在判决、裁定发生法律效力后 6 个月内提出。对以下几种情形自知道或者应当知道之日起 6 个月内提出：①有新的证据，足以推翻原判决、裁定的；②原判决、裁定认定事实的主要证据是伪造的；③据以做出原判决、裁定的法律文书被撤销或者变更的；④审判人员审理该案件时有贪污受贿，徇私舞弊，枉法裁判行为的。

(3) 最高人民检察院对各级人民法院已经发生法律效力的判决、裁定，上级人民检察院对下级人民法院已经发生法律效力的判决、裁定，发现有《民事诉讼法》第 200 条规定情形之一的，或者发现调解书损害国家利益、社会公共利益的，应当提出抗诉。地方各级人民检察院对同级人民法院已经发生法律效力的判决、裁定，发现有《民事诉讼法》第 200 条规定情形之一的，或者发现调解书损害国家利益、社会公共利益的，可以向同级人民法院提出检察建议，并报上级人民检察院备案；也可以提请上级人民检察院向同级人民法院提出抗诉。

6.8.4.6 执行程序

执行程序是指人民法院的执行组织依照法定的程序，对发生法律效力的法律文书确定的给付内容，以国家强制力为后盾，依法采取强制措施，迫使义务人履行义务的行为。执行程序是实现裁判书内容的过程，它对保证人民法院判决、裁定的执行，维护法律的尊严，有着重要的意义。

1. 执行案件的管辖

发生法律效力的民事判决、裁定，以及刑事判决、裁定中的财产部分，由一审人民法院或者与一审人民法院同级的被执行的财产所在地人民法院执行。法律规定由人民法院执行的其他法律文书，由被执行人住所地或者被执行的财产所在地人民法院执行。

2. 执行申请的提出

发生法律效力的民事判决、裁定，当事人必须履行。一方拒绝履行的，对方当事人可以向人民法院申请执行，也可以由审判员移送执行员执行。调解书和其他应当由人民法院执行的法律文书，当事人必须履行。一方拒绝履行的，对方当事人可以向人民法院申请执行。

申请执行的期间为两年。申请执行时效的中止、中断，适用法律有关诉讼时效中止、中断的规定。申请执行的期间，从法律文书规定履行期间的最后一日起计算；法律文书规定分期履行的，从规定的每次履行期间的最后一日起计算；法律文书未规定履行期间的，从法律文书生效之日起计算。

3. 执行措施

被执行人未按执行通知履行法律文书确定的义务，应当报告当前以及收到执行通知之日前一年的财产情况。被执行人拒绝报告或者虚假报告的，人民法院可以根据情节轻重对被执行人或者其法定代理人、有关单位的主要负责人或者直接责任人员予以罚款、拘留。

被执行人未按执行通知履行法律文书确定的义务，人民法院有权向有关单位查询被执行人的存款、债券、股票、基金份额等财产情况。人民法院有权根据不同情形扣押、冻结、划拨、变价被执行人的财产。人民法院查询、扣押、冻结、划拨、变价的财产不得超出被执行人应当履行义务的范围。人民法院决定扣押、冻结、划拨、变价财产时，应当做出裁定，并发出协助执行通知书，有关单位必须办理。

被执行人未按执行通知履行法律文书确定的义务，人民法院有权扣留、提取被执行人应当履行义务部分的收入，但应当保留被执行人及其所扶养家属的生活必需费用。人民法院扣留、提取收入时，应当做出裁定，并发出协助执行通知书，被执行人所在单位、银行、信用合作社和其他有储蓄业务的单位必须办理。

被执行人未按执行通知履行法律文书确定的义务，人民法院有权查封、扣押、冻结、拍卖、变卖被执行人应当履行义务部分的财产，但应当保留被执行人及其所扶养家属的生活必需品。

被执行人不履行法律文书确定的义务，并隐匿财产的，人民法院有权发出搜查令，对被执行人及其住所或者财产隐匿地进行搜查。

被执行人未按判决、裁定和其他法律文书指定的期间履行给付金钱义务的，应当加倍支付迟延履行期间的债务利息。被执行人未按判决、裁定和其他法律文书指定的期间履行其他义务的，应当支付迟延履行金。

被执行人不履行法律文书确定的义务的，人民法院可以对其采取或者通知有关单位协助采取限制出境，在征信系统记录、通过媒体公布不履行义务信息以及法律规定的其他措施。

4. 执行中止和终结

(1) 执行中止

执行中止是指在执行过程中，因发生特殊情况，需要暂时停止执行程序。

有下列情况之一的，人民法院应裁定中止执行：

① 申请人表示可以延期执行的；

② 案外人对执行标的提出确有理由异议的；

③ 作为一方当事人的公民死亡，需要等待继承人继承权利或承担义务的；

④ 作为一方当事人的法人或其他组织终止，尚未确定权利义务承受人的；

⑤ 人民法院认为应当中止执行的其他情形。

中止的情形消失后，恢复执行。

(2) 执行终结

执行终结是指在执行过程中，由于出现某些特殊情况，执行工作无法继续进行或没有必要继续进行时，结束执行程序。

有下列情况之一的，人民法院应当裁定终结执行：

① 申请人撤销申请的；

② 据以执行的法律文书被撤销的；

③ 作为被执行人的公民死亡，无遗产可供执行，又无义务承担人的；

④ 追索赡养费、抚养费、抚育费案件的权利人死亡的；

⑤ 作为被执行人的公民因生活困难无力偿还借款，无收入来源，又丧失劳动能力的；

⑥ 人民法院认为应当终结执行的其他情形。

6.8.4.7 诉讼时效

诉讼时效是指权利人在法定期间内，不行使权利即丧失请求人民法院保护的权利。超过诉讼时效期间，当事人的胜诉权消灭，但其实体权利并不消灭。超过诉讼时效期间，当事人自愿履行的，不受诉讼时效限制。如果债务人自愿履行，债权人仍然可以受领，债务人履行义务后，不得要求返还。

1. 诉讼时效种类

(1) 普通诉讼时效

普通诉讼时效是指普遍适用的诉讼时效，我国普通诉讼时效的期间为两年。

(2) 短期诉讼时效

短期诉讼时效指诉讼时效不满两年的时效。根据《民法通则》第136条的规定，下列诉讼时效期间为1年：身体受到伤害要求赔偿的；出售质量不合格的商品未声明的；延付或者拒付租金的；寄存财物丢失或者被损毁的。

(3) 特殊诉讼时效

特殊诉讼时效是指由特别法规定的诉讼时效。如《合同法》第129条规定因国际货物买卖合同和技术进出口合同争议提起诉讼的期限为4年，自当事人知道或应当知道其权利受到侵害之日起计算。《海商法》第265条规定有关船舶发生油污损害的请求权，诉讼时效期间为3年，自损害发生之日起计算，但是在任何情况下，不得超过从造成损害的事故发生之日起6年。

(4) 最长诉讼时效

最长诉讼时效为20年。我国《民法通则》第137条规定：从权利被侵害之日起超过20年，人民法院不予保护。

诉讼时效期间的开始是从权利人知道或者应当知道权利被侵害时起计算，也就是说从权利人能行使请求权时开始算起。

2. 诉讼时效的中止和中断

(1) 诉讼时效的中止

诉讼时效的中止是指在诉讼时效期间进行中,因为一定的法定事由产生,使权利人无法行使请求权,暂时中止计算诉讼时效期间。

《民法通则》第 139 条规定:在诉讼时效期间的最后六个月内,因不可抗力或者其他障碍不能行使请求权的,诉讼时效中止。从中止时效的原因消除之日起,诉讼时效期间继续计算。

(2) 诉讼时效的中断

诉讼时效的中断是指在诉讼时效期间进行中,因为发生了一定的法定事由,阻碍时效的进行,致使以前已经经过的时效期间统归无效,待时效中断的事由消除后,诉讼时效期间重新计算。

《民法通则》第 140 条规定:诉讼时效因提起诉讼、当事人一方提出要求或者同意履行义务而中断。从中断时起,诉讼时效期间重新计算。

相关案例

【案情简介】

2016 年 4 月 18 日,双建公司与同方公司签订了建设工程施工合同,约定双建公司将双建花园住宅小区项目的空调、采暖工程发包给同方公司施工。合同中约定工程总价款 3360 万元,工期 240 天,合同任何一方无故中止合同,过错方向另一方赔偿人民币 200 万元。合同签订以后,双建公司并未按照约定,将工程发包给同方公司,而是将其另行发包给了其他公司施工。此后,同方公司诉至法院,认为合同签订后,已为履行合同做了大量准备工作,但双建公司却违约将工程另行发包给其他公司,请求判决双建公司按照合同约定,支付违约金 200 万元。

【案件分析】

双建公司辩称:涉案工程依法属于必须进行招投标的项目,未经招投标直接签订的施工合同属于无效合同;合同签订时尚未取得开工许可证,双方签订的施工合同是在公司取得转让项目前签订的,签订时不具备任何实际履行条件;施工合同并未实际履行,同方公司无实际损失,涉案工程现已由另一案外公司施工完毕。因此,请求法院驳回同方公司诉讼请求。审理中,同方公司与双建公司均认可施工合同签订前未就涉案标的组织招标。

一审法院认为,双方签订的建设工程施工合同,因未依法办理招投标手续,合同无效。且本案中,同方公司就其实际损失并未能提交充分证据,故同方公司要求双建公司赔偿 200 万元的诉讼请求法院不予支持。一审法院于 2016 年 10 月判决如下:驳回同方股份有限公司的诉讼请求。

判决后,同方公司不服原判,提起上诉,认为双方签订的施工合同合法有效,原判认定事实不清,即使该合同无效,责任也在双建公司,因其根本未组织招标,致使同方公司无从投标,双建公司是无效合同的受益人,同方公司遭受损失,原判对双方责任的认定错误,故请求撤销原审判决,依法改判支持其原审诉讼请求。双建公司同意原判。

二审法院经审理查明:原判决认定事实清楚,适用法律正确,应予以维持。同方公司的上诉请求,并无事实和法律依据,不予支持。因此二审判决如下:驳回上诉,维持原判。一审案件受理费11400元,由同方股份有限公司负担(已交纳);二审案件受理费22800元,由同方股份有限公司负担(已交纳)。本判决为终审判决。

【案件评析】

本案争议焦点为施工合同是否违反法律禁止性规定,是否合法有效。当事人依法享有自愿订立合同的权利,但在订立、履行合同过程中,应当遵守法律、行政法规,尊重社会公德,不得扰乱社会经济秩序,损害社会公共利益,合同内容违反法律、行政法规的强制性规定的,该合同无效。《招标投标法》等相关法律规范规定:关系社会公共利益、公众安全的公用事业项目包括项目的勘察、设计、施工、监理以及与工程建设有关的重要设备、材料等的采购,项目总投资额在3000万元人民币以上的,必须进行招标。相关解释进一步明确关系社会公共利益、公众安全的公用事业项目的范围包括:住宅、酒店、公寓、写字楼等项目。本案中,涉案工程性质系住宅、办公楼、单身宿舍及配套,空调、通风和采暖工程属于工程建设有关的重要设备、材料等的采购,施工合同标的额超过3000万元,故涉案工程属于依法必须进行招标的项目,依据《最高人民法院关于审理建设工程施工合同纠纷案件适用法律问题的解释》第1条的规定应认定施工合同无效。合同无效后,有过错的一方应当赔偿对方因此所受到的损失;双方都有过错的,应当各自承担相应的责任。关于施工合同无效的法律后果及同方公司主张的实际损失,由于同方公司与双建公司作为建筑市场具备合法资质的企业法人,对建设工程招标范围及相应后果应当明知,现双方签订的合同因涉案工程未进行招标而致无效,同方公司与双建公司对此均存在过错,对于施工合同无效的后果应当有所预见。因此,同方公司与双建公司对于为履行无效施工合同进行准备工作而造成的相关损失应自行负责。本案中,同方公司虽主张其因合同无效遭受了实际损失,但并未就此履行必要的举证义务,即使同方公司主张的损失实际存在,也应当由其自行承担。

复习思考题

1. 什么是建设工程合同?建设工程合同主要有哪些类型?
2. 简述建设工程合同的订立程序。
3. 什么是缔约过失责任?什么情况下承担缔约过失责任?
4. 简述无效合同的概念、种类和法律后果。
5. 哪些合同属于可撤销的合同?
6. 简述合同履行的抗辩权的种类。
7. 合同担保中的抵押和质押有哪些区别?
8. 简述建设工程合同的解除条件。
9. 建设工程合同承担违约责任的方式主要有哪几种?
10. 什么是建设工程索赔?引起建设工程索赔的原因有哪些?
11. 解决建设工程合同纠纷的途径有哪些?

7 建设工程监理法律制度

7.1 建设工程监理制度概述

7.1.1 建设工程监理的概念和特征

7.1.1.1 建设工程监理的概念

建设工程监理也叫工程建设监理，是指针对工程项目建设，社会化、专业化的工程建设监理单位接受业主的委托和授权，根据国家批准的工程项目建设文件，有关工程建设的法律、法规和工程建设监理合同以及其他工程建设合同所进行的旨在实现项目投资目的的微观监督管理活动。这一概念包括以下五个方面的含义：

(1) 建设工程监理是针对工程建设项目所进行的监督管理活动；

(2) 监理的行为主体是监理单位；

(3) 监理的实施需要建设单位的委托和授权；

(4) 监理是有明确依据的工程建设行为；

(5) 监理是微观性质的监督管理活动。

7.1.1.2 建设工程监理的性质

工程监理是一种特殊的工程建设活动，它与其他工程建设活动有着明显的区别和差异。工程监理具有以下特性。

1. 服务性

工程建设监理是一种有偿技术服务活动，是监理人员在工程项目建设过程中，利用自己在工程建设方面的知识、技能和经验为客户提供监督管理服务，以满足项目业主对项目管理的需要。一方面监理人员要对工程建设活动进行组织、协调、控制，保证工程建设合同的实施，为工程项目建设单位提供服务；另一方面，监理人员在为建设单位服务的同时，有权监督建设单位和施工单位严格遵守国家有关建设标准和规范，维护国家利益和社会公共利益，为国家服务。监理活动既不同于施工单位的直接生产活动，也不同于建设单位的直接投资活动。它既不向建设单位承包工程，也不参与施工单位的利益分成，它所获得的是与其付出的劳动相应的技术服务性的报酬。

工程建设监理的服务对象是建设单位。这种服务性活动是严格按照委托监理合同和其他有关工程建设合同来实施的，是受法律约束和保护的。

2. 独立性

从事工程建设监理活动的监理单位是直接参与工程项目建设的“第三方”，它与项目建设单位、施工单位之间的关系是平等的、横向的。在工程项目建设中，监理单位是独立的一方。当委托监理合同确定后，建设单位不得干涉监理单位的正常工作。监理单位应依法独立地以自己的名义，成立自己的组织，并根据自己的工作准则，来行使工程承包合同以及委托监理合同中确认的职权，承担相应的法律责任。同时，监理单位和监理工程师不得与工程建设的各方有人事上的依附关系以及经济上的隶属关系或经营关系。

3. 公正性

公正性是工程建设监理正常和顺利开展的基本条件。公正性是监理行业的必然要求，是社会公认的职业准则，也是监理单位和监理工程师的基本职业道德准则。在工程建设监理过程中，监理单位和监理工程师一方面应当严格履行监理合同的各项义务，竭诚为建设单位服务；另一方面，监理单位应当以公正的态度对待委托方和被监理方，特别是当二者发生利益冲突时，应站在“公正的第三方”的立场上，公正地解决和处理问题。

4. 科学性

工程建设监理是一种高智能的技术服务，从事工程建设监理活动必须遵循科学性的准则。监理的任务决定了监理单位必须具有科学的方法和手段，具有发现和解决工程设计问题以及处理施工中存在的技术与管理问题的能力，能够为建设单位提供高水平的专业服务，而这又以监理人员的高素质为前提。因此，监理单位应当有足够数量的业务素质合格的监理工程师，要有一套科学的管理制度，要掌握先进的监理理论、方法，拥有现代化的监理手段。

7.1.1.3 工程建设监理与工程质量监督的区别

工程建设监理与工程质量监督都属于工程建设领域的监督管理活动，但是二者在性质、任务、范围、工作内容等方面存在着明显差异。主要表现在以下方面：

1. 工作性质不同

工程建设监理是监理单位受建设单位的委托而从事的对工程建设的监督管理，是一种社会的、民间的监督管理行为，是一种委托性的服务活动；而工程质量监督机构是代表政府，行使政府管理职能，对工程质量进行的监督管理，是一种强制性的政府监督行为。工程建设监理是项目组织系统范围内的平等主体之间的横向监督管理，而工程质量监督则是项目组织系统外的监督管理主体对项目系统内的建设行为主体进行的一种纵向监督管理行为。

2. 工作范围不同

工程建设监理的工作范围伸缩性较大，它因工程建设单位委托范围的大小而变化。工程建设监理可以包括工程建设项目投资决策阶段监理，也可以包括设计、实施阶段监理，可以是全过程、全方位的监理。而工程质量监督则只限于施工阶段的工程质量监督，工作范围变化较小，相对稳定。

3. 工作内容不同

工程建设监理和工程质量监督在工程质量方面的工作也存在着较大的区别：一是工作依据不尽相同。工程质量监督以国家、地方颁发的有关法律、法规、技术规范、标准为依据，维护法规的严肃性；而工程建设监理不仅以法律、法规、技术规范、标准为依据，还以工程建设合同为依据。二是它们的深度、广度也不相同。工程建设监理所进行的质量控制工作包括对项目质量目标的详细规划以及采取相应的一系列综合控制措施。而工程质量监督则主要在项目建设的施工阶段，对工程质量进行阶段性的监督、检查、确认。三是二者的工作方法和手段不同。工程建设监理主要采用组织管理的方法，从多方面采取措施进行项目质量控制；而工程质量监督则更侧重于行政管理的方法和手段。

7.1.2 必须实行监理的工程范围

监理是基于业主的委托才可实施的建设活动，对建设工程实施监理应建立在业主自愿的基础上。但是在国家投资的工程中，国家有权要求工程建设项目法人实施工程监理，对于外资投资的建筑工程以及一些与社会公共利益关系重大的工程，为确保工程质量和社会公众的生命财产安全，国家也可要求其必须实施工程监理。根据《建设工程监理范围和规模标准规定》的规定，下列建设工程必须实行监理。

1. 国家重点建设工程

国家重点建设工程是指依据《国家重点建设项目管理办法》所确定的对国民经济和社会发展有重大影响的骨干项目。

2. 大中型公用事业工程

大中型公用事业工程是指项目总投资额在3000万元以上的下列工程项目：

(1) 供水、供电、供气、供热等市政工程项目；

(2) 科技、教育、文化等项目；

(3) 体育、旅游、商业等项目；

(4) 卫生、社会福利等项目；

(5) 其他公用事业项目。

3. 成片开发建设的住宅小区工程

成片开发建设的住宅小区工程，建筑面积在5万平方米以上的住宅建设工程必须实行监理；5万平方米以下的住宅建设工程，可以实行监理，具体范围和规模标准，由省、自治区、直辖市人民政府建设行政主管部门规定。为了保证住宅质量，对高层住宅及地基、结构复杂的多层住宅应当实行监理。

4. 利用外国政府或者国际组织贷款、援助资金的工程

利用外国政府或者国际组织贷款、援助资金的工程范围包括：

(1) 使用世界银行、亚洲开发银行等国际组织贷款资金的项目；

(2) 使用国外政府及其机构贷款资金的项目；

(3) 使用国际组织或者国外政府援助资金的项目。

5. 国家规定必须实行监理的其他工程

(1) 总投资额在3000万元以上关系社会公共利益、公众安全的下列基础设施项目：①煤炭、石油、化工、天然气、电力、新能源等项目；②铁路、公路、管道、水运、民航以及其他交通运输业等项目；③邮政、电信枢纽、通信、信息网络等项目；④防洪、灌溉、排涝、发电、引(供)水、滩涂治理、水资源保护、水土保持等水利建设项目；⑤道路、桥梁、地铁和轻轨交通、污水排放及处理、垃圾处理、地下管道、公共停车场等城市基础设施项目；⑥生态环境保护项目；⑦其他基础设施项目。

(2) 学校、影剧院、体育场馆项目。

7.1.3 建设工程监理的原则

1. 依法监理的原则

我国目前颁布的法律、行政法规、部门规章，对监理单位的设立、工程建设监理范围、监理单位的责任做出了明确规定。工程建设监理单位应严格遵守这些法律规范的要求，依法实施监理。

2. 独立、公正的原则

独立和公正是工程监理单位和监理人员应当遵循的最基本的执业准则。工程监理单位及其监理人员在对工程实施质量、投资和进度控制时，应当站在独立、公正的第三方立场上，做到公正廉洁。特别是在处理建设单位与承包单位之间的纠纷时，要做到不偏不倚，公平对待。工程建设监理单位在监理过程中，必须依照相应的法律、法规、技术标准和有关合同，公正、独立、自主地开展监理工作，维护建设单位和承包单位的合法权益。

3. 总监理工程师全权负责原则

总监理工程师是监理单位履行监理合同的全权负责人。他根据监理合同赋予的权限，全权负责监理事务，并领导项目监理组开展工作。监理工程师具体履行监理职责，对总监理工程师负责。

7.1.4 我国建设工程监理的立法概况

我国的建设工程监理制度自1988年推行以来，大致经过了三个阶段，即工程监理试点阶段(1988—1993年)、工程监理稳步推进阶段(1993—1995年)和工程监理全面推进阶段(1996年至今)。目前大中城市和新开工的大中型工程都逐步实行了建设监理，监理工作逐步实现了规范化，监理队伍的总量已经基本满足监理业务总量的需要，而且形成了一定规模的产业化队伍。同时，我国的工程监理法规逐步健全完善，使建设工程监理真正实现了有法可依，走上了法制化的轨道。

1997年11月1日颁布的《中华人民共和国建筑法》专门列出了“建筑工程监理”一章，从第30条至第35条，对建筑工程监理的性质、含义、作用、范围、任务、责任等，第一次以法律的形式做出了规定。国务院2000年1月30日颁发的《建设工程质量管理条例》(2017年10月7日已修订)规定了必须实行监理的工程和工程监理单位的质量责任和义务。2000年12月29日建设部发布的《建设工程监理范围和规模标准规定》，进一步明确了必须实行监理的建设工程项目具体范围和规模标准。2006年12月11日建设部发布的《工程监理企业资质管理规定》对工程监理企业的资质等级、资质标准、申请与审批、业务范围等进行了规范。这些法律、法规的颁布实施，对我国建设工程监理制度的推行和发展，对规范监理工作的行为，具有十分重要的意义。

7.2 建设工程监理的实施

7.2.1 建设工程监理的依据

《建筑法》第32条规定：建筑工程监理应当依照法律、行政法规及有关的技术标准、设计文件和建筑工程承包合同，对承包单位在施工质量、建设工期和建设资金使用等方面，代表建设单位实施监督。因此，建设工程监理的依据包括：

1. 法律、行政法规、部门规章

监理单位应当依据法律、行政法规的规定，对承包单位实施监督。对建设单位违反法律、行政法规的要求，监理单位应当予以拒绝。目前有关工程监理方面的法律、行政法规主要有：《建筑法》、《建设工程质量管理条例》、《工程建设监理规定》、《工程监理企业资质管理规定》等。

2. 国家现行的技术规范、技术标准、规程和工程质量验收标准

《建设工程监理规范》(GB/T 50319—2013)是监理单位和监理工作人员进行监理工作的行为规范。技术标准是工程建设标准的一种。工程建设标准可分为强制性标准和推荐性标准。强制性标准是必须执行的标准。推荐性标准是自愿采用的标准，经过双方签订合同予以确认。经合同确认的推荐性标准也必须严格执行。

3. 经审查批准的建设文件、设计文件和设计图纸

设计文件和设计图纸是施工的依据，同时也是监理的依据。施工单位应该按设计文件和设计图纸进行施工。监理单位应按照设计文件和设计图纸对施工活动进行监督管理。

4. 依法签订的各类工程合同文件等

工程合同是建设单位和施工单位根据国家规定的程序、批准的投资计划以及有关设计文件，为完成某项建设工程，明确相互权利和义务关系的协议。工程合同依法订立，即具有法律约束力，当事人必须全面履行合同规定的义务，任何一方不得擅自变更或解除合同。监理单位应当依据工程承包合同监督施工单位是否全面履行建设工程承包合同规定的义务。

7.2.2 建设工程监理的任务、内容及权限

1. 建设工程监理的任务

工程建设监理的中心工作是进行项目目标控制，即投资、工期和质量的控制，在项目内部的管理主要是合同和信息管理，对项目外部主要是组织协调。合同是控制、管理、协调的主要依据。建设工程监理的任务概括起来就是“三控制、两管理、一协调”。

(1)“三控制”

“三控制”即质量控制、工期控制和投资控制。对任何一项工程建设来说，质量、工期和投资往往是相互矛盾的，但又是统一的。一般来说，这三项目标很难同时达到最佳状态。建设工程监理的任务就是根据建设单位的要求，尽可能实现整体效益最优化。

(2)“两管理”

“两管理”指对建设工程合同的管理和工程建设过程中有关信息的管理。

合同管理是建设工程监理的主要工作内容，是实现三大目标控制的手段，主要是定期和不定期地对合同的实施情况进行检查，纠正实施中出现的偏差，提出下阶段执行合同的预控性意见，对合同双方的争议进行调解和处理。

信息管理是指信息的收集、整理、存储、传递和应用等一系列工作的总称。信息管理包括以下内容：制定采集信息的制度和方法；建立信息编码系统；明确信息流程；信息的处理和应用。由于工程建设投资大、工期长、工艺复杂、质量要求高、各分部分项工程合同多、使用机械设备、材料数量大要求高的特点，信息管理必须利用先进的信息存储、处理设备。信息管理的

突出特点是“快”和“准”。

(3)“一协调”

“一协调”是指协调好参与工程建设的各方的工作关系，这是实现项目目标不可缺少的方法和手段。这项工作一般通过定期和不定期召开会议的形式来完成，或者通过分别沟通的方式，达到统一意见、协调一致的目的。

2. 建设工程监理的内容

围绕建设工程监理的中心任务，在工程建设的各个阶段，监理的工作内容如下：

(1) 立项决策阶段

立项决策阶段主要是协助建设单位进行项目可行性研究、论证和参与任务书的编制等。

(2) 设计阶段

设计阶段主要是协助建设单位选择设计方案、设计单位，审查设计文件，审核工程概(预)算等。

(3) 施工招标阶段

施工招标阶段主要是协助建设单位做好与招标有关的一系列工作，并协助建设单位与施工单位签订施工合同。

(4) 材料物资采购供应

对于由建设单位负责采购供应的材料、设备等物资，监理工程师应负责进行制订计划、监督合同执行和供应工作。具体监理工作的主要内容有：制订材料物资供应计划和相应的资金需求计划；通过质量、价格、供货期、售后服务等条件的分析和比较，确定材料、设备等物资的供应厂家；拟订并商签材料、设备的订货合同；监督合同的实施，确保材料的及时供应。

(5) 施工阶段

目前我国工程监理工作大多仍然仅负责本阶段工作，其主要内容有：审批施工组织设计、施工技术方案、施工进度计划；对分包单位进行资格审查，选择分包单位；审查承包商的材料、设备采购清单；检查工程使用的材料、构件、设备的规格与质量；检查施工技术措施和安全防护措施；检查工程进度和施工质量，验收分部分项工程，签署工程预付款；督促严格履行施工合同，调解双方的争议，处理索赔事项；协商处理设计变更，并报业主决定；督促整理技术档案资料；组织设计单位和施工单位进行工程竣工初步验收，提出竣工验收报告；审查结算。

(6) 保修阶段

在规定的保修期限内，负责检查工程质量状况，对工程质量缺陷进行分析并确定责任归属，督促责任单位修理。对修复的工程质量进行验收并签署工程款支付申请。

3. 工程监理人员的监理权限

(1) 工程监理人员认为工程施工不符合工程设计要求、施工技术标准和合同约定的，有权要求建筑施工企业改正。

(2) 工程监理人员发现工程设计不符合建设工程质量标准或者合同约定的质量要求的，应当报告建设单位要求设计单位改正。

7.2.3 建设工程监理的程序

1. 订立委托监理合同

《建筑法》第31条规定：实行监理的建筑工程，由建设单位委托具有相应资质条件的工程监理单位监理。建设单位与其委托的工程监理单位应当订立书面委托监理合同。建设单位直接委托，或通过招标方式择优选择监理单位后，双方开始订立委托监理合同。委托监理合同的主要内容包括：监理工程对象、双方的权利和义务、监理酬金、争议的解决方式以及监理开始的时间和约定的其他事项。

2. 实施监理

监理单位在与建设单位签订委托监理合同后，即可按以下程序组织监理活动：

(1) 确定项目总监理工程师，成立项目监理组织

工程项目建设监理实行总监理工程师负责制，全面负责受委托的监理工作。总监理工程师可根据工程需要设立总监理工程师代表，并可根据委托监理合同规定的服务内容、工程复杂程度和进度情况，配置适量的专业监理工程师和其他监理人员，组成项目监理机构，驻地监理人员一般不得少于3人，且应满足施工各专业的需要。

(2) 收集有关资料

监理组应收集有关该工程项目的资料，作为开展监理工作的依据，具体包括：

① 反映工程项目特征的有关资料，包括工程项目的批文，规划部门关于规划红线范围和设计条件的通知，土地管理部门关于准予用地的批文，批准的工程项目可行性研究报告或设计任务书，工程项目地形，工程项目勘察设计图纸及有关说明等。

② 反映当地工程建设政策、法规的有关资料，包括工程建设报建程序、应交纳的有关税费、资质管理、监理、招标投标、造价管理等方面的规定。

③ 反映工程项目所在地区技术经济状况等建设条件的有关资料，包括气象资料，工程地质及水文地质资料，与交通运输有关的资料，与供水、供电、供热、供燃气、电信等有关的资料，勘察设计单位状况，土建、安装施工单位状况，建筑材料及构配件、半成品的生产供应情况，进口设备及材料的有关到货口岸、运输方式情况等。

④ 类似工程项目建设情况的有关资料，包括类似工程项目投资方面的有关资料，类似工程项目建设工期方面的有关资料，类似工程项目的其他技术经济指标等。

(3) 编制工程项目监理规划

工程项目的监理规划是开展监理活动的纲领性文件，是根据委托人的监理要求，在广泛收集监理项目有关资料的基础上，结合所监理工程的具体条件编制的开展监理工作的指导性文件。其内容包括工程概况，监理范围和目标，监理方法和措施，监理组织，监理工作制度等。

(4) 按工程建设进度，分专业编制工程建设监理细则

在监理规划的指导下，为了具体指导投资控制、质量控制、进度控制，需结合工程项目的实际情况，制订不同专业的实施计划或细则。

(5) 按照建设监理细则进行监理。

(6) 参与工程竣工预验收，签署建设监理意见。

(7) 监理工作总结

建设监理业务完成后，应提交工程建设监理档案资料，做好工作总结。工作总结包括向建设单位提交的工作总结和向监理单位提交的工作总结。

① 向建设单位提交的工作总结内容包括委托监理合同履行情况概述，监理任务或监理目标完成情况的评价，由建设单位提供的供监理活动使用的办公用房、车辆等清单，表明监理工作终结的说明等。

② 向监理单位提交的工作总结内容包括监理工作的经验和监理工作中存在的问题及改进的建议。监理工作的经验可以是采用某种监理技术、方法的经验，也可以是采用某种经济措施、组织措施的经验；可以是签订监理委托合同方面的经验，也可以是关于如何处理好与建设单位、承包单位关系的经验等。

7.3 建设工程监理合同

7.3.1 建设工程监理合同的概念

建设工程委托监理合同简称监理合同，是指建设单位委托监理单位为其对建设工程项目进行监督管理而明确双方权利、义务关系的协议。建设单位称为委托人或发包人，监理单位称为受托人或监理人。

《合同法》第 276 条规定：建设工程实行监理的，发包人应当与监理人采用书面形式订立委托监理合同。发包人与监理人的权利和义务以及法律责任，应当依照《合同法》委托合同以及其他有关法律、行政法规的规定。因此，监理合同必须采用书面形式。

建设工程委托监理合同的委托人必须是具有国家批准的建设项目，落实投资计划的企事业单位、社会组织；监理人必须是依法成立的具有法人资格的监理单位，并且所承担的建设工程监理业务应与单位资质相符合。签订建设工程委托监理合同必须符合工程项目建设程序的要求。

建设单位与监理单位签订的建设工程委托监理合同，与建设工程其他合同的最大区别就是标的性质上的差异。勘察设计合同、施工合同、物资采购合同的标的分别是勘察设计行为、施工行为、建筑材料设备，而委托监理合同的标的是服务，即监理工程师凭借自己的知识、经验、技能，受建设单位委托为其所签订的其他合同的履行实施监督和管理的职责。

鉴于建设工程委托监理合同标的的特殊性，作为合同一方当事人的监理单位，它仅仅是接受建设单位委托对建设单位签订的设计、施工、加工订货等合同的履行实行监理，其目的仅限于通过自己的服务活动获得酬金，而不同于承包合同的承包人是以经营为目的，通过自己的管理、技术等手段获取利润。监理单位也不是建筑产品的直接经营者，即使由于它的严格管理或采纳了它所提供的合理化建议，在保证质量的前提下节约了工程投资，缩短了工期，建设单位应按建设工程委托监理合同的规定给予一笔奖金，但这也只是对其所提供优质服务的奖励。

监理单位与施工单位之间是监理与被监理的关系，双方没有经济利益间的联系。如果施工单位由于接受了监理工程师的指导而节省了成本，监理单位也不参与其赢利分成。

7.3.2 建设工程监理合同的订立

1. 委托人对监理人的资格预审

委托人对监理人的资格预审，可以通过招标预审进行，也可以通过社会调查进行。主要审查内容包括以下几个方面：

(1) 具有相应的资质等级证书。

(2) 具有对拟委托的建设工程监理的实际能力，包括监理人员素质、主要检测设备情况。

(3) 财务情况，包括资金情况和近几年的经营效益。

(4) 社会信誉，包括已承接的监理任务的完成情况，承担类似业务的监理业绩、经历及合同的履行情况。

2. 监理人对委托人的了解及对工程的调查

监理人在决定是否参加某项业务的竞争前，要对委托人的情况进行了解，并对工程进行调查。内容主要包括：

(1) 委托人是否具有签订合同的合法资格。

(2) 具有与签订合同相当的财产和经费，这是履行合同的基础和承担经济责任的前提。

(3) 监理合同的标的应不违反国家的法律及有关规定。

3. 监理人的风险、利益评估

监理企业应从本企业的技术力量、监理工程的经验、装备情况等条件出发，判断承担该项目所能够获得的预期利润，在充分考虑自己的特点和竞争对手的实力后，判断投标风险，确定投标报价。

4. 合同谈判

建设单位和监理单位应本着平等协商的原则对合同条款进行磋商。在使用监理合同示范文本时，要依据通用条件结合专用条件逐条进行谈判，明确所采用的通用条件和专用条件内具体规定的内容。

5. 监理合同的签订

建设单位和监理单位双方就建设工程监理合同的各项条款达成一致后，就可以正式签订合同文件。合同的订立，意味着委托关系的形成，双方的行为将受到合同的约束。监理合同应文字简洁、清晰、严密，意思表达准确。

7.3.3 建设工程监理合同示范文本

为了规范建设工程监理活动，维护建设工程监理合同当事人的合法权益，住建部、国家工商行政管理局2012年3月27日颁布了《建设工程监理合同(示范文本)》(GF-2012-0202)。推行建设工程监理合同示范文本，有利于提高合同签订的质量，有利于减少双方签订合同时的工作量，还有利于保护合同当事人的合法权益。建设工程监理合同示范文本由建设工程监理合同、通用条件、专用条件三个部分组成。

1. 建设工程监理合同

建设工程监理合同是一个总协议，是纲领性的法律文件。其主要内容为：当事人双方确认的委托监理工程的概况(工程名称、地点、规模及总投资)；合同文件的组成；总监理工程师；签约酬金、服务期限；合同订立时间、地点、份数；双方愿意履行约定的各项义务的承诺。监理合同文件除双方签署的协议书外，还包括以下文件：中标通知书(适用于招标工程)或委托书(适用于非招标工程)；投标文件(适用于招标工程)或监理与相关服务建议书(适用于非招标工程)；专用条件；通用条件；在实施过程中双方依法签订的补充协议。

2. 通用条件

通用条件适用于各类工程建设监理委托。通用条件是监理合同的主要部分，内容包括：合同中所用词语的定义与合同的解释；监理人的义务；委托人的义务；违约责任；支付；合同生效、变更、暂停、解除与终止；争议解决以及其他一些情况。

3. 专用条件

由于通用条件适用于所有的工程建设监理委托，因此，其中的某些条款规定得比较笼统，需要在签订具体工程项目的委托监理合同时，就地域特点、专业特点和委托监理项目的特点，对通用条件中的某些条款进行补充、修正。如对委托监理的工作内容而言，认为通用条件中的条款还不够全面，允许在专用条件中增加双方议定的条款内容。专用条件的条款是与通用条件的条款相对应的，专用条件不能单独使用，它必须与通用条件结合在一起才能使用。

7.3.4 建设工程监理合同当事人的义务

1. 委托人的义务

(1) 委托人应在委托人与承包人签订的合同中明确监理人、总监理工程师和授予项目监理机构的权限。如有变更，应及时通知承包人。

(2) 委托人应按照约定，无偿向监理人提供工程有关的资料。在合同履行过程中，委托人应及时向监理人提供最新的与工程有关的资料。

(3) 委托人应为监理人完成监理与相关服务提供必要的条件，具体包括：

① 委托人应按照约定，派遣相应的人员，提供房屋、设备，供监理人无偿使用。

② 委托人应负责协调工程建设中所有外部关系，为监理人履行合同提供必要的外部条件。

(4) 委托人应授权一名熟悉工程情况的代表，负责与监理人联系。委托人应在双方签订合同后7天内，将委托人代表的姓名和职责书面告知监理人。当委托人更换委托人代表时，应提前7天通知监理人。

(5) 在合同约定的监理与相关服务工作范围内，委托人对承包人的任何意见或要求应通知监理人，由监理人向承包人发出相应指令。

(6) 委托人应在专用条件约定的时间内，对监理人以书面形式提交并要求做出决定的事宜，给予书面答复。逾期未答复的，视为委托人认可。

(7) 委托人应按合同约定，向监理人支付酬金。

2. 监理人的义务

监理人应遵循职业道德准则和行为规范，严格按照法律法规、工程建设有关标准及合同履行职责。

(1) 监理人应组建满足工作需要的项目监理机构，配备必要的检测设备，完成约定的监理范围内的监理工作内容。项目监理机构的主要人员应具有相应的资格条件。

除另有约定外，监理工作内容包括：

① 收到工程设计文件后编制监理规划，并在第一次工地会议7天前报委托人，根据有关规定和监理工作需要，编制监理实施细则；

② 熟悉工程设计文件，并参加由委托人主持的图纸会审和设计交底会议；

③ 参加由委托人主持的第一次工地会议，主持监理例会并根据工程需要主持或参加专题会议；

④ 审查施工承包人提交的施工组织设计，重点审查其中的质量安全技术措施、专项施工

方案与工程建设强制性标准的符合性；

⑤ 检查施工承包人工程质量、安全生产管理制度及组织机构和人员资格；

⑥ 检查施工承包人专职安全生产管理人员的配备情况；

⑦ 审查施工承包人提交的施工进度计划，核查承包人对施工进度计划的调整；

⑧ 检查施工承包人的实验室；

⑨ 审核施工分包人资质条件；

⑩ 查验施工承包人的施工测量放线成果；

⑪ 审查工程开工条件，对条件具备的签发开工令；

⑫ 审查施工承包人报送的工程材料、构配件、设备质量证明文件的有效性和符合性，并按规定对用于工程的材料采取平行检验或见证取样方式进行抽检；

⑬ 审核施工承包人提交的工程款支付申请，签发或出具工程款支付证书，并报委托人审核、批准；

⑭ 在巡视、旁站和检验过程中，发现工程质量、施工安全存在事故隐患的，要求施工承包人整改并报委托人；

⑮ 经委托人同意，签发工程暂停令和复工令；

⑯ 审查施工承包人提交的采用新材料、新工艺、新技术、新设备的论证材料及相关验收标准；

⑰ 验收隐蔽工程、分部分项工程；

⑱ 审查施工承包人提交的工程变更申请，协调处理施工进度调整、费用索赔、合同争议等事项；

⑲ 审查施工承包人提交的竣工验收申请，编写工程质量评估报告；

⑳ 参加工程竣工验收，签署竣工验收意见；

㉑ 审查施工承包人提交的竣工结算申请并报委托人；

㉒ 编制、整理工程监理归档文件并报委托人。

(2) 在监理与相关服务范围内，委托人和承包人提出的意见和要求，监理人应及时提出处置意见。当委托人与承包人之间发生合同争议时，监理人应协助委托人、承包人协商解决。

(3) 当委托人与承包人之间的合同争议提交仲裁机构仲裁或人民法院审理时，监理人应提供必要的证明资料。

(4) 监理人应在授权范围内，处理委托人与承包人所签订合同的变更事宜。如果变更超过授权范围，应以书面形式报委托人批准。

在紧急情况下，为了保护财产和人身安全，监理人所发出的指令未能事先报委托人批准时，应在发出指令后的 24 小时内以书面形式报委托人。

(5) 监理人应按专用条件约定的种类、时间和份数向委托人提交监理与相关服务的报告。

(6) 在合同履行期内，监理人应在现场保留工作所用的图纸、报告及记录监理工作的相关文件。工程竣工后，应当按照档案管理规定将监理有关文件归档。

(7) 监理人使用委托人提供的属于委托人财产的房屋、设备，在合同终止时应将房屋、设备的清单提交委托人，并按约定的时间和方式移交。

7.3.5 建设工程监理合同的违约责任

1. 监理人的违约责任

(1) 因监理人违反合同约定给委托人造成损失的，监理人应当赔偿委托人损失。赔偿金额的确定方法由双方在专用条件中约定。监理人承担部分赔偿责任的，其承担赔偿金额由双方协商确定。

(2) 监理人向委托人的索赔不成立时，监理人应赔偿委托人由此发生的费用。

2. 委托人的违约责任

(1) 委托人违反合同约定造成监理人损失的，委托人应予以赔偿。

(2) 委托人向监理人的索赔不成立时，应赔偿监理人由此引起的费用。

(3) 委托人未能按期支付酬金超过 28 天，应按专用条件约定支付逾期付款利息。

3. 其他责任

因非监理人的原因，且监理人无过错，发生工程质量事故、安全事故、工期延误等造成的损失，监理人不承担赔偿责任。

因不可抗力导致监理合同全部或部分不能履行时，双方各自承担其因此而造成的损失、损害。

相关案例

【案情简介】

南京电视台演播中心工程由南京电视台投资兴建，南京三建(集团)与电视台签订了施工合同，并组建项目经理部，成海军任项目部副经理，丁粉扣为架子工施工员，南京工苑建设监理公司对工程进行监理，韩长福为总监理工程师。2000 年 10 月 25 日上午 10 时许，成海军、丁粉扣在无具体施工方案的情况下，即安排工人搭设大演播厅舞台屋盖模板支架，韩长福身为总监理工程师不仅未审查施工方案，而且在施工中，没有监督验收就签字同意进行屋盖模板整体浇筑混凝土施工。由于模板承重严重不足，导致支架失衡，脚手架发生整体坍塌，造成 6 人死亡，35 人受伤，其中重伤 11 人。直接经济损失 70 余万元，成为 1949 年以来该市最大的建筑工程伤亡事故。

【案件分析】

经过调查，认定这起事故属于施工过程中的重大责任事故。事故调查中发现，工苑建设监理公司驻工地总监理工程师韩长福无监理资质，工程监理组没有对支架搭设过程严格把关，在没有对模板支撑系统的施工方案审查认可的情况下即同意施工，没有对模板支撑系统监督验收，就签发了浇捣令，工作严重失职，导致工人在存在重大事故隐患的模板支撑系统上进行混凝土浇筑施工，是造成这起事故的重要原因。后来法院以重大责任事故罪判处韩长福有期徒刑 5 年。

【案件评析】

《建设工程质量管理条例》第 37 条规定：工程监理单位应当选派具备相应资格的总监理工程师和监理工程师进驻施工现场。未经监理工程师签字，建筑材料、建筑构配件和设备不得在工程上使用或者安装，施工单位不得进行下一道工序的施工。未经总监理工程师签字，建设单位不拨付工程款，不进行竣工验收。《建设工程安全生产管理条例》第 14 条规定：工程监理单位应当审查施工组织设计中的安全技术措施或者专项施工方案是否符合工程建设强制性标准。工程监理单位在实施监理过程中，发现存在安全事故隐患的，应当要求施工单位整改；情况严重的，应当要求施工单位暂时停止施工，并及时报告建设单位。施工单位拒不整改或者不停止施工的，工程监理单位应当及时向有关主管部门报告。工程监理单位和监理工程师应当按照法律、法规和工程建设强制性标准实施监理，并对建设工程安全生产承担监理责任。本案中监理单位及总监理工程师没有履行相应的监理职责，造成了事故的发生。

为了使监理工作落到实处，切实发挥工程监理的作用，应加强对监理单位的管理工作，严格规范建设监理市场，严禁无证监理。监理人员必须持证上岗，对施工过程中的每个环节，特别对技术性强、工艺复杂的项目一定要监理到位，并实行签字验收制度。

复习思考题

1. 什么是工程建设监理？工程建设监理的任务是什么？
2. 必须实行监理的建设工程的范围有哪些？
3. 简述监理合同双方当事人的义务。
4. 简述委托人和监理人的违约责任。

8 建设工程质量管理法律制度

8.1 建设工程质量管理基本制度

8.1.1 建设工程质量管理概述

8.1.1.1 建设工程质量的概念

建设工程质量有广义和狭义之分。从狭义上说，建设工程质量仅指工程实体质量，即在国家现行的有关法律、法规、技术标准、设计文件和合同中，对工程的安全、适用、经济、美观等特性的综合要求。广义上的建设工程质量还包括工程建设参与者的服务质量和工作质量。它反映在其服务是否及时、主动，态度是否诚恳、守信，管理水平是否先进，工作效率是否高效等方面。工程实体质量的好坏是决策、计划、勘察、设计、施工等单位各方面、各环节工作质量的综合反映。本书中的建设工程质量主要是指工程本身的质量，即狭义上的建设工程质量。

影响建设工程质量的因素很多，不仅受项目决策、勘察设计、施工工艺、操作方法、技术措施的影响，还要受材料、机械、设备的影响，工程所在地的政治、经济、社会环境以及地形、地质、水文、气象条件也不能忽视。总的说来，可分为五大因素，即通常所说的人、机械、材料、方法和环境。在工程建设过程中严格控制好这五大因素，是保证建设工程质量的关键。

8.1.1.2 建设工程质量管理体系

建设工程质量的优劣直接关系到国民经济的发展和人民生命的安全，因此，国家非常重视对建设工程质量的管理。目前我国的建设工程质量管理体系包括宏观管理和微观管理两个方面。

宏观管理是国家对建设工程质量所进行的监督管理，它具体由建设行政主管部门及其授权机构实施，是外部的、纵向的控制。这种管理贯穿在工程建设的全过程和各个环节之中，它既对工程建设从计划、规划、土地管理、环保、消防等方面进行监督管理，又对工程建设的主体从资质认定和审查，成果质量检测、验证和奖惩等方面进行监督管理，还对工程建设中各种活动如工程建设招标投标、工程施工、验收、维修等进行监督管理。其目的是维护社会公共利益，保证技术法规和标准的贯彻执行。住建部是国家建设工程质量监督工作的主管部门，地方各级政府的建设行政主管部门是当地建设工程质量监督工作的主管部门；市、县建设工程质量监督站是建设工程质量监督的实施机构。

微观管理包括两个方面，一是工程承包单位，如勘察单位、设计单位、施工单位对所承担工作的质量管理，是内部的、自身的控制。承包单位要按要求建立专门质检机构，配备相应的质检人员，建立相应的质量保证制度，如审核校对制、培训上岗制、质量抽检制、各级质量责任制和部门领导质量责任制等。二是建设单位委托社会监理单位对工程建设的质量进行监理，是外部的、横向的控制。其目的在于保证工程项目能达到合同规定的质量要求，取得良好的投资效益。

8.1.1.3　建设工程质量管理立法概况

建设工程的质量管理一直是国家建设工程管理的重要内容，《建筑法》第6章《建筑工程质量管理》对此做出了具体的专门性规定。为了更好地贯彻《建筑法》中关于建设工程质量管理的规定，2000年1月30日国务院发布了《建设工程质量管理条例》(2017年10月7日已修订)，明确了建筑市场主体的质量责任和义务。同时，国务院建设行政主管部门及相关部门也先后颁发了许多调整建设工程质量管理的部门规章，如2000年6月30日发布的《房屋建筑工程质量保修办法》，2005年9月28日发布的《建设工程质量检测管理办法》，2002年12月4日发布的《建设工程勘察质量管理办法》(2007年11月22日已修订)。这些法律、法规、规章等对建设工程质量管理工作起到了非常重要的作用。

8.1.2　建设工程质量管理基本制度

8.1.2.1　工程建设标准化管理制度

1. 工程建设标准的概念

标准是为了在一定的范围内获得最佳秩序，对活动或其结果规定共同的和重复使用的规则、导则或者特性的文件。它以科学、技术和实践经验的综合成果为基础，以获得最佳秩序、促进最佳社会效益为目的，经有关方面协商一致，由主管机构批准，以特定形式发布，作为共同遵守的准则和依据。

工程建设标准是为了在工程建设领域获得最佳秩序，对建设活动或其结果规定共同的和重复使用的规则、导则或者特性的文件。

工程建设标准化是为在工程建设领域获得最佳秩序，对实际的或者潜在的问题制定共同的和重复使用的规则的活动。

制定和实施各项工程建设标准，并使其各系统的标准形成相辅相成、共同作用的完整体系，即实现工程建设标准化，是实现工程建设现代化的重要手段，它可以保证工程建设的质量及安全生产，全面提高工程建设的经济效益、社会效益和环境效益。因此，国家陆续颁布了许多关于工程建设标准化的法律、法规、规章等。1988年12月29日公布了《中华人民共和国标准化法》，1990年4月6日又颁布了《中华人民共和国标准化法实施条例》；1992年12月30日建设部颁布了《工程建设国家标准管理办法》和《工程建设行业标准管理办法》两部法规；2000年8月25日建设部颁布了《实施工程建设强制性标准监督规定》。这一系列法律、法规、规章等的颁布实施，使我国工程建设标准化工作进入了法制管理轨道。

2. 工程建设标准的分类

(1) 工程建设标准的分级

按标准的级别，工程建设标准可分为国家标准、行业标准、地方标准和企业标准。

工程建设国家标准是指在全国范围内统一的技术要求。如通用的质量标准、通用的术语、符号、代号、建筑模数等。

工程建设行业标准是指在工程建设活动中，在全国某个行业范围内统一的技术要求。如行业专用的质量标准，专用的术语、符号、代号，专用的试验、检验、评定方法等。

工程建设地方标准是指在工程建设活动中，根据当地的气候、地质、资源、环境等条件，在省、自治区、直辖市范围内统一的技术要求。它不得低于相应的国家标准或行业标准。

工程建设企业标准是指在工程建设活动中，企业内部统一的技术要求。下级标准只能是上级标准的补充，它不得低于上级标准。当不同级别的标准发生矛盾时，以上级标准为准。国家鼓励企业制定优于国家标准、行业标准和地方标准的企业标准。

(2) 强制性标准和推荐性标准

根据执行效力，工程建设标准可分为强制性标准和推荐性标准。强制性标准是指必须执行的标准。推荐性标准是指当事人自愿采用的标准。强制性标准以外的标准都是推荐性标准。

下列工程建设国家标准属于强制性标准：①工程建设勘察、规划、设计、施工(包括安装)及验收等通用的综合标准和重要的通用的质量标准；②工程建设通用的有关安全、卫生和环境保护的标准；③工程建设通用的术语、符号、代号、量与单位、建筑模数和制图方法标准；④工程建设重要的通用的试验、检验和评定方法等标准；⑤工程建设重要的通用的信息技术标准；⑥国家需要控制的其他工程建设通用的标准。

下列工程建设行业标准属于强制性标准：①工程建设勘察、规划、设计、施工(包括安装)及验收等行业专用的综合性标准和重要的行业专用的质量标准；②工程建设行业专用的有关安全、卫生和环境保护的标准；③工程建设重要的行业专用的术语、符号、代号、量与单位和制图方法标准；④工程建设重要的行业专用的试验、检验和评定方法等标准；⑤工程建设重要的行业专用的信息技术标准；⑥行业需要控制的其他工程建设标准。

3. 工程建设强制性标准的实施与监督

(1) 工程建设强制性标准的实施

工程建设强制性标准是指直接涉及工程质量、安全、卫生及环境保护等方面的工程建设标准强制性条文。国家工程建设标准强制性条文由国务院建设行政主管部门会同国务院有关行政主管部门确定。2000 年 4 月 20 日建设部颁布了《工程建设标准强制性条文》，它是工程建设全过程中的强制性技术规定，是参与建设活动各方执行工程建设强制性标准的依据，也是政府对执行工程建设强制性标准情况实施监督的依据，《工程建设标准强制性条文》中的条款都必须严格执行。

工程建设中拟采用的新技术、新工艺、新材料，不符合现行强制性标准规定的，应当由拟采用单位提请建设单位组织专题技术论证，报批准标准的建设行政主管部门或者国务院有关主管部门审定。

工程建设中采用国际标准或者国外标准，现行强制性标准未做规定的，建设单位应当向国务院建设行政主管部门或者国务院有关行政主管部门备案。

(2) 实施工程建设强制性标准的监督

建设项目规划审查机关应当对工程建设规划阶段执行强制性标准的情况实施监督。施工图设计文件审查单位应当对工程建设勘察、设计阶段执行强制性标准的情况实施监督。建筑安全监督管理机构应当对工程建设施工阶段执行施工安全强制性标准的情况实施监督。工程质量监督机构应当对工程建设施工、监理、验收等阶段执行强制性标准的情况实施监督。

工程建设标准批准部门应当定期对建设项目规划审查机关、施工图设计文件审查单位、建筑安全监督管理机构、工程质量监督机构实施强制性标准的监督进行检查，对监督不力的单位和个人，给予通报批评，建议有关部门处理。工程建设标准批准部门应当对工程项目执行强制性标准情况进行监督检查。监督检查可以采取重点检查、抽查和专项检查的方式。工程建设标准批准部门应当将强制性标准监督检查结果在一定范围内公告。

强制性标准监督检查的内容包括：①有关工程技术人员是否熟悉、掌握强制性标准；②工程项目的规划、勘察、设计、施工、验收等是否符合强制性标准的规定；③工程项目采用的材料、设备是否符合强制性标准的规定；④工程项目的安全、质量是否符合强制性标准的规定；⑤工程中采用的导则、指南、手册、计算机软件的内容是否符合强制性标准的规定。

8.1.2.2 质量体系认证制度

质量体系认证制度分为企业质量体系认证制度和产品质量认证制度。

国家参照国际先进的产品标准和技术要求，推行产品质量认证制度。《中华人民共和国产品质量法》(简称《产品质量法》)规定了产品质量认证制度，建设工程虽然不适用《产品质量法》的规定，但是建设工程中使用的建筑材料、建筑构配件和设备，属于《产品质量法》规定的产品范围的，则应适用其规定。因此，对重要的建筑材料和设备，推行产品质量认证制度。经认证合格的，由认证机构颁发产品质量认证证书，准许企业在产品或者其包装上使用产品质量认证标志。

我国对从事建筑活动的单位推行企业质量体系认证制度。《建筑法》第53条规定：国家对从事建筑活动的单位推行质量体系认证制度。从事建筑活动的单位根据自愿原则可以向国务院产品质量监督管理部门或者国务院产品质量监督管理部门授权的部门认可的认证机构申请企业质量体系认证。经认证合格的，由认证机构颁发质量体系认证证书。

8.1.2.3 建设工程质量检测制度

建设工程质量检测是指工程质量检测机构接受委托，依据国家有关法律、法规和工程建设强制性标准，对涉及结构安全项目的抽样检测和对进入施工现场的建筑材料、构配件的见证取样检测。

建设工程质量检测机构需经省级以上人民政府建设行政主管部门或国务院工业、交通行政主管部门(或其授权的机构)考核合格后，方可承担建筑工程质量的检测任务。它是对建筑工程和建筑构件、制品及建筑材料和设备的质量进行检测的法定单位。它所出具的检测报告具有法律效力。

8.1.2.4 建筑材料使用许可制度

建筑材料使用许可制度是为了保证建设工程中使用的建筑材料性能符合规定标准、设计要求和合同约定，确保建设工程质量而制定的一项制度。这一制度包括建筑材料生产许可证制、建筑材料产品质量认证制、建筑材料产品推荐使用制及建筑材料进场检验制等制度。

1. 建筑材料生产许可证制

国家规定对于一些十分重要的建材产品，如钢材、水泥等，实行生产许可证制。生产这些建筑材料产品的生产企业必须具备相应的生产条件、技术装备、技术人员和质量保证体系，经有关部门审核批准取得相应资质等级并获得生产许可证后，才能进行这些建材产品的生产。其生产销售的建材产品或产品包装上除应标有产品质量检验合格证明外，还应标明生产许可证的编号、批准日期和有效日期。未获生产许可证的任何其他企业，都不得生产这类建材产品。

2. 建筑材料产品质量认证制

国家规定对重要的建筑材料和设备，推行产品质量认证制度。经认证合格的，由认证机构颁发质量认证证书，准许企业在产品或其包装上使用质量认证标志。使用单位经检验发现认证的产品质量不合格的，有权向产品质量认证机构投诉。同时规定，销售经过质量认证的建材产品时，在产品或其包装上除标有产品质量检验合格证明外，还应标明质量认证的编号、批准日期和有效期限。

3. 建筑材料产品推荐使用制

对尚未经过产品质量认证的建筑材料，各省、自治区、直辖市建设行政主管部门可以推荐使用。

4. 建筑材料进场检验制

为保证建筑的结构安全及其质量，建筑施工企业必须加强对进场的建筑材料、构配件及设备的质量检查、检测。对各类建筑材料、构配件及设备，都必须按规定进行检查或复试。凡影响结构安全的主要建筑材料、构配件及设备的采购与使用必须经同级技术负责人同意。质量不合格的建筑材料、构配件及设备，不得在工程上使用。对进入施工现场的屋面防水材料，不仅要有出厂合格证，还必须有进场试验报告，确保其符合标准和设计要求。未经检验而直接使用了质量不合乎要求的建筑材料、构配件及设备的施工企业将承担相应责任。

8.1.2.5 建设工程竣工验收备案制度

《建设工程质量管理条例》确立了建设工程竣工验收备案制度。该项制度是加强政府监督管理，防止不合格工程流向社会的一个重要手段。建设单位应当自建设工程竣工验收合格之日起 15 日内，将建设工程竣工验收报告和规划、公安消防、环保等部门出具的认可文件或者准许使用文件报建设行政主管部门或者其他有关部门备案。建设行政主管部门或者其他有关部门发现建设单位在竣工验收过程中有违反国家有关建设工程质量管理规定行为的，责令停止使用，重新组织竣工验收。

8.1.2.6 建设工程质量事故报告制度

《建设工程质量管理条例》规定，建设工程发生质量事故后，有关单位应当在 24 小时内向当地建设行政主管部门和其他有关部门报告。对重大质量事故，事故发生地的建设行政主管部门和其他有关部门应当按照事故类别和等级向当地人民政府和上级建设行政主管部门和其他有关部门报告。特别重大质量事故的调查程序按照国务院有关规定办理。

8.2 建设工程质量监督管理制度

8.2.1 建设工程质量政府监督管理制度

《建设工程质量管理条例》明确规定国家实行建设工程质量监督管理制度。为了保证建设工程的安全可靠，保护人民的生命、财产安全，政府必须对建设工程质量实行强制性的监督管理。

8.2.1.1 政府主管部门质量监督管理的职责

根据《建设工程质量管理条例》的规定，国务院建设行政主管部门对全国的建设工程质量实施统一监督管理。国务院铁路、交通、水利等有关部门按照国务院规定的职责分工，负责对全国的有关专业建设工程质量的监督管理。县级以上地方人民政府建设行政主管部门对本行政区域内的建设工程质量实施监督管理。县级以上地方人民政府交通、水利等有关部门在各自的职责范围内，负责对本行政区域内的有关专业建设工程质量的监督管理。

县级以上人民政府建设行政主管部门和其他有关部门应当加强对有关建设工程质量的法律、法规和强制性标准执行情况的监督检查。在履行监督检查职责时，有权采取下列措施：要求被检查的单位提供有关工程质量的文件和资料；进入被检查单位的施工现场进行检查；发现有影响工程质量的问题时，责令改正。

8.2.1.2 建设工程质量监督机构及其职责

由于建设工程质量监督具有专业性强、周期长、程序繁杂等特点，政府部门通常不宜亲自进行日常检查工作，需要委托由政府认可的第三方，即建设工程质量监督机构，来依法代行工程质量监督职能，并对委托的政府部门负责。政府部门主要对建设工程质量监督机构进行业务指导和管理，不进行具体工程质量监督。

1. 建设工程质量监督机构

建设工程质量监督机构是经省级以上建设行政主管部门或有关专业部门考核认定的独立法人。建设工程质量监督机构及其负责人、质量监督工程师和助理质量监督工程师，均应具备国家规定的基本条件。其中，从事施工图设计文件审查的建设工程质量监督机构，还应当具备国家规定的其他条件。

2. 建设工程质量监督机构的基本职责

建设工程质量监督机构按政府主管部门的委托，行使下列职责。

(1) 根据政府主管部门的委托，受理建设工程项目质量监督。

(2) 制定质量监督工作方案，具体包括：①确定负责该项工程的质量监督工程师和助理质量监督工程师；②根据有关法律、法规和工程建设强制性标准，针对工程特点，明确监督的具体内容、监督方式；③在方案中对地基基础、主体结构和其他涉及结构安全的重要部位和关键工序，做出实施监督的详细计划安排；④建设工程质量监督机构应将质量监督工作方案通知建设、勘察、设计、施工、监理单位。

(3) 检查施工现场工程建设各方主体的质量行为，主要包括：①核查施工现场工程建设各方主体及有关人员的资质或资格；②检查勘察、设计、施工、监理单位的质量保证体系和质量责任制落实情况；③检查有关质量文件、技术资料是否齐全并符合规定。

(4) 检查建设工程的实体质量，主要包括：①按照质量监督工作方案，对建设工程地基基础、主体结构和其他涉及结构安全的关键部位进行现场实地抽查；②对用于工程的主要建筑材料、构配件的质量进行抽查；③对地基基础分部工程、主体结构分部工程和其他涉及结构安全的分部工程的质量验收进行监督。

(5) 监督工程竣工验收，主要包括：①监督建设单位组织的工程竣工验收的组织形式、验收程序以及在验收过程中提供的有关资料和形成的质量评定文件是否符合有关规定；②实体质量是否存有严重缺陷；③工程质量的检验评定是否符合国家验收标准。

(6) 工程竣工验收后5日内，应向委托部门报送建设工程质量监督报告。建设工程质量监督报告应包括：①对地基基础和主体结构质量检查的结论；②工程竣工验收的程序、内容和质量检验评定是否符合有关规定；③历次抽查该工程发现的质量问题和处理情况等内容。

(7) 对预制建筑构件和商品混凝土的质量进行监督。

(8) 受委托部门委托,按规定收取工程质量监督费。

(9) 政府主管部门委托的工程质量监督管理的其他工作。

建设工程质量监督机构在进行监督工作中发现有违反建设工程质量管理规定的行为和影响工程质量的问题时,有权采取责令改正、局部暂停施工等强制性措施,直至问题得到改正。需要给予行政处罚的,报告委托部门批准后实施。

8.2.2 建设工程质量群众监督制度

《建筑法》第 63 条规定:任何单位和个人对建筑工程的质量事故、质量缺陷都有权向建设行政主管部门和其他有关部门进行检举、控告、投诉。

要保证建设工程质量,除了政府监督,建设单位、勘察设计单位、施工单位、监理单位以及建材生产经销单位的努力外,还需要整个社会和广大人民群众增强质量意识,依法监督,维护自己和他人、国家、集体的合法权益。

8.2.2.1 质量事故与质量缺陷

建设工程质量事故是在工程建设过程中,由于责任过失造成工程倒塌或者报废、机械设备破坏、安全设备失当,造成人身伤亡或者重大经济损失的事故。建设工程质量缺陷是指工程不符合有关标准规定,存在危及人身与财产安全的危险性。质量缺陷按其形成原因有勘察缺陷、设计缺陷、施工缺陷、指示缺陷四种。勘察、设计缺陷是工程在勘察、设计中存在的不合理或不达标的状况或危险性。施工缺陷是工程在施工过程中因施工原因使建筑产品存在的缺陷。指示缺陷是建设工程设计和施工都不存在问题,但由于产品具有特殊性和使用方法、使用条件等,对产品没有必要的指示、说明,而在使用中可能出现或已经出现的不合理危险性或缺陷。

8.2.2.2 建设工程质量群众监督的形式

建设工程质量群众监督的形式主要有检举、投诉和控告。群众可以依法向有关部门反映并请求处理有关工程质量问题。

1. 检举

检举是公民对自己无利害关系的建设工程质量事故和缺陷向有关机关和部门进行举报,提请有关部门进行查处的活动。

对工程质量事故和缺陷进行检举的人,可以是建筑活动主体的职工,也可以是与建筑活动无关的第三人。举报处理部门可以是建设行政主管部门,也可以是工商行政管理部门、司法机关、新闻机关、消费者协会等单位。检举可以口头进行,也可以书面报告。

2. 投诉

投诉是用户或消费者对不合格的产品向有关部门反映,并请求处理以维护自己合法权益的活动。为确保工程质量,做好工程质量投诉的处理工作,1997 年 4 月 2 日,建设部发布了《建设工程质量投诉处理暂行规定》。凡是新建、改建、扩建的各类建筑安装、市政、公用、装饰装修等建设工程,在保修期和建设过程中发生的工程质量问题,均属投诉范围。

3. 控告

国家机关、社会团体、企业、事业单位和公民发现建筑工程质量缺陷或质量事故或其他违法行为的,有权依法向公安机关、人民检察院、人民法院、建设行政主管部门和工商行政管理部门等提出控告。与检举不同的是，控告人必须是质量事故、质量缺陷的受害者，即控告人必须与质量案件有利害关系，才能进行控告。受理机关应当接受控告，认真审查，并积极处理。

8.3 建设工程质量责任制度

为了加强对建设工程质量的管理，保证建设工程质量，保护人民生命和财产安全，国务院于 2000 年 1 月 30 日发布实施的《建设工程质量管理条例》，对工程建设各方的质量责任和义务做出了明确规定。

8.3.1 建设单位的质量责任与义务

1. 质量责任和义务

(1) 依法对工程进行发包的责任

通过工程发包，选择具有技术和经济实力，享有良好信誉的承包人来承包工程建设，是确保工程质量的重要环节。建设单位应当将工程发包给具有相应资质等级的单位，不得将工程肢解发包。建设单位应当依法行使工程发包权。

(2) 依法进行招标的责任

建设单位应当依法对工程建设项目的勘察、设计、施工、监理以及与工程建设有关的重要设备、材料等的采购进行招标。

(3) 提供原始资料的责任

建设单位必须向有关的勘察、设计、施工、工程监理等单位提供与建设工程有关的原始资料。原始资料必须真实、准确、齐全。

(4) 不得非法干预承包人的责任

建设工程发包单位不得迫使承包方以低于成本价格竞标，也不得任意压缩合理工期。建设单位不得明示或者暗示设计单位或者施工单位违反工程建设强制性标准，降低建设工程质量。建设单位不得明示或者暗示施工单位使用不合格的建筑材料、建筑构配件和设备。

(5) 送审施工图的责任

建设单位在工程设计完成后，应将施工图设计文件报县级以上人民政府建设行政主管部门或其他有关部门审查，未经审查批准的施工图设计文件，不得使用。

(6) 委托监理的责任

建设单位对工程建设应进行必要的监督、管理。实行监理的工程，建设单位应委托具有相应资质等级的工程监理单位进行监理，也可以委托具有工程监理相应资质等级并与被监理工程的施工承包单位没有隶属关系或其他利害关系的该工程的设计单位进行监理。

(7) 接受政府监督的责任

建设单位在领取施工许可证或进行开工报告前，应按国家有关规定办理工程质量监督手续。

(8) 确保提供的物资符合要求的责任

按照合同约定，由建设单位采购建筑材料、建筑构配件和设备的，建设单位应当保证建筑材料、建筑构配件和设备符合设计文件和合同要求。如果建设单位提供的建筑材料、建筑构配件和设备不符合设计文件和合同要求，属于违约行为，应当向施工单位承担违约责任，施工单位有权拒绝接收这些货物。

(9) 不得擅自改变建筑主体和承重结构进行装修的责任

涉及建筑主体和承重结构变动的装修工程，建设单位应当在施工前委托原设计单位或者具有相应资质等级的设计单位提出设计方案；没有设计方案的，不得施工。

(10) 依法组织竣工验收的责任

建设单位收到工程竣工报告后，应当组织设计、施工、工程监理等有关单位对工程进行验收。建设工程经验收合格的，方可交付使用。

(11) 移交建设项目档案的责任

建设单位应当严格按照国家有关档案管理的规定，及时收集、整理建设项目各环节的文件资料，建立、健全建设项目档案，并在建设工程竣工验收后，及时向建设行政主管部门或者其他有关部门移交建设项目档案。

2. 法律责任

(1) 违反资质管理发包的法律责任

建设单位将建设工程发包给不具有相应资质等级的勘察、设计、施工单位或者委托给不具有相应资质等级的工程监理单位的，责令改正，处 50 万元以上 100 万元以下的罚款。

(2) 肢解发包的责任

建设单位将建设工程肢解发包的，责令改正，处工程合同价款 0.5%以上 1%以下的罚款；对全部或者部分使用国有资金的项目，并可以暂停项目执行或者暂停资金拨付。

(3) 擅自开工的法律责任

建设单位未取得施工许可证或者开工报告未经批准，擅自施工的，责令停止施工，限期改正，处工程合同价款 1%以上 2%以下的罚款。

(4) 违反验收管理的法律责任

建设单位有下列行为之一的，责令改正，处工程合同价款 2%以上 4%以下的罚款；造成损失的，依法承担赔偿责任：

① 未组织竣工验收，擅自交付使用的；

② 验收不合格，擅自交付使用的；

③ 对不合格的建设工程按照合格工程验收的。

(5) 未移交档案的法律责任

建设工程竣工验收后，建设单位未向建设行政主管部门或者其他有关部门移交建设项目档案的，责令改正，处 1 万元以上 10 万元以下的罚款。

(6) 擅自改变建筑主体和承重结构进行装修的责任

涉及建筑主体或者承重结构变动的装修工程，没有设计方案擅自施工的，责令改正，处 50 万元以上 100 万元以下的罚款。造成损失的，依法承担赔偿责任。

(7) 其他法律责任

建设单位有下列行为之一的，责令改正，处 20 万元以上 50 万元以下的罚款：

① 迫使承包方以低于成本的价格竞标的；

② 任意压缩合理工期的；

③ 明示或者暗示设计单位或者施工单位违反工程建设强制性标准，降低工程质量的；

④ 施工图设计文件未经审查或者审查不合格，擅自施工的；

⑤ 建设项目必须实行工程监理而未实行工程监理的；

⑥ 未按照国家规定办理工程质量监督手续的；

⑦ 明示或者暗示施工单位使用不合格的建筑材料、建筑构配件和设备的；

⑧ 未按照国家规定将竣工验收报告、有关认可文件或者准许使用文件报送备案的。

(8) 责任人员应承担的法律责任

① 依照《建设工程质量管理条例》规定给予单位罚款处罚的，对单位直接负责的主管人员和其他直接责任人员处单位罚款数额5%以上10%以下的罚款。

② 建设单位违反国家规定，降低工程质量标准，造成重大安全事故，构成犯罪的，对直接责任人员处5年以下有期徒刑或者拘役，并处罚金；后果特别严重的，处5年以上10年以下有期徒刑，并处罚金。

③ 建设单位的工作人员因调动工作、退休等原因离开该单位后，被发现在该单位工作期间违反国家有关建设工程质量管理规定，造成重大工程质量事故的，仍应当依法追究法律责任。

8.3.2 施工单位的质量责任与义务

1. 质量责任与义务

(1) 依法承揽工程的责任

施工单位应当依法取得相应等级的资质证书，并在其资质等级许可的范围内承揽工程。禁止施工单位超越本单位资质等级许可的业务范围或者以其他施工单位的名义承揽工程。禁止施工单位允许其他单位或者个人以本单位的名义承揽工程。施工单位不得转包或者违法分包工程。

(2) 建立质量责任制的责任

施工单位对建设工程的施工质量负责。施工单位应当建立质量责任制，确定工程项目的项目经理、技术负责人和施工管理负责人。

(3) 总包单位与分包单位之间的质量责任

建设工程实行总承包的，总施工单位应当对全部建设工程质量负责；建设工程勘察、设计、施工、设备采购的一项或者多项实行总承包的，总施工单位应当对其承包的建设工程或者采购的设备的质量负责。总施工单位依法将建设工程分包给其他单位的，分包单位应当按照分包合同的约定对其分包工程的质量向总施工单位负责，总施工单位与分包单位对分包工程的质量承担连带责任。

(4) 按图施工的责任

施工单位必须按照工程设计图纸和施工技术标准施工，不得擅自修改工程设计，不得偷工减料。施工单位在施工过程中发现设计文件和图纸有差错的，应当及时提出意见和建议。

(5) 对建筑材料、构配件和设备进行检验的责任

施工单位必须按照工程设计要求、施工技术标准和合同约定，对建筑材料、建筑构配件、设备和商品混凝土进行检验，检验应当有书面记录和专人签字；未经检验或者检验不合格的，不得使用。

(6) 对施工质量进行检验的责任

施工单位必须建立、健全施工质量的检验制度，严格工序管理，做好隐蔽工程的质量检查

和记录。隐蔽工程在隐蔽前，施工单位应当通知建设单位和建设工程质量监督机构。

(7) 取样检测的责任

施工人员对涉及结构安全的试块、试件以及有关材料，应当在建设单位或者工程监理单位监督下现场取样，并送具有相应资质等级的质量检测单位进行检测。

(8) 返修的责任

施工单位对施工中出现质量问题的建设工程或者竣工验收不合格的建设工程，应当负责返修。

(9) 对职工教育培训的责任

施工单位应当建立、健全教育培训制度，加强对职工的教育培训；未经教育培训或者考核不合格的人员，不得上岗作业。

2. 法律责任

(1) 超越资质承揽工程的法律责任

施工单位超越本单位资质等级承揽工程的，责令停止违法行为，对施工单位处工程合同价款2%以上4%以下的罚款；可以责令停业整顿，降低资质等级；情节严重的，吊销资质证书；有违法所得的，予以没收。

未取得资质证书承揽工程的，予以取缔，依照前述规定处以罚款；有违法所得的，予以没收。

以欺骗手段取得资质证书承揽工程的，吊销资质证书，依照前述规定处以罚款；有违法所得的，予以没收。

(2) 出借资质的法律责任

施工单位允许其他单位或者个人以本单位名义承揽工程的，责令改正，没收违法所得，对施工单位处工程合同价款2%以上4%以下的罚款；可以责令停业整顿，降低资质等级；情节严重的，吊销资质证书。

(3) 转包或违法分包的法律责任

承包单位将承包的工程转包或者违法分包的，责令改正，没收违法所得，对施工单位处工程合同价款0.5%以上1%以下的罚款；可以责令停业整顿，降低资质等级；情节严重的，吊销资质证书。

(4) 偷工减料，不按图纸、标准施工的法律责任

施工单位在施工中偷工减料的，使用不合格的建筑材料、建筑构配件和设备的，或者有不按照工程设计图纸或者施工技术标准施工的其他行为的，责令改正，处工程合同价款2%以上4%以下的罚款；造成建设工程质量不符合规定的质量标准的，负责返工、修理，并赔偿因此造成的损失；情节严重的，责令停业整顿，降低资质等级或者吊销资质证书。

(5) 未依法取样检测的责任

施工单位未对建筑材料、建筑构配件、设备和商品混凝土进行检验，或者未对涉及结构安全的试块、试件以及有关材料取样检测的，责令改正，处10万元以上20万元以下的罚款；情节严重的，责令停业整顿，降低资质等级或者吊销资质证书；造成损失的，依法承担赔偿责任。

(6) 不履行保修义务的责任

施工单位不履行保修义务或者拖延履行保修义务的，责令改正，处10万元以上20万元以下的罚款，并对在保修期内因质量缺陷造成的损失承担赔偿责任。

（7）直接责任人员应承担的法律责任

施工单位违反国家规定，降低工程质量标准，造成重大安全事故，构成犯罪的，对直接责任人员依法追究刑事责任。

8.3.3 工程监理单位的质量责任与义务

1. 质量责任与义务

（1）依法承揽业务

工程监理单位应当依法取得相应等级的资质证书，并在其资质等级许可的范围内承担工程监理业务。禁止工程监理单位超越本单位资质等级许可的范围或者以其他工程监理单位的名义承担工程监理业务。禁止工程监理单位允许其他单位或者个人以本单位的名义承担工程监理业务。工程监理单位不得转让工程监理业务。

（2）独立监理

工程监理单位与被监理工程的施工承包单位以及建筑材料、建筑构配件和设备供应单位有隶属关系或其他利害关系的，不得承担该项建设工程的监理业务。

（3）依法监理

工程监理单位应当依照法律、法规以及有关技术标准、设计文件和建设工程承包合同，代表建设单位对施工质量实施监理，并对施工质量承担监理责任。

监理工程师应当按照工程监理规范的要求，采取旁站、巡视和平行检验等形式，对建设工程实施监理。

（4）确认质量

工程监理单位应选派具有相应资格的总监理工程师和监理工程师进驻施工现场。未经监理工程师签字，建筑材料、建筑构配件和设备不得在工程上使用或者安装，施工单位不得进行下一道工序的施工。未经总监理工程师签字，建设单位不拨付工程款，不进行竣工验收。

2. 法律责任

（1）超越资质承揽业务的法律责任

工程监理单位超越本单位资质等级承揽工程的，责令停止违法行为，工程监理单位处合同约定的监理酬金 1 倍以上 2 倍以下的罚款；可以责令停业整顿，降低资质等级；情节严重的，吊销资质证书；有违法所得的，予以没收。

未取得资质证书承揽工程的，予以取缔，依照前述规定处以罚款；有违法所得的，予以没收。

以欺骗手段取得资质证书承揽工程的，吊销资质证书，依照前述规定处以罚款；有违法所得的，予以没收。

（2）出借资质的法律责任

工程监理单位允许其他单位或者个人以本单位名义承揽工程的，责令改正，没收违法所得，对工程监理单位处合同约定的监理酬金 1 倍以上 2 倍以下的罚款；可以责令停业整顿，降低资质等级；情节严重的，吊销资质证书。

（3）转包或违法分包的法律责任

工程监理单位转让工程监理业务的，责令改正，没收违法所得，处合同约定的监理酬金

25%以上50%以下的罚款;可以责令停业整顿,降低资质等级;情节严重的,吊销资质证书。

(4) 违反公正监理的法律责任

工程监理单位有下列行为之一的,责令改正,处50万元以上100万元以下的罚款,降低资质等级或者吊销资质证书;有违法所得的,予以没收;造成损失的,承担连带赔偿责任:

① 与建设单位或者施工单位串通,弄虚作假、降低工程质量的。

② 将不合格的建设工程、建筑材料、建筑构配件和设备按照合格签字的。

(5) 违反独立监理的法律责任

工程监理单位与被监理工程的施工承包单位以及建筑材料、建筑构配件和设备供应单位有隶属关系或者其他利害关系承担该项建设工程的监理业务的,责令改正,处5万元以上10万元以下的罚款,降低资质等级或者吊销资质证书;有违法所得的,予以没收。

(6) 执业人员应承担的法律责任

监理工程师因过错造成质量事故的,责令停止执业1年;造成重大质量事故的,吊销执业资格证书,5年以内不予注册;情节特别恶劣的,终身不予注册。

(7) 直接责任人员应承担的法律责任

工程监理单位违反国家规定,降低工程质量标准,造成重大安全事故,构成犯罪的,对直接责任人员依法追究刑事责任。

8.4 建设工程竣工验收与质量保修制度

8.4.1 建设工程竣工验收制度

竣工验收是施工过程的最后一道程序,是全面考核基本建设成果、检验设计和工程质量的重要环节,也是基本建设转入生产或使用的标志。做好建设工程的竣工验收工作,对保证建设工程质量具有重大意义。

8.4.1.1 竣工验收的条件和类型

1. 竣工验收的条件

根据住建部颁布的《房屋建筑和市政基础设施工程竣工验收规定》,工程符合下列要求方可进行竣工验收:

(1) 完成工程设计和合同约定的各项内容。

(2) 施工单位在工程完工后对工程质量进行了检查,确认工程质量符合有关法律、法规和工程建设强制性标准,符合设计文件及合同要求,并提出工程竣工报告。工程竣工报告应经项目经理和施工单位有关负责人审核签字。

(3) 对于委托监理的工程项目,监理单位对工程进行了质量评估,具有完整的监理资料,并提出工程质量评估报告。工程质量评估报告应经总监理工程师和监理单位有关负责人审核签字。

(4) 勘察、设计单位对勘察、设计文件及施工过程中由设计单位签署的设计变更通知书进行了检查,并提出质量检查报告。质量检查报告应经该项目勘察、设计负责人和勘察、设计单位有关负责人审核签字。

(5) 有完整的技术档案和施工管理资料。

(6) 有工程使用的主要建筑材料、建筑构配件和设备的进场试验报告，以及工程质量检测和功能性试验资料。

(7) 建设单位已按合同约定支付工程款。

(8) 有施工单位签署的工程质量保修书。

(9) 对于住宅工程，进行分户验收并验收合格，建设单位按户出具《住宅工程质量分户验收表》。

(10) 建设主管部门及工程质量监督机构责令整改的问题全部整改完毕。

(11) 法律、法规规定的其他条件。

2. 竣工验收的类型

在工程实践中，竣工验收一般有单项工程验收和全部验收两种类型。

(1) 单项工程验收

单项工程验收是指在一个总体建设项目中，一个单项工程或一个车间已按设计要求建设完成，能满足生产要求或具备使用条件，且施工单位已预验，监理工程师已初验通过，在此条件下进行的正式验收。由几个施工单位负责施工的单项工程，当其中一个单位所负责的部分已按设计完成，也可组织正式验收，办理交工手续，交工时应请施工总承包单位参加。

(2) 全部验收

全部验收是指整个建设项目已按设计要求全部建设完成，并已符合竣工验收标准，施工单位预验通过，监理工程师初验认可，由监理工程师组织以建设单位为主，设计、施工等单位参加的正式验收。在整个项目进行全部验收时，对已验收过的单项工程，可以不再进行正式验收和办理验收手续，但应将单项工程验收单作为全部工程验收的附件而加以说明。

8.4.1.2　竣工验收的程序

工程竣工验收应当按以下程序进行：

(1) 工程完工后，施工单位向建设单位提交工程竣工报告，申请工程竣工验收。实行监理的工程，工程竣工报告须经总监理工程师签署意见。

(2) 建设单位收到工程竣工报告后，对符合竣工验收要求的工程，组织勘察、设计、施工、监理等单位组成验收组，制订验收方案。对于重大工程和技术复杂工程，根据需要可邀请有关专家参加验收组。

(3) 建设单位应当在工程竣工验收 7 个工作日前将验收的时间、地点及验收组名单书面通知负责监督该工程质量的监督机构。

(4) 建设单位组织工程竣工验收。具体包括以下内容：

① 建设、勘察、设计、施工、监理单位分别汇报工程合同履约情况和在工程建设各个环节执行法律、法规和工程建设强制性标准的情况。

② 审阅建设、勘察、设计、施工、监理单位的工程档案资料。

③ 实地查验工程质量。

④ 对工程勘察、设计、施工、设备安装质量和各管理环节等方面做出全面评价，形成经验收组人员签署的工程竣工验收意见。

当参与工程竣工验收的建设、勘察、设计、施工、监理等各方不能形成一致意见时，应当协商提出解决的方法，等意见一致后，重新组织工程竣工验收。

工程竣工验收合格后，建设单位应当及时提出工程竣工验收报告。工程竣工验收报告主要包括工程概况，建设单位执行基本建设程序情况，对工程勘察、设计、施工、监理等方面的评价，工程竣工验收时间、程序、内容和组织形式，工程竣工验收意见等内容。工程竣工验收报告还应附有下列文件：①施工许可证；②施工图设计文件审查意见；③勘察、设计单位签署的质量检查报告、监理单位签署的工程质量评估报告、施工单位签署的工程竣工报告及工程质量保修书；④验收组人员签署的工程竣工验收意见；⑤法规、规章规定的其他有关文件。

8.4.1.3 竣工验收备案管理制度

2009年10月19日住建部发布了《房屋建筑工程和市政基础设施工程竣工验收备案管理办法》，对房屋建筑工程和市政基础设施工程的竣工验收备案管理做出了具体规定。

国务院建设行政主管部门负责全国房屋建筑工程和市政基础设施工程的竣工验收备案管理工作。县级以上地方人民政府建设行政主管部门负责本行政区域内工程的竣工验收备案管理工作。

(1) 备案时间

建设单位应当自工程竣工验收合格之日起15日内，按照规定向工程所在地的县级以上地方人民政府建设行政主管部门备案。

(2) 建设单位办理工程竣工验收备案应当提交下列文件：

① 工程竣工验收备案表。

② 工程竣工验收报告。竣工验收报告应当包括工程报建日期，施工许可证号，施工图设计文件审查意见，勘察、设计、施工、工程监理等单位分别签署的质量合格文件及验收人员签署的竣工验收原始文件，市政基础设施的有关质量检测和功能性试验资料以及备案机关认为需要提供的有关资料。

③ 法律、行政法规规定应当由规划、环保等部门出具的认可文件或者准许使用文件。

④ 法律规定应当由公安消防部门出具的对大型的人员密集场所和其他特殊建设工程验收合格的证明文件。

⑤ 施工单位签署的工程质量保修书。

⑥ 法规、规章规定必须提供的其他文件。

住宅工程还应当提交《住宅质量保证书》和《住宅使用说明书》。

备案机关收到建设单位报送的竣工验收备案文件，验证文件齐全后，应当在工程竣工验收备案表上签署文件收讫。

工程竣工验收备案表一式两份，一份由建设单位保存，一份留备案机关存档。

(3) 工程质量监督机构应当在工程竣工验收之日起5日内，向备案机关提交工程质量监督报告。

8.4.2 建设工程质量保修制度

建设工程质量保修是指建设工程在交付使用后的一定期限内出现的质量缺陷（或质量问题），由施工单位依照法律规定或合同约定予以修复。其中，质量缺陷是指建设工程的质量不符合工程建设强制性标准以及合同约定。

建设工程质量保修制度是《建筑法》确定的一项重要法律制度，《建设工程质量管理条例》则对建设工程的保修范围、保修期限、保修责任等方面进行了更具体的规定。健全、完善的建设工程质量保修制度对于促进承包方加强质量管理、保护用户及消费者的合法权益有着重要的意义。

1. 工程质量保修的范围和期限

根据《建筑法》第 62 条的规定，建筑工程保修范围包括地基基础工程，主体结构工程，屋面防水工程，其他土建工程，以及相配套的电气管线、上下水管线的安装工程，供热供冷系统工程等项目。

根据《建设工程质量管理条例》第 40 条的规定，在正常使用条件下，建设工程的最低保修期限如下：

(1) 基础设施工程、房屋建筑的地基基础工程和主体结构工程，为设计文件规定的该工程的合理使用年限；

(2) 屋面防水工程、有防水要求的卫生间、房间和外墙面的防渗漏，为 5 年；

(3) 供热与供冷系统，为 2 个采暖期、供冷期；

(4) 电气管线、给排水管道、设备安装和装修工程，为 2 年。

其他项目的保修期限由发包方与承包方约定。建设工程的保修期，自竣工验收合格之日起计算。

上述保修范围属于法律强制性规定，超出该范围的其他项目的保修不是强制的，而是属于承发包意思自治的范畴。最低保修期限同样属于法律强制性规定，承发包双方约定的保修期限不得低于条例规定的期限，但可以延长。

2. 建设工程保修的责任与费用承担

《建设工程质量管理条例》第 41 条规定：建设工程在保修范围内和保修期限内发生质量问题的，施工单位应当履行保修义务，并对造成的损失承担赔偿责任。根据该条规定，质量问题发生在保修范围内和保修期限内，是施工单位承担保修责任的前提条件。不属于保修范围的情况有：因使用不当或者第三方造成的质量缺陷以及不可抗力造成的质量缺陷。

就工程质量保修事宜，建设单位和施工单位应遵守如下基本程序：

(1) 建设工程在保修期限内出现质量缺陷，建设单位应当向施工单位发出保修通知。

(2) 施工单位接到保修通知后，应当到现场核查情况，在保修书约定的时间内予以保修。发生涉及结构安全或者严重影响使用功能的紧急抢修事故，施工单位接到保修通知后，应当立即到达现场抢修。

(3) 施工单位不按工程质量保修书约定保修的，建设单位可以另行委托其他单位保修，由原施工单位承担相应责任。

(4) 保修费用由造成质量缺陷的责任方承担。

如果质量缺陷是由施工单位未按照工程建设强制性标准和合同要求施工造成，施工单位不仅要负责保修，还要承担保修费用。如果质量缺陷是由勘察单位、设计单位或建设单位、监理单位造成的，施工单位仅负责保修，由此发生的保修费用由造成质量缺陷的责任方承担。

3. 建设工程质量保证金

为规范建设工程质量保证金(保修金)管理，落实工程在缺陷责任期内的维修责任，2005 年 1 月 12 日，建设部、财政部联合颁发了《建设工程质量保证金管理暂行办法》，从经济保障措施方面进一步规范了质量保修制度。

(1) 质量保证金的含义

建设工程质量保证金是指发包人与承包人在建设工程承包合同中约定,从应付的工程款中预留,用以保证承包人在缺陷责任期内对建设工程出现的缺陷进行维修的资金。

缺陷是指建设工程质量不符合工程建设强制性标准、设计文件,以及承包合同的约定。

(2) 缺陷责任期

缺陷责任期从工程通过竣工验收之日起计。由承包人导致工程无法按规定期限进行竣工验收的,缺陷责任期从实际通过竣工验收之日起计。由发包人导致工程无法按规定期限进行竣工验收的,在承包人提交竣工验收报告 90 天后,工程自动进入缺陷责任期。

缺陷责任期一般为 6 个月、12 个月或 24 个月,具体可由承发包双方在合同中约定。

缺陷责任期内,由承包人造成的缺陷,承包人应负责维修,并承担鉴定及维修费用。如承包人不维修也不承担费用,发包人可按合同约定扣除保证金,并由承包人承担违约责任。承包人维修并承担相应费用后,不免除对工程的一般损失赔偿责任。

由他人造成的缺陷,发包人负责组织维修,承包人不承担费用,且发包人不得从保证金中扣除费用。

(3) 质量保证金的数额

发包人应当在招标文件中明确保证金预留、返还等内容,并与承包人在合同条款中对涉及保证金的下列事项进行约定:

① 保证金预留、返还方式;

② 保证金预留比例、期限;

③ 保证金是否计付利息,如计付利息,利息的计算方式;

④ 缺陷责任期的期限及计算方式;

⑤ 保证金预留、返还及工程维修质量、费用等争议的处理程序;

⑥ 缺陷责任期内出现缺陷的索赔方式。

建设工程竣工结算后,发包人应按照合同约定及时向承包人支付工程结算价款并预留保证金。

全部或者部分使用政府投资的建设项目,按工程价款结算总额 5% 左右的比例预留保证金。社会投资项目采用预留保证金方式的,预留保证金的比例可参照执行。

采用工程质量保证担保、工程质量保险等其他保证方式的,发包人不得再预留保证金。

(4) 质量保证金的返还

缺陷责任期内,承包人认真履行合同约定的责任,到期后,承包人向发包人申请返还保证金。

发包人在接到承包人返还保证金申请后,应于 14 日内会同承包人按照合同约定的内容进行核实。如无异议,发包人应当在核实后 14 日内将保证金返还给承包人,逾期支付的,从逾期之日起,按照同期银行贷款利率计付利息,并承担违约责任。发包人在接到承包人返还保证金申请后 14 日内不予答复,经催告后 14 日内仍不予答复,视同认可承包人的返还保证金申请。

相关案例

【案情简介】

2016 年 4 月,某大学为建设学生公寓,与某建筑公司签订了一份建设工程合同。合同约定:工程采用固定总价合同形式,主体工程和内外承重砖一律使用国家标准砌块,每层加水泥圈梁；某大学可预付工程款(合同价款的10%)；工程的全部费用于验收合格后一次付清；交付使用后，如果在6个月内发生严重质量问题，由承包人负责修复等。1年后，学生公寓如期完工，在某大学和某建筑公司共同进行竣工验收时，某大学发现工程3～5层的内承重墙体裂缝较多，要求某建筑公司修复后再验收，某建筑公司认为不影响使用而拒绝修复。因为很多新生急待入住，某大学接收了宿舍楼。在使用了8个月之后，公寓楼5层的内承重墙倒塌，致使1人死亡，3人受伤，其中1人致残。受害者与某大学要求某建筑公司赔偿损失，并修复倒塌工程。某建筑公司以使用不当且已过保修期为由拒绝赔偿。无奈之下，受害者与某大学诉至法院，请法院主持公道。

【案件分析】

法院在审理期间对工程事故原因进行了鉴定，鉴定结论为某建筑公司偷工减料致宿舍楼内承重墙倒塌。因此，法院对某建筑公司以保修期已过为由拒绝赔偿的主张不予支持，判决某建筑公司应当向受害者承担损害赔偿责任，并负责修复倒塌的工程。

【案件评析】

根据《建设工程质量管理条例》第40条的规定，建设工程的保修期限不能低于国家规定的最低保修期限，其中，对地基基础工程、主体结构工程实际规定为终身保修。在本案中，某大学与某建筑公司虽然在合同中双方约定保修期限为6个月，但这一期限远远低于国家规定的最低期限，尤其是承重墙属主体结构，其最低保修期限依法应终身保修。双方的质量保修期限条款违反了国家强制性法律规定，因此是无效的。某建筑公司应当向受害者承担损害赔偿责任。承包人损害赔偿责任的内容应当包括：医疗费、因误工减少的收入、残疾人生活补助费等。造成受害人死亡的，还应支付丧葬费、抚恤费、死者生前抚养的人必要的生活费用等。

此外，根据《建筑法》第74条的规定，建筑施工企业在施工中偷工减料的，责令改正，处以罚款；情节严重的，责令停业整顿，降低资质等级或者吊销资质证书；造成建筑工程质量不符合规定的质量标准的，负责返工、修理，并赔偿因此造成的损失；构成犯罪的，依法追究刑事责任。某建筑公司在施工中偷工减料，造成质量事故，有关主管部门应当依照《建筑法》第74条的规定对其进行法律制裁。

复习思考题

1. 在工程建设国家标准、行业标准中，属于强制性标准的有哪些？
2. 简述建设单位的质量责任与义务。
3. 简述施工单位的质量责任与义务。
4. 简述工程监理单位的质量责任与义务。
5. 简述建设工程竣工验收的条件。
6. 简述建设工程质量的保修范围和保修期限。

9 建设工程安全生产管理法律制度

9.1 建设工程安全生产管理概述

9.1.1 建设工程安全生产的概念

建设工程安全生产是指生产过程中要避免人身伤亡、财产损失和对周围环境的破坏。它包括生产过程中的施工现场人员人身安全和财产设备安全，施工现场及附近的道路、管线和房屋的安全，施工现场和周围的环境保护及工程建成后的使用安全等方面的内容。

工程建设活动多为露天作业、高空作业，施工条件差，不安全因素与事故隐患多，导致建筑业成为安全事故多发行业之一。因此，建立完善的安全生产制度，加强对建筑生产活动的监督管理，是避免安全事故、保护人民群众生命和财产安全的基本保证。

9.1.2 建设工程安全生产管理立法概况

建设工程安全生产管理是指建设行政主管部门、建筑安全监督管理机构、建筑施工企业及有关单位对建筑生产过程中的安全工作，进行计划、组织、指挥、控制、监督等一系列的管理活动。为了加强建设工程安全生产管理，防止和减少安全事故的发生，保障人民群众生命和财产安全，全国人民代表大会常务委员会于 1997 年 11 月 1 日颁布了《中华人民共和国建筑法》，于 2002 年 6 月 29 日颁布了《中华人民共和国安全生产法》(简称《安全生产法》)。根据这两部法律，国务院制定了几部安全生产行政法规，主要有 2003 年 11 月 24 日发布的《建设工程安全生产管理条例》，2004 年 1 月 13 日发布的《安全生产许可证条例》，2007 年 4 月 9 日发布的《生产安全事故报告和调查处理条例》。建设部于 2004 年 7 月 5 日发布了《建筑施工企业安全生产许可证管理规定》，住建部于 2008 年 6 月 30 日发布了《建筑施工企业安全生产许可证动态监管暂行办法》。这些法律、法规、规章的颁布实施，对于加强建筑安全生产监督管理，保障人民群众生命和财产安全具有十分重要的意义。

9.1.3 建设工程安全生产管理机制

《安全生产法》明确规定：安全生产工作应当以人为本，坚持安全发展，坚持安全第一、预防为主、综合治理的方针，强化和落实生产经营单位的主体责任，建立生产经营单位负责、职工参与、政府监管、行业自律和社会监督的机制。

生产经营单位必须遵守有关安全生产的法律、法规，加强安全生产管理，建立、健全安全生产责任制和安全生产规章制度，改善安全生产条件，推进安全生产标准化建设，提高安全生产水平，确保安全生产。生产经营单位的主要负责人对本单位的安全生产工作全面负责。生产经营单位的从业人员有依法获得安全生产保障的权利，并应当依法履行安全生产方面的义务。

工会依法对安全生产工作进行监督。生产经营单位的工会依法组织职工参加本单位安全生产工作的民主管理和民主监督，维护职工在安全生产方面的合法权益。生产经营单位制定或者修改有关安全生产的规章制度，应当听取工会的意见。

国务院和县级以上地方各级人民政府应当根据国民经济和社会发展规划制定安全生产规划，并组织实施。安全生产规划应当与城乡规划相衔接。国务院和县级以上地方各级人民政府应当加强对安全生产工作的领导，支持、督促各有关部门依法履行安全生产监督管理职责，建立、健全安全生产工作协调机制，及时协调、解决安全生产监督管理中存在的重大问题。乡、镇人民政府以及街道办事处、开发区管理机构等地方人民政府的派出机关应当按照职责，加强对本行政区域内生产经营单位安全生产状况的监督检查，协助上级人民政府有关部门依法履行安全生产监督管理职责。

国务院安全生产监督管理部门对全国安全生产工作实施综合监督管理；县级以上地方各级人民政府安全生产监督管理部门，对本行政区域内安全生产工作实施综合监督管理。按照目前部门职能的划分，国务院负责安全生产监督管理的部门是国家安全生产监督管理总局，地方上负责的是各级安全生产监督管理部门。国务院建设行政主管部门对全国的建设工程安全生产实施监督管理。国务院铁路、交通、水利等有关部门按照国务院规定的职责分工，负责有关专业建设工程安全生产的监督管理。县级以上地方人民政府建设行政主管部门对本行政区域内的建设工程安全生产实施监督管理。县级以上地方人民政府交通、水利等有关部门在各自的职责范围内，负责本行政区域内的专业建设工程安全生产的监督管理。

有关协会组织依照法律、行政法规和章程，为生产经营单位提供安全生产方面的信息、培训等服务，发挥自律作用，促进生产经营单位加强安全生产管理。

依法设立的为安全生产提供技术、管理服务的机构，依照法律、行政法规和执业准则，接受生产经营单位的委托为其安全生产工作提供技术、管理服务。生产经营单位委托上述机构提供安全生产技术、管理服务的，保证安全生产的责任仍由本单位负责。

9.2 建设工程安全生产管理基本制度

9.2.1 安全生产责任制度

安全生产责任制度是建筑生产中最基本的安全管理制度，是所有安全规章制度的核心。安全生产责任制度是指将各种不同的安全责任落实到负有安全管理责任的人员和具体岗位人员身上的一种制度，其核心是切实加强领导，建立起以政府、部门、企业的主要领导为第一责任人的责任制。这一制度是“安全第一、预防为主、综合治理”方针的具体体现，是建筑安全生产的基本制度。

安全生产责任制度的主要内容包括：

(1) 从事建筑活动主体的负责人的责任制。如施工单位的法定代表人要对本企业的安全生产负主要责任。

(2) 从事建筑活动主体的职能机构或职能处室负责人及其工作人员的安全生产责任制。如施工单位根据需要设置的安全处室或者专职安全人员要对安全生产负责。

(3) 建筑岗位人员的责任制。如从事特种作业的安全人员必须进行安全培训，经过考试合格后方能上岗作业。

在建筑活动中，只有明确安全责任，分工负责，才能形成完整有效的安全管理体系，激发每个人的安全责任感，严格执行建设工程安全生产的法律、法规和安全规程、技术规范，防患于未然，减少和杜绝安全事故，创造一个良好的生产环境。

9.2.2 群防群治制度

群防群治制度是职工群众进行预防和治理安全的一种制度。这一制度是“安全第一、预防为主、综合治理”方针的具体体现，同时也是群众路线在安全工作中的具体体现，是企业进行民主管理的重要内容。这一制度要求建筑企业职工在施工中应当遵守有关安全生产的法律、法规和建筑行业安全规章、规程，不得违章作业；对于危及生命安全和身体健康的行为有权提出批评、检举和控告。

9.2.3 安全生产许可证制度

为了严格规范安全生产条件，进一步加强安全生产监督管理，防止和减少生产安全事故，国家对建筑施工企业实行安全生产许可证制度。企业未取得安全生产许可证的，不得从事生产活动。

1. 安全生产许可证的颁发和管理

国务院建设主管部门负责中央管理的建筑施工企业安全生产许可证的颁发和管理。省、自治区、直辖市人民政府建设主管部门负责上述规定以外的建筑施工企业安全生产许可证的颁发和管理，并接受国务院建设主管部门的指导和监督。

2. 建筑施工企业取得安全生产许可证应具备的安全生产条件

建筑施工企业取得安全生产许可证，应当具备下列安全生产条件：

(1) 建立、健全安全生产责任制，制定完备的安全生产规章制度和操作规程；

(2) 保证本单位安全生产条件所需资金的投入；

(3) 设置安全生产管理机构，按照国家有关规定配备专职安全生产管理人员；

(4) 主要负责人、项目负责人、专职安全生产管理人员经建设主管部门或者其他有关部门考核合格；

(5) 特种作业人员经有关业务主管部门考核合格，取得特种作业操作资格证书；

(6) 管理人员和作业人员每年至少进行一次安全生产教育培训并考核合格；

(7) 依法参加工伤保险，依法为施工现场从事危险作业的人员办理意外伤害保险，为从业人员交纳保险费；

(8) 施工现场的办公、生活区及作业场所和安全防护用具、机械设备、施工机具及配件符合有关安全生产法律、法规、标准和规程的要求；

(9) 有职业危害防治措施，并为作业人员配备符合国家标准或者行业标准的安全防护用具和安全防护服装；

(10) 有对危险性较大的分部分项工程及施工现场易发生重大事故的部位、环节的预防、监控措施和应急预案；

(11) 有生产安全事故应急救援预案、应急救援组织或者应急救援人员，配备必要的应急救援器材、设备；

（12）法律、法规规定的其他条件。

根据《安全生产许可证条例》第 14 条的规定，安全生产许可证颁发管理机关应当加强对取得安全生产许可证的企业的监督检查，发现其不再具备规定的安全生产条件的，应当暂扣或者吊销安全生产许可证。

3. 安全生产许可证的管理制度

（1）安全生产许可证的申请

建筑施工企业从事建筑施工活动前，应当依照规定向省级以上建设主管部门申请领取安全生产许可证。

中央管理的建筑施工企业（集团公司、总公司）应当向国务院建设主管部门申请领取安全生产许可证。上述规定以外的其他建筑施工企业，包括中央管理的建筑施工企业（集团公司、总公司）下属的建筑施工企业，应当向企业注册所在地省、自治区、直辖市人民政府建设主管部门申请领取安全生产许可证。

建筑施工企业申请安全生产许可证时，应当向建设主管部门提供下列材料：

① 建筑施工企业安全生产许可证申请表；

② 企业法人营业执照；

③ 与申请安全生产许可证应当具备的安全生产条件相关的文件、材料。

建筑施工企业申请安全生产许可证，应当对申请材料实质内容的真实性负责，不得隐瞒有关情况或者提供虚假材料。

（2）安全生产许可证的有效期

安全生产许可证的有效期为 3 年。安全生产许可证有效期满需要延期的，企业应当于期满前 3 个月向原安全生产许可证颁发管理机关办理延期手续。企业在安全生产许可证有效期内，严格遵守有关安全生产的法律法规，未发生死亡事故的，安全生产许可证有效期届满时，经原安全生产许可证颁发管理机关同意，不再审查，安全生产许可证有效期延期 3 年。

（3）安全生产许可证的变更、注销

建筑施工企业变更名称、地址、法定代表人等，应当在变更后 10 日内，到原安全生产许可证颁发管理机关办理安全生产许可证变更手续。

建筑施工企业破产、倒闭、撤销的，应当将安全生产许可证交回原安全生产许可证颁发管理机关予以注销。

建筑施工企业遗失安全生产许可证，应当立即向原安全生产许可证颁发管理机关报告，并在公众媒体上声明作废后，方可申请补办。

（4）对建筑施工企业的行为规范

建筑施工企业应当遵守以下强制性规定：

① 未取得安全生产许可证的，不得从事建筑施工活动。建设行政主管部门在审核发放施工许可证时，应当对已经确定的建筑施工企业是否有安全生产许可证进行审查，对没有取得安全生产许可证的，不得颁发施工许可证。

② 企业不得转让、冒用安全生产许可证或者使用伪造的安全生产许可证。

③ 企业取得安全生产许可证后，不得降低安全生产条件，并应当加强日常安全生产管理，接受安全生产许可证颁发管理机关的监督检查。

9.2.4 安全生产教育培训制度

安全生产教育培训制度是指对职工进行安全生产法律、法规及安全专业知识等方面的教育培训的一项制度。安全生产教育培训是提高职工安全生产素质的重要手段，也是企业安全生产工作的一项重要内容。通过安全教育，可以使职工熟悉安全生产法规，掌握安全生产的知识和技能，提高职工的安全意识。因此，《建筑法》第 46 条规定：建筑施工企业应当建立健全安全生产教育培训制度，加强对职工安全生产的教育培训；未经安全生产教育培训的人员，不得上岗作业。

9.2.5 安全生产检查制度

安全生产检查制度是上级管理部门或企业自身对安全生产状况进行定期或不定期检查的制度。通过检查可以发现问题，查出隐患，从而采取有效措施，堵塞漏洞，把事故消灭在发生之前，做到防患于未然，是“预防为主”的具体体现。通过检查，还可总结出好的经验加以推广，为进一步搞好安全工作打下基础。严格执行安全检查制度是安全生产的保障，也是企业安全生产管理工作的一项重要内容。

9.2.6 安全伤亡事故处理报告制度

《建筑法》第 51 条规定：施工中发生事故时，建筑企业应当采取紧急措施减少人员伤亡和事故损失，并按照国家有关规定及时向有关部门报告。事故处理必须遵循一定的程序，做到“四不放过”，即事故原因不查清不放过，不采取改正措施不放过，责任人和广大群众不受到教育不放过，与事故有关的领导和责任人不受到查处不放过。

9.2.7 安全责任追究制度

《安全生产法》第 14 条规定：国家实行生产安全事故责任追究制度，依照本法和有关法律、法规的规定，追究生产安全事故责任人员的法律责任。建设单位、设计单位、施工单位、监理单位，由于没有履行职责造成人员伤亡和事故损失的，视情节给予相应处理；情节严重的，责令停业整顿，降低资质等级或吊销资质证书；构成犯罪的，依法追究刑事责任。

9.3 建设工程安全生产责任制度

建筑生产涉及方方面面，参与建筑生产活动的各方有建设单位、勘察设计单位、施工单位、工程监理单位等。为了保障建筑生产的安全，参与建筑生产活动的各方均应承担相应的安全生产责任和义务。

9.3.1 建设单位的安全责任和义务

1. 安全责任和义务

(1) 向施工单位提供资料的责任

建设单位应当向施工单位提供施工现场及毗邻区域内供水、排水、供电、供气、供热、通信、广播电视等地下管线资料，气象和水文观测资料，相邻建筑物和构筑物、地下工程的有关资料，并保证资料的真实、准确、完整。

建设单位在提供与建设工程有关的资料有困难时，可以向有关部门或者单位查询，有关部门或者单位应当及时提供。

(2) 依法履行合同的责任

建设单位不得对勘察、设计、施工、工程监理等单位提出不符合建设工程安全生产法律、法规和强制性标准规定的要求，不得压缩合同约定的工期。

建设单位与勘察、设计、施工、工程监理等单位之间是完全平等的合同关系，其对这些单位的要求必须以合同为依据并不得违反相关的法律、法规。

(3) 提供安全生产费用的责任

安全生产需要资金的保证，只有建设单位提供了用于安全生产的费用，施工单位才能改善安全作业环境、落实安全生产措施。因此，建设单位在编制工程概算时，应当确定建设工程安全作业环境及安全施工措施所需费用。

(4) 不得推销劣质材料、设备的责任

建设单位不得明示或者暗示施工单位购买、租赁、使用不符合安全施工要求的安全防护用具、机械设备、施工机具及配件、消防设施和器材。

(5) 提供安全施工措施资料的责任

建设单位在申请领取施工许可证时，应当提供建设工程有关安全施工措施的资料。依法批准开工报告的建设工程，建设单位应当自开工报告批准之日起 15 日内，将保证安全施工的措施报送建设工程所在地的县级以上地方人民政府建设行政主管部门或者其他有关部门备案。

(6) 对拆除工程备案的责任

《建设工程安全生产管理条例》第 11 条规定：建设单位应当将拆除工程发包给具有相应资质等级的施工单位。建设单位在拆除工程施工 15 日前，必须将下列资料报送建设工程所在地的县级以上地方人民政府建设行政主管部门或者其他有关部门备案：

① 施工单位资质等级证明；

② 拟拆除建筑物、构筑物及可能危及毗邻建筑的说明；

③ 拆除施工组织方案；

④ 堆放、清除废弃物的措施。

实施爆破作业的，应当遵守国家有关民用爆炸物品管理的规定。

(7) 特殊作业办理批准手续的责任

《建筑法》第 42 条规定，有下列情形之一的，建设单位应当按照国家有关规定办理申请批准手续：

① 需要临时占用规划批准范围以外场地的；

② 可能损坏道路、管线、电力、邮电通信等公共设施的；

③ 需要临时停水、停电、中断道路交通的；

④ 需要进行爆破作业的；

⑤ 法律、法规规定需要办理报批手续的其他情形。

2. 法律责任

(1) 建设单位未提供建设工程安全生产作业环境及安全施工措施所需费用的，责令限期改正;逾期未改正的,责令该建设工程停止施工。

(2) 建设单位未将保证安全施工的措施或者拆除工程的有关资料报送有关部门备案的,责令限期改正,给予警告。

(3) 建设单位有下列行为之一的,责令限期改正,处20万元以上50万元以下的罚款;造成重大安全事故,构成犯罪的,对直接责任人员,依照刑法有关规定追究刑事责任;造成损失的,依法承担赔偿责任:

① 对勘察、设计、施工、工程监理等单位提出不符合安全生产法律、法规和强制性标准规定的要求的。

② 要求施工单位压缩合同约定的工期的。

③ 将拆除工程发包给不具有相应资质等级的施工单位的。

9.3.2 勘察、设计单位的安全责任和义务

勘察单位的勘察成果文件是设计和施工的基础资料和重要依据,勘察文件的质量直接关系到工程质量和安全性能;设计单位的设计文件质量关系到施工安全操作、安全防护以及作业人员和建设工程的主体结构安全。因此,法律、法规对勘察、设计单位在工程建设活动中应履行的安全义务和应承担的法律责任予以了明确规定。

1. 安全责任和义务

(1) 勘察单位的安全责任和义务

① 勘察单位应当按照法律、法规和工程建设强制性标准进行勘察,提供的勘察文件应当真实、准确,满足建设工程安全生产的需要。

② 勘察单位在勘察作业时,应当严格执行操作规程,采取措施保证各类管线、设施和周边建筑物、构筑物的安全。

(2) 设计单位的安全责任和义务

① 设计单位应当按照法律、法规和工程建设强制性标准进行设计,防止因设计不合理导致生产安全事故的发生。

② 设计单位应当考虑施工安全操作和防护的需要,对涉及施工安全的重点部位和环节在设计文件中注明,并对防范生产安全事故提出指导意见。

③ 采用新结构、新材料、新工艺的建设工程和特殊结构的建设工程,设计单位应当在设计中提出保障施工作业人员安全和预防生产安全事故的措施建议。

④ 设计单位和注册建筑师等注册执业人员应当对其设计负责。

2. 法律责任

勘察单位、设计单位有下列行为之一的,责令限期改正,处10万元以上30万元以下的罚款;情节严重的,责令停业整顿,降低资质等级,直至吊销资质证书;造成重大安全事故,构成犯罪的,对直接责任人员,依照刑法有关规定追究刑事责任;造成损失的,依法承担赔偿责任:

① 未按照法律、法规和工程建设强制性标准进行勘察、设计的。

② 采用新结构、新材料、新工艺的建设工程和特殊结构的建设工程,设计单位未在设计中提出保障施工作业人员安全和预防生产安全事故的措施建议的。

9.3.3 工程监理单位的安全责任和义务

1. 安全责任和义务

(1) 工程监理单位应当审查施工组织设计中的安全技术措施或者专项施工方案是否符合工程建设强制性标准。

施工单位编制的施工组织设计中要包含安全生产技术措施和施工方案,对于达到一定规模的危险性较大的分部分项工程要编制专项施工方案。监理工程师对施工组织设计中的安全技术措施的审查主要是看其是否符合工程建设强制性标准的要求。

(2) 工程监理单位在实施监理过程中,发现存在安全事故隐患的,应当要求施工单位整改;情节严重的,应当要求施工单位暂时停止施工,并及时报告建设单位。施工单位拒不整改或者不停止施工的,工程监理单位应当及时向有关主管部门报告。

(3) 工程监理单位和监理工程师应当按照法律、法规和工程建设强制性标准实施监理,并对建设工程安全生产承担监理责任。

工程监理不仅要对施工质量实行监理,而且还要采取旁站、巡视和平行检验等形式,按照法律、法规和工程建设强制性标准,对施工单位执行安全生产的法律、法规和工程建设强制性标准及落实施工安全技术措施等情况进行监理,对施工现场易发事故的危险源和薄弱环节实行重点监控。

2. 法律责任

工程监理单位有下列行为之一的,责令限期改正;逾期未改正的,责令停业整顿,并处10万元以上30万元以下的罚款;情节严重的,降低资质等级,直至吊销资质证书;造成重大安全事故,构成犯罪的,对直接责任人员,依照刑法有关规定追究刑事责任;造成损失的,依法承担赔偿责任:

(1) 未对施工组织设计中的安全技术措施或者专项施工方案进行审查的。

(2) 发现安全事故隐患未及时要求施工单位整改或者暂时停止施工的。

(3) 施工单位拒不整改或者不停止施工,未及时向有关主管部门报告的。

(4) 未依照法律、法规和工程建设强制性标准实施监理的。

9.3.4 施工单位的安全责任和义务

1. 安全责任和义务

(1) 取得资质证书并在其资质等级许可的范围内承揽工程的安全责任

《安全生产法》第17条规定:生产经营单位应当具备本法和有关法律、行政法规和国家标准或者行业标准规定的安全生产条件;不具备安全生产条件的,不得从事生产经营活动。《建设工程安全生产管理条例》第20条规定:施工单位从事建设工程的新建、扩建、改建和拆除等活动,应当具备国家规定的注册资本、专业技术人员、技术装备和安全生产等条件,依法取得相应等级的资质证书,并在其资质等级许可的范围内承揽工程。

在对施工单位进行资质条件的审查时,除强调具备法律规定的注册资本、专业技术人员和技术装备外,还必须具备基本的安全生产条件。这里的安全生产条件是指施工单位能够满足保障生产经营安全的需要,在正常情况下不会导致人员伤亡和财产损失所必需的各种系统、设施和设备以及与施工相适应的管理组织、制度和技术措施等。施工单位如果不具备相应的安全生产条件,就会存在安全事故隐患,甚至发生生产安全事故。因此,对于不具备安全生产条件的施工单位,不得颁发资质证书,以从根本上防止生产安全事故的发生。

(2) 施工单位主要负责人的安全责任

根据《建设工程安全生产管理条例》第21条的规定:施工单位主要负责人依法对本单位的安全生产工作全面负责。这里的主要负责人并不仅限于施工单位的法定代表人,而是指对施工单位全面负责,有生产决策权的人。施工单位的主要负责人是否真正重视安全生产,对本单位的安全生产具有非常重要的意义。

施工单位的主要负责人应建立、健全本单位安全生产责任制,组织制定本单位安全生产规章制度和操作规程,组织制定并实施本单位安全生产教育和培训计划,保证本单位安全生产投入的有效实施,督促、检查本单位的安全生产工作,及时消除生产安全事故隐患,组织制定并实施本单位的生产安全事故应急救援预案,及时、如实报告生产安全事故。

(3) 施工单位项目负责人的安全责任

施工单位的项目负责人应当由取得相应执业资格的人员担任,对建设工程项目的安全施工负责,落实安全生产责任制度、安全生产规章制度和操作规程,确保安全生产费用的有效使用,并根据工程的特点组织制定安全施工措施,消除生产安全事故隐患,及时、如实报告生产安全事故。

(4) 不得挪用安全生产费用的责任

施工单位对列入建设工程概算的安全作业环境及安全施工措施所需费用,应当用于施工安全防护用具及设施的采购和更新、安全施工措施的落实、安全生产条件的改善,不得挪作他用。

(5) 设立安全生产管理机构、配备专职安全生产管理人员的责任

建筑施工单位应当设立安全生产管理机构、配备专职安全生产管理人员。安全生产管理机构以及安全生产管理人员应当履行下列职责:

① 组织或者参与拟订本单位安全生产规章制度、操作规程和生产安全事故应急救援预案;

② 组织或者参与本单位安全生产教育和培训,如实记录安全生产教育和培训情况;

③ 督促落实本单位重大危险源的安全管理措施;

④ 组织或者参与本单位应急救援演练;

⑤ 检查本单位的安全生产状况,及时排查生产安全事故隐患,提出改进安全生产管理的建议;

⑥ 制止和纠正违章指挥、强令冒险作业、违反操作规程的行为;

⑦ 督促落实本单位安全生产整改措施。

安全生产管理机构以及安全生产管理人员应当恪尽职守,依法履行职责。建筑施工单位做出涉及安全生产的经营决策,应当听取安全生产管理机构以及安全生产管理人员的意见。建筑施工单位不得因安全生产管理人员依法履行职责而降低其工资、福利等待遇或者解除与其订立的劳动合同。

(6) 总承包单位和分包单位的安全责任

建设工程实行施工总承包的,由总承包单位对施工现场的安全生产负总责。总承包单位

应当自行完成建设工程主体结构的施工。

总承包单位依法将建设工程分包给其他单位的，分包合同中应当明确各自的安全生产方面的权利、义务。总承包单位和分包单位对分包工程的安全生产承担连带责任。

分包单位应当服从总承包单位的安全生产管理，分包单位不服从管理导致生产安全事故的，由分包单位承担主要责任。

(7) 安全生产教育培训的责任

① 建筑施工单位的主要负责人和安全生产管理人员必须具备相应的安全生产知识和管理能力，并由主管的负有安全生产监督管理职责的部门对其安全生产知识和管理能力考核合格。

② 建筑施工单位应当对从业人员进行安全生产教育和培训，保证从业人员具备必要的安全生产知识，熟悉有关的安全生产规章制度和安全操作规程，掌握本岗位的安全操作技能，了解事故应急处理措施，知悉自身在安全生产方面的权利和义务。未经安全生产教育和培训合格的从业人员，不得上岗作业。

③ 作业人员进入新的岗位或者新的施工现场前，应当接受安全生产教育培训。未经教育培训或者教育培训考核不合格的人员，不得上岗作业。

④ 施工单位采用新工艺、新技术、新材料或者使用新设备，必须了解、掌握其安全技术特性，采取有效的安全防护措施，并对从业人员进行专门的安全生产教育和培训。

⑤ 垂直运输机械作业人员、安装拆卸工、爆破作业人员、起重信号工、登高架设作业人员等特种作业人员，必须按照国家有关规定经过专门的安全作业培训，取得相应资格，方可上岗作业。

(8) 编制安全技术措施、施工现场临时用电方案以及专项施工方案的责任

《建筑法》第 38 条规定：建筑施工企业在编制施工组织设计时，应当根据建筑工程的特点制定相应的安全技术措施；对专业性较强的工程项目，应当编制专项安全施工组织设计，并采取安全技术措施。

《建设工程安全生产管理条例》第 26 条对此予以了更明确的规定：施工单位应当在施工组织设计中编制安全技术措施和施工现场临时用电方案。对下列达到一定规模的危险性较大的分部分项工程编制专项施工方案，并附具安全验算结果，经施工单位技术负责人、总监理工程师签字后实施，由专职安全生产管理人员进行现场监督：

① 基坑支护与降水工程；

② 土方开挖工程；

③ 模板工程；

④ 起重吊装工程；

⑤ 脚手架工程；

⑥ 拆除、爆破工程；

⑦ 国务院建设行政主管部门或者其他有关部门规定的其他危险性较大的工程。

对上述所列工程中涉及深基坑、地下暗挖工程、高大模板工程的专项施工方案，施工单位还应当组织专家进行论证、审查。

(9) 安全施工技术交底的责任

《建设工程安全生产管理条例》第 27 条规定：建设工程施工前，施工单位负责项目管理的

技术人员应当对有关安全施工的技术要求向施工作业班组、作业人员做出详细说明，并由双方签字确认。

施工前安全施工技术交底的目的是让所有的安全生产从业人员都对安全生产有所了解，最大限度地避免安全事故的发生。交底应逐级进行，做到具体、明确、针对性强。交底应采用书面形式。安全技术交底的主要内容包括工程项目和分部分项工程的概况、危险部位、采取的具体预防措施、作业安全注意事项、安全操作规程、应急措施等。

(10) 施工现场设置安全警示标志的责任

施工单位应当在施工现场入口处、施工起重机械、临时用电设施、脚手架、出入通道口、楼梯口、电梯井口、孔洞口、桥梁口、隧道口、基坑边沿、爆破物及有害危险气体和液体存放处等危险部位，设置明显的安全警示标志。安全警示标志必须符合国家标准。

(11) 施工现场安全防护的责任

施工单位应当根据不同施工阶段和周围环境及季节、气候的变化，在施工现场采取相应的安全施工措施。施工现场暂时停止施工的，施工单位应当做好现场防护，所需费用由责任方承担，或者按照合同约定执行。

(12) 施工现场布置符合安全、文明施工要求的责任

施工单位应当将施工现场的办公、生活区与作业区分开设置，并保持安全距离；办公、生活区的选址应当符合安全性要求。职工的膳食、饮水、休息场所等应当符合卫生标准。施工单位不得在尚未竣工的建筑物内设置员工集体宿舍。

施工现场临时搭建的建筑物应当符合安全使用要求。施工现场使用的装配式活动房屋应当具有产品合格证。

(13) 对周边环境采取防护措施的责任

施工单位对因建设工程施工可能造成损害的毗邻建筑物、构筑物和地下管线等，应当采取专项防护措施。施工单位应当遵守有关环境保护法律、法规的规定，在施工现场采取措施，防止或者减少粉尘、废气、废水、固体废物、噪声、振动和施工照明对人和环境的危害和污染。在城市市区内的建设工程，施工单位应当对施工现场实行封闭围挡。

(14) 施工现场消防安全管理的责任

施工单位应当在施工现场建立消防安全责任制度，确定消防安全责任人，制定用火、用电、使用易燃易爆材料等各项消防安全管理制度和操作规程，设置消防通道、消防水源、配备消防设施和灭火器材，并在施工现场入口处设置明显标志。

(15) 保障从业人员人身安全的责任

施工单位与从业人员订立的劳动合同，应当载明有关保障从业人员劳动安全、防止职业危害的事项，以及依法为从业人员办理工伤保险的事项。施工单位不得以任何形式与从业人员订立协议，免除或者减轻其对从业人员因生产安全事故伤亡依法应承担的责任。

从业人员有权了解其作业场所和工作岗位存在的危险因素、防范措施及事故应急措施，有权对本单位的安全生产工作提出建议。

从业人员有权对本单位安全生产工作中存在的问题提出批评、检举、控告；有权拒绝违章指挥和强令冒险作业。施工单位不得因从业人员对本单位安全生产工作提出批评、检举、控告或者拒绝违章指挥、强令冒险作业而降低其工资、福利等待遇或者解除与其订立的劳动合同。

从业人员发现直接危及人身安全的紧急情况时，有权停止作业或者在采取可能的应急措

施后撤离作业场所。生产经营单位不得因从业人员在上述紧急情况下停止作业或者采取紧急撤离措施而降低其工资、福利等待遇或者解除与其订立的劳动合同。

(16) 采购合格安全防护设备及管理责任

施工单位应当教育和督促从业人员严格执行本单位的安全生产规章制度和安全操作规程，并向从业人员如实告知作业场所和工作岗位存在的危险因素、防范措施以及事故应急措施。施工单位必须为从业人员提供符合国家标准或者行业标准的劳动防护用品，并监督、教育从业人员按照使用规则佩戴、使用。作业人员应当遵守安全施工的强制性标准、规章制度和操作规程，正确使用安全防护用具、机械设备等。

施工单位采购、租赁的安全防护用具、机械设备、施工机具及配件，应当具有生产(制造)许可证、产品合格证，并在进入施工现场前进行查验。施工现场的安全防护用具、机械设备、施工机具及配件必须由专人管理，定期进行检查、维修和保养，建立相应的资料档案，并按照国家有关规定及时报废。

(17) 起重机械设备的验收、登记责任

施工单位在使用施工起重机械和整体提升脚手架、模板等自升式架设设施前，应当组织有关单位进行验收，也可以委托具有相应资质的检验检测机构进行验收；使用承租的机械设备和施工机具及配件的，由施工总承包单位、分包单位、出租单位和安装单位共同进行验收。验收合格的方可使用。

施工单位应当自施工起重机械和整体提升脚手架、模板等自升式架设设施验收合格之日起 30 日内，向建设行政主管部门或者其他有关部门登记。登记标志应当置于或者附着于该设备的显著位置。

(18) 办理保险的责任

建筑施工企业应当依法为职工参加工伤保险缴纳工伤保险费。鼓励企业为从事危险作业的职工办理意外伤害保险，支付保险费。国家鼓励企业投保安全生产责任保险。

2. 法律责任

(1) 挪用安全生产费用的法律责任

施工单位挪用列入建设工程概算的安全生产作业环境及安全施工措施所需费用的，责令限期改正，处挪用费用 20%以上 50%以下的罚款；造成损失的，依法承担赔偿责任。

(2) 违反施工现场管理的法律责任

施工单位有下列行为之一的，责令限期改正；逾期未改正的，责令停业整顿，并处 5 万元以上 10 万元以下的罚款；造成重大安全事故，构成犯罪的，对直接责任人员，依照刑法有关规定追究刑事责任：

① 施工前未对有关安全施工的技术要求做出详细说明的；

② 未根据不同施工阶段和周围环境及季节、气候的变化，在施工现场采取相应的安全施工措施，或者在城市市区内的建设工程的施工现场未实行封闭围挡的；

③ 在尚未竣工的建筑物内设置员工集体宿舍的；

④ 施工现场临时搭建的建筑物不符合安全使用要求的；

⑤ 未对因建设工程施工可能造成损害的毗邻建筑物、构筑物和地下管线等采取专项防护措施的。

施工单位有上述规定的第④项、第⑤项行为，造成损失的，依法承担赔偿责任。

(3) 违反安全设施管理规定及未编制安全技术措施的法律责任

施工单位有下列行为之一的，责令限期改正；逾期未改正的，责令停业整顿，并处 10 万元以上 30 万元以下的罚款；情节严重的，降低资质等级，直至吊销资质证书；造成重大安全事故，构成犯罪的，对直接责任人员，依照刑法有关规定追究刑事责任；造成损失的，依法承担赔偿责任：

① 安全防护用具、机械设备、施工机具及配件在进入施工现场前未经查验或者查验不合格即投入使用的；

② 使用未经验收或者验收不合格的施工起重机械和整体提升脚手架、模板等自升式架设设施的；

③ 委托不具有相应资质的单位承担施工现场安装、拆卸施工起重机械和整体提升脚手架、模板等自升式架设设施的；

④ 在施工组织设计中未编制安全技术措施、施工现场临时用电方案或者专项施工方案的。

(4) 施工单位的主要负责人、项目负责人不履行安全生产管理职责的法律责任

施工单位的主要负责人、项目负责人未履行安全生产管理职责的，责令限期改正；逾期未改正的，责令施工单位停业整顿；造成重大安全事故、重大伤亡事故或者其他严重后果，构成犯罪的，依照刑法有关规定追究刑事责任。

施工单位的主要负责人、项目负责人有上述违法行为，尚不够刑事处罚的，处 2 万元以上 20 万元以下的罚款或者按照管理权限给予撤职处分；自刑罚执行完毕或者受处分之日起，5 年内不得担任任何施工单位的主要负责人、项目负责人。

(5) 作业人员违章作业的法律责任

作业人员不服管理、违反规章制度和操作规程冒险作业造成重大伤亡事故或者其他严重后果，构成犯罪的，依照刑法有关规定追究刑事责任。

(6) 降低安全生产条件的法律责任

施工单位取得资质证书后，降低安全生产条件的，责令限期改正；经整改仍未达到与其资质等级相适应的安全生产条件的，责令停业整顿，降低其资质等级，直至吊销资质证书。

(7) 其他法律责任

施工单位有下列行为之一的，责令限期改正；逾期未改正的，责令停业整顿，依照《安全生产法》的有关规定处以罚款；造成重大安全事故，构成犯罪的，对直接责任人员，依照刑法有关规定追究刑事责任：

① 未设立安全生产管理机构、配备专职安全生产管理人员，或者分部分项工程施工时无专职安全生产管理人员现场监督的；

② 施工单位的主要负责人、项目负责人、专职安全生产管理人员、作业人员或者特种作业人员，未经安全教育培训或者经考核不合格即从事相关工作的；

③ 未在施工现场的危险部位设置明显的安全警示标志，或者未按照国家有关规定在施工现场设置消防通道、消防水源、配备消防设施和灭火器材的；

④ 未向作业人员提供安全防护用具和安全防护服装的；

⑤ 未按照规定在施工起重机械和整体提升脚手架、模板等自升式架设设施验收合格后登记的；

⑥ 使用国家明令淘汰、禁止使用的危及施工安全的工艺、设备、材料的。

9.3.5 其他相关单位的安全责任和义务

1. 机械设备和配件供应单位的安全责任和义务

为建设工程提供机械设备和配件的单位，应当按照安全施工的要求配备齐全有效的保险、限位等安全设施和装置。

2. 机械设备和施工机具及配件出租单位的安全责任和义务

出租的机械设备和施工机具及配件，应当具有生产(制造)许可证、产品合格证。出租单位应当对出租的机械设备和施工机具及配件的安全性能进行检测，在签订租赁协议时，应当出具检测合格证明。禁止出租检测不合格的机械设备和施工机具及配件。

3. 施工起重机械和自升式架设设施安装、拆卸单位的安全责任和义务

施工起重机械和自升式架设设施等的安装、拆卸属于特殊专业施工，具有高度的危险性，容易造成重大伤亡事故，因此，《建设工程安全生产管理条例》明确规定，在施工现场安装、拆卸施工起重机械和整体提升脚手架、模板等自升式架设设施，必须由具有相应资质的单位承担。安装、拆卸施工起重机械和整体提升脚手架、模板等自升式架设设施，应当编制拆装方案、制定安全施工措施，并由专业技术人员现场监督。施工起重机械和整体提升脚手架、模板等自升式架设设施安装完毕后，安装单位应当自检，出具自检合格证明，并向施工单位进行安全使用说明，办理验收手续并签字。

4. 施工起重机械和自升式架设设施检验检测机构的安全责任和义务

施工起重机械和整体提升脚手架、模板等自升式架设设施的使用达到国家规定的检验检测期限的，必须经具有专业资质的检验检测机构检测。经检测不合格的，不得继续使用。

检验检测机构对检测合格的施工起重机械和整体提升脚手架、模板等自升式架设设施，应当出具安全合格证明文件，并对检测结果负责。

5. 法律责任

(1) 为建设工程提供机械设备和配件的单位，未按照安全施工的要求配备齐全有效的保险、限位等安全设施和装置的，责令限期改正，处合同价款 1 倍以上 3 倍以下的罚款；造成损失的，依法承担赔偿责任。

(2) 出租单位出租未经安全性能检测或者经检测不合格的机械设备和施工机具及配件的，责令停业整顿，并处 5 万元以上 10 万元以下的罚款；造成损失的，依法承担赔偿责任。

(3) 施工起重机械和整体提升脚手架、模板等自升式架设设施安装、拆卸单位有下列行为之一的，责令限期改正，处 5 万元以上 10 万元以下的罚款；情节严重的，责令停业整顿，降低资质等级，直至吊销资质证书；造成损失的，依法承担赔偿责任：

① 未编制拆装方案、制订安全施工措施的；

② 未由专业技术人员现场监督的；

③ 未出具自检合格证明或者出具虚假证明的；

④ 未向施工单位进行安全使用说明，办理验收手续并签字的。

施工起重机械和整体提升脚手架、模板等自升式架设设施安装、拆卸单位有上述规定的第①项、第③项行为，经有关部门或者单位职工提出后，对事故隐患仍不采取措施，因而发生重大伤亡事故或者造成其他严重后果，构成犯罪的，对直接责任人员，依照刑法有关规定追究刑事责任。

9.4 安全事故的应急救援与处理

9.4.1 安全事故的应急救援

建筑业属于事故多发的行业之一。由于建设工程中安全事故的发生不可能完全杜绝，在加强施工安全监督管理、坚持预防为主的同时，为了减少建设工程安全事故中的人员伤亡和财产损失，必须在事故发生以前，未雨绸缪，制定好应急救援的措施，一旦发生事故，可以在最短的时间内，将损失降低到最小。

《安全生产法》对生产安全事故的紧急救援进行了明确规定。县级以上地方各级人民政府应当组织有关部门制定本行政区域内生产安全事故应急救援预案，建立应急救援体系。生产经营单位应当制定本单位生产安全事故应急救援预案，与所在地县级以上地方人民政府组织制定的生产安全事故应急救援预案相衔接，并定期组织演练。应急救援预案是指事先制定的关于特大生产安全事故发生时进行紧急救援的组织、程序、措施、责任以及协调等方面的方案和计划。

《安全生产法》进一步规定，建筑施工单位应当建立应急救援组织；生产经营规模较小的，可以不建立应急救援组织，但应当指定兼职的应急救援人员。建筑施工单位应当配备必要的应急救援器材、设备，并进行经常性维护、保养，保证正常运转。《建设工程安全生产管理条例》在其基础上做出了更详细的规定。施工单位应当制定本单位生产安全事故应急救援预案，建立应急救援组织或者配备应急救援人员，配备必要的应急救援器材、设备，并定期组织演练。施工单位应当根据建设工程施工的特点、范围，对施工现场易发生重大事故的部位、环节进行监控，制定施工现场生产安全事故应急救援预案。实行施工总承包的，由总承包单位统一组织编制建设工程生产安全事故应急救援预案，工程总承包单位和分包单位按照应急救援预案，各自建立应急救援组织或者配备应急救援人员，配备救援器材、设备，并定期组织演练。

9.4.2 安全事故的报告

9.4.2.1 安全事故的等级

根据生产安全事故造成的人员伤亡或者直接经济损失，事故一般分为以下等级：

(1) 特别重大事故，是指造成30人以上死亡，或者100人以上重伤(包括急性工业中毒，下同)，或者1亿元以上直接经济损失的事故；

(2) 重大事故，是指造成10人以上30人以下死亡，或者50人以上100人以下重伤，或者5000万元以上1亿元以下直接经济损失的事故；

(3) 较大事故，是指造成3人以上10人以下死亡，或者10人以上50人以下重伤，或者1000万元以上5000万元以下直接经济损失的事故；

(4) 一般事故，是指造成3人以下死亡，或者10人以下重伤，或者1000万元以下直接经济损失的事故。

国务院安全生产监督管理部门可以会同国务院有关部门，制定事故等级划分的补充性规定。

这里所称的“以上”包括本数，所称的“以下”不包括本数。

9.4.2.2 安全事故的报告

1.《安全生产法》、《建筑法》、《建设工程安全生产管理条例》中关于安全事故报告的规定

《安全生产法》对安全事故报告制度予以了明确规定：

(1) 生产经营单位发生生产安全事故后，事故现场有关人员应当立即报告本单位负责人。单位负责人接到事故报告后，应当迅速采取有效措施，组织抢救，防止事故扩大，减少人员伤亡和财产损失，并按照国家有关规定立即如实报告当地负有安全生产监督管理职责的部门。不得隐瞒不报、谎报或者拖延不报，不得故意破坏事故现场、毁灭有关证据。

(2) 负有安全生产监督管理职责的部门接到事故报告后，应当立即按照国家有关规定上报事故情况。负有安全生产监督管理职责的部门和有关地方人民政府对事故情况不得隐瞒不报、谎报或者拖延不报。

(3) 有关地方人民政府和负有安全生产监督管理职责的部门的负责人接到重大生产安全事故报告后，应当立即赶到事故现场，组织事故抢救。参与事故抢救的部门和单位应当服从统一指挥，加强协同联动，采取有效的应急救援措施，并根据事故救援的需要采取警戒、疏散等措施，防止事故扩大和次生灾害的发生，减少人员伤亡和财产损失。事故抢救过程中应当采取必要措施，避免或者减少对环境造成的危害。任何单位和个人都应当支持、配合事故抢救，并提供一切便利条件。

《建筑法》规定：施工中发生事故时，建筑施工企业应当采取紧急措施减少人员伤亡和事故损失，并按照国家有关规定及时向有关部门报告。

《建设工程安全生产管理条例》进一步规定：施工单位发生生产安全事故，应当按照国家有关伤亡事故报告和调查处理的规定，及时、如实地向负责安全生产监督管理的部门、建设行政主管部门或者其他有关部门报告；特种设备发生事故的，还应当同时向特种设备安全监督管理部门报告。接到报告的部门应当按照国家有关规定，如实上报。实行施工总承包的建设工程，由总承包单位负责上报事故。

2.《生产安全事故报告和调查处理条例》中关于安全事故报告的规定

《生产安全事故报告和调查处理条例》在《安全生产法》的基础上对安全事故报告进行了更为详细的规定。

(1) 事故单位的报告

事故发生后，事故现场有关人员应当立即向本单位负责人报告；单位负责人接到报告后，应当于1小时内向事故发生地县级以上人民政府安全生产监督管理部门和负有安全生产监督管理职责的有关部门报告。

情况紧急时，事故现场有关人员可以直接向事故发生地县级以上人民政府安全生产监督管理部门和负有安全生产监督管理职责的有关部门报告。

(2) 监管部门的报告

安全生产监督管理部门和负有安全生产监督管理职责的有关部门接到事故报告后，应当依照下列规定上报事故情况，并通知公安机关、劳动保障行政部门、工会和人民检察院：①特别重大事故、重大事故逐级上报至国务院安全生产监督管理部门和负有安全生产监督管理职责的有关部门；②较大事故逐级上报至省、自治区、直辖市人民政府安全生产监督管理部门和负有安全生产监督管理职责的有关部门；③一般事故上报至设区的市级人民政府安全生产监督管理部门和负有安全生产监督管理职责的有关部门。

安全生产监督管理部门和负有安全生产监督管理职责的有关部门依照上述规定上报事故情况，应当同时报告本级人民政府。国务院安全生产监督管理部门和负有安全生产监督管理职责的有关部门以及省级人民政府接到发生特别重大事故、重大事故的报告后，应当立即报告国务院。

必要时，安全生产监督管理部门和负有安全生产监督管理职责的有关部门可以越级上报事故情况。

安全生产监督管理部门和负有安全生产监督管理职责的有关部门逐级上报事故情况，每级上报的时间不得超过2小时。

(3) 事故报告的内容

报告事故应当包括以下内容：①事故发生单位概况；②事故发生的时间、地点以及事故现场情况；③事故的简要经过；④事故已经造成或者可能造成的伤亡人数(包括下落不明的人数)和初步估计的直接经济损失；⑤已经采取的措施；⑥其他应当报告的情况。

事故报告后出现新情况的，应当及时补报。自事故发生之日起30日内，事故造成的伤亡人数发生变化的，应当及时补报。道路交通事故、火灾事故自发生之日起7日内，事故造成的伤亡人数发生变化的，应当及时补报。

(4) 接到事故报告后应采取的措施

事故发生单位负责人接到事故报告后，应当立即启动事故相应应急预案，或者采取有效措施，组织抢救，防止事故扩大，减少人员伤亡和财产损失。

事故发生地有关地方人民政府、安全生产监督管理部门和负有安全生产监督管理职责的有关部门接到事故报告后，其负责人应当立即赶赴事故现场，组织事故救援。

事故发生后，有关单位和人员应当妥善保护事故现场以及相关证据，任何单位和个人不得破坏事故现场、毁灭相关证据。因抢救人员、防止事故扩大以及疏通交通等原因，需要移动事故现场物件的，应当做出标志，绘制现场简图并做出书面记录，妥善保存现场重要痕迹、物证。

事故发生地公安机关根据事故的情况，对涉嫌犯罪的，应当依法立案侦查，采取强制措施和侦查措施。犯罪嫌疑人逃匿的，公安机关应当迅速追捕归案。

9.4.3 安全事故的调查处理

事故调查处理应当按照科学严谨、依法依规、实事求是、注重实效的原则，及时、准确地查清事故原因，查明事故性质和责任，总结事故教训，提出整改措施，并对事故责任者提出处理意见。事故调查报告应当依法及时向社会公布。事故发生单位应当及时全面落实整改措施，负有安全生产监督管理职责的部门应当加强监督检查。

生产经营单位发生生产安全事故，经调查确定为责任事故的，除了应当查明事故单位的责任并依法予以追究外，还应当查明对安全生产的有关事项负有审查批准和监督职责的行政部门的责任，对有失职、渎职行为的，依照规定追究法律责任。任何单位和个人不得阻挠和干涉对事故的依法调查处理。

1. 事故调查的管辖

特别重大事故由国务院或者国务院授权有关部门组织事故调查组进行调查。重大事故、较大事故、一般事故分别由事故发生地省级人民政府、设区的市级人民政府、县级人民政府负责调查。省级人民政府、设区的市级人民政府、县级人民政府可以直接组织事故调查组进行调查，也可以授权或者委托有关部门组织事故调查组进行调查。未造成人员伤亡的一般事故，县级人民政府也可以委托事故发生单位组织事故调查组进行调查。

上级人民政府认为必要时，可以调查由下级人民政府负责调查的事故。自事故发生之日起 30 日内(道路交通事故、火灾事故自发生之日起 7 日内)，因事故伤亡人数变化导致事故等级发生变化，依照规定应当由上级人民政府负责调查的，上级人民政府可以另行组织事故调查组进行调查。

特别重大事故以下等级的事故，事故发生地与事故发生单位不在同一个县级以上行政区域的，由事故发生地人民政府负责调查，事故发生单位所在地人民政府应当派人参加。

2. 事故调查组的组成

事故调查组的组成应当遵循精简、效能的原则。根据事故的具体情况，事故调查组由有关人民政府、安全生产监督管理部门、负有安全生产监督管理职责的有关部门、监察机关、公安机关以及工会派人组成，并应当邀请人民检察院派人参加。事故调查组可以聘请有关专家参与调查。

事故调查组成员应当具有事故调查所需要的知识和专长，并与所调查的事故没有直接利害关系。

事故调查组组长由负责事故调查的人民政府指定。事故调查组组长主持事故调查组的工作。

3. 事故调查组的职责

事故调查组应当履行下列职责：

(1) 查明事故发生的经过、原因、人员伤亡情况及直接经济损失；

(2) 认定事故的性质和事故责任；

(3) 提出对事故责任者的处理建议；

(4) 总结事故教训，提出防范和整改措施；

(5) 提交事故调查报告。

4. 事故调查的实施

事故调查组有权向有关单位和个人了解与事故有关的情况，并要求其提供相关文件、资料，有关单位和个人不得拒绝。事故发生单位的负责人和有关人员在事故调查期间不得擅离职守，并应当随时接受事故调查组的询问，如实提供有关情况。事故调查中发现涉嫌犯罪的，事故调查组应当及时将有关材料或者其复印件移交司法机关处理。

事故调查中需要进行技术鉴定的，事故调查组应当委托具有国家规定资质的单位进行技术鉴定。必要时，事故调查组可以直接组织专家进行技术鉴定。技术鉴定所需时间不计入事故调查期限。

事故调查组成员在事故调查工作中应当诚信公正、恪尽职守，遵守事故调查组的纪律，保守事故调查的秘密。未经事故调查组组长允许，事故调查组成员不得擅自发布有关事故的信息。

5. 事故调查报告

事故调查组应当自事故发生之日起 60 日内提交事故调查报告；特殊情况下，经负责事故调查的人民政府批准，提交事故调查报告的期限可以适当延长，但延长的期限最长不超过60日。

事故调查报告应当包括下列内容：

(1) 事故发生单位概况；

(2) 事故发生经过和事故救援情况；

(3) 事故造成的人员伤亡和直接经济损失；

(4) 事故发生的原因和事故性质；

(5) 事故责任的认定以及对事故责任者的处理建议；

(6) 事故防范和整改措施。

事故调查报告应当附具有关证据材料。事故调查组成员应当在事故调查报告上签名。

事故调查报告报送负责事故调查的人民政府后，事故调查工作即告结束。事故调查的有关资料应当归档保存。

6. 安全事故的处理

重大事故、较大事故、一般事故，负责事故调查的人民政府应当自收到事故调查报告之日起15日内做出批复；特别重大事故，30日内做出批复，特殊情况下，批复时间可以适当延长，但延长的时间最长不超过30日。

有关机关应当按照人民政府的批复，依照法律、行政法规规定的权限和程序，对事故发生单位和有关人员进行行政处罚，对负有事故责任的国家工作人员进行处分。事故发生单位应当按照负责事故调查的人民政府的批复，对本单位负有事故责任的人员进行处理。负有事故责任的人员涉嫌犯罪的，依法追究刑事责任。

事故发生单位应当认真吸取事故教训，落实防范和整改措施，防止事故再次发生。防范和整改措施的落实情况应当接受工会和职工的监督。安全生产监督管理部门和负有安全生产监督管理职责的有关部门应当对事故发生单位落实防范和整改措施的情况进行监督检查。

事故处理的情况由负责事故调查的人民政府或者其授权的有关部门、机构向社会公布，依法应当保密的除外。

相关案例

【案情简介】

2016年某施工单位现场施工人员在安装某基站发射塔时，由于铁塔塔基底座12个螺栓和螺母有11个不配套，导致其中11个螺母安装不上。为赶工程进度，3名施工人员在铁塔底座没有固定、现场无监理人员和安全管理人员的情况下，仍然坚持上塔作业。当铁塔安装到25 m左右，因铁塔的底座螺丝固定不到位、拉绳的拉力及作业人员的作用力等因素导致铁塔重心偏离，铁塔往拉绳方向倾倒，在塔上作业的3人随塔倾倒摔下被砸死，在塔下拉绳的1人也被倒下的铁塔砸死。造成直接经济损失90万元。

【案件分析】

某市人民政府对事故发生认定的直接原因为：铁塔安装严重违规操作。间接原因认定为：(1)施工方某公司违反《安全生产法》的规定，在登高架设作业中没有配备专职安全生产管理人员对施工现场进行安全管理，未对施工人员进行岗前安全培训；(2)某监理单位在施工方未按程序及时通知的情况下，也未及时派监理人员到现场进行工程监理。

建设单位、施工单位片面追求进度和降低工程成本，忽视安全生产，负有管理责任。施工单位无视监理制度，开工不报告，进场材料不报验，在施工条件不具备、安全防护措施不落实的情况下强行施工，施工现场人员违章指挥等导致最终事故的发生，应负主要责任。监理人员未能对擅自开工的行为果断采取处置措施，也应承担相应的责任。

【案件评析】

这是一起典型的多方过失引起的较大安全事故。该事故是因铁塔安装严重违规操作、施工现场安全监理不到位、作业人员缺乏基本的安全意识而造成的物体打击类较大安全责任事故。之所以发生这样的事故，一是工程建设各方主体安全生产责任不落实，安全生产措施不得力；二是施工现场安全生产管理不到位，专职安全员不到岗，施工作业人员违规违章操作行为严重；三是企业安全培训教育未全覆盖，一线施工人员缺乏基本安全生产意识，安全防护和救援常识严重缺乏；四是监理单位未严格履行监理责任，现场安全管理不到位，对施工企业的习惯性违章作业没有采取制止措施；五是建设单位对施工方和监理方未按规定严格要求，未尽到对施工、监理单位安全生产工作的检查、协调责任。

复习思考题

1. 简述建设工程安全生产管理的基本制度。
2. 简述建设工程的安全生产管理体系。
3. 简述建设单位的安全责任和义务。
4. 简述施工单位的安全责任和义务。
5. 生产安全事故分为哪几个等级？
6. 简述生产安全事故的报告程序。
7. 简述生产安全事故的调查程序。

10 房地产法律制度

房地产是指房产和地产的总称。房产是指固定于土地上的具有独立使用功能并且有一定经济意义的房屋及其附属建筑物和构筑物。地产是指作为土地所有权或土地使用权的具有一定经济意义的土地及其附属物。改革开放以来，我国的房地产业得到了空前发展，已经成为国民经济的支柱产业。为了加强对房地产的管理，维护房地产市场秩序，促进房地产业的健康发展，国家制定了许多有关房地产的法规。现行的房地产法规主要有《城市房地产管理法》、《物业管理条例》、《城市房地产开发经营管理条例》、《房地产开发企业资质管理规定》、《物业服务企业资质管理办法》、《商品房预售管理办法》、《城市房地产转让管理规定》、《城市房地产抵押管理办法》、《商品房屋租赁管理办法》等。

10.1 房地产开发经营管理制度

10.1.1 房地产开发经营概述

房地产开发是指在依法取得国有土地使用权的土地上进行基础设施、房屋建设的行为。房地产开发是一项高投入、高风险的投资经营活动，也是一项涉及面较广的经济活动，对国计民生具有重大影响，因此国家通过立法及其他手段对其加以调控管理。

房地产开发经营是指房地产开发企业在城市规划区内国有土地上进行基础设施建设、房屋建设，并转让房地产开发项目或者销售、出租商品房的行为。房地产开发经营应当按照经济效益、社会效益、环境效益相统一的原则，实行全面规划、合理布局、综合开发、配套建设。

国务院建设行政主管部门负责全国房地产开发经营活动的监督管理工作。县级以上地方人民政府房地产开发主管部门负责本行政区域内房地产开发经营活动的监督管理工作。县级以上地方人民政府负责土地管理工作的部门依照有关法律、行政法规的规定，负责与房地产开发经营有关的土地管理工作。

10.1.2 房地产开发项目管理

1. 房地产开发项目的确定

房地产开发项目的确定必须符合以下要求：

(1) 确定房地产开发项目，应当符合土地利用总体规划、年度建设用地计划和城市规划、房地产开发年度计划的要求；按照国家有关规定需要经计划主管部门批准的，还应当报计划主管部门批准，并纳入年度固定资产投资计划。

(2) 确定房地产开发项目，应当坚持旧区改建和新区建设相结合的原则，注重开发基础设施薄弱、交通拥挤、环境污染严重以及危旧房屋集中的区域，保护和改善城市生态环境，保护历史文化遗产。

2. 房地产开发用地的取得

房地产开发用地应当以出让方式取得，但是法律和国务院规定可以采用划拨方式的除外。土地使用权出让或者划拨前，县级以上地方人民政府城市规划行政主管部门和房地产开发主管部门应当对下列事项提出书面意见，作为土地使用权出让或者划拨的依据之一：

(1) 房地产开发项目的性质、规模和开发期限；

(2) 城市规划设计条件；

(3) 基础设施和公共设施的建设要求；

(4) 基础设施建成后的产权界定；

(5) 项目拆迁补偿、安置要求。

3. 房地产开发项目的开发建设

《城市房地产开发经营管理条例》对房地产开发项目在开发建设中的问题进行了明确规定，主要包括以下内容：

(1) 资本金制度

房地产开发项目应当建立资本金制度，资本金占项目总投资的比例不得低于20%。

(2) 房地产开发项目的开发建设应当统筹安排配套基础设施，并根据先地下、后地上的原则实施。

(3) 按约定用途、限期开发建设

房地产开发企业应当按照土地使用权出让合同约定的土地用途、动工开发期限进行项目开发建设。出让合同约定的动工开发期限满1年未动工开发的，可以征收相当于土地使用权出让金20%以下的土地闲置费；满2年未动工开发的，可以无偿收回土地使用权。但是，因不可抗力或者政府、政府有关部门的行为或者动工开发必需的前期工作造成动工迟延的除外。上述立法目的有二：一是禁止房地产开发企业在房地产开发中擅自改变土地用途，侵害国家利益，扰乱房地产市场秩序；二是禁止或限制房地产开发企业闲置土地，造成土地资源的浪费。

(4) 房地产开发项目的质量责任

房地产开发企业开发建设的房地产项目，应当符合有关法律、法规的规定和建筑工程质量、安全标准，建筑工程勘察、设计、施工的技术规范以及合同的约定。房地产开发企业应当对其开发建设的房地产开发项目的质量承担责任。勘察、设计、施工、监理等单位应当依照有关法律、法规的规定或者合同的约定，承担相应的责任。

(5) 房地产开发项目的竣工验收

房地产开发项目竣工，经验收合格后，方可交付使用；未经验收或者验收不合格的，不得交付使用。

房地产开发项目竣工后，房地产开发企业应当向项目所在地的县级以上地方人民政府房地产开发主管部门提出竣工验收申请。房地产开发主管部门应当自收到竣工验收申请之日起30日内，对涉及公共安全的内容，组织工程质量监督、规划、消防、人防等有关部门或者单位进行验收。

住宅小区等群体房地产开发项目竣工，应当依照下列要求进行综合验收，实行分期开发的，可以分期验收：

① 城市规划设计条件的落实情况；

② 城市规划要求配套的基础设施和公共设施的建设情况；

③ 单项工程的工程质量验收情况；

④ 拆迁安置方案的落实情况；

⑤ 物业管理的落实情况。

(6) 项目手册制度

房地产开发企业应当将房地产开发项目建设过程中的主要事项记录在房地产开发项目手册中，并定期送房地产开发主管部门备案。

房地产开发项目实行的项目手册制度，是政府行政管理部门对房地产开发企业是否按照法律法规、是否按照合同约定进行开发建设而建立的一项动态管理制度。其目的主要是在项目实施过程中对房地产开发企业的开发活动进行监控，保护消费者的合法权益。

10.1.3 房地产开发企业管理

10.1.3.1 房地产开发企业的概念

房地产开发企业，也称为房地产开发商，是指依法设立的具有企业法人资格的经济实体，它以营利为目的，从事房地产开发和经营。按照房地产开发业务在企业经营范围中地位的不同，可将房地产开发企业分为房地产开发专营企业、兼营企业和项目公司。

10.1.3.2 房地产开发企业的设立条件和程序

1. 房地产开发企业的设立条件

设立房地产开发企业，应当具备以下条件：

(1) 有自己的名称和组织机构。

(2) 有固定的经营场所。

(3) 有符合国务院规定的注册资本。房地产开发企业是资金密集型行业，对其注册资金的要求高于一般经营性、劳务性、中介性的企业。目前住建部按房地产开发企业的资质等级不同规定了不同的注册资本要求，这有助于扼制房地产开发领域过于严重的投机态势，降低房地产投资风险，保障交易安全。

(4) 有足够的专业技术人员。房地产开发是一项专业性很强的经营活动。房地产开发企业拥有足够的专业技术人员是保障开发项目产品的安全及开发中其他社会效益和环境效益实现的必要条件。

(5) 法律、行政法规规定的其他条件。

2. 房地产开发企业的设立程序

设立房地产开发企业应按照以下程序进行：

(1) 设立房地产开发企业，应当向县级以上人民政府工商行政管理部门申请登记。工商行政管理部门对符合法定条件的，应当自收到申请之日起 30 日内予以登记，发给营业执照。对不符合条件不予登记的，应当说明理由。工商行政管理部门在对设立房地产开发企业申请登记进行审查时，应当听取同级房地产开发主管部门的意见。设立有限责任公司、股份有限公司，从事房地产开发经营的，还应当执行公司法的有关规定。

(2) 房地产开发企业自领取营业执照之日起 30 日内，持下列文件到登记机关所在地的县级以上人民政府房地产开发主管部门备案：①营业执照复印件；②企业章程；③验资证明；④企业法定代表人的身份证明;⑤专业技术人员的资格证书和聘用合同。

上述规定主要是为了协调企业设立中,一般行政管理(工商行政管理关系)与特殊行政管理(房地产开发行业管理)的关系。

10.1.3.3 房地产开发企业的资质等级与管理

房地产开发主管部门根据房地产开发企业的注册资本、专业技术人员和开发经营业绩等,对房地产开发企业核定资质等级。目前我国房地产开发企业资质等级分为一、二、三、四级。

房地产开发企业资质等级实行分级审批,一级资质由省、自治区、直辖市人民政府建设行政主管部门初审,报国务院建设行政主管部门审批;二级资质及二级资质以下企业的审批办法由省、自治区、直辖市人民政府建设行政主管部门制定。经资质审查合格的企业,由资质审批部门发给相应等级的资质证书。

一级资质的房地产开发企业承担房地产项目的建设规模不受限制,可以在全国范围承揽房地产开发项目。二级资质及二级资质以下的房地产开发企业可以承担建筑面积25万平方米以下的开发建设项目,承担业务的具体范围由省、自治区、直辖市人民政府建设行政主管部门确定。各资质等级企业应当在规定的业务范围内从事房地产开发经营业务,不得越级承担任务。

10.2 房地产交易制度

10.2.1 房地产交易

1. 房地产交易概述

房地产交易是指房地产交易主体之间以房地产这种特殊商品作为交易对象所从事的市场交易活动。按交易形式的不同,房地产交易可分为房地产转让、房地产抵押和房屋租赁。由于房地产本身是不可移动的特殊商品,房地产交易的内容、方式比较复杂,而且交易金额大,涉及面广,因此国家对房地产的交易条件、交易程序及相关手续进行了专门规范。

2. 房地产交易的一般规则

(1) 房屋产权与土地产权一同交易原则

房地产转让、抵押时,房屋的所有权和该房屋占用范围内的土地使用权同时转让、抵押。房屋产权与土地产权是不能分割的,同一房地产的房屋所有权与土地使用权只能由同一主体享有,而不能由两个主体分别享有;如果由两个主体分别享有,他们的权利就会发生冲突,各自的权利都无法行使。在房地产交易中只有遵循这一规则,才能保障交易的安全、公平。

(2) 房地产价格评估制度

我国刚刚建立市场机制,目前仍未形成合理的完全市场化的房地产价格体系,我国房地产价格构成复杂,非经专业评估难以恰当确定,因此《城市房地产管理法》第33条规定:国家实行房地产价格评估制度。房地产价格评估应遵循公正、公平、公开的原则,按照国家规定的技术标准和评估程序,以基准地价、标定地价和各类房屋的重置价格为基础,参照当地的市场价格进行评估。

(3) 房地产成交价格申报制度

房地产交易当事人转让房地产时,应当向房地产所在地的县级以上人民政府房地产管理部门如实申报成交价格,不得瞒报或做不实申报。实施该制度的意义在于进行房地产交易要依法缴纳各种税费,当事人申报的成交价格是缴纳税费的依据。当事人申报的成交价格明显低于正常市场价格的,以评估价格作为计算税费的依据。

(4) 房地产权属登记制度

房地产转让、抵押,当事人应当依照法律规定办理权属登记。房地产的特殊性决定了实际占有或签订合同都难以成为判断房地产权利变动的公示方式,因此多采用登记公示的方法来彰示其权利的变动。

10.2.2 房地产转让

1. 房地产转让的概念

房地产转让是指房地产权利人通过买卖、赠与或者其他合法方式将其房地产转移给他人的行为。房地产转让的实质是房地产权属发生转移。这里所说的其他合法方式,主要包括下列行为:

(1) 以房地产作价入股、与他人成立企业法人,房地产权属发生变更的。

(2) 一方提供土地使用权,另一方或者多方提供资金,合资、合作开发经营房地产,而使房地产权属发生变更的。

(3) 因企业被收购、兼并或合并,房地产权属随之转移的。

(4) 以房地产抵债的。

(5) 法律、法规规定的其他情形。

2. 禁止转让的房地产

房地产交易客体具有合法性,是房地产转让行为合法的基本前提。根据《城市房地产管理法》第38条的规定,下列房地产不得转让:

(1) 以出让方式取得土地使用权的,不符合下列规定条件的:按照出让合同约定已经支付全部土地使用权出让金,并取得土地使用权证书;按照出让合同约定进行投资开发,属于房屋建设工程的,完成开发投资总额的25%以上,属于成片开发土地的,形成工业用地或者其他建设用地条件。转让房地产时房屋已经建成的,还应当持有房屋所有权证书。

(2) 司法机关和行政机关依法裁定、决定查封或者以其他形式限制房地产权利的。

(3) 依法收回土地使用权的。

(4) 共有房地产,未经其他共有人书面同意的。

(5) 权属有争议的。

(6) 未依法登记领取权属证书的。

(7) 法律、行政法规规定禁止转让的其他情形。

3. 房地产转让程序与房地产转让合同

(1) 房地产转让程序

为了规范房地产转让行为,房地产转让应当按照下列程序进行:

① 房地产转让双方当事人签订书面合同;

② 双方当事人在房地产转让合同签订后90日内,持房地产权属证书、当事人的合法证明、转让合同等有关文件向房地产所在地的房地产管理部门提出申请,并申报成交价格;

③ 房地产管理部门对提供的有关文件进行审查，并在 7 日内做出是否受理的书面答复，7 日内未做书面答复的，视为同意受理；

④ 房地产管理部门核实申报的成交价格，并根据需要对转让的房地产进行现场查勘评估；

⑤ 房地产转让当事人按照规定缴纳有关税费；

⑥ 房地产管理部门办理房地产权属登记手续，核发房地产权属证书。

(2) 房地产转让合同

房地产转让合同是房地产转让当事人之间签订的用于明确各方权利、义务关系的协议。房地产转让合同的内容由当事人协商确定，但应当载明下列主要内容：

① 双方当事人的姓名或者名称、住所；

② 房地产权属证书名称和编号；

③ 房地产坐落位置、面积、四至界限；

④ 土地宗地号、土地使用权取得的方式及年限；

⑤ 房地产的用途或使用性质；

⑥ 成交价格及支付方式；

⑦ 房地产交付使用的时间；

⑧ 违约责任；

⑨ 双方约定的其他事项。

4. 出让土地使用权的转让

(1) 出让土地使用权的转让条件

为了防止用地者进行土地投机，炒卖地皮，哄抬地价，以出让方式取得土地使用权的，转让房地产时，应当符合以下条件：

① 按照出让合同约定已经支付全部土地使用权出让金，并取得土地使用权证书；

② 按照出让合同约定进行投资开发，属于房屋建设工程的，完成开发投资总额的 25%以上，属于成片开发土地的，依照规划对土地进行开发建设，完成供排水、供电、供热、道路交通、通信等市政基础设施、公用设施的建设，达到场地平整，形成工业用地或者其他建设用地条件。

转让房地产时房屋已经建成的，还应当持有房屋所有权证书。

(2) 出让合同的效力

出让合同的效力及于转让后继受取得土地使用权的用地者。出让合同体现着出让方（国家）与受让方（用地者）双方的意志，一经生效即具有法律效力，受让方转让其权利，不影响出让合同的继续履行。因此，《城市房地产管理法》规定：以出让方式取得土地使用权的，房地产转让时，土地使用权出让合同载明的权利、义务随之转移。

以出让方式取得土地使用权的，转让房地产后，其土地使用权的使用年限为原土地使用权出让合同约定的使用年限减去原土地使用者已经使用年限后的剩余年限。

出让合同约定的土地用途，体现着国家土地规划控制方面的意图，基于社会公共利益的考虑必须在整个出让期限内实施，不得随意变更，若变更应依法履行相应手续。因此，《城市房地产管理法》规定：以出让方式取得土地使用权的，转让房地产后，受让人改变原土地使用权出让合同约定的土地用途的，必须取得原出让方和市、县人民政府城市规划行政主管部门的同意，签订土地使用权出让合同变更协议或者重新签订土地使用权出让合同，相应调整土地使用权出让金。

5. 划拨土地使用权的转让

划拨土地使用权人对土地仅有占有权、使用权和部分收益权，而无处分权，也无完全的收益权。因此，进行房地产转让时，须经国有土地所有者代表同意并与之分享土地收益。《城市房地产转让管理规定》对此进行了明确规定：

(1) 以划拨方式取得土地使用权的，转让房地产时，应当按照国务院的规定，报有批准权的人民政府审批。有批准权的人民政府准予转让的，应当由受让方办理土地使用权出让手续，并依照国家有关规定缴纳土地使用权出让金。

(2) 以划拨方式取得土地使用权的，转让房地产时，属于下列情形之一的，经有批准权的人民政府批准，可以不办理土地使用权出让手续，转让方应当按照国务院规定将转让房地产所获收益中的土地收益上缴国家或者做其他处理：

① 经城市规划行政主管部门批准，转让的土地用于建设《城市房地产管理法》第 23 条规定的项目的；

② 私有住宅转让后仍用于居住的；

③ 按照国务院住房制度改革有关规定出售公有住宅的；

④ 同一宗土地上部分房屋转让而土地使用权不可分割转让的；

⑤ 转让的房地产暂时难以确定土地使用权出让用途、年限和其他条件的；

⑥ 根据城市规划土地使用权不宜出让的；

⑦ 县级以上人民政府规定暂时无法或不需要采取土地使用权出让方式的其他情形。

依照上述规定缴纳土地收益或做其他处理的，应当在房地产转让合同中注明。依照前述规定转让的房地产再转让，需要办理出让手续、补交土地使用权出让金的，应当扣除已经缴纳的土地收益。

6. 商品房预售管理

商品房预售是指房地产开发企业将正在建设中的房屋预先出售给承购人，由承购人支付定金或房屋价款的行为。商品房预售是一种比较特殊的房地产转让行为。由于商品房从预售到竣工交付有一段时间，具有较大的风险性和投机性，承购人的权益极易受到侵犯，因此国家高度重视商品房的预售管理，对商品房预售规定了较之于一般房地产转让更为严格的限制性条件和程序。

(1) 商品房预售的管理部门

国务院建设行政主管部门归口管理全国城市商品房预售管理；省、自治区人民政府建设行政主管部门归口管理本行政区域内城市商品房预售管理；城市、县人民政府建设行政主管部门或房地产行政主管部门(简称房地产管理部门)负责本行政区域内城市商品房预售管理。

(2) 商品房预售的条件

为了加强商品房预售管理，维护商品房交易双方的合法权益，商品房预售应当符合下列条件：

① 已交付全部土地使用权出让金，取得土地使用权证书；

② 持有建设工程规划许可证和施工许可证；

③ 按提供预售的商品房计算，投入开发建设的资金达到工程建设总投资的 25%以上，并

已经确定施工进度和竣工交付日期；

④ 向县级以上人民政府房地产管理部门办理预售登记，取得商品房预售许可证。

(3) “商品房预售许可证”的办理

商品房预售实行许可证制度。开发企业进行商品房预售，应当向城市、县人民政府房地产管理部门办理预售登记，取得“商品房预售许可证”。开发企业申请办理“商品房预售许可证”时，应当提交下列证件（复印件）及资料：

① 土地使用权证，建设工程规划许可证、施工许可证，投入开发建设的资金占工程建设总投资的比例符合规定条件的证明。

② 开发企业的“营业执照”和资质等级证书。

③ 工程施工合同。

④ 商品房预售方案。预售方案应当说明商品房的位置、装修标准、竣工交付日期、预售总面积、交付使用后的物业管理等内容，并应当附商品房预售总平面图、分层平面图。

房地产管理部门在接到开发企业申请后，应当详细查验各项证件和资料，并到现场进行查勘。经审查合格的，应在接到申请后的 10 日内核发“商品房预售许可证”。

开发企业进行商品房预售，应当向承购人出示“商品房预售许可证”。售楼广告和说明书必须载明“商品房预售许可证”的批准文号。未取得“商品房预售许可证”的，不得进行商品房预售。

(4) 商品房预售登记备案

进行商品房预售，房地产开发企业应当与承购人签订商品房预售合同。预售人应当在签约之日起 30 日内持商品房预售合同向县级以上人民政府房地产管理部门和土地管理部门办理登记备案手续。

(5) 商品房预售款的管理

房地产开发企业进行商品房预售所得的款项，必须用于有关的工程建设。城市、县人民政府房地产管理部门应当制定对商品房预售款监管的有关制度。

10.2.3 房地产抵押

10.2.3.1 房地产抵押的概念

房地产抵押是指抵押人以其合法的房地产以不转移占有的方式向抵押权人提供债务履行担保的行为。债务人不履行债务时，抵押权人有权依法以抵押的房地产拍卖所得的价款优先受偿。在房地产抵押法律关系中，提供房地产作为担保的债务人或第三人是房地产抵押人，接受房地产抵押以担保自己债权实现的债权人是房地产抵押权人。

10.2.3.2 房地产抵押的条件

1. 可以抵押的房地产

根据抵押权理论，只有抵押人有处分权的可依法流通且具有独立交换价值的财产，才能成为抵押权的客体。根据《城市房地产管理法》的规定，以下两类房地产可以设定抵押权：

(1) 依法取得的房屋所有权连同该房屋占用范围内的土地使用权，可以设定抵押权。也就是说，依法取得的房屋所有权连同该房屋占用范围内的土地使用权同时设定抵押权。

(2) 以出让方式取得的土地使用权,可以设定抵押权。也就是说,以出让方式取得的土地使用权,在地面上尚未建成建筑物或其他地上附着物时,可以单独设定抵押权。

2. 禁止抵押的房地产

根据《城市房地产抵押管理办法》的规定,下列房地产不得设定抵押权:

(1) 权属有争议的房地产;

(2) 用于教育、医疗、市政等公共福利事业的房地产;

(3) 列入文物保护的建筑物和有重要纪念意义的其他建筑物;

(4) 已依法公告列入拆迁范围的房地产;

(5) 被依法查封、扣押、监管或者以其他形式限制的房地产;

(6) 依法不得抵押的其他房地产。

10.2.3.3 房地产抵押的设定

设定房地产抵押时,抵押人所持有的土地使用权证书、房屋所有权证书是标志抵押人具有设定抵押资格的书面凭证。因此,房地产抵押,应当凭土地使用权证书、房屋所有权证书办理。房地产抵押时,抵押人和抵押权人应当签订书面抵押合同并办理抵押登记。

1. 订立房地产抵押合同

房地产抵押合同应采用书面形式,包括下列主要内容:

(1) 抵押人、抵押权人的名称或者个人姓名、住所;

(2) 主债权的种类、数额;

(3) 抵押房地产的处所、名称、状况、建筑面积、用地面积以及四至等;

(4) 抵押房地产的价值;

(5) 抵押房地产的占用管理人、占用管理方式、占用管理责任以及意外损毁、灭失的责任;

(6) 债务人履行债务的期限;

(7) 抵押权灭失的条件;

(8) 违约责任;

(9) 争议解决方式;

(10) 抵押合同订立的时间与地点;

(11) 双方约定的其他事项。

2. 房地产抵押登记

自房地产抵押合同签订之日起30日内,抵押当事人应当到房地产所在地的房地产管理部门办理房地产抵押登记。

办理房地产抵押登记,应当向登记机关交验下列文件:

(1) 抵押当事人的身份证明或法人资格证明;

(2) 抵押登记申请书;

(3) 抵押合同;

(4) "国有土地使用权证"、"房屋所有权证"或"房地产权证",共有的房屋还必须提交"房屋共有权证"和其他共有人同意抵押的证明;

(5) 可以证明抵押人有权设定抵押权的文件与证明材料；

(6) 可以证明抵押房地产价值的资料；

(7) 登记机关认为必要的其他文件。

抵押权自登记时设立。

10.2.3.4　划拨土地上房地产的抵押

以划拨方式取得的土地使用权不能单独设定抵押，但如果该土地上有房屋，以房屋设定抵押时需同时抵押房屋所占用的划拨土地使用权。这时由于抵押人对土地无完全收益权，故依法拍卖该房地产后，应当从拍卖所得的价款中缴纳相当于应缴纳的土地使用权出让金的款额后，抵押权人方可优先受偿。

10.2.3.5　新增地上物处置

房地产抵押合同签订后，土地上新增的房屋不属于抵押财产。需要拍卖该抵押的房地产时，因新增房屋与抵押财产无法实际分割，可以依法将土地上新增的房屋与抵押财产一同拍卖，但对拍卖新增房屋所得，抵押权人无权优先受偿。

10.2.4　房屋租赁

房屋租赁是指房屋所有权人作为出租人将其房屋出租给承租人使用，由承租人向出租人支付租金的行为。房屋租赁应当遵循平等、自愿、合法和诚实信用原则。

1. 房屋租赁的管理部门

国务院住房和城乡建设主管部门负责全国房屋租赁的指导和监督工作。县级以上地方人民政府建设(房地产)主管部门负责本行政区域内房屋租赁的监督管理。直辖市、市、县人民政府建设(房地产)主管部门应当加强房屋租赁管理规定和房屋使用安全知识的宣传，定期分区域公布不同类型房屋的市场租金水平等信息。

2. 不得出租的房屋

有下列情形之一的房屋不得出租：

(1) 属于违法建筑的；

(2) 不符合安全、防灾等工程建设强制性标准的；

(3) 违反规定改变房屋使用性质的；

(4) 法律、法规规定禁止出租的其他情形。

3. 房屋租赁程序

房屋租赁，出租人和承租人应当签订书面租赁合同，约定租赁期限、租赁用途、租赁价格、修缮责任等条款，以及双方的其他权利和义务，并向房地产管理部门登记备案。

(1) 订立房屋租赁合同

房屋租赁当事人应当依法订立租赁合同。房屋租赁合同的内容由当事人双方约定，一般应当包括以下内容：

① 房屋租赁当事人的姓名(名称)和住所；

② 房屋的坐落、面积、结构、附属设施，家具和家电等室内设施状况；

③ 租金和押金数额、支付方式；

④ 租赁用途和房屋使用要求；

⑤ 房屋和室内设施的安全性能；

⑥ 租赁期限；

⑦ 房屋维修责任；

⑧ 物业服务、水、电、燃气等相关费用的缴纳；

⑨ 争议解决办法和违约责任；

⑩ 其他约定。

房屋租赁当事人应当在房屋租赁合同中约定房屋被征收或者拆迁时的处理办法。

建设(房地产)管理部门可以会同工商行政管理部门制定房屋租赁合同示范文本，供当事人选用。

(2) 房屋租赁登记备案

我国对房屋租赁实行登记备案制度。实行房屋租赁登记备案，一方面可以较好地防止非法出租房屋，减少纠纷，促进社会稳定；另一方面可以有效地防止国家税收流失。

房屋租赁合同订立后30日内，房屋租赁当事人应当到租赁房屋所在地直辖市、市、县人民政府建设(房地产)主管部门办理房屋租赁登记备案。房屋租赁当事人也可以书面委托他人办理房屋租赁登记备案。

办理房屋租赁登记备案，房屋租赁当事人应当提交下列材料：

① 房屋租赁合同；

② 房屋租赁当事人身份证明；

③ 房屋所有权证书或者其他合法权属证明；

④ 直辖市、市、县人民政府建设(房地产)主管部门规定的其他材料。

房屋租赁当事人提交的材料应当真实、合法、有效，不得隐瞒真实情况或者提供虚假材料。

对符合下列要求的，直辖市、市、县人民政府建设(房地产)主管部门应当在三个工作日内办理房屋租赁登记备案，向租赁当事人开具房屋租赁登记备案证明：

① 申请人提交的申请材料齐全并且符合法定形式；

② 出租人与房屋所有权证书或者其他合法权属证明记载的主体一致；

③ 不属于依法不得出租的房屋。

房屋租赁登记备案证明应当载明出租人的姓名或者名称，承租人的姓名或者名称、有效身份证件种类和号码，出租房屋的坐落、租赁用途、租金数额、租赁期限等。

4. 住宅用房的租赁

对于住宅用房的租赁，应当执行国家和房屋所在城市人民政府规定的租赁政策。根据《商品房屋租赁管理办法》的规定，出租住房的，应当以原设计的房间为最小出租单位，人均租住建筑面积不得低于当地人民政府规定的最低标准。厨房、卫生间、阳台和地下储藏室不得出租供人员居住。

5. 划拨土地上房屋的租赁

房屋所有权人以营利为目的，将以划拨方式取得使用权的国有土地上建成的房屋出租的，应当将租金中所含土地收益上缴国家。

10.3 房地产权属登记制度

10.3.1 房地产登记概述

1. 登记的意义

登记作为不动产物权的公示方法，是房屋登记机构依法将房屋权利和其他应当记载的事项在房屋登记簿上予以记载的行为。由于不动产具有价值大、稀缺性高的特点，单凭占有不足以表明不动产上的权利归属关系，因而需要经过不动产登记，由专门的登记机关，依照法定的程序，对不动产上的权利及其变动进行登记，向社会公开以供查阅，以维护交易安全，保护权利人的合法权益。

2.《物权法》关于不动产登记的相关规定

我国《物权法》对不动产登记进行了明确规定，主要包括以下内容：

(1) 不动产物权设立、变更、转让和消灭的生效

不动产物权的设立、变更、转让和消灭，经依法登记，发生效力；未经登记，不发生效力，但法律另有规定的除外。不动产物权的设立、变更、转让和消灭，依照法律规定应当登记的，自记载于不动产登记簿时发生效力。

(2) 不动产登记管辖

不动产登记，由不动产所在地的登记机构办理。

(3) 登记申请

当事人申请登记，应当根据不同登记事项提供权属证明和不动产界址、面积等必要材料。

(4) 不动产登记与合同效力的关系

当事人之间订立有关设立、变更、转让和消灭不动产物权的合同，除法律另有规定或者合同另有约定外，自合同成立时生效；未办理物权登记的，不影响合同效力。

(5) 不动产登记簿和不动产权属证书

不动产登记簿是物权归属和内容的根据。不动产登记簿由登记机构管理。不动产权属证书是权利人享有该不动产物权的证明。不动产权属证书记载的事项，应当与不动产登记簿一致；记载不一致的，除有证据证明不动产登记簿确有错误外，以不动产登记簿为准。

(6) 更正登记和异议登记

权利人、利害关系人认为不动产登记簿记载的事项错误的，可以申请更正登记。不动产登记簿记载的权利人书面同意更正或者有证据证明登记确有错误的，登记机构应当予以更正。

不动产登记簿记载的权利人不同意更正的，利害关系人可以申请异议登记。登记机构予以异议登记的，申请人在异议登记之日起 15 日内不起诉，异议登记失效。异议登记不当，造成权利人损害的，权利人可以向申请人请求损害赔偿。

(7) 预告登记

当事人签订买卖房屋或者其他不动产物权的协议，为保障将来实现物权，按照约定可以向登记机构申请预告登记。预告登记后，未经预告登记的权利人同意，处分该不动产的，不发生物权效力。预告登记后，债权消灭或者自能够进行不动产登记之日起 3 个月内未申请登记的，

预告登记失效。

(8) 赔偿责任

当事人提供虚假材料申请登记，给他人造成损害的，应当承担赔偿责任。因登记错误，给他人造成损害的，登记机构应当承担赔偿责任。登记机构赔偿后，可以向造成登记错误的人追偿。

10.3.2 房地产权属登记管理

《城市房地产管理法》规定：国家实行土地使用权和房屋所有权登记发证制度。

1. 房产与地产分别登记

我国大部分地区，由两个政府职能部门分管房屋与土地，并分别向房地产权利人颁发两个权利证书。

(1) 土地使用权初始登记

以出让或者划拨方式取得土地使用权，应当向县级以上地方人民政府土地管理部门申请登记，经县级以上地方人民政府土地管理部门核实，由同级人民政府颁发土地使用权证书。

(2) 房屋所有权初始登记

在依法取得的房地产开发用地上建成房屋的，应当凭土地使用权证书向县级以上地方人民政府房地产管理部门申请登记，由县级以上地方人民政府房地产管理部门核实并颁发房屋所有权证书。

房地产开发企业申请房屋所有权初始登记时，应当对建筑区划内依法属于全体业主共有的公共场所、公用设施和物业服务用房等房屋一并申请登记，由房屋登记机构在房屋登记簿上予以记载，不颁发房屋权属证书。

(3) 房屋所有权和土地使用权变更登记

房地产转让或者变更时，应当向县级以上地方人民政府房地产管理部门申请房地产变更登记，并凭变更后的房屋所有权证书向同级人民政府土地管理部门申请土地使用权变更登记，经同级人民政府土地管理部门核实，由同级人民政府更换或者更改土地使用权证书。法律另有规定的，依照有关法律的规定办理。

(4) 房地产抵押登记

房地产抵押时，应当向县级以上地方人民政府规定的部门办理抵押登记。因处分抵押房地产而取得土地使用权和房屋所有权的，应当依法办理过户登记。

以在建工程设定抵押的，当事人应当申请在建工程抵押权设立登记。已经登记在建工程抵押权变更、转让或者消灭的，当事人应当申请变更登记、转移登记、注销登记。在建工程竣工并经房屋所有权初始登记后，当事人应当申请将在建工程抵押权登记转为房屋抵押权登记。

2. 房产与地产统一登记

在我国一些城市，由政府的某一职能部门对房屋与土地实施统一管理。因此，《城市房地产管理法》规定，经省、自治区、直辖市人民政府确定，县级以上地方人民政府由一个部门统一负责房产管理和土地管理工作的，可以制作、颁发统一的房地产权证书，依法将房屋的所有权和该房屋占用范围内的土地使用权的确认和变更，分别载入房地产权证书。

10.4 物业管理制度

10.4.1 物业管理概述

1. 物业管理的概念

“物业”一词译自英语 property 或 estate，其含义为财产、资产、地产、房地产、产业等，通常是指已经建成并投入使用的各类房屋及与之相配套的设备、设施和场地。

物业管理的概念有广义的物业管理和狭义的物业管理两种。广义的物业管理，是指在物业的寿命周期内，为发挥物业的经济价值和使用价值，管理者采取多种科学技术方法与管理手段，对各类物业实施全过程的管理，并为物业所有者或使用者提供有效周到的服务。广义物业管理的范畴相当大，它涉及物业全部寿命周期内的多种管理与服务活动，如物业的开发建设管理，租售管理、装修管理、修缮管理，以及为物业使用者的经营、生产、居住而提供的多种形式的服务。狭义的物业管理，是指专业组织或机构，受业主委托，按照国家法律规定，依据合同或契约，运用现代经营手段和修缮技术对已建物业及其业主或用户进行管理和服务。狭义的物业管理，一般包括对房屋建筑及附属配套设备、设施及场地以经营的方式进行管理，对房屋周围的环境、清洁卫生、安全保卫、公共绿化、公用设施、道路养护统一实施专业化管理，并向业主提供多方面的经营服务。

我国的物业管理始于 20 世纪 80 年代初的经济特区深圳，伴随着住房制度的改革，房屋管理制度的革新，物业管理迅速发展。由于我国物业管理行业起步较晚，目前开展的物业管理，多属于狭义的物业管理。

2. 物业管理的特征

物业管理是城市管理体制、房地产管理体制的重大改革，是一种与房地产综合开发，与现代化生产方式相配套的综合性管理，是随着住房制度改革的推进而出现的产权多元化格局后与之相衔接的统一管理。物业管理具有以下特征：

(1) 社会化

物业管理的社会化，指的是由多个产权单位、产权人通过业主大会选聘一家物业管理企业，在业主大会委托授权的范围内集中实施社会化管理。物业管理的社会化摆脱了过去那种自建自管的分散管理体制，将多个产权单位、多个管理部门的多头、多家管理转变为物业管理企业的统一管理，克服了旧体制下各自为政、多头管理、相互扯皮、互相推诿的种种弊端。物业管理社会化有两个基本含义：一是物业的所有权人要到社会上去选聘物业管理企业；二是物业管理企业要到社会上去寻找可以代管的物业。物业的所有权、使用权与物业的经营管理权相互分离，是物业管理社会化的必要前提；现代化大生产的社会专业分工，是实现物业管理社会化的必要条件。

(2) 专业化

物业管理的专业化，指的是由物业管理企业通过合同或契约的签订，按照产权人和使用人的意志和要求去实施专业化管理。这就要求物业管理企业有专业的人员配备；有专门的组织机构；有专门的管理工具、设备；有科学、规范的管理措施与工作程序；运用现代管理科学和先进的维修养护技术实施专业化的管理。物业管理专业化是现代化大生产专业分工的必然结果。因此,要求物业管理企业必须具备一定的资质等级,物业管理从业人员必须具备一定的职业资格。

(3) 市场化

市场化是物业管理最主要的特点。在市场经济条件下,物业管理的属性是经营,所提供的商品是劳务,方式是等价有偿,业主通过招投标选聘物业管理企业,由物业管理企业来具体实施。物业管理企业是按照现代企业制度组建并运作,具有明确的经营宗旨和管理章程,实行自主经营、独立核算、自负盈亏,能够独立承担民事责任的企业法人。物业管理企业向业主和使用人提供劳务和服务,业主和使用人购买并消费这种服务。在这种新的机制下逐步形成有活力的物业管理竞争市场,业主有权选择物业管理单位,物业管理单位必须靠自已良好的经营和服务才能进入和占领这个市场。这种通过市场竞争机制和商品经营的方式所实现的商业行为就是市场化。双向选择和等价有偿是物业管理市场化的集中体现。

10.4.2 物业管理制度

为了维护业主和物业服务企业的合法权益,改善人民群众的生活和工作环境,国务院2007年8月26日发布了《物业管理条例》,对物业管理活动进行规范。这里的物业管理,是指业主通过选聘物业服务企业,由业主和物业服务企业按照物业服务合同约定,对房屋及配套的设施设备和相关场地进行维修、养护、管理,维护物业管理区域内的环境卫生和相关秩序的活动。

10.4.2.1 物业管理体制

国务院建设行政主管部门负责全国物业管理活动的监督管理工作。县级以上地方人民政府房地产行政主管部门负责本行政区域内物业管理活动的监督管理工作。

国家提倡业主通过公开、公平、公正的市场竞争机制选择物业服务企业,鼓励采用新技术、新方法,依靠科技进步提高物业管理和服务水平。

10.4.2.2 业主、业主大会与业主委员会

1. 业主的权利与义务

业主即房屋的所有权人。业主在物业管理活动中,享有下列权利:

(1) 按照物业服务合同的约定,接受物业服务企业提供的服务;

(2) 提议召开业主大会会议,并就物业管理的有关事项提出建议;

(3) 提出制定和修改管理规约、业主大会议事规则的建议;

(4) 参加业主大会会议,行使投票权;

(5) 选举业主委员会成员,并享有被选举权;

(6) 监督业主委员会的工作;

(7) 监督物业服务企业履行物业服务合同;

(8) 对物业共用部位、共用设施设备和相关场地使用情况享有知情权和监督权;

(9) 监督物业共用部位、共用设施设备专项维修资金(以下简称专项维修资金)的管理和使用;

(10) 法律、法规规定的其他权利。

业主在物业管理活动中，履行下列义务：

（1）遵守管理规约、业主大会议事规则；

（2）遵守物业管理区域内物业共用部位和共用设施设备的使用、公共秩序和环境卫生的维护等方面的规章制度；

（3）执行业主大会的决定和业主大会授权业主委员会做出的决定；

（4）按照国家有关规定交纳专项维修资金；

（5）按时交纳物业服务费用；

（6）法律、法规规定的其他义务。

2. 业主大会

（1）业主大会的成立

物业管理区域内全体业主组成业主大会。业主大会应当代表和维护物业管理区域内全体业主在物业管理活动中的合法权益。一个物业管理区域成立一个业主大会。物业管理区域的划分应当考虑物业的共用设施设备、建筑物规模、社区建设等因素。具体办法由省、自治区、直辖市制定。

同一个物业管理区域内的业主，应当在物业所在地的区、县人民政府房地产行政主管部门或者街道办事处、乡镇人民政府的指导下成立业主大会，并选举产生业主委员会。但是，只有一个业主的，或者业主人数较少且经全体业主一致同意，决定不成立业主大会的，由业主共同履行业主大会、业主委员会职责。

（2）业主大会的决定

下列事项由业主共同决定：①制定和修改业主大会议事规则；②制定和修改管理规约；③选举业主委员会或者更换业主委员会成员；④选聘和解聘物业服务企业；⑤筹集和使用专项维修资金；⑥改建、重建建筑物及其附属设施；⑦有关共有和共同管理权利的其他重大事项。

业主大会决定筹集和使用专项维修资金及改建、重建建筑物及其附属设施事项的，应当经专有部分占建筑物总面积 2/3 以上的业主且占总人数 2/3 以上的业主同意；决定除此之外的其他事项的，应当经专有部分占建筑物总面积过半数的业主且占总人数过半数的业主同意。

业主大会或者业主委员会的决定，对业主具有约束力。业主大会或者业主委员会做出的决定侵害业主合法权益的，受侵害的业主可以请求人民法院予以撤销。

（3）业主大会会议

业主大会会议分为定期会议和临时会议。业主大会定期会议应当按照业主大会议事规则的规定召开。经 20％以上的业主提议，业主委员会应当组织召开业主大会临时会议。召开业主大会会议，应当于会议召开 15 日以前通知全体业主。住宅小区的业主大会会议，应当同时告知相关的居民委员会。业主委员会应当做好业主大会会议记录。

业主大会会议可以采用集体讨论的形式，也可以采用书面征求意见的形式；但是，应当有物业管理区域内专有部分占建筑物总面积过半数的业主且占总人数过半数的业主参加。业主可以委托代理人参加业主大会会议。

3. 业主委员会

业主委员会应当自选举产生之日起 30 日内，向物业所在地的区、县人民政府房地产行政主管部门和街道办事处、乡镇人民政府备案。业主委员会委员应当由热心公益事业、责任心强、具有一定组织能力的业主担任。业主委员会主任、副主任在业主委员会成员中推选产生。业主委员会执行业主大会的决定事项，履行下列职责：

(1) 召集业主大会会议，报告物业管理的实施情况；

(2) 代表业主与业主大会选聘的物业服务企业签订物业服务合同；

(3) 及时了解业主、物业使用人的意见和建议，监督和协助物业服务企业履行物业服务合同；

(4) 监督管理规约的实施；

(5) 业主大会赋予的其他职责。

4. 管理规约和业主大会议事规则

管理规约应当对有关物业的使用、维护、管理，业主的共同利益，业主应当履行的义务，违反管理规约应当承担的责任等事项依法做出约定。管理规约应当尊重社会公德，不得违反法律、法规或者损害社会公共利益。管理规约对全体业主具有约束力。

业主大会议事规则应当就业主大会的议事方式、表决程序、业主委员会的组成和成员任期等事项做出约定。

5. 业主大会、业主委员会的行为规范

业主大会、业主委员会应当依法履行职责，不得做出与物业管理无关的决定，不得从事与物业管理无关的活动。业主大会、业主委员会做出的决定违反法律、法规的，物业所在地的区、县人民政府房地产行政主管部门或者街道办事处、乡镇人民政府，应当责令限期改正或者撤销其决定，并通告全体业主。

6. 业主大会、业主委员会的其他职责

业主大会、业主委员会应当配合公安机关，与居民委员会相互协作，共同做好维护物业管理区域内的社会治安等相关工作。在物业管理区域内，业主大会、业主委员会应当积极配合相关居民委员会依法履行自治管理职责，支持居民委员会开展工作，并接受其指导和监督。住宅小区的业主大会、业主委员会做出的决定，应当告知相关的居民委员会，并认真听取居民委员会的建议。

10.4.2.3 前期物业管理

1. 临时管理规约

建设单位应当在销售物业之前，制定临时管理规约，对有关物业的使用、维护、管理，业主的共同利益，业主应当履行的义务，违反临时管理规约应当承担的责任等事项依法做出约定。建设单位制定的临时管理规约，不得侵害物业买受人的合法权益。建设单位应当在物业销售前将临时管理规约向物业买受人明示，并予以说明。物业买受人在与建设单位签订物业买卖合同时，应当对遵守临时管理规约予以书面承诺。

2. 选聘物业服务企业

国家提倡建设单位按照房地产开发与物业管理相分离的原则，通过招投标的方式选聘具有相应资质的物业服务企业。住宅物业的建设单位，应当通过招投标的方式选聘具有相应资质的物业服务企业；投标人少于3个或者住宅规模较小的，经物业所在地的区、县人民政府房地产行政主管部门批准，可以采用协议方式选聘具有相应资质的物业服务企业。

3. 前期物业服务合同

在业主、业主大会选聘物业服务企业之前，建设单位选聘物业服务企业的，应当签订书面的前期物业服务合同。

建设单位与物业买受人签订的买卖合同应当包含前期物业服务合同约定的内容。前期物业服务合同可以约定期限。但是，期限未满、业主委员会与物业服务企业签订的物业服务合同生效的，前期物业服务合同终止。

4. 物业承接验收

物业服务企业承接物业时，应当对物业共用部位、共用设施设备进行查验。在办理物业承接验收手续时，建设单位应当向物业服务企业移交下列资料：

(1) 竣工总平面图，单体建筑、结构、设备竣工图，配套设施、地下管网工程竣工图等竣工验收资料。

(2) 设施设备的安装、使用和维护保养等技术资料。

(3) 物业质量保修文件和物业使用说明文件。

(4) 物业管理所必需的其他资料。

物业服务企业应当在前期物业服务合同终止时将上述资料移交给业主委员会。

5. 建设单位的义务

建设单位应当按照规定在物业管理区域内配置必要的物业管理用房。建设单位应当按照国家规定的保修期限和保修范围，承担物业的保修责任。业主依法享有的物业共用部位、共用设施设备的所有权或者使用权，建设单位不得擅自处分。

10.4.2.4 物业服务

1. 物业服务企业

从事物业管理活动的企业应当具有独立的法人资格。国家对从事物业管理活动的企业实行资质管理制度，物业服务企业资质等级分为一、二、三级，物业服务企业只能从事与其资质等级相适应的物业服务。从事物业管理的人员应当按照国家有关规定，取得职业资格证书。一个物业管理区域由一个物业服务企业实施物业管理。

2. 物业服务合同

业主委员会应当与业主大会选聘的物业服务企业订立书面的物业服务合同。物业服务合同应当对物业管理事项、服务质量、服务费用、双方的权利义务、专项维修资金的管理与使用、物业管理用房、合同期限、违约责任等内容进行约定。

物业服务企业应当按照物业服务合同的约定，提供相应的服务。物业服务企业未能履行物业服务合同的约定，导致业主人身、财产安全受到损害的，应当依法承担相应的法律责任。

3. 物业服务费用

物业服务收费应当遵循合理、公开以及费用与服务水平相适应的原则，区别不同物业的性质和特点，由业主和物业服务企业按照国务院价格主管部门会同国务院建设行政主管部门制定的物业服务收费办法，在物业服务合同中约定。

业主应当根据物业服务合同的约定交纳物业服务费用。业主与物业使用人约定由物业使用人交纳物业服务费用的，从其约定，业主负连带交纳责任。已竣工但尚未出售或者尚未交给物业买受人的物业，物业服务费用由建设单位交纳。

物业服务企业可以根据业主的委托提供物业服务合同约定以外的服务项目，服务报酬由双方约定。

物业管理区域内，供水、供电、供气、供热、通信、有线电视等单位应当向最终用户收取有关费用。物业服务企业接受委托代收费用的，不得向业主收取手续费等额外费用。

4. 物业服务企业的义务

(1) 物业服务企业承接物业时，应当与业主委员会办理物业验收手续。业主委员会应当向物业服务企业移交规定的资料。

(2) 物业管理用房的所有权依法属于业主。未经业主大会同意，物业服务企业不得改变物业管理用房的用途。

(3) 物业服务合同终止时，物业服务企业应当将物业管理用房和资料交还给业主委员会。物业服务合同终止时，业主大会选聘了新的物业服务企业的，物业服务企业之间应当做好交接工作。

(4) 物业服务企业可以将物业管理区域内的专项服务业务委托给专业性服务企业，但不得将该区域内的全部物业管理一并委托给他人。

(5) 对物业管理区域内违反有关治安、环保、物业装饰装修和使用等方面法律、法规规定的行为，物业服务企业应当制止，并及时向有关行政管理部门报告。有关行政管理部门在接到物业服务企业的报告后，应当依法对违法行为予以制止或者依法处理。

(6) 物业服务企业应当协助做好物业管理区域内的安全防范工作。发生安全事故时，物业服务企业在采取应急措施的同时，应当及时向有关行政管理部门报告，协助做好救助工作。物业服务企业雇请保安人员的，应当遵守国家有关规定。保安人员在维护物业管理区域内的公共秩序时，应当履行职责，不得侵害公民的合法权益。

5. 物业使用人的权利义务和责任

物业使用人在物业管理活动中的权利义务由业主和物业使用人约定，但不得违反法律、法规和管理规约的有关规定。物业使用人违反规定的，有关业主应当承担连带责任。

10.4.2.5 物业的使用与维护

物业使用、维护主要包括以下内容。

1. 不得擅自改变公共建筑和共用设施用途

物业管理区域内按照规划建设的公共建筑和共用设施，不得改变用途。业主依法确需改变公共建筑和共用设施用途的，应当在依法办理有关手续后告知物业服务企业；物业服务企业确需改变公共建筑和共用设施用途的，应当提请业主大会讨论决定同意后，由业主依法办理有关手续。

2. 不得擅自占用、挖掘物业管理区域内的道路、场地

业主、物业服务企业不得擅自占用、挖掘物业管理区域内的道路、场地，损害业主的共同利益。因维修物业或者公共利益，业主确需临时占用、挖掘道路、场地的，应当征得业主委员会和物业服务企业的同意；物业服务企业确需临时占用、挖掘道路、场地的，应当征得业主委员会的同意。业主、物业服务企业应当将临时占用、挖掘的道路、场地，在约定期限内恢复原状。

3. 相关管线和设施设备的维修、养护

供水、供电、供气、供热、通信、有线电视等单位，应当依法承担物业管理区域内相关管线和设施设备维修、养护的责任。因维修、养护等需要，临时占用、挖掘道路、场地的，应当及时恢复原状。

4. 房屋装饰装修

业主需要装饰装修房屋的，应当事先告知物业服务企业。物业服务企业应当将房屋装饰装修中的禁止行为和注意事项告知业主。

5. 专项维修资金

住宅物业、住宅小区内的非住宅物业或者与单幢住宅楼结构相连的非住宅物业的业主，应当按照国家有关规定交纳专项维修资金。专项维修资金属于业主所有，用于物业保修期满后物业共用部位、共用设施设备的维修和更新、改造，不得挪作他用。专项维修资金收取、使用、管理的办法由国务院建设行政主管部门会同国务院财政部门制定。

6. 利用物业共用部位、共用设施设备进行经营

利用物业共用部位、共用设施设备进行经营的，应当在征得相关业主、业主大会、物业服务企业的同意后，按照规定办理有关手续。业主所得收益应当主要用于补充专项维修资金，也可以按照业主大会的决定使用。

7. 安全隐患的维修养护

物业存在安全隐患，危及公共利益及他人合法权益时，责任人应当及时维修养护，有关业主应当给予配合。责任人不履行维修养护义务的，经业主大会同意，可以由物业服务企业维修养护，费用由责任人承担。

相关案例

【案情简介】

某日，某小区的保安人员在检查进小区车辆时，发现某车辆上装载的107胶时有洒落，随后保安进行了清除。当晚下雨，次日下午1时，业主孙某(73岁)行至该坡道处，脚踩到未清除干净的107胶摔倒，遂被送到医院进行治疗。医院诊断业主孙某损伤系“颈椎外伤，脊髓损伤伴不全瘫”，后经鉴定为四级伤残。

业主孙某以物业服务企业未及时履行清扫、保洁义务造成人身损害为由，诉至某区人民法院，要求该物业服务企业承担民事责任，赔偿其医疗费、营养费、误工损失费、残疾补偿费、精神损失费共计9万元。

【案件分析】

一审法院判决认定，该物业服务企业未清除干净坡道上的107胶，业主孙某损害结果的发生与该物业服务企业疏于管理存在着必然的因果关系。因此，对业主孙某的经济损失，该物业服务企业应承担赔偿责任，即赔偿住院医疗费、出诊治疗费、鉴定费、就医交通费、残疾生活补助金等合计9万元。

一审判决后该物业服务企业以一审法院赔偿过高为由提出上诉。该物业服务企业认为一审法院未能确定侵害人、责任人，未查明孙某致伤因果关系，草率认定其负有全部责任，有悖“以事实为依据，以法律为准绳”的原则。

二审法院判决认为，该物业服务企业和业主孙某系物业管理关系，作为管理部门应当保证小区内及辖区内的清洁，现由于坡道上的107胶导致孙某摔伤，物业服务企业应承担主要责任。业主孙某系完全民事行为能力人，应该预见自己的行为，由于其行走不慎摔伤，亦应承担一定责任。因此对业主孙某的经济损失，物业服务企业承担部分赔偿责任，包括住院治疗费、鉴定费、营养费、误工损失费等合计9万元的80%，即72000元。业主孙某自行承担损失的20%，即18000元。

【案件评析】

判定物业服务企业是否应当承担赔偿责任的核心在于物业服务企业在提供服务时是否按照物业服务企业与业主之间签订的物业服务合同来提供相应的服务。一般来讲，维护物业区域内的环境卫生是物业服务合同的一项基本内容，物业服务企业必须履行保洁义务，为业主提供一个安全、舒适的小区环境，若在合同履行过程中存在不当行为，就要承担相应的法律责任。《物业管理条例》第36条规定：物业服务企业应当按照物业服务合同的约定，提供相应的服务。物业服务企业未能履行物业服务合同的约定，导致业主人身、财产安全受到损害的，应当依法承担相应的法律责任。本案中，物业服务企业在清洁辖区路面时清除不净，理应预料到下雨天遗留在路面上的107胶可能会导致行人摔伤，却因疏忽大意而不作为，当然应当承担违约责任。

孙某作为具有完全民事行为能力人，应当预见到雨后地面湿滑，有滑倒摔伤的危险性，也应在走路时提高注意力。孙某没有预见，或虽有预见但抱有侥幸心理而轻信不会发生危害结果，即主观上存在疏忽大意的过失，因此也应当承担一定的民事责任。

综上所述，二审法院的判决结果是合理合法的。

复习思考题

1. 简述房地产开发项目的开发建设制度。
2. 简述房地产开发企业资质等级的管理。
3. 哪些房地产不得转让？
4. 划拨土地使用权如何转让？
5. 简述商品房预售的条件。
6. 简述房地产抵押的条件。
7. 简述我国的房地产权属登记制度。
8. 简述物业管理的概念及特征。
9. 简述业主的权利、义务。
10. 简述物业服务企业的权利、义务。

11 建设工程相关法律制度

11.1 环境保护法规中与工程建设相关的内容

环境保护是我国的基本国策。工程建设与环境保护息息相关，因此，为了保护和改善环境，合理利用自然资源，防治污染，必须加强工程建设的环境保护管理工作。我国现行的与环境保护有关的法律、法规主要有《中华人民共和国环境保护法》、《中华人民共和国环境影响评价法》(简称《环境影响评价法》)、《中华人民共和国水污染防治法》、《中华人民共和国大气污染防治法》、《中华人民共和国环境噪声污染防治法》(简称《环境噪声污染防治法》)、《中华人民共和国固体废物污染防治法》、《建设项目环境保护管理条例》，以及国家环保总局制定的《建设项目竣工环境保护验收管理办法》等。

11.1.1 建设工程项目的环境影响评价制度

环境影响评价，是指对规划和建设项目实施后可能造成的环境影响进行分析、预测和评估，提出预防或者减轻不良环境影响的对策和措施，进行跟踪监测的方法与制度。为了实施可持续发展战略，预防因规划和建设项目实施后对环境造成不良影响，促进经济、社会和环境的协调发展，2002 年 10 月 28 日第九届全国人民代表大会常务委员会第三十次会议通过了《中华人民共和国环境影响评价法》，并自 2003 年 9 月 1 日起施行，以法律的形式确立了环境影响评价制度。

1. 建设项目环境影响评价的分类管理

我国根据建设项目对环境的影响程度，对建设项目的环境影响评价实行分类管理，建设单位应当依法编制相应的环境影响评价文件：

(1) 可能造成重大环境影响的，应当编制环境影响报告书，对产生的环境影响进行全面评价；

(2) 可能造成轻度环境影响的，应当编制环境影响报告表，对产生的环境影响进行分析或者专项评价；

(3) 对环境影响很小、不需要进行环境影响评价的，应当填报环境影响登记表。

2. 建设项目环境影响评价文件的审批管理

(1) 环境影响评价文件的审批

建设项目的环境影响评价文件，由建设单位按照国务院的规定报有审批权的环境保护行政主管部门审批；建设项目有行业主管部门的，其环境影响报告书或者环境影响报告表应当经行业主管部门预审后，报有审批权的环境保护行政主管部门审批。审批部门应当自收到环境影响报告书之日起 60 日内，收到环境影响报告表之日起 30 日内，收到环境影响登记表之日起 15 日内，分别做出审批决定并书面通知建设单位。建设项目的环境影响评价文件未经法律规定的审批部门审查或者审查后未予批准的，该项目审批部门不得批准其建设，建设单位不得开工建设。

(2) 环境影响评价文件的重新报批

建设项目的环境影响评价文件经批准后，建设项目的性质、规模、地点、采用的生产工艺或者防治污染、防止生态破坏的措施发生重大变动的，建设单位应当重新报批建设项目的环境影响评价文件。

建设项目的环境影响评价文件自批准之日起超过5年，方决定该项目开工建设的，其环境影响评价文件应当报原审批部门重新审核；原审批部门应当自收到建设项目环境影响评价文件之日起10日内，将审核意见书面通知建设单位。

3. 环境影响的后评价和跟踪管理

(1) 环境影响的后评价

在项目建设、运行过程中产生不符合经审批的环境影响评价文件的情形的，建设单位应当组织环境影响的后评价，采取改进措施，并报原环境影响评价文件审批部门和建设项目审批部门备案；原环境影响评价文件审批部门也可以责成建设单位进行环境影响的后评价，采取改进措施。

(2) 环境影响的跟踪管理

环境保护行政主管部门应当对建设项目投入生产或者使用后所产生的环境影响进行跟踪检查，对造成严重环境污染或者生态破坏的，应当查清原因、查明责任。

11.1.2 环境保护“三同时”制度

所谓环境保护“三同时”制度，是指建设项目需要配套建设的环境保护设施，必须与主体工程同时设计、同时施工、同时投产使用。《环境影响评价法》第26条明确规定：建设项目建设过程中，建设单位应当同时实施环境影响报告书、环境影响报告表以及环境影响评价文件审批部门审批意见中提出的环境保护对策措施。环境保护“三同时”制度是建设项目环境保护法律制度的重要组成部分，《建设项目环境保护管理条例》对环境保护“三同时”制度进行了详细规定。

1. 设计阶段

建设项目的初步设计，应当按照环境保护设计规范的要求，编制环境保护篇章，并依据经批准的建设项目环境影响报告书或者环境影响报告表，在环境保护篇章中落实防治环境污染和生态破坏的措施以及环境保护设施投资概算。

2. 试生产阶段

建设项目的主体工程完工后，需要进行试生产的，其配套建设的环境保护设施必须与主体工程同时投入试运行。建设项目试生产期间，建设单位应当对环境保护设施运行情况和建设项目对环境的影响进行监测。

3. 竣工建设和投产使用阶段

建设项目竣工后，建设单位应当向审批环境影响评价文件的环境保护行政主管部门申请该建设项目需要配套建设的环境保护设施竣工验收。

环境保护设施竣工验收，应当与主体工程竣工验收同时进行。需要进行试生产的建设项目，建设单位应当自建设项目投入试生产之日起3个月内，向审批环境影响评价文件的环境保护行政主管部门申请该建设项目需要配套建设的环境保护设施竣工验收。分期建设、分期投入生产或者使用的建设项目,其相应的环境保护设施应当分期验收。

环境保护行政主管部门应当自收到环境保护设施竣工验收申请之日起 30 日内,完成验收。建设项目需要配套建设的环境保护设施经验收合格,该建设项目方可正式投入生产或者使用。

11.1.3 水污染防治法律制度

水污染是指水体因某种物质的介入,而导致其化学、物理、生物或者放射性等方面特性的改变,从而影响水的有效利用,危害人体健康或者破坏生态环境,造成水质恶化的现象。

1. 水污染防治的监督管理

(1) 新建、改建、扩建直接或者间接向水体排放污染物的建设项目和其他水上设施,应当依法进行环境影响评价。建设单位在江河、湖泊新建、改建、扩建排污口的,应当取得水行政主管部门或者流域管理机构同意;涉及通航、渔业水域的,环境保护主管部门在审批环境影响评价文件时,应当征求交通、渔业主管部门的意见。建设项目的水污染防治设施,应当与主体工程同时设计、同时施工、同时投产使用。水污染防治设施应当经过环境保护主管部门验收,验收不合格的,该建设项目不得投入生产或者使用。

(2) 在饮用水水源保护区内,禁止设置排污口。禁止在饮用水水源一级保护区内新建、改建、扩建与供水设施和保护水源无关的建设项目;已建成的与供水设施和保护水源无关的建设项目,由县级以上人民政府责令拆除或者关闭。禁止在饮用水水源二级保护区内新建、改建、扩建排放污染物的建设项目;已建成的排放污染物的建设项目,由县级以上人民政府责令拆除或者关闭。禁止在饮用水水源准保护区内新建、扩建对水体污染严重的建设项目;改建建设项目,不得增加排污量。

(3) 在风景名胜区水体、重要渔业水体和其他具有特殊经济文化价值的水体的保护区内,不得新建排污口。在保护区附近新建排污口,应当保证保护区水体不受污染。

(4) 企事业单位发生事故或者其他突发性事件,造成或者可能造成水污染事故的,应当立即启动本单位的应急方案,采取应急措施,并向事故发生地的县级以上地方人民政府或者环境保护主管部门报告。环境保护主管部门接到报告后,应当及时向本级人民政府报告,并抄送有关部门。

2. 水污染防治措施

在工程建设中,应从以下方面防治水污染:

(1) 禁止向水体排放油类、酸液、碱液或者剧毒废液。禁止在水体清洗装贮过油类或者有毒污染物的车辆和容器。

(2) 禁止向水体排放或者倾倒放射性固体废弃物或者含有高放射性和中放射性物质的废水。向水体排放含低放射性物质的废水,应当符合国家有关放射性污染防护的规定和标准。

(3) 向水体排放含热废水,应当采取措施,保证水体的水温符合水环境质量标准。

(4) 含病原体的污水应当经过消毒处理;符合国家有关标准后,方可排放。

(5) 禁止向水体排放、倾倒工业废渣、城市垃圾和其他废弃物。禁止将含有汞、镉、砷、铬、铅、氰化物、黄磷等的可溶性剧毒废渣向水体排放、倾倒或者直接埋入地下。存放可溶性剧毒废渣的场所，必须采取防水、防渗漏、防流失的措施。

(6) 禁止在江河、湖泊、运河、渠道、水库最高水位线以下的滩地和岸坡堆放、存贮固体废弃物和其他污染物。

(7) 禁止利用渗井、渗坑、裂隙和溶洞排放、倾倒含有毒污染物的废水、含病原体的污水和其他废弃物。

(8) 禁止利用无防渗漏措施的沟渠、坑塘等输送或者存贮含有毒污染物的废水、含病原体的污水和其他废弃物。

(9) 多层地下水的含水层水质差异大的，应当分层开采；对已受污染的潜水和承压水，不得混合开采。

(10) 兴建地下工程设施或者进行地下勘探、采矿等活动，应当采取防护性措施，防止地下水污染。

(11) 人工回灌补给地下水，不得恶化地下水质。

11.1.4 大气污染防治法律制度

1. 大气污染的概念

大气污染是指有害物质进入大气，对人类和生物造成危害的现象。大气污染如果不加以控制和防治，将严重破坏生态系统和人类生存条件。

2. 工程建设中大气污染防治

在工程建设中，应从以下方面防治大气污染：

(1) 在人口集中地区存放煤炭、煤矸石、煤渣、煤灰、砂石、灰土等物料，必须采取防燃、防尘措施，防止污染大气。

(2) 向大气排放粉尘的排污单位，必须采取除尘措施。严格限制向大气排放含有毒物质的废气和粉尘；确需排放的，必须经过净化处理，不超过规定的排放标准。

(3) 在人口集中地区和其他依法需要特殊保护的区域内，禁止焚烧沥青、油毡、橡胶、塑料、皮革、垃圾以及其他产生有毒有害烟尘和恶臭气体的物质。

(4) 运输、装卸、贮存能够散发有毒有害气体或者粉尘物质的，必须采取密闭措施或者其他防护措施。

(5) 在城市市区进行建设施工或者从事其他产生扬尘污染活动的单位，必须按照当地环境保护的规定，采取防治扬尘污染的措施。

11.1.5 环境噪声污染防治法律制度

1. 环境噪声的概念

环境噪声是指在工业生产、建筑施工、交通运输和社会生活中所产生的干扰周围生活环境的声音。环境噪声污染是指所产生的环境噪声超过国家规定的环境噪声排放标准，并干扰他人正常生活、工作和学习的现象。

2. 工程建设中环境噪声污染防治

与工程建设有关的噪声主要是建筑施工噪声和交通运输噪声。建筑施工噪声是指在建筑施工过程中产生的干扰周围生活环境的声音。交通运输噪声是指机动车辆、铁路机车、机动船舶、航空器等交通运输工具在运行时所产生的干扰周围生活环境的声音。

在工程建设中，应从以下方面防治环境噪声污染：

(1) 在城市市区范围内向周围生活环境排放建筑施工噪声的，应当符合国家规定的建筑施工场界环境噪声排放标准。

(2) 在城市市区范围内，建筑施工过程中使用机械设备，可能产生环境噪声污染的，施工单位必须在工程开工15日以前向工程所在地县级以上地方人民政府环境保护行政主管部门申报该工程的项目名称、施工场所和期限、可能产生的环境噪声值以及所采取的环境噪声污染防治措施的情况。

(3) 在城市市区噪声敏感建筑物集中区域内，禁止夜间进行产生环境噪声污染的建筑施工作业，但抢修、抢险作业和因生产工艺上要求或者特殊需要必须连续作业的除外。因特殊需要必须连续作业的，必须有县级以上人民政府或者其有关主管部门的证明。上述规定的夜间作业，必须公告附近居民。

(4) 建设经过已有的噪声敏感建筑物集中区域的高速公路和城市高架、轻轨道路，有可能造成环境噪声污染的，应当设置声屏障或者采取其他有效的控制环境噪声污染的措施。这里所说的噪声敏感建筑物是指医院、学校、机关、科研单位、住宅等需要保持安静的建筑物，噪声敏感建筑物集中区域是指医疗区、文教科研区和以机关或者居民住宅为主的区域。

(5) 在已有的城市交通干线的两侧建设噪声敏感建筑物的，建设单位应当按照国家规定间隔一定距离，并采取减轻、避免交通噪声影响的措施。

(6) 在已竣工交付使用的住宅楼进行室内装修活动，应当限制作业时间，并采取其他有效措施，以减轻、避免对周围居民造成环境噪声污染。

11.1.6 固体废物污染防治法律制度

固体废物污染是指固体废物在产生、收集、贮存、运输、利用、处置的过程中产生的危害环境的现象。这里所说的固体废物，是指在生产、生活和其他活动中产生的丧失原有利用价值或者虽未丧失利用价值但被抛弃或者放弃的固态、半固态和置于容器中的气态的物品、物质以及法律、行政法规规定纳入固体废物管理的物品、物质。

1. 固体废物污染防治

在工程建设中，主要从以下方面防治固体废物污染：

(1) 建设产生固体废物的项目以及建设贮存、利用、处置固体废物的项目，必须依法进行环境影响评价，并遵守国家有关建设项目环境保护管理的规定。

(2) 建设项目的环境影响评价文件确定需要配套建设的固体废物污染环境防治设施，必须与主体工程同时设计、同时施工、同时投产使用。固体废物污染环境防治设施必须经原审批环境影响评价文件的环境保护行政主管部门验收合格后，该建设项目方可投入生产或者使用。对固体废物污染环境防治设施的验收应当与对主体工程的验收同时进行。

(3) 产生固体废物的单位和个人，应当采取措施，防止或者减少固体废物对环境的污染。

(4) 收集、贮存、运输、利用、处置固体废物的单位和个人，必须采取防扬散、防流失、防渗漏或者其他防止污染环境的措施；不得擅自倾倒、堆放、丢弃、遗撒固体废物。禁止任何单位或者个人向江河、湖泊、运河、渠道、水库及其最高水位线以下的滩地和岸坡等法律、法规规定禁止倾倒、堆放废弃物的地点倾倒、堆放固体废物。

(5) 在国务院和国务院有关主管部门及省、自治区、直辖市人民政府划定的自然保护区、风景名胜区、饮用水水源保护区、基本农田保护区和其他需要特别保护的区域内，禁止建设工业固体废物集中贮存、处置的设施、场所和生活垃圾填埋场。

(6) 转移固体废物出省、自治区、直辖市行政区域贮存、处置的，应当向固体废物移出地的省、自治区、直辖市人民政府环境保护行政主管部门提出申请，并经固体废物接受地的省、自治区、直辖市人民政府环境保护行政主管部门同意，方可批准转移。未经批准的，不得转移。

(7) 禁止中华人民共和国境外的固体废物进境倾倒、堆放、处置。

(8) 禁止进口不能用作原料或者不能以无害化方式利用的固体废物；对可以用作原料的固体废物实行限制进口和自动许可进口分类管理。

(9) 工程施工单位应当及时清运工程施工过程中产生的固体废物，并按照环境卫生行政主管部门的规定进行利用或者处置。

2. 危险废物污染环境防治的特别规定

危险废物是指列入国家危险废物名录或者根据国家规定的危险废物鉴别标准和鉴别方法认定的具有危险特性的废物。在工程建设中，主要从以下方面防治危险废物污染：

(1) 对危险废物的容器和包装物以及收集、贮存、运输、处置危险废物的设施、场所，必须设置危险废物识别标志。

(2) 以填埋方式处置危险废物不符合国务院环境保护行政主管部门的规定的，应当缴纳危险废物排污费。危险废物排污费征收的具体办法由国务院规定。危险废物排污费用于危险废物污染环境的防治，不得挪作他用。

(3) 从事收集、贮存、处置危险废物经营活动的单位，必须向县级以上人民政府环境保护行政主管部门申请领取经营许可证，具体管理办法由国务院规定。禁止无经营许可证或者不按照经营许可证规定从事危险废物收集、贮存、处置的经营活动。禁止将危险废物提供或者委托给无经营许可证的单位从事收集、贮存、处置的经营活动。

(4) 收集、贮存危险废物，必须按照危险废物特性分类进行。禁止混合收集、贮存、运输、处置性质不相容而未经安全性处置的危险废物。禁止将危险废物混入非危险废物中贮存。

(5) 转移危险废物的，必须按照国家有关规定填写危险废物转移联单，并向危险废物移出地设区的市级以上地方人民政府环境保护行政主管部门提出申请，并经接受地设区的市级以上地方人民政府环境保护行政主管部门同意后，方可批准转移该危险废物。未经批准的，不得转移。转移危险废物途经移出地、接受地以外行政区域的，危险废物移出地设区的市级以上地方人民政府环境保护行政主管部门应当及时通知沿途经过的设区的市级以上地方人民政府环境保护行政主管部门。

(6) 运输危险废物，必须采取防止污染环境的措施，并遵守国家有关危险货物运输管理的规定。禁止将危险废物与旅客在同一运输工具上载运。

(7) 收集、贮存、运输、处置危险废物的场所、设施、设备和容器、包装物及其他物品转作他用时，必须经过消除污染的处理，方可使用。

(8) 产生、收集、贮存、运输、利用、处置危险废物的单位，应当制定在发生意外事故时采取的防范措施和应急预案，并向所在地县级以上地方人民政府环境保护行政主管部门备案；环境保护行政主管部门应当进行检查。

(9) 禁止经中华人民共和国过境转移危险废物。

11.2 消防法规中与工程建设相关的内容

为了预防火灾和减少火灾危害，保护公民人身、公共财产和公民财产的安全，维护公共安全，1998 年 4 月 29 日第九届全国人民代表大会常务委员会第二次会议通过了《中华人民共和国消防法》（简称《消防法》），并于 2008 年 10 月 28 日由第十一届全国人民代表大会常务委员会第五次会议进行了修订，修订后的《消防法》自 2009 年 5 月 1 日起施行。《消防法》中含有涉及工程建设活动的规定，工程建设从业人员应当熟悉这些相关规定。

11.2.1 消防工作管理体系

消防工作贯彻预防为主、防消结合的方针，按照政府统一领导、部门依法监管、单位全面负责、公民积极参与的原则，实行消防安全责任制，建立、健全社会化的消防工作网络。

国务院领导全国的消防工作。地方各级人民政府负责本行政区域内的消防工作。国务院公安部门对全国的消防工作实施监督管理。县级以上地方人民政府公安机关对本行政区域内的消防工作实施监督管理，并由本级人民政府公安机关消防机构负责实施。县级以上人民政府其他有关部门在各自的职责范围内，依照相关法律、法规的规定做好消防工作。

任何单位和个人都有维护消防安全、保护消防设施、预防火灾、报告火警的义务。任何单位和成年人都有参加有组织的灭火工作的义务。

11.2.2 建设工程消防管理

1. 建设工程消防设计的审核与验收

建设工程的消防设计、施工必须符合国家工程建设消防技术标准。建设、设计、施工、工程监理等单位依法对建设工程的消防设计、施工质量负责。

(1) 消防设计的审核、备案

按照国家工程建设消防技术标准需要进行消防设计的建设工程，除依法应由公安机关消防机构审核消防设计的以外，建设单位应当自依法取得施工许可之日起 7 个工作日内，将消防设计文件报公安机关消防机构备案，公安机关消防机构应当进行抽查。

国务院公安部门规定的大型的人员密集场所和其他特殊建设工程，建设单位应当将消防设计文件报送公安机关消防机构审核。公安机关消防机构依法对审核的结果负责。

依法应当经公安机关消防机构进行消防设计审核的建设工程，未经依法审核或者审核不合格的，负责审批该工程施工许可的部门不得给予施工许可，建设单位、施工单位不得施工；其他建设工程取得施工许可后经依法抽查不合格的，应当停止施工。

(2) 消防验收、备案

按照国家工程建设消防技术标准需要进行消防设计的建设工程竣工，依照下列规定进行消防验收、备案：

① 由公安机关消防机构审核消防设计的建设工程，建设单位应当向公安机关消防机构申请消防验收；

② 其他建设工程，建设单位在验收后应当报公安机关消防机构备案，公安机关消防机构应当进行抽查。

依法应当进行消防验收的建设工程，未经消防验收或者消防验收不合格的，禁止投入使用；其他建设工程经依法抽查不合格的，应当停止使用。

2. 工程建设中应采取的消防安全措施

(1) 工程建设主体应当履行下列安全职责：

① 落实消防安全责任制，制定本单位的消防安全制度、消防安全操作规程，制定灭火和应急疏散预案；

② 按照国家标准、行业标准配置消防设施、器材，设置消防安全标志，并定期组织检验、维修，确保完好有效；

③ 对建筑消防设施每年至少进行一次全面检测，确保完好有效，检测记录应当完整准确，存档备查；

④ 保障疏散通道、安全出口、消防车通道畅通，保证防火防烟分区、防火间距符合消防技术标准；

⑤ 组织防火检查，及时消除火灾隐患；

⑥ 组织进行有针对性的消防演练；

⑦ 法律、法规规定的其他消防安全职责。

(2) 禁止在具有火灾、爆炸危险的场所吸烟、使用明火。因施工等特殊情况需要使用明火作业的，应当按照规定事先办理审批手续，采取相应的消防安全措施；作业人员应当遵守消防安全规定。进行电焊、气焊等具有火灾危险作业的人员和自动消防系统的操作人员，必须持证上岗，并遵守消防安全操作规程。

(3) 生产、储存、运输、销售、使用、销毁易燃易爆危险品，必须执行消防技术标准和管理规定。进入生产、储存易燃易爆危险品的场所，必须执行消防安全规定。禁止非法携带易燃易爆危险品进入公共场所或者乘坐公共交通工具。储存可燃物资仓库的管理，必须执行消防技术标准和管理规定。

(4) 消防产品必须符合国家标准；没有国家标准的，必须符合行业标准。禁止生产、销售或者使用不合格的消防产品以及国家明令淘汰的消防产品。依法实行强制性产品认证的消防产品，由具有法定资质的认证机构按照国家标准、行业标准的强制性要求认证合格后，方可生产、销售、使用。实行强制性产品认证的消防产品目录，由国务院产品质量监督部门会同国务院公安部门制定并公布。新研制的尚未制定国家标准、行业标准的消防产品，应当按照国务院产品质量监督部门会同国务院公安部门规定的办法，经技术鉴定符合消防安全要求的，方可生产、销售、使用。

(5) 建筑构件、建筑材料和室内装修、装饰材料的防火性能必须符合国家标准；没有国家标准的，必须符合行业标准。人员密集场所室内装修、装饰，应当按照消防技术标准的要求，使用不燃、难燃材料。

(6) 电器产品、燃气用具的产品标准，应当符合消防安全的要求。电器产品、燃气用具的安装、使用及其线路、管路的设计、敷设、维护保养、检测，必须符合消防技术标准和管理规定。

(7) 任何单位、个人不得损坏、挪用或者擅自拆除、停用消防设施、器材，不得埋压、圈占、遮挡消火栓或者占用防火间距，不得占用、堵塞、封闭疏散通道、安全出口、消防车通道。人员密集场所的门窗不得设置影响逃生和灭火救援的障碍物。

11.2.3 火灾救援

任何人发现火灾都应当立即报警。任何单位、个人都应当无偿为报警提供便利,不得阻拦报警。严禁谎报火警。人员密集场所发生火灾,该场所的现场工作人员应当立即组织、引导在场人员疏散。任何单位发生火灾,必须立即组织力量扑救。邻近单位应当给予支援。消防队接到火警,必须立即赶赴火灾现场,救助遇险人员,排除险情,扑灭火灾。

公安机关消防机构统一组织和指挥火灾现场扑救,应当优先保障遇险人员的生命安全。火灾现场总指挥根据扑救火灾的需要,有权决定下列事项:使用各种水源;截断电力、可燃气体和可燃液体的输送,限制用火用电;划定警戒区,实行局部交通管制;利用邻近建筑物和有关设施;为了抢救人员和重要物资,防止火势蔓延,拆除或者破损毗邻火灾现场的建筑物、构筑物或者设施等;调动供水、供电、供气、通信、医疗救护、交通运输、环境保护等有关单位协助灭火救援。根据扑救火灾的紧急需要,有关地方人民政府应当组织人员、调集所需物资支援灭火。

公安机关消防机构有权根据需要封闭火灾现场,负责调查火灾原因,统计火灾损失。火灾扑灭后,发生火灾的单位和相关人员应当按照公安机关消防机构的要求保护现场,接受事故调查,如实提供与火灾有关的情况。公安机关消防机构根据火灾现场勘验、调查情况和有关的检验、鉴定意见,及时制作火灾事故认定书,作为处理火灾事故的证据。

11.3 节约能源法规中与工程建设相关的内容

为了推进全社会节约能源,提高能源利用效率和经济效益,保护环境,1997 年 11 月 1 日第八届全国人民代表大会常务委员会第二十八次会议通过了《中华人民共和国节约能源法》(简称《节约能源法》),并自 1998 年 1 月 1 日起实施;2007 年 10 月 28 日由第十届全国人民代表大会常务委员会第三十次会议修订,修订后的《节约能源法》自 2008 年 4 月 1 日起施行。为了加强民用建筑节能管理,降低民用建筑使用过程中的能源消耗,提高能源利用效率,国务院于 2008 年 8 月 1 日发布了《民用建筑节能条例》,并自 2008 年 10 月 1 日起施行。

11.3.1 节能管理概述

1. 节能的概念

能源是指煤炭、石油、天然气、生物质能和电力、热力以及其他直接或者通过加工、转换而取得有用能的各种资源。

节约能源简称节能,是指加强用能管理,采取技术上可行、经济上合理以及环境和社会可以承受的措施,从能源生产到消费的各个环节,降低消耗、减小损失和污染物排放、制止浪费,有效、合理地利用能源。

节约资源是我国的基本国策。国家实施节约与开发并举、把节约放在首位的能源发展战略。

2. 节能管理的指导思想

根据《节约能源法》的规定,我国进行节能管理的指导思想主要包括以下内容:

(1) 编制节能规划、年度节能计划

国务院和县级以上地方各级人民政府应当将节能工作纳入国民经济和社会发展规划、年度计划，并组织编制和实施节能中长期专项规划、年度节能计划。国务院和县级以上地方各级人民政府每年向本级人民代表大会或者其常务委员会报告节能工作。

(2) 节能目标责任制和节能考核评价制度

国家实行节能目标责任制和节能考核评价制度，将节能目标完成情况作为对地方人民政府及其负责人考核评价的内容。省、自治区、直辖市人民政府每年向国务院报告节能目标责任的履行情况。

(3) 产业政策

国家实行有利于节能和环境保护的产业政策，限制发展高耗能、高污染行业，发展节能环保型产业。国务院和省、自治区、直辖市人民政府应当加强节能工作，合理调整产业结构、企业结构、产品结构和能源消费结构，推动企业降低单位产值能耗和单位产品能耗，淘汰落后的生产能力，改进能源的开发、加工、转换、输送、储存和供应，提高能源利用效率。国家鼓励、支持开发和利用新能源、可再生能源。

(4) 节能技术创新和节能教育

国家鼓励、支持节能科学技术的研究、开发、示范和推广，促进节能技术创新与进步。

国家开展节能宣传和教育，将节能知识纳入国民教育和培训体系，普及节能科学知识，增强全民的节能意识，提倡节约型的消费方式。

(5) 节能监督管理

任何单位和个人都应当依法履行节能义务，有权检举浪费能源的行为。新闻媒体应当宣传节能法律、法规和政策，发挥舆论监督作用。

国务院管理节能工作的部门主管全国的节能监督管理工作。国务院有关部门在各自的职责范围内负责节能监督管理工作，并接受国务院管理节能工作的部门的指导。县级以上地方各级人民政府管理节能工作的部门负责本行政区域内的节能监督管理工作。县级以上地方各级人民政府有关部门在各自的职责范围内负责节能监督管理工作，并接受同级管理节能工作的部门的指导。

11.3.2 建筑节能制度

《节约能源法》对建筑节能进行了原则性规定，主要包括以下内容：

1. 固定资产投资项目节能评估和审查制度

根据《节约能源法》第12条的规定，国家实行固定资产投资项目节能评估和审查制度。不符合强制性节能标准的项目，依法负责项目审批或者核准的机关不得批准或者核准建设；建设单位不得开工建设；已经建成的，不得投入生产、使用。具体办法由国务院管理节能工作的部门会同国务院有关部门制定。

2. 建筑节能标准的制定

建筑节能的国家标准、行业标准由国务院建设主管部门组织制定，并依照法定程序发布。省、自治区、直辖市人民政府建设主管部门可以根据本地实际情况，制定严于国家标准或者行业标准的地方建筑节能标准，并报国务院标准化主管部门和国务院建设主管部门备案。

3. 建筑节能的监督管理

国务院建设主管部门负责全国建筑节能的监督管理工作。县级以上地方各级人民政府建设主管部门负责本行政区域内建筑节能的监督管理工作。县级以上地方各级人民政府建设主管部门会同同级管理节能工作的部门编制本行政区域内的建筑节能规划。建筑节能规划应当包括既有建筑节能改造计划。

4. 建设主体的节能义务

建筑工程的建设、设计、施工和监理单位应当遵守建筑节能标准。

不符合建筑节能标准的建筑工程,建设主管部门不得批准开工建设;已经开工建设的,应当责令停止施工、限期改正;已经建成的,不得销售或者使用。建设主管部门应当加强对在建建筑工程执行建筑节能标准情况的监督检查。

房地产开发企业在销售房屋时,应当向购买人明示所售房屋的节能措施、保温工程保修期等信息,在房屋买卖合同、质量保证书和使用说明书中载明,并对其真实性、准确性负责。

5. 建筑节能具体制度

(1) 室内温度控制制度

使用空调采暖、制冷的公共建筑应当实行室内温度控制制度。具体办法由国务院建设主管部门制定。

(2) 供热分户计量、按照用热量收费制度

国家采取措施,对实行集中供热的建筑分步骤实行供热分户计量、按照用热量收费的制度。新建建筑或者对既有建筑进行节能改造,应当按照规定安装用热计量装置、室内温度调控装置和供热系统调控装置。具体办法由国务院建设主管部门会同国务院有关部门制定。

(3) 控制装饰性景观照明能耗制度

县级以上地方各级人民政府有关部门应当加强城市节约用电管理,严格控制公用设施和大型建筑物装饰性景观照明的能耗。

(4) 鼓励发展节能产品制度

国家鼓励在新建建筑和既有建筑节能改造中使用新型墙体材料等节能建筑材料和节能设备,安装和使用太阳能等可再生能源利用系统。

11.3.3 民用建筑节能

1. 民用建筑节能的概念

民用建筑节能是指在保证民用建筑使用功能和室内热环境质量的前提下,减少其使用过程中能源消耗的活动。这里所说的民用建筑,是指居住建筑、国家机关办公建筑和商业、服务业、教育、卫生等其他公共建筑。

2. 新建建筑节能

(1) 节能技术、材料与设备的使用

国家推广使用民用建筑节能的新技术、新工艺、新材料和新设备,限制使用或者禁止使用能源消耗高的技术、工艺、材料和设备。国务院节能工作主管部门、建设主管部门应当制定、公布并及时更新推广使用、限制使用、禁止使用目录。国家限制进口或者禁止进口能源消耗高的技术、材料和设备。建设单位、设计单位、施工单位不得在建筑活动中使用列入禁止使用目录

的技术、工艺、材料和设备。

(2) 建设节能主体的节能义务

① 城乡规划主管部门与建设主管部门的节能义务

编制城市详细规划、镇详细规划，应当按照民用建筑节能的要求，确定建筑的布局、形状和朝向。城乡规划主管部门依法对民用建筑进行规划审查，应当就设计方案是否符合民用建筑节能强制性标准征求同级建设主管部门的意见；建设主管部门应当自收到征求意见材料之日起10日内提出意见。征求意见时间不计算在规划许可的期限内。对不符合民用建筑节能强制性标准的，不得颁发建设工程规划许可证。

② 施工图设计文件审查机构的节能义务

施工图设计文件审查机构应当按照民用建筑节能强制性标准对施工图设计文件进行审查；经审查不符合民用建筑节能强制性标准的，县级以上地方人民政府建设主管部门不得颁发施工许可证。

③ 建设单位的节能义务

建设单位不得明示或者暗示设计单位、施工单位违反民用建筑节能强制性标准进行设计、施工，不得明示或者暗示施工单位使用不符合施工图设计文件要求的墙体材料、保温材料、门窗、采暖制冷系统和照明设备。

按照合同约定由建设单位采购墙体材料、保温材料、门窗、采暖制冷系统和照明设备的，建设单位应当保证其符合施工图设计文件要求。

建设单位组织竣工验收，应当对民用建筑是否符合民用建筑节能强制性标准进行查验；对不符合民用建筑节能强制性标准的，不得出具竣工验收合格报告。

房地产开发企业销售商品房，应当向购买人明示所售商品房的能源消耗指标、节能措施和保护要求、保温工程保修期等信息，并在商品房买卖合同和住宅质量保证书、住宅使用说明书中载明。

④ 设计单位、施工单位、工程监理单位的节能义务

设计单位、施工单位、工程监理单位及其注册执业人员，应当按照民用建筑节能强制性标准进行设计、施工、监理。

施工单位应当对进入施工现场的墙体材料、保温材料、门窗、采暖制冷系统和照明设备进行查验；不符合施工图设计文件要求的，不得使用。

工程监理单位发现施工单位不按照民用建筑节能强制性标准施工的，应当要求施工单位改正；施工单位拒不改正的，工程监理单位应当及时报告建设单位，并向有关主管部门报告。

墙体、屋面的保温工程施工时，监理工程师应当按照工程监理规范的要求，采取旁站、巡视和平行检验等形式实施监理。

未经监理工程师签字，墙体材料、保温材料、门窗、采暖制冷系统和照明设备不得在建筑上使用或者安装，施工单位不得进行下一道工序的施工。

3. 既有建筑节能

(1) 既有建筑节能改造的概念

既有建筑节能改造是指对不符合民用建筑节能强制性标准的既有建筑的围护结构、供热系统、采暖制冷系统、照明设备和热水供应设施等实施节能改造的活动。既有建筑节能改造应

当根据当地经济、社会发展水平和地理气候条件等实际情况，有计划、分步骤地实施分类改造。

(2) 节能改造

县级以上地方人民政府建设主管部门应当对本行政区域内既有建筑的建设年代、结构形式、用能系统、能源消耗指标、寿命周期等组织调查统计和分析，制订既有建筑节能改造计划，明确节能改造的目标、范围和要求，报本级人民政府批准后组织实施。中央国家机关既有建筑的节能改造，由有关管理机关事务工作的机构制订节能改造计划，并组织实施。

国家机关办公建筑、政府投资和以政府投资为主的公共建筑的节能改造，应当制订节能改造方案，经充分论证，并按照国家有关规定办理相关审批手续方可进行。各级人民政府及其有关部门、单位不得违反国家有关规定和标准，以节能改造的名义对上述规定的既有建筑进行扩建、改建。居住建筑和上述规定以外的其他公共建筑不符合民用建筑节能强制性标准的，在尊重建筑所有权人意愿的基础上，可以结合扩建、改建，逐步实施节能改造。

实施既有建筑节能改造，应当符合民用建筑节能强制性标准，优先采用遮阳、改善通风等低成本改造措施。既有建筑围护结构的改造和供热系统的改造，应当同步进行。对实行集中供热的建筑进行节能改造，应当安装供热系统调控装置和用热计量装置；对公共建筑进行节能改造，还应当安装室内温度调控装置和用电分项计量装置。

国家机关办公建筑的节能改造费用，由县级以上人民政府纳入本级财政预算。居住建筑和教育、科学、文化、卫生、体育等公益事业使用的公共建筑节能改造费用，由政府、建筑所有权人共同负担。国家鼓励社会资金投资既有建筑节能改造。

11.4 档案法规中与工程建设相关的内容

《中华人民共和国档案法》(简称《档案法》)于1987年9月5日第六届全国人民代表大会常务委员会第二十二次会议通过，1996年7月5日第八届全国人民代表大会常务委员会第二十次会议对其进行了修正。《档案法》的立法目的在于加强对档案的管理和收集、整理工作，有效地保护和利用档案，为社会主义现代化建设服务。

依据《档案法》，住建部发布了《建设工程文件归档规范》(GB/T 50328—2014)，该规范适用于建设工程文件的归档整理以及建设工程档案的验收。

11.4.1 建设工程档案的种类

建设工程档案，简称工程档案，是指在工程建设活动中直接形成的具有归档保存价值的文字、图表、声像等各种形式的历史记录，主要包括以下文件。

1. 工程准备阶段文件

工程准备阶段文件，指工程开工以前，在立项、审批、征地、勘察、设计、招投标等工程准备阶段形成的文件。主要包括：

(1) 立项文件，包括项目建议书、项目建议书审批意见及前期工作通知书、可行性研究报告及附件、可行性研究报告审批意见、关于立项有关的会议纪要、领导讲话、专家建议文件、调查资料及项目评估研究材料等。

(2) 建设用地、征地、拆迁文件，包括选址申请及选址规划意见通知书、用地申请报告及县级以上人民政府城乡建设用地批准书、安置意见、征收补偿协议、方案、建设用地规划许可证及其附件、划拨建设用地文件、国有土地使用证。

(3) 勘察、测绘、设计文件,包括工程地质勘察报告、水文地质勘察报告、自然条件、地震调查、建设用地钉桩通知单(书)、地形测量和拨地测量成果报告、申报的规划设计条件和规划设计条件通知书、初步设计图纸和说明、技术设计图纸和说明、审定设计方案通知书及审查意见、有关行政主管部门(人防、环保、消防、交通、园林、市政、文物、通信、保密、河湖、教育、白蚁防治、卫生等)批准文件或取得的有关协议、施工图及其说明、设计计算书、政府有关部门对施工图设计文件的审批意见等。

(4) 招投标文件,包括勘察设计招投标文件、勘察设计承包合同,施工招投标文件、施工承包合同,工程监理招投标文件、监理委托合同等。

(5) 开工审批文件,包括建设项目列入年度计划的申报文件、建设项目列入年度计划的批准文件或年度计划项目表、规划审批申报表及报送的文件和图纸、建设工程规划许可证及其附件、建设工程开工审查表、建设工程施工许可证、投资许可证、审计证明、缴纳绿化建设费等证明、工程质量监督手续等。

(6) 财务文件,包括工程投资估算材料、工程设计概算材料、施工图预算材料、施工预算等。

(7) 建设、施工、监理机构及负责人名单等,包括工程项目管理机构(项目经理部)及负责人名单、工程项目监理机构(项目监理部)及负责人名单、工程项目施工管理机构(施工项目经理部)及负责人名单等。

2. 监理文件

监理文件是指监理单位在工程设计、施工等监理过程中形成的文件。主要包括:

(1) 监理规划,包括监理规划、监理实施细则和监理部总控制计划等。

(2) 监理月报中的有关质量问题。

(3) 监理会议纪要中的有关质量问题。

(4) 进度控制文件,包括工程开工/复工审批表、工程开工/复工暂停令等。

(5) 质量控制文件,包括不合格项目通知、质量事故报告及处理意见等。

(6) 造价控制文件,包括预付款报审与支付、月付款报审与支付、设计变更、洽商费用报审与签认、工程竣工决算审核意见书等。

(7) 分包资质文件,包括分包单位资质材料、供货单位资质材料、试验等单位资质材料。

(8) 监理通知,包括有关进度控制的监理通知、有关质量控制的监理通知、有关造价控制的监理通知。

(9) 合同与其他事项管理文件,包括工程延期报告及审批、费用索赔报告及审批、合同争议、违约报告及处理意见、合同变更材料等。

(10) 监理工作总结,包括专题总结、月报总结、工程竣工总结、质量评价意见报告。

3. 施工文件

施工文件是指施工单位在工程施工过程中形成的文件。不同专业的工程对施工文件的要求不尽相同,一般包括:

(1) 施工技术准备文件,包括施工组织设计、技术交底、图纸会审记录、施工预算的编制和审查、施工日志等。

(2) 施工现场准备文件,包括控制网设置资料、工程定位测量资料、基槽开挖线测量资料、施工安全措施、施工环保措施等。

(3) 地基处理记录等。

(4) 工程图纸变更记录,包括设计会议会审记录、设计变更记录、工程洽商记录等。

(5) 施工材料、预制构件质量证明文件及复试试验报告。

(6) 设备、产品质量检查、安装记录,包括设备、产品质量合格证、质量保证书,设备装箱单、商检证明和说明书、开箱报告,设备安装记录、设备试运行记录,设备明细表等。

(7) 施工试验记录、隐蔽工程检查记录。

(8) 施工记录,包括工程定位测量检查记录、预检工程检查记录、沉降观测记录、结构吊装记录、工程竣工测量、新型建筑材料、施工新技术等。

(9) 工程质量事故处理记录。

(10) 工程质量检验记录,包括检验批质量验收记录,分项工程质量验收记录,基础、主体工程验收记录,分部(子分部)工程质量验收记录。

4. 竣工图和竣工验收文件

竣工图是指工程竣工验收后,真实反映建设工程项目施工结果的图样。竣工验收文件是指建设工程项目竣工验收活动中形成的文件。竣工验收文件主要包括:

(1) 工程竣工总结,包括工程概况表、工程竣工总结。

(2) 竣工验收记录,包括单位(子单位)工程质量竣工验收记录、竣工验收证明书、竣工验收报告、竣工验收备案表(包括各专项验收认可文件)、工程质量保修书等。

(3) 财务文件,包括决算文件、交付使用财产总表和财产明细表。

(4) 声像、缩微、电子档案,包括工程照片、录音、录像材料,各种光盘、磁盘等。

11.4.2 建设工程档案的移交程序

1. 参建单位向建设单位移交工程文件

(1) 工程文件移交的基本规定

根据《建设工程文件归档整理规范》规定,建设、勘察、设计、施工、监理等单位应将工程文件的形成和积累纳入工程建设管理的各个环节和有关人员的职责范围。建设单位在工程招标及与勘察、设计、施工、监理等单位签订合同时,应对工程文件的套数、费用、质量、移交时间等提出明确要求。勘察、设计、施工、监理等单位应将本单位形成的工程文件立卷后向建设单位移交。

建设单位应当收集和整理工程准备阶段、竣工验收阶段形成的文件,并应进行立卷归档。建设单位还应当负责组织、监督和检查勘察、设计、施工、监理等单位的工程文件的形成、积累和立卷归档工作,并收集和汇总勘察、设计、施工、监理等单位立卷归档的工程档案。

建设工程项目实行总承包的,总包单位负责收集、汇总各分包单位形成的工程档案,并应及时向建设单位移交;各分包单位应将本单位形成的工程文件整理、立卷后及时移交总包单位。建设工程项目由几个单位承包的,各承包单位负责收集、整理立卷其承包项目的工程文件,并应及时向建设单位移交。

(2) 工程文件的归档范围及质量要求

对与工程建设有关的重要活动、记载工程建设主要过程和现状、具有保存价值的各种载体的文件,均应收集齐全,整理立卷后归档。

归档的工程文件应为原件。工程文件的内容及其深度必须符合国家有关工程勘察、设计、施工、监理等方面的技术规范、标准和规程。

(3) 工程文件的归档

归档文件必须完整、准确、系统,能够反映工程建设活动的全过程。归档的文件必须经过分类整理,并应组成符合要求的案卷。根据建设程序和工程特点,归档可以分阶段进行,也可以在单位或分部工程通过竣工验收后进行。勘察、设计单位应当在任务完成时,施工、监理单位应当在工程竣工验收前,将各自形成的有关工程档案向建设单位归档。凡设计、施工及监理单位需要向本单位归档的文件,应按国家有关规定单独立卷归档。

勘察、设计、施工单位在收齐工程文件并整理立卷后,建设单位、监理单位应根据城建管理机构的要求对档案文件完整、准确、系统情况和案卷质量进行审查。审查合格后向建设单位移交。工程档案一般不少于两套,一套由建设单位保管,一套(原件)移交当地城建档案馆(室)。勘察、设计、施工、监理等单位向建设单位移交档案时,应编制移交清单,双方签字、盖章后方可交接。

2. 建设单位向政府主管机构移交建设项目档案

《建设工程质量管理条例》第 17 条规定:建设单位应当严格按照国家有关档案管理的规定,及时收集、整理建设项目各环节的文件资料,建立、健全建设项目档案,并在建设工程竣工验收后,及时向建设行政主管部门或者其他有关部门移交建设项目档案。

对列入城建档案馆(室)档案接收范围内的工程,建设单位在组织工程竣工验收前,应提请城建档案管理机构对工程档案进行预验收。建设单位未取得城建档案管理机构出具的认可文件,不得组织工程竣工验收。

城建档案管理部门在进行工程档案验收时,应重点验收以下内容:

(1) 工程档案齐全、系统、完整。

(2) 工程档案的内容真实、准确地反映工程建设活动和工程实际状况。

(3) 工程档案已整理立卷,立卷符合规定。

(4) 竣工图绘制方法、图式及规格等符合专业技术要求,图面整洁,盖有竣工图章。

(5) 文件的形成、来源符合实际,要求单位或个人签章的文件,其签章手续完备。

(6) 文件材质、幅面、书写、绘图、用墨、托裱等符合要求。

列入城建档案馆(室)接收范围的工程,建设单位在工程竣工验收后 3 个月内,必须向城建档案馆(室)移交一套符合规定的工程档案。

停建、缓建建设工程的档案,暂由建设单位保管。对改建、扩建和维修工程,建设单位应当组织设计、施工单位据实修改、补充和完善原工程档案。对改变的部件,应当重新编制工程档案,并在工程竣工验收后 3 个月内向城建档案馆(室)移交。

建设单位向城建档案馆(室)移交工程档案时,应办理移交手续,填写移交目录,双方签字、盖章后交接。

建设工程竣工验收后，建设单位未按规定移交建设工程档案的，根据《建设工程质量管理条例》第59条的规定，建设单位除应被责令改正外，还会受到1万元以上10万元以下罚款的处罚。

11.4.3 重大建设项目档案验收

为了加强重大建设项目档案管理工作，确保重大建设项目档案的完整、准确、系统和安全，2006年6月14日国家档案局和国家发改委联合发布了《重大建设项目档案验收办法》，对重大建设项目档案验收的组织、验收申请、验收要求做出了具体规定。它适用于各级政府投资主管部门组织或委托组织进行竣工验收的固定资产投资项目，这里的各级政府投资主管部门是指各级政府发展改革部门和具有投资管理职能的经济(贸易)部门。

根据《重大建设项目档案验收办法》的规定，项目建设单位(法人)应将项目档案工作纳入项目建设管理程序，与项目建设实行同步管理，建立项目档案工作领导责任制和相关人员岗位责任制。未经档案验收或档案验收不合格的项目，不得进行或通过项目的竣工验收。

1. 验收组织

(1) 项目档案验收的组织

① 国家发展和改革委员会组织验收的项目，由国家档案局组织项目档案的验收。

② 国家发展和改革委员会委托中央主管部门(含中央管理企业)、省级政府投资主管部门组织验收的项目，由中央主管部门档案机构、省级档案行政管理部门组织项目档案的验收，验收结果报国家档案局备案。

③ 省以下各级政府投资主管部门组织验收的项目，由同级档案行政管理部门组织项目档案的验收。

④ 国家档案局对中央主管部门档案机构、省级档案行政管理部门组织的项目档案验收进行监督、指导。项目主管部门、各级档案行政管理部门应加强项目档案验收前的指导和咨询，必要时可组织预检。

(2) 项目档案验收组的组成

① 国家档案局组织的项目档案验收，验收组由国家档案局、中央主管部门、项目所在地省级档案行政管理部门等单位组成。

② 中央主管部门档案机构组织的项目档案验收，验收组由中央主管部门档案机构及项目所在地省级档案行政管理部门等单位组成。

③ 省级及省以下各级档案行政管理部门组织的项目档案验收，由档案行政管理部门、项目主管部门等单位组成。

④ 凡在城市规划区范围内建设的项目，项目档案验收组成员应包括项目所在地的城建档案接收单位。

⑤ 项目档案验收组人数为不少于5人的单数，组长由验收组织单位人员担任。必要时可邀请有关专业人员参加验收组。

2. 验收申请

项目建设单位(法人)应向项目档案验收组织单位报送档案验收申请报告，并填报“重大建设项目档案验收申请表”。项目档案验收组织单位应在收到档案验收申请报告的10个工作日内做出答复。

(1) 申请项目档案验收应具备的条件

申请项目档案验收应当具备下列条件：

① 项目主体工程和辅助设施已按照设计建成，能满足生产或使用的需要。

② 项目试运行指标考核合格或者达到设计能力。

③ 完成了项目建设全过程文件材料的收集、整理与归档工作。

④ 基本完成了项目档案的分类、组卷、编目等整理工作。

项目档案验收前，项目建设单位(法人)应组织项目设计、施工、监理等方面负责人以及有关人员，根据档案工作的相关要求，依照《重大建设项目档案验收内容及要求》进行全面自检。

(2) 项目档案验收申请报告的主要内容

项目档案验收申请报告主要包括以下内容：

① 项目建设及项目档案管理概况。

② 保证项目档案的完整、准确、系统所采取的控制措施。

③ 项目文件材料的形成、收集、整理与归档情况，竣工图的编制情况及质量状况。

④ 档案在项目建设、管理、试运行中的作用。

⑤ 存在的问题及解决措施。

3. 验收要求

(1) 项目档案验收会议

项目档案验收应在项目竣工验收3个月之前完成。项目档案验收以验收组织单位召集验收会议的形式进行。项目档案验收组全体成员参加项目档案验收会议，项目的建设单位(法人)、设计、施工、监理和生产运行管理或使用单位的有关人员列席会议。

项目档案验收会议主要包括以下议程：

① 项目建设单位(法人)汇报项目建设概况、项目档案工作情况。

② 监理单位汇报项目档案质量的审核情况。

③ 项目档案验收组检查项目档案及档案管理情况。

④ 项目档案验收组对项目档案质量进行综合评价。

⑤ 项目档案验收组形成并宣布项目档案验收意见。

(2) 档案质量的评价

检查项目档案，采用质询、现场查验、抽查案卷的方式。抽查档案的数量应不少于100卷，抽查重点为项目前期管理性文件、隐蔽工程文件、竣工文件、质检文件、重要合同、协议等。

项目档案验收应根据《国家重大建设项目文件归档要求与档案整理规范》(DA/T 28—2002)，对项目档案的完整性、准确性、系统性进行评价。

(3) 项目档案验收意见的主要内容

① 项目建设概况。

② 项目档案管理情况，包括项目档案工作的基础管理工作，项目文件材料的形成、收集、整理与归档情况，竣工图的编制情况及质量，档案的种类、数量，档案的完整性、准确性、系统性

及安全性评价，档案验收的结论性意见。

③ 存在的问题、整改要求与建议。

(4) 档案验收结果

项目档案验收结果分为合格与不合格。项目档案验收组半数以上成员同意通过验收的为合格。

项目档案验收合格的项目，由项目档案验收组出具项目档案验收意见。

项目档案验收不合格的项目，由项目档案验收组提出整改意见，要求项目建设单位(法人)于项目竣工验收前对存在的问题限期整改，并进行复查。复查后仍不合格的，不得进行竣工验收，并由项目档案验收组提请有关部门对项目建设单位(法人)通报批评。造成档案损失的，应依法追究有关单位及人员的责任。

相关案例

【案情简介】

2015 年 4 月 19 日 23 时，某市环境保护行政主管部门接到居民投诉，称某项目工地有夜间施工噪声扰民情况。执法人员立刻赶赴施工现场，并在施工场界进行了噪声测量。经现场勘查：施工噪声源主要是商品混凝土运输车、混凝土输送泵和施工电梯等设备的施工作业噪声，施工场界噪声经测试为 72.4 dB。通过调查，执法人员核实了此次夜间施工作业既不属于抢修、抢险作业，也不属于因生产工艺要求必须进行的连续作业，且无有关主管部门出具的因特殊需要必须连续作业的证明。

【案件分析】

本案中，施工单位的夜间施工作业行为构成了环境噪声污染违法行为。《环境噪声污染防治法》第 30 条规定：在城市市区噪声敏感建筑物集中区域内，禁止夜间进行产生环境噪声污染的建筑施工作业，但抢修、抢险作业和因生产工艺上要求或者特殊需要必须连续作业的除外。因特殊需要必须连续作业的，必须有县级以上人民政府或者其有关主管部门的证明。以上规定的夜间作业，必须公告附近居民。经执法人员核实，该施工单位夜间作业既不属于抢修、抢险作业，也不属于因生产工艺上要求必须进行的连续作业，且没有有关主管部门出具的因特殊需要必须连续作业的证明。

另外，《环境噪声污染防治法》第 28 条规定：在城市市区范围内向周围生活环境排放建筑施工噪声的，应当符合国家规定的建筑施工场界环境噪声排放标准。经执法人员检测，施工场界噪声为 72.4 dB，超过了《建筑施工场界环境噪声排放标准》(GB 12523—2011)关于夜间噪声限制在 55 dB 以内的标准。

《环境噪声污染防治法》第 56 条规定：在城市市区噪声敏感建筑物集中区域内，夜间禁止进行产生环境噪声污染的建筑施工作业的，由工程所在地县级以上地方人民政府环境保护行政主管部门责令改正，可以并处罚款。据此，该市环境保护行政主管部门依法责令该施工单位立即停止夜间施工，并处 2000 元的罚款。

【案件评析】

按照《建筑施工场界环境噪声排放标准》(GB 12523—2011)的规定，城市建筑施工期间施工场地不同施工阶段产生的作业噪声限制为：昼间 70 dB，夜间 55 dB。而该施工单位是在 23 时施工，属于夜间施工，而且施工噪声已经高达 72.4 dB，超出规定噪声 55 dB 的 31.6%。

按照相关规定：在城市市区范围内，建筑施工过程中使用机械设备，可能产生环境噪声污染的，施工单位必须在工程开工 15 日以前向工程所在地县级以上地方人民政府环境保护行政主管部门申报该工程的项目名称、施工场所和期限、可能产生的环境噪声值以及所采取的环境噪声污染防治措施的情况。

在城市市区噪声敏感建筑物集中区域内，禁止夜间进行产生环境噪声污染的建筑施工作业，但抢修、抢险作业和因生产工艺上要求或者特殊需要必须连续作业的除外。因特殊需要必须连续作业的，必须有县级以上人民政府或者有关主管部门的证明。符合要求的夜间作业，必须公告附近居民。

该施工单位的夜间作业并不符合上述条件，是一起典型的建筑施工噪声扰民案件。

复习思考题

1. 什么是建设项目环境影响评价？建设项目环境影响评价分为哪几类？
2. 什么是环境保护“三同时”制度？
3. 在工程建设中如何防止水污染、大气污染、施工噪声污染、固体废物污染？
4. 在工程建设中应采取哪些消防安全措施？
5. 试述建设节能主体的节能义务。
6. 什么是建设工程档案？建设工程档案有哪些种类？
7. 建设工程档案的移交程序是什么？

12 市政公用事业法律制度

市政公用事业包括市政工程、公用事业、园林绿化、市容与环境卫生四大行业。其中市政工程行业主要指对城市道路、桥梁、排水、防洪等工程的建设与管理行业;公用事业主要指对城市供水、供电、供热、供气、公共交通等工程的建设与管理行业;园林绿化业主要指从事城市各类园林、苗圃、树木、花草等城市绿化建设与管理的行业;市容与环境卫生业是指从事城市的市容市貌、环境卫生设施、城市生活垃圾填埋、城市公共厕所等建设与管理的行业。

我国现行的市政公用事业建设法律、法规和规章主要有《中华人民共和国防洪法》、《中华人民共和国水法》、《中华人民共和国电力法》、《市政工程设施管理条例》、《城市道路管理条例》、《电力供应与使用条例》、《城市供水条例》、《城镇燃气管理条例》、《城市市容和环境卫生管理条例》、《城市绿化条例》、《城市照明管理规定》、《城市节约用水管理规定》、《城市公厕管理办法》、《城市道路和公共场所清扫保洁管理办法》等。

12.1 市政工程管理法律制度

12.1.1 市政设施的概念

1. 市政设施的概念

市政设施,是指城市道路(含桥梁、隧道)、排水、防洪设施及其附属设施。市政设施是城市赖以存在和发展的物质基础,是为城市生产和人民生活提供基础性服务的公共设施。

2. 市政设施的主要分类

(1) 城市道路:机动车道、非机动车道、广场、街头空地、路肩等。

(2) 城市桥涵:桥梁、涵洞、立体交叉桥、过街人行桥、城市道路与铁路两用桥等。

(3) 城市排水设施:雨水管道、污水管道、雨水污水合流管道,明渠、泵站、污水处理厂及其附属设施等。

(4) 城市防洪设施:城市防洪堤岸、河坝、防洪墙、排涝泵站、排洪道及其附属设施等。

(5) 城市道路照明设施:城市道路、桥梁、广场,不售票的公共绿地等处的照明设施。

12.1.2 城市道路管理

城市道路是指城市供车辆、行人通行的,具备一定技术条件的道路、桥梁及附属设施。城市道路包括机动车道、非机动车道、人行道、过街地下通道、内街、路肩、路坡、边沟、隔离带等。城市桥梁包括跨江道桥梁、车行立体交叉桥、人行天桥、高架路以及其桥梁安全保护区域内设施等。道路附属设施包括路灯、路标、路牌、车行隔离栏、人行护栏等。

城市道路设施是城市的骨架,是城市组织生产和安排生活所必需的交通设施。城市道路管理实行统一规划、配套建设、协调发展和建设、养护、管理并重的原则。

12.1.2.1 城市道路的管理体制

国务院建设行政主管部门主管全国城市道路管理工作。省、自治区人民政府城市建设行政主管部门主管本行政区域内的城市道路管理工作。县级以上城市人民政府市政工程行政主管部门主管本行政区域内的城市道路管理工作。

12.1.2.2 城市道路的规划和建设

1. 城市道路规划和建设的要求

城市道路规划和建设应当遵守以下规定：

(1) 县级以上城市人民政府应当组织市政工程、城市规划、公安交通等部门，根据城市总体规划编制城市道路发展规划；市政工程行政主管部门应当根据城市道路发展规划，制订城市道路年度建设计划，经城市人民政府批准后实施。

(2) 政府投资建设城市道路的，应当根据城市道路发展规划和年度建设计划，由市政工程行政主管部门组织建设；单位投资建设城市道路的，应当符合城市道路发展规划，并经市政工程行政主管部门批准；城市住宅小区、开发区内的道路建设，应当分别纳入住宅小区、开发区的开发建设计划配套建设。

(3) 城市供水、排水、燃气、热力、供电、通信、消防等依附于城市道路的各种管线、杆线等设施的建设计划，应当与城市道路发展规划和年度建设计划相协调，坚持先地下、后地上的施工原则，与城市道路同步建设。

(4) 城市道路的建设应当符合城市道路技术规范；城市道路与铁路相交的道口建设应当符合国家有关技术规范；建设跨越江河的桥梁和隧道，应当符合国家规定的防洪、通航标准和其他有关技术规范。

2. 城市道路设计和施工的要求

城市道路设计和施工应当遵守以下规定：

(1) 承担城市道路设计、施工的单位，应当具有相应的资质等级，并按照资质等级承担相应的城市道路的设计、施工任务。

(2) 城市道路的设计、施工，应当严格执行国家和地方规定的城市道路设计、施工的技术规范。

(3) 城市道路施工，实行工程质量监督制度。

(4) 城市道路竣工，实行工程竣工验收制度。经验收合格后，方可交付使用；未经验收或者验收不合格的，不得交付使用。

(5) 城市道路实行工程质量保修制度。城市道路的保修期为 1 年，自交付使用之日起计算。保修期内出现工程质量问题，由有关责任单位负责保修。

12.1.2.3 城市道路的养护和维修

市政工程行政主管部门对其组织建设和管理的城市道路，按照城市道路的等级、数量及养护和维修的定额，逐年核定养护、维修经费，统一安排养护、维修资金。承担城市道路养护、维修的单位，应当严格执行城市道路养护、维修的技术规范，定期对城市道路进行养护、维修，确保养护、维修工程的质量。市政工程行政主管部门负责对养护、维修工程的质量进行监督检查，保障城市道路完好。

1. 城市道路养护和维修的职责分工

市政工程行政主管部门组织建设和管理的道路，由其委托的城市道路养护、维修单位负责养护、维修。单位投资建设和管理的道路，由投资建设的单位或者其委托的单位负责养护、维修。城市住宅小区、开发区内的道路，由建设单位或者其委托的单位负责养护、维修。

2. 城市道路养护和维修的施工管理

设在城市道路上的各类管线的检查井、箱盖或者城市道路附属设施，应当符合城市道路养护规范。因缺损影响交通和安全时，有关产权单位应当及时补缺或者修复。

城市道路的养护、维修工程应当按照规定的期限修复竣工，并在养护、维修工程施工现场设置明显标志和安全防护设施，保障行人和交通车辆安全。

城市道路养护、维修的专用车辆应当使用统一标志；执行任务时，在保证交通安全畅通的情况下，不受行驶路线和行驶方向的限制。

12.1.2.4 城市道路的路政管理

城市道路路政管理是指城市道路行政主管部门对道路进行日常管理并制止破坏道路和妨碍道路正常使用的活动。任何单位和个人都应当服从城市道路行政主管部门的管理，自觉爱护城市道路设施。

1. 城市道路路政管理的一般规定

(1) 市政工程行政主管部门执行路政管理的人员执行公务，应当按照有关规定佩戴标志，持证上岗。

(2) 城市道路范围内，禁止下列行为：①擅自占用或者挖掘城市道路；②履带车、铁轮车或者超重、超高、超长车辆擅自在城市道路上行驶；③机动车在桥梁或者非指定的城市道路上试刹车；④擅自在城市道路上建设建筑物、构筑物；⑤在桥梁上架设压力在 0.4 MPa 以上的煤气管道、10 kV 以上的高压电力线和其他易燃易爆管线；⑥擅自在桥梁或者路灯设施上设置广告牌或者其他挂浮物；⑦其他损害、侵占城市道路的行为。

(3) 履带车、铁轮车或者超重、超高、超长车辆需要在城市道路上行驶的，事先须征得市政工程行政主管部门同意，并按照公安交通管理部门指定的时间、路线行驶。军用车辆执行任务需要在城市道路上行驶的，可以不受上述规定限制，但是应当按照规定采取安全保护措施。

(4) 依附于城市道路建设各种管线、杆线等设施的，应当经市政工程行政主管部门批准，方可建设。

2. 城市道路占用管理

未经市政工程行政主管部门和公安交通管理部门批准，任何单位或者个人不得占用城市道路。因特殊情况需要临时占用城市道路的，须经市政工程行政主管部门和公安交通管理部门批准，方可按照规定占用。经批准占用城市道路的，应当按照批准的位置、面积、期限占用。需要移动位置、扩大面积、延长时间的，应当提前办理变更审批手续。

经批准临时占用城市道路的，不得损坏城市道路；占用期满后，应当及时清理占用现场，恢复城市道路原状；损坏城市道路的，应当修复或者给予赔偿。对集贸市场占用城市道路应严格限制。确需占用城市道路作为集贸市场的，应当经县级以上城市人民政府批准；未经批准，擅自占用城市道路作为集贸市场的，市政工程行政主管部门应当责令限期清退，恢复城市道路功能。

占用由市政工程行政主管部门管理的城市道路的，应当向市政工程行政主管部门交纳城市道路占用费。城市道路占用费的收费标准由省、自治区人民政府的建设行政主管部门、直辖市人民政府的市政工程行政主管部门拟订，报同级财政、物价主管部门核定。根据城市建设或者其他特殊需要，市政工程行政主管部门可以对临时占用城市道路的单位或者个人决定缩小占用面积、缩短占用时间或者停止占用，并根据具体情况退还部分城市道路占用费。

3. 城市道路挖掘管理

未经市政工程行政主管部门和公安交通管理部门批准，任何单位或者个人不得挖掘城市道路。

因工程建设需要挖掘城市道路的，应当持城市规划部门批准签发的文件和有关设计文件，到市政工程行政主管部门和公安交通管理部门办理审批手续，方可按照规定挖掘。新建、扩建、改建的城市道路交付使用后5年内，大修的城市道路竣工后3年内不得挖掘；因特殊情况需要挖掘的，须经县级以上城市人民政府批准。

经批准挖掘城市道路的，应当按照批准的位置、面积、期限挖掘。需要移动位置、扩大面积、延长时间的，应当提前办理变更审批手续。经批准挖掘城市道路的，应当在施工现场设置明显标志和安全防卫设施；竣工后，应当及时清理现场，通知市政工程行政主管部门检查验收。

埋设在城市道路下的管线发生故障需要紧急抢修的，可以进行破路抢修，并同时通知市政工程行政主管部门和公安交通管理部门，在24小时内按照规定补办批准手续。

挖掘的城市道路由市政工程行政主管部门管理的，应当向市政工程行政主管部门交纳城市道路挖掘修复费。其收费标准，由省、自治区人民政府的建设行政主管部门和直辖市人民政府的市政工程行政主管部门制定，报同级财政、物价主管部门备案。

12.1.3 城市照明管理

城市照明是指在城市规划区内城市道路、隧道、广场、公园、公共绿地、名胜古迹以及其他建(构)筑物的功能照明或者景观照明。其中功能照明是指通过人工光以保障人们出行和户外活动安全为目的的照明，景观照明是指在户外通过人工光以装饰和造景为目的的照明。城市照明设施是指用于城市照明的照明器具以及配电、监控、节能等系统的设备和附属设施等。

城市照明工作应当遵循以人为本、经济适用、节能环保、美化环境的原则，严格控制公用设施和大型建筑物装饰性景观照明能耗。

1. 城市照明的管理体制

国务院住房和城乡建设主管部门指导全国的城市照明工作。省、自治区人民政府住房和城乡建设主管部门对本行政区域内城市照明实施监督管理。城市人民政府确定的城市照明主管部门负责本行政区域内城市照明管理的具体工作。

2. 城市照明的规划和建设

(1) 城市照明规划的编制要求

城市照明主管部门应当会同有关部门，依据城市总体规划，组织编制城市照明专项规划，报本级人民政府批准后组织实施。城市照明主管部门应当委托具备相应资质的单位承担城市照明专项规划的编制工作。编制城市照明专项规划，应当根据城市经济社会发展水平，结合城市自然地理环境、人文条件，按照城市总体规划确定的城市功能分区，对不同区域的照明效果提出要求。

城市照明主管部门应当依据城市照明专项规划，组织制订城市照明设施建设年度计划，报同级人民政府批准后实施。

(2) 城市照明设施的建设要求

新建、改建城市照明设施，应当根据城市照明专项规划确定各类区域照明的亮度、能耗标准，并符合国家有关标准规范。

新建、改建城市道路项目的功能照明装灯率应当达到100%。与城市道路、住宅区及重要建(构)筑物配套的城市照明设施，应当按照城市照明规划建设，与主体工程同步设计、施工、验收和使用。

对符合城市照明设施安装条件的建(构)筑物和支承物，可以在不影响其功能和周边环境的前提下，安装照明设施。

3. 城市照明设施的管理和维护

(1) 城市照明设施维护的职责分工

城市照明主管部门可以采取招标投标的方式确定城市照明设施维护单位，具体负责政府投资的城市照明设施的维护工作。非政府投资建设的城市照明设施由建设单位负责维护；符合下列条件的，办理资产移交手续后，可以移交城市照明主管部门管理：①符合城市照明专项规划及有关标准；②提供必要的维护、运行条件；③提供完整的竣工验收资料；④城市人民政府规定的其他条件和范围。

(2) 城市照明设施的管理、维护要求

城市照明设施的管理和维护应当符合有关标准规范。城市照明设施维护单位应当定期对照明灯具进行清扫，改善照明效果，并可以采取精确等量分时照明等节能措施。

因自然生长而不符合安全距离标准的树木，由城市照明主管部门通知有关单位及时修剪；因不可抗力致使树木严重危及城市照明设施安全运行的，城市照明维护单位可以采取紧急措施进行修剪，并及时报告城市园林绿化主管部门。

(3) 单位、个人对城市照明设施的保护义务

任何单位和个人都应当保护城市照明设施，不得实施下列行为：①在城市照明设施上刻画、涂污；②在城市照明设施安全距离内，擅自植树、挖坑取土或者设置其他物体，或者倾倒含酸、碱、盐等腐蚀物或者具有腐蚀性的废渣、废液；③擅自在城市照明设施上张贴、悬挂、设置宣传品、广告；④擅自在城市照明设施上架设线缆、安置其他设施或者接用电源；⑤擅自迁移、拆除、利用城市照明设施；⑥其他可能影响城市照明设施正常运行的行为。

损坏城市照明设施的单位和个人，应当立即保护事故现场，防止事故扩大，并通知城市照明主管部门。

12.1.4 城市排水管理

1. 城市排水的概念

城市排水是指城市生活污水、工业废水、大气降水径流和其他弃水的收集、输送、净化、利用和排放。

城市排水设施包括城市排水管网(站)、污水管道、雨水管道、雨水污水合流管道、沟渠、进水口、出水口、窨井、泵站、污水处理厂及其附属设施等。

2. 城市排水的管理

(1) 排水设施的管理

市政工程管理部门对城市排水设施,应建立经常的管理、养护、维修和疏浚制度,保持管渠畅通,不得污染城市环境。

任何单位和个人不准任意损坏排水设施。不得在排水管道上,圈占用地或兴建构筑物,不得向排水明沟、检查井、雨水口内倾倒垃圾粪便、渣土等杂物。不准任意在检查井、排水道口及排水明沟内,设闸憋水或安泵抽升。排水系统采取分流制的,不准将雨水管和污水管混接。

凡因工作需要,临时占压、开挖排水管道者,应事先报经市政工程管理部门批准,并设置安全防护措施后,方可占压,开挖。

(2) 污水排放的管理

在城市排水管网及其附属设施覆盖范围内,排水户应当按照城市排水规划等有关要求,将污水排入城市排水管网及其附属设施。排水户向城市排水管网及其附属设施排放污水,应当按照《城市排水许可管理办法》的规定,申请领取城市排水许可证书。未取得城市排水许可证书,排水户不得向城市排水管网及其附属设施排放污水。这里的排水户,是指因从事制造、建筑、电力和燃气生产、科研、卫生、住宿餐饮、娱乐经营、居民服务和其他服务等活动向城市排水管网及其附属设施排放污水的单位和个体经营者。

12.1.5 城市防洪设施建设管理

城市防洪设施包括城市防洪堤坝、河道、防洪墙、防洪堤岸、排涝泵站、排洪道及其附属设施。

1. 城市防洪规划的编制

根据《中华人民共和国防洪法》第10条规定,城市防洪规划,由城市人民政府组织水行政主管部门、建设行政主管部门和其他有关部门依据流域防洪规划和上一级人民政府区域防洪规划编制,按照国务院规定的审批程序批准后纳入城市总体规划。

2. 城市防洪设施的管理

城市防洪设施是确保城市人民生命、财产的重要设施,主管部门和有关单位都要积极维护河岸、堤坝、排洪道和泵站的完好。在防洪设施防护带内,不准乱挖、乱填、搭盖、堆放物料,不准进行有损防洪设施的任何作业。凡因工程需要,在管理范围内立杆、架线、埋设管道者,必须事先报请市政工程管理部门批准,并按防洪要求施工。

在防洪设施的防护带内,禁止在非码头区装卸或堆放货物。机械装卸设备需要装设在护岸、防水墙或排洪道上时,应报经市政工程管理部门批准,并采取相应的安全措施。

城市建设不得擅自填堵原有河道沟叉、贮水湖塘洼淀和废除原有防洪围堤;确需填堵或者废除的,应当经水行政主管部门审查同意,并报城市人民政府批准。

12.2　城市公用事业管理法律制度

12.2.1　城市供水管理

城市供水是指城市公共供水和自建设施供水。城市公共供水是指城市自来水供水企业以公共供水管道及其附属设施向单位和居民的生活、生产和其他各项建设提供用水。自建设施供水，是指城市的用水单位以其自选建设的供水管道及其附属设施主要向本单位的生活、生产和其他各项建设提供用水。

国务院城市建设行政主管部门主管城市供水工作，省、自治区、直辖市人民政府城市建设行政主管部门主管本行政区域内的城市供水工作，县级以上城市人民政府确定的城市供水行政主管部门主管本行政区域内的城市供水工作。

城市供水工作实行开发水源和计划用水、节约用水相结合的原则。

1. 城市供水水源

（1）城市供水水源开发利用规划的编制

县级以上城市人民政府应当组织城市规划行政主管部门、水行政主管部门、城市供水行政主管部门和地质矿产行政主管部门等共同编制城市供水水源开发利用规划，作为城市供水发展规划的组成部分，纳入城市总体规划。

编制城市供水水源开发利用规划应遵循以下原则：

① 从城市发展的需要出发，并与水资源统筹规划和水长期供求计划相协调；

② 根据当地情况，合理安排利用地表水和地下水；

③ 优先保证城市生活用水，统筹兼顾工业用水和其他各项建设用水。

（2）饮用水水源保护区的划定

县级以上城市人民政府环境保护部门应当会同城市供水行政主管部门、水行政主管部门和卫生行政主管部门等共同划定饮用水水源保护区，经本级人民政府批准后公布；划定跨省、市、县的饮用水水源保护区，应当由有关人民政府共同商定并经其共同的上级人民政府批准后公布。

在饮用水水源保护区内，禁止一切污染水质的活动。

2. 城市供水工程建设与设施维护

（1）城市供水工程的建设

城市供水工程的建设，应当按照城市供水发展规划及其年度建设计划进行。

城市供水工程的设计、施工，应当委托持有相应资质证书的设计、施工单位承担，并遵守国家有关技术标准和规范。禁止无证或者超越资质证书规定的经营范围承担城市供水工程的设计、施工任务。城市供水工程竣工后，应当按照国家规定组织验收；未经验收或者验收不合格的，不得投入使用。

城市新建、扩建、改建工程项目需要增加用水的，其工程项目总概算应当包括供水工程建设投资；需要增加城市公共供水量的，应当将其供水工程建设投资交付城市供水行政主管部门，由其统一组织城市公共供水工程建设。

(2) 城市供水设施的维护

城市自来水供水企业和自建设施供水的企业对其管理的城市供水的专用水库、引水渠道、取水口、泵站、井群、输(配)水管网、进户总水表、净(配)水厂、公用水站等设施,应当定期检查维修,确保安全运行。用水单位自行建设的与城市公共供水管道连接的户外管道及其附属设施,必须经城市自来水供水企业验收合格并交其统一管理后,方可合理使用。

在规定的城市公共供水管理及其附属设施的地面和地下的安全保护范围内,禁止挖坑取土或者修建建筑物、构筑物等危害供水设施安全的活动。因工程建设确需改装、拆除或者迁移城市公共供水设施的,建设单位应当报经县级以上城市人民政府城市规划行政主管部门和城市供水行政主管部门批准,并采取相应的补救措施。

涉及城市公共供水设施的建设工程开工前,建设单位或者施工单位应当向城市自来水供水企业查明地下供水管网情况。施工影响城市公共供水设施安全的,建设单位或者施工单位应当与城市自来水供水企业商定相应的保护措施,由施工单位负责实施。

禁止擅自将自建的设施供水管网系统与城市公共供水管网系统连接;因特殊情况确需连接的,必须经城市自来水供水企业同意,报城市供水行政主管部门和卫生行政主管部门批准,并在管道连接处采取必要的防护措施。禁止产生或者使用有毒有害物质的单位将其生产用水管网系统与城市公共供水管网系统直接连接。

12.2.2 城市节水管理

当前我国一方面城市水源紧张,供水能力不足,另一方面用水浪费现象严重。为了加强城市节约用水管理,保护和合理利用用水资源,促进国民经济和社会发展,城市实行计划用水和节约用水。国家鼓励城市节约用水科学技术研究,推广先进技术,提高城市节约用水科学技术水平。在城市节约用水工作中做出显著成绩的单位和个人,由政府给予奖励。

1. 城市节约用水工作的管理体制

全国节约用水工作由国务院城市建设行政主管部门负责,并受国务院水行政主管部门的业务指导。国务院其他有关部门按照国务院规定的职责分工,负责本行业的节约用水管理工作。省、自治区人民政府和县级以上城市人民政府城市建设行政主管部门和其他有关行业行政主管部门,按同级人民政府规定的职责分工,负责城市节约用水管理工作。

城市人民政府应当在制订城市供水发展规划的同时,制订节约用水发展规划,并根据节约用水发展规划制订节约用水年度计划。各有关行业行政主管部门应当制订本行业的节约用水发展规划和节约用水年度计划。

2. 城市节约用水的管理措施

(1) 工业用水重复利用率低于40%(不包括热电厂用水)的城市,新建供水工程时,未经上一级城市建设行政主管部门的同意,不得新增工业用水量。

(2) 单位自建供水设施取用地下水,必须经城市建设行政主管部门核准后,依照国家规定申请取水许可。

(3) 城市的新建、扩建和改建工程项目,应当配套建设节约用水设施。城市建设行政主管部门应当参加节约用水设施的竣工验收。

(4) 城市建设行政主管部门应当会同有关行业行政主管部门制定行业综合用水定额和单

项用水定额。

(5) 城市用水计划由城市建设行政主管部门根据水资源统筹规划和水长期供求计划制订，并下达执行。超计划用水必须缴纳超计划用水加价水费。超计划用水加价水费，应当从税后留利或者预算包干经费中支出，不得纳入成本或者从当年预算中支出。超计划用水加价水费的具体征收办法由省、自治区、直辖市人民政府制定。

(6) 生活用水按户计量收费。新建住宅应当安装分户计量水表；现有住户未装分户计量水表的，应当限期安装。

(7) 各用水单位应当在用水设备上安装计量水表，进行用水单耗考核，降低单位产品用水量；应当采取循环用水、一水多用等措施，在保证用水质量标准的前提下，提高水的重复利用率。

(8) 水资源紧缺城市，应当在保证用水质量标准的前提下，采取措施提高城市污水利用率。沿海城市应当积极开发利用海水资源。有咸水资源的城市，应当合理开发利用咸水资源。

(9) 城市供水企业、自建供水设施的单位应当加强供水设施的维修管理，减少水的漏损量。

12.2.3 城市供电管理

电力具有清洁、安全、方便的优点，是城市理想的能源。电气化是提高劳动生产率的主要途径，也是提高人民生活水平的一个重要手段。因此，城市供电管理具有非常重要的意义。

1. 城市供电管理体制

国务院电力管理部门负责全国电力供应与使用的监督管理工作。县级以上地方人民政府电力管理部门负责本行政区域内电力供应与使用的监督管理工作。电网经营企业依法负责本供区内的电力供应与使用的业务工作，并接受电力管理部门的监督。

2. 供电设施的建设管理

城市人民政府应当将城市电网的建设与改造规划，纳入城市建设总体规划。各级电力管理部门应当会同有关行政主管部门和电网经营企业做好城市电网建设和改造的规划。供电企业应当按照规划做好供电设施建设和运行管理工作。

城市人民政府应当按照城市建设总体规划统筹安排城市供电线路走廊、电缆通道、区域变电所、区域配电所和营业网点的用地。供电企业可以按照国家有关规定在规划的供电线路走廊、电缆通道、区域变电所、区域配电所和营业网点的用地上，架线、敷设电缆和建设公用供电设施。供电设施、受电设施的设计、施工、试验和运行，应当符合国家标准或者电力行业标准。

公用供电设施建成投产后，由供电单位统一维护管理。经电力管理部门批准，供电企业可以使用、改造、扩建该供电设施。共用供电设施的维护管理，由产权单位协商确定，产权单位可自行维护管理，也可以委托供电企业维护管理。用户专用的供电设施建成投产后，由用户维护管理或者委托供电企业维护管理。因建设需要，必须对已建成的供电设施进行迁移、改造或者采取防护措施时，建设单位应当事先与该供电设施管理单位协商，所需工程费用由建设单位负担。

3. 电力设施的保护

在电力设施周围进行爆破及其他可能危及电力设施安全的作业的，应当按照国务院有关电力设施保护的规定，经批准并采取确保电力设施安全的措施后，方可进行作业。

任何单位和个人不得在依法划定的电力设施保护区内修建可能危及电力设施安全的建筑物、构筑物，不得种植可能危及电力设施安全的植物，不得堆放可能危及电力设施安全的物品。任何单位和个人需要在依法划定的电力设施保护区内进行可能危及电力设施安全的作业时，应当经电力管理部门批准并采取安全措施后，方可进行作业。

电力设施与公用工程、绿化工程和其他工程在新建、改建或者扩建中相互妨碍时，有关单位应当按照国家有关规定协商，达成协议后方可施工。

12.2.4 城市燃气管理

燃气是指作为燃料使用并符合一定要求的气体燃料，包括天然气（含煤层气）、液化石油气和人工煤气等。

1. 城市燃气工作的管理体制

国务院建设主管部门负责全国的燃气管理工作。县级以上地方人民政府燃气管理部门负责本行政区域内的燃气管理工作。县级以上地方人民政府其他有关部门依照有关法律、法规的规定，在各自职责范围内负责有关燃气管理工作。县级以上地方人民政府有关部门应当建立健全燃气安全监督管理制度，宣传普及燃气法律、法规和安全知识，提高全民的燃气安全意识。

燃气工作应当坚持统筹规划、保障安全、确保供应、规范服务、节能高效的原则。

2. 燃气发展规划与燃气设施建设

（1）燃气发展规划的制订

国务院建设主管部门应当会同国务院有关部门，依据国民经济和社会发展规划、土地利用总体规划、城乡规划以及能源规划，结合全国燃气资源总量平衡情况，组织编制全国燃气发展规划并组织实施。县级以上地方人民政府燃气管理部门应当会同有关部门，依据国民经济和社会发展规划、土地利用总体规划、城乡规划、能源规划以及上一级燃气发展规划，组织编制本行政区域内的燃气发展规划，报本级人民政府批准后组织实施，并报上一级人民政府燃气管理部门备案。燃气发展规划的内容应当包括燃气气源、燃气种类、燃气供应方式和规模、燃气设施布局和建设时序、燃气设施建设用地、燃气设施保护范围、燃气供应保障措施和安全保障措施等。县级以上地方人民政府应当根据燃气发展规划的要求，加大对燃气设施建设的投入，并鼓励社会资金投资建设燃气设施。

（2）燃气设施建设

进行新区建设、旧区改造，应当按照城乡规划和燃气发展规划配套建设燃气设施或者预留燃气设施建设用地。对燃气发展规划范围内的燃气设施建设工程，城乡规划主管部门在依法核发选址意见书时，应当就燃气设施建设是否符合燃气发展规划征求燃气管理部门的意见；不需要核发选址意见书的，城乡规划主管部门在依法核发建设用地规划许可证或者乡村建设规划许可证时，应当就燃气设施建设是否符合燃气发展规划征求燃气管理部门的意见。

燃气设施建设工程竣工后，建设单位应当依法组织竣工验收，并自竣工验收合格之日起15日内，将竣工验收情况报燃气管理部门备案。

3. 燃气设施的保护

燃气设施，是指人工煤气生产厂、燃气储配站、门站、气化站、混气站、加气站、灌装站、供应站、调压站、市政燃气管网等的总称，包括市政燃气设施、建筑区划内业主专有部分以外的燃气设施以及户内燃气设施等。

燃气设施的保护措施如下。

(1) 县级以上地方人民政府燃气管理部门应当会同城乡规划等有关部门按照国家有关标准和规定划定燃气设施保护范围，并向社会公布。在燃气设施保护范围内，禁止从事下列危及燃气设施安全的活动：

① 建设占压地下燃气管线的建筑物、构筑物或者其他设施；

② 进行爆破、取土等作业或者动用明火；

③ 倾倒、排放腐蚀性物质；

④ 放置易燃易爆危险物品或者种植深根植物；

⑤ 其他危及燃气设施安全的活动。

(2) 在燃气设施保护范围内，有关单位从事敷设管道、打桩、顶进、挖掘、钻探等可能影响燃气设施安全活动的，应当与燃气经营者共同制订燃气设施保护方案，并采取相应的安全保护措施。

(3) 燃气经营者应当按照国家有关工程建设标准和安全生产管理的规定，设置燃气设施防腐、绝缘、防雷、降压、隔离等保护装置和安全警示标志，定期进行巡查、检测、维修和维护，确保燃气设施的安全运行。

(4) 任何单位和个人不得侵占、毁损、擅自拆除或者移动燃气设施，不得毁损、覆盖、涂改、擅自拆除或者移动燃气设施安全警示标志。任何单位和个人发现有可能危及燃气设施和安全警示标志的行为，有权予以劝阻、制止；经劝阻、制止无效的，应当立即告知燃气经营者或者向燃气管理部门、安全生产监督管理部门和公安机关报告。

(5) 新建、扩建、改建建设工程，不得影响燃气设施安全。建设单位在开工前，应当查明建设工程施工范围内地下燃气管线的相关情况；燃气管理部门以及其他有关部门和单位应当及时提供相关资料。建设工程施工范围内有地下燃气管线等重要燃气设施的，建设单位应当会同施工单位与管道燃气经营者共同制订燃气设施保护方案。建设单位、施工单位应当采取相应的安全保护措施，确保燃气设施运行安全；管道燃气经营者应当派专业人员进行现场指导。法律、法规另有规定的，依照有关法律、法规的规定执行。

(6) 燃气经营者改动市政燃气设施，应当制订改动方案，报县级以上地方人民政府燃气管理部门批准。改动方案应当符合燃气发展规划，明确安全施工要求，有安全防护和保障正常用气的措施。

12.2.5 城市供热管理

城市供热推行集中供热的方针，坚持因地制宜、广开热源、技术先进、经济合理的原则。严格限制新建分散锅炉房，对现有分散锅炉房要限制，逐步改造，提高城市集中供热的普及率。所谓城市集中供热，是指由集中热源所产生的蒸汽、热水，通过管网供给一个城市或部分地区生产和生活使用的供热方式。集中供热的方式包括：热电联产、集中锅炉房、工业余热、地热、核能等。城市集中供热是城市基础设施之一，具有节约能源、减少污染、有利生产、方便生活的综合经济效益、环境效益和社会效益。

城市集中供热规划应在城市总体规划的指导下编制。编制城市集中供热规划要贯彻远近结合，以近期为主，合理布局，统筹安排，分期实施的原则。城市集中供热规划批准后，要按照基本建设程序组织实施。

按照国务院关于各部委业务分工的规定，城市集中供热由建设行政主管部门归口管理，负责拟定城市供热工作的方针、政策和法规，指导城市供热的管理工作，会同国家发改委、能源、环保等部门对城市集中供热进行统一规划、统一计划、统一建设。

城市集中供热建设的资金来源以地方自筹为主，国家贷款、受益单位合理负担为原则，采取多元化、多渠道等办法加以解决。

12.2.6 城市公共交通运营管理

城市公共交通是城市建设的重要组成部分，是城市社会经济活动的动脉，也是城市生产、生活必不可少的基础设施。城市公共交通包括公共汽车、电车、出租汽车、地铁、轮渡、轻轨交通及其他公共交通工具。随着中国经济的快速增长，城市化程度越来越高，城市人口迅速增加，为了满足城市人民群众的基本出行需求，必须发挥城市公共交通的重要作用，加强城市公共交通的运营管理。目前，国务院正在制定《城市公共交通条例》，并向社会公开征求意见。

国家应当加大资金投入，保障城市公共交通在城市交通中优先发展，确保城市公共交通在城市交通中的主导地位。国家鼓励城市公共交通企业实行规模化、集约化经营，推广应用新技术、新设备，为社会公众提供安全舒适、方便快捷、经济环保的城市公共交通服务。县级以上人民政府应当在财政政策、城市规划、用地保障、设施建设、交通管理等方面支持城市公共交通发展。县级以上人民政府应当根据国民经济和社会发展的需要，优化配置城乡公共交通资源，统筹协调城乡公共交通发展。

12.3 城市市容与环境卫生管理法律制度

12.3.1 城市市容和环境卫生的管理体制

城市市容和环境卫生工作，实行统一领导、分区负责、专业人员管理与群众管理相结合的原则。

国务院城市建设行政主管部门主管全国城市市容和环境卫生工作。省、自治区人民政府城市建设行政主管部门负责本行政区域的城市市容和环境卫生管理工作。城市人民政府市容环境卫生行政主管部门负责本行政区域的城市市容和环境卫生管理工作。

城市人民政府应当把城市市容和环境卫生事业纳入国民经济和社会发展计划，并组织实施。城市人民政府应当加强城市市容和环境卫生科学知识的宣传，提高公民的环境卫生意识，养成良好的卫生习惯。一切单位和个人，都应当尊重市容和环境卫生工作人员的劳动，不得妨碍、阻挠市容和环境卫生工作人员履行职务。

12.3.2 城市市容管理

城市市容的管理主要是指城市临街建筑物、道路交通设施、交通运输工具、户外广告和标志、工程施工现场等方面的容貌管理。

1. 建筑物和城市设施的管理

城市中的建筑物和设施,应当符合国家规定的城市容貌标准。对外开放城市、风景旅游城市和有条件的其他城市,可以结合本地具体情况,制定严于国家规定的城市容貌标准。

一切单位和个人都应当保持建筑物的整洁、美观。城市中的市政公用设施,应当与周围环境相协调,并维护和保持设施完好、整洁。在城市人民政府规定的街道的临街建筑物的阳台和窗外,不得堆放、吊挂有碍市容的物品。搭建或者封闭阳台必须符合城市人民政府市容环境卫生行政主管部门的有关规定。一切单位和个人,都不得在城市建筑物、设施以及树木上涂写、刻画。单位和个人在城市建筑物、设施上张挂、张贴宣传品等,须经城市人民政府市容环境卫生行政主管部门或者其他有关部门批准。

2. 道路、公共场地的市容管理

主要街道两侧的建筑物前,应当根据需要与可能,选用透景、半透景的围墙、栅栏或者绿篱、花坛(池)、草坪等作为分界。临街树木、绿篱、花坛(池)、草坪等,应当保持整洁、美观。栽培、整修或者其他作业留下的渣土、枝叶等,管理单位、个人或者作业者应当及时清除。

任何单位和个人都不得在街道两侧和公共场地堆放物料,搭建建筑物、构筑物或者其他设施。因建设等特殊需要,在街道两侧和公共场地临时堆放物料,搭建非永久性建筑物、构筑物或者其他设施的,必须征得城市人民政府市容环境卫生行政主管部门同意后,按照有关规定办理审批手续。

3. 户外广告的市容管理

在城市中设置户外广告、标语牌、画廊、橱窗等,应当内容健康、外形美观,并定期维修、油饰或者拆除。大型户外广告的设置必须征得城市人民政府市容环境卫生行政主管部门同意后,按照有关规定办理审批手续。

4. 交通运输工具的管理

在市区运行的交通运输工具,应当保持外形完好、整洁,货运车辆运输的液体、散装货物,应当密封、包扎、覆盖,避免泄漏、遗撒。

5. 工程施工现场的管理

城市的工程施工现场的材料、机具应当堆放整齐,渣土应当及时清运;临街工地应当设置护栏或者围布遮挡;停工场地应当及时整理并作必要的覆盖;竣工后,应当及时清理和平整场地。

12.3.3 城市环境卫生管理

城市环境卫生管理是指城市环境卫生行政主管部门利用行政、法律、经济、技术等多种手段,对城市空间环境卫生进行的全方位管理,具体包括城市环境卫生设施建设和城市环境卫生管理两个方面。

1. 城市环境卫生设施建设

城市中的环境卫生设施应当符合国家规定的城市环境卫生标准。城市人民政府在进行城市新区开发或者旧区改造时,应当依照国家有关规定,建设生活废弃物的清扫、收集、运输和处理等环境卫生设施,所需经费应当纳入建设工程概算。

城市人民政府市容环境卫生行政主管部门，应当根据城市居住人口密度和流动人口数量以及公共场所等特定地区的需要，制订公共厕所建设规划，并按照规定的标准，建设、改造或者支持有关单位建设、改造公共厕所。对不符合规定标准的公共厕所，城市人民政府应当责令有关单位限期改造。公共厕所的粪便应当排入贮(化)粪池或者城市污水系统。

多层和高层建筑应当设置封闭式垃圾通道或者垃圾贮存设施，并修建清运车辆通道。城市街道两侧、居住区或者人流密集地区，应当设置封闭式垃圾容器、果皮箱等设施。

一切单位和个人都不得擅自拆除环境卫生设施；因建设需要必须拆除的，建设单位必须事先提出拆迁方案，报城市人民政府市容环境卫生行政主管部门批准。

2. 城市环境卫生管理

(1) 城市环境卫生清扫保洁的分工

城市环境卫生清扫保洁按下列规定分工负责：

① 按国家行政建制设立的市的主要街道、广场和公共水域的环境卫生，由环境卫生专业单位负责；

② 居住区、街巷等地方，由街道办事处负责组织专人清扫保洁；

③ 飞机场、火车站、公共汽车始末站、港口、影剧院、博物馆、展览馆、纪念馆、体育馆(场)和公园等公共场所，由本单位负责清扫保洁；

④ 机关、团体、部队、企事业单位，应当按照城市人民政府市容环境卫生行政主管部门划分的卫生责任区负责清扫保洁；

⑤ 城市集贸市场由主管部门负责组织专人清扫保洁，各种摊点由从业者负责清扫保洁；

⑥ 城市港口客货码头作业范围内的水面，由港口客货码头经营单位责成作业者清理保洁；在市区水域行驶或者停泊的各类船舶上的垃圾、粪便，由船上负责人依照规定处理。

(2) 生活废弃物的管理

城市人民政府市容环境卫生行政主管部门对城市生活废弃物的收集、运输和处理实施监督管理。一切单位和个人，都应当依照城市人民政府市容环境卫生行政主管部门规定的时间、地点、方式，倾倒垃圾、粪便。对垃圾、粪便应当及时清运，并逐步做到垃圾、粪便的无害化处理和综合利用。对城市生活废弃物应当逐步做到分类收集、运输和处理。

医院、疗养院、屠宰场、生物制品厂产生的废弃物，必须依照有关规定处理。

(3) 城市环境卫生的维护

城市环境卫生需要人们的自觉维护，公民应当爱护公共卫生环境，不随地吐痰、便溺，不乱扔果皮、纸屑和烟头等废弃物。

按国家行政建制设立的市的市区内，禁止饲养鸡、鸭、鹅、兔、羊、猪等家禽家畜；因教学、科研以及其他特殊需要饲养的，须经其所在地城市人民政府市容环境卫生行政主管部门批准。

12.4 城市园林绿化法律制度

随着我国城市化步伐的加快，城市人口迅速增加，城市污染也日益严重，如空气污染、水污染、垃圾污染、噪声污染、光污染等。而城市园林绿化具有调节气候、消灭细菌、吸附灰尘、减小噪声、有利呼吸、调节雨量的重要作用，是改善城市生态环境的重要载体，因此，国家非常重视城市绿化工作。

12.4.1 城市绿化工作的管理体制

国务院设立全国绿化委员会，统一组织领导全国城市绿化工作，其办公室设在国务院林业行政主管部门。国务院城市建设行政主管部门和国务院林业行政主管部门等，按照国务院规定的职权划分，负责全国城市绿化工作。地方绿化管理体制，由省、自治区、直辖市人民政府根据本地实际情况规定。城市人民政府城市绿化行政主管部门主管本行政区域内城市规划区的城市绿化工作。在城市规划区内，有关法律、法规规定由林业行政主管部门等管理的绿化工作，依照有关法律、法规执行。

城市人民政府应当把城市绿化建设纳入国民经济和社会发展计划。城市中的单位和有劳动能力的公民，应当依照国家有关规定履行植树或者其他绿化义务。对在城市绿化工作中成绩显著的单位和个人，由人民政府给予表彰和奖励。

12.4.2 城市绿化的规划和建设

1. 城市绿化规划

城市人民政府应当组织城市规划行政主管部门和城市绿化行政主管部门等共同编制城市绿化规划，并纳入城市总体规划。

城市绿化规划应当从实际出发，根据城市发展需要，合理安排同城市人口和城市面积相适应的城市绿化用地面积。城市人均公共绿地面积和绿化覆盖率等规划指标，由国务院城市建设行政主管部门根据不同城市的性质、规模和自然条件等实际情况规定。在编制城市绿化规划时，应当根据当地的特点，利用原有的地形、地貌、水体、植被和历史文化遗址等自然、人文条件，以方便群众为原则，合理设置公共绿地、居住区绿地、防护绿地、生产绿地和风景林地等。

2. 城市绿化设计

城市绿化工程的设计，应当遵守以下规定：

(1) 城市绿化工程的设计，应当委托持有相应资格证书的设计单位承担。

(2) 工程建设项目的附属绿化工程设计方案，按照基本建设程序审批时，必须有城市人民政府城市绿化行政主管部门参加审查。城市的公共绿地、居住区绿地、风景林地和干道绿化带等绿化工程的设计方案，必须按照规定报城市人民政府城市绿化行政主管部门或者其上级行政主管部门审批。建设单位必须按照批准的设计方案进行施工。设计方案确需改变时，须经原批准机关审批。

(3) 城市绿化工程的设计，应当借鉴国内外先进经验，体现民族风格和地方特色。城市公共绿地和居住区绿地的建设，应当以植物造景为主，选用适合当地自然条件的树木花草，并适当配置泉、石、雕塑等景物。

3. 城市绿化施工

城市绿化工程的施工，应当委托持有相应资格证书的施工单位承担。绿化工程竣工后，应当经城市人民政府城市绿化行政主管部门或者该工程的主管部门验收合格后，方可交付使用。

城市新建、扩建、改建工程项目和开发住宅区项目，需要绿化的，其基本建设投资中应当包括配套的绿化建设投资，并统一安排绿化工程施工，在规定的期限内完成绿化任务。

4. 绿地建设的分工

对于城市绿化规划中所规划的不同类型的防护绿地，各有关单位应当依照国家有关规定，负责本单位管界内防护绿地的绿化建设。单位附属绿地的绿化规划和建设，由该单位自行负责，城市人民政府城市绿化行政主管部门应当监督检查，并给予技术指导。

12.4.3 城市绿化的管理和保护

1. 城市绿化管理的职能分工

为了做好城市绿化工作，必须加强城市绿化管理，强化责任意识，明确职能范围。城市的公共绿地、风景林地、防护绿地、行道树及干道绿化带的绿化，由城市人民政府城市绿化行政主管部门管理；各单位管界内的防护绿地的绿化，由该单位按照国家有关规定管理；单位自建的公园和单位附属绿地的绿化，由该单位管理；居住区绿地的绿化，由城市人民政府城市绿化行政主管部门根据实际情况确定的单位管理；城市苗圃、草圃和花圃等，由其经营单位管理。

2. 城市绿化的保护

城市绿化的保护主要包括以下内容：

(1) 任何单位和个人都不得擅自改变城市绿化规划用地性质或者破坏绿化规划用地的地形、地貌、水体和植被。

(2) 任何单位和个人都不得擅自占用城市绿化用地；占用的城市绿化用地，应当限期归还。因建设或者其他特殊需要临时占用城市绿化用地，须经城市人民政府城市绿化行政主管部门同意，并按照有关规定办理临时用地手续。

(3) 任何单位和个人都不得损坏城市树木花草和绿化设施。砍伐城市树木，必须经城市人民政府城市绿化行政主管部门批准，并按照国家有关规定补植树木或者采取其他补救措施。

(4) 在城市的公共绿地内开设商业、服务摊点的，必须向公共绿地管理单位提出申请，经城市人民政府城市绿化行政主管部门或者其授权的单位同意后，持工商行政管理部门批准的营业执照，在公共绿地管理单位指定的地点从事经营活动，并遵守公共绿地和工商行政管理的规定。

(5) 城市的绿地管理单位，应当建立、健全管理制度，保持树木花草繁茂及绿化设施完好。

(6) 为保证管线的安全使用需要修剪树木时，必须经城市人民政府城市绿化行政主管部门批准，按照兼顾管线安全使用和树木正常生长的原则进行修剪。承担修剪费用的办法，由城市人民政府规定。因不可抗力致使树木倾斜危及管线安全时，管线管理单位可以先行修剪、扶正或者砍伐树木，但是，应当及时报告城市人民政府城市绿化行政主管部门和绿地管理单位。

(7) 城市古树名木实行统一管理，分别养护。这里的古树名木，是指百年以上树龄的树木，稀有、珍贵树木，具有历史价值或者重要纪念意义的树木。城市人民政府城市绿化行政主管部门，应当建立古树名木的档案和标志，划定保护范围，加强养护管理。在单位管界内或者私人庭院内的古树名木，由该单位或者居民负责养护，城市人民政府城市绿化行政主管部门负责监督和技术指导。严禁砍伐或者迁移古树名木。因特殊需要迁移古树名木，必须经城市人民政府城市绿化行政主管部门审查同意，并报同级或者上级人民政府批准。

相关案例

【案情简介】

2015 年市区某铝合金加工厂，未经有关行政主管部门审批，擅自在市区某道路占用人行道进行铝合金加工作业，影响了市容，妨碍了行人、车辆的通行。同日，经执法人员巡查发现，有现场勘验笔录、现场勘查照片、询问笔录等证实该违法占用城市道路加工作业行为的事实。

【案件分析】

《城市道路管理条例》第 27 条规定：城市道路范围内禁止擅自占用或者挖掘城市道路。《城市道路管理条例》第 42 条进一步规定了上述行为的法律责任，由市政工程行政主管部门或者其他有关部门责令限期改正，可以处以 2 万元以下的罚款；造成损失的，应当依法承担赔偿责任。

由于当事人的行为违反了上述规定，决定对当事人某铝合金加工厂处以人民币 1000 元罚款的行政处罚。

【案件评析】

根据《城市道路管理条例》第 2 条的规定，城市道路是指城市供车辆、行人通行的，具备一定技术条件的道路、桥梁及其附属设施。在本案中，当事人某铝合金加工厂在人行道上进行加工作业，当然属于占用城市道路的范畴。此外，《城市道路管理条例》第 31 条规定：因特殊情况需要临时占用城市道路的，须经有关行政主管部门批准，方可按照规定占用。某铝合金加工厂未经过有关行政主管部门审批擅自占用城市道路，因此其行为被认定为违法行为。决定对当事人处以人民币 1000 元罚款的行政处罚，是合法、合理的。

违法占用城市道路作业，不仅影响了市容，影响车辆、行人的正常通行，损坏城市道路，而且会受到行政机关的处罚。

复习思考题

1. 市政工程设施包括哪些类别？
2. 城市道路设计和施工有哪些要求？
3. 简述城市道路的路政管理。
4. 什么是城市排水？城市排水设施有哪些？如何加强管理？
5. 简述城市防洪设施的管理。
6. 如何加强城市节约用水的管理？
7. 如何加强城市市容管理？如何加强城市卫生管理？
8. 简述城市绿化的保护。

参 考 文 献

[1] 吴胜兴,等.土木工程建设法规.北京:高等教育出版社,2003.

[2] 张培新.建筑工程法规.北京:中国电力出版社,2004.

[3] 庄民泉,林密.建设监理概论.北京:中国电力出版社,2004.

[4] 刘文峰,等.建设法规概论.北京:高等教育出版社,2004.

[5] 郑润梅.建设法规概论.北京:中国建材工业出版社,2004.

[6] 何佰洲.工程建设合同与合同管理.大连:东北财经大学出版社,2004.

[7] 王锁荣,张培新.工程建设法规.北京:高等教育出版社,2005.

[8] 李辉.建设工程法规.上海:同济大学出版社,2006.

[9] 李永福,史伟利.建设法规.北京:中国电力出版社,2006.

[10] 林密.工程项目招投标与合同管理.北京:中国建筑工业出版社,2007.

[11] 叶胜川,刘平.工程建设法规.武汉:武汉理工大学出版社,2009.

[12] 朱宏亮.建设法规教程.北京:中国建筑工业出版社,2009.

[13] 高玉兰.建设工程法规.北京:北京大学出版社,2010.

[14] 全国二级建造师执业资格考试用书编写委员会.建设工程法规及相关知识.北京:中国建筑工业出版社,2010.

[15] 黄安永.建设法规.南京:东南大学出版社,2010.

[16] 钱达友,王和生.建筑工程招投标与合同管理.武汉:中国地质大学出版社,2011.

[17] 刘仁辉.建设法规.北京:科学出版社,2011.

[18] 住房和城乡建设部高等学校土建学科教学指导委员会.建设法规教程.北京:中国建筑工业出版社,2011.

[19] 张燕君,张珂.建设法规.西安:西安交通大学出版社,2015.